侵略戦争と総力戦

纐纈厚
Koketsu Atsushi

社会評論社

侵略戦争と総力戦

目次

まえがき

二部構成からなる本書は、主に日本の近現代政治軍事史や現代軍事論を専門領域とする私が、過去一〇年余りにわたり執筆してきた論文や評論を『侵略戦争と総力戦』と題し、一冊の論集として纏めたものである。

このうち「第Ⅰ部　侵略戦争――歴史事実と歴史認識」は、「第一章　侵略思想の源流を探る」に「3 台湾出兵の位置と帝国日本の成立」を新しく加えているが、一九九九年に筑摩書房より「ちくま新書」(二〇七)として出版したものである。第Ⅰ部の冒頭「はじめに――歴史の忘却と記憶のはざまで」で詳述したが、この本は一九八〇年代から九〇年代にかけて勢いを増していた歴史修正主義グループの一群への批判書として出版した経緯があった。

歴史修正主義グループは、折からの憲法改悪の動きに便乗する形で、戦前日本の歴史総体の見直しを迫っていた。日本国憲法は、アジア太平洋戦争に留まらず、明治近代国家が繰り返した戦争全体が侵略戦争だとする歴史認識を踏まえた内容である。それで、歴史修正主義グループは、日本国憲法が示す歴史認識を修正しない限り、現行憲法の打破はなしえないとする考えを持ち続けている。

このグループは実に多様な手段や方法を用いて、かつての戦争が決して侵略戦争ではなく、日本が大国と渡り合うなかで選択せざるを得なかった戦争であり、それは祖国防衛を目的とする正義の戦争だとする認識を普及するに懸命であった。こうした歴史認識や歴史観念は、現在においても消滅することなく、依然として有力な位置を占め続けているように思われる。

一介の日本近現代史研究者として、私は、そのような動きを座視するわけにはいかなかった。何よりも私自身が歴史研究者として発言し続けているのは、これらの誤った歴史認識や歴史観念を、歴史研究の成果によって正していきたいとする強い思いがあるからである。

本書の第Ⅰ部が、一九九九年に『侵略戦争』と題して出版された時には、書名へのインパクトからか、多くの好意的な書評を受けることになった。出版から一〇年余を経過して、同書はすでに品切れ状態にあるが、増刷の機会に恵まれないまま今日に至ってしまった。それで第Ⅱ部に収めた論文を加えて、今回再版の機会を与えられた次第である。

以下、内容について読者の便宜を図るために概説を付しておきたい。

「第一章　侵略思想の源流を探る」では、日本の侵略思想の源流がどこにあり、それがいったいどのような目標を背負ったものとして、近代日本国家の基本戦略として定着していったのかを追った。近代における帝国主義の時代以前の侵略思想を生み出した排外ナショナリズム形成の背景を探ることを通して、そのような思想の根幹をなす民族差別意識に焦点をあてて、「1　侵略思想と民族差別意識の形成――日清・日露戦争以前」で説明し、それを一つのエネルギーとしつつ、日本が「大陸国家」への飛躍を展望しつつ強行した二つの戦争を挟んで、それ以後の大陸国家論の展開を、「2　大陸国家日本の形成――日清・日露戦争以後」で分析した。

実は、こうした対外戦争の繰り返しのなかで、また、それに一定の勝利を得ることで侵略思想も侵略戦争も国民に認知されていく。時代こそ前後するが、「3 台湾出兵の位置と帝国日本の成立――万国公法秩序への参入」において、日本が最初に行った対外戦争としての「台湾出兵」（一八七四年）の位置を確定する作業を行った。台湾出兵は、以後における侵略戦争の典型事例となり、またそこに侵略国家日本の動員事例が見出される。そして、また台湾出兵こそ帝国日本の成立を促したものであると捉えている。

要するに、日本の侵略思想は幕末期におけるナショナリズムの勃興とアジア論の喚起のなかで培われた排外主義的思想を源流とし、明治近代国家の生成過程において、それが対外膨張主義を合理化・正当化するために使われたのである。朝鮮領有論や大陸国家論を肯定する議論に内在する、近代化促進のために、あらゆる他者の犠牲と国内の抑圧はやむをえない、とする国家主義思想が色濃く投影されていたのである。

その意味で日清・日露の両戦争は、朝鮮領有論及び大陸国家論を実行に移す絶好の機会となった。当時の言論人や政治家・軍人らの言動、さらには民衆の声などを拾うならば、いわゆる世論に潜在する大陸国家日本への発展を希求する動きは頗る顕著であったことがわかる。したがって、日清・日露戦争は、決して「祖国防衛戦争」ではなく、文字通り大陸国家化を目標とする日本及び日本社会の大方針といえるものであった。

そして、日清・日露戦争に辛くも「勝利」することによって、この大陸国家構想は、国家社会に固着していき、それはまた「帝国意識」として内在化していく。この「帝国意識」は、大正期のいわゆる大正デモクラシーの思想によっても解消され、払拭されるものではなかった。それは、一九三〇年代における日本軍国主義の台頭をも誘引する国民意識として継承されていくものであったのである。

時代を越えて、一九三〇年代における日本の戦争を分析した「第二章 日中戦争から日米戦争へ」では、アジア太平洋戦争の主要な戦争であった日米戦争あるいは日英米戦争の要因として日中戦争があったことを説いたものである。

私は、先の戦争総体を「アジア太平洋戦争」と呼称する。当時の政府が呼称した「大東亜戦争」は別にしても、戦後においては「太平洋戦争」、「日中一五年戦争」、「アジア・太平洋戦争」など様々な戦争名称が取り上げられてきた。

「太平洋戦争」の呼称は、戦後の占領期においてアメリカ政府の強い意向を背景にGHQが日本政府に、その呼称を正式な戦争名称とするよう通達を出したことから、戦後長らく定着した名称となったものである。

その一方で、先の戦争は決してアメリカやイギリスだけを相手にした戦争ではなく、中国、インドネシア、フィリピン、ベトナムをはじめアジア諸国間との戦争であり、特に中国との戦争は満州事変（九・一八事変）を起点とするならば、一九三一年から日本敗戦の一九四五年まで足掛け一五年間に及ぶ長期戦争であり、この戦争を通して日本の国力が底をつき、それが日本敗戦の大きな要因となったことから、「日中一五年戦争」という呼称が積極的に使われるようになった。

さらに、この日中一五年戦争を含めた日本の対アジア戦争と日英米戦争とを、一つの戦争として把握するために「アジア・太平洋戦争」の名称が提起されて久しい。しかし、私はこの名称にも実は不満を感じている。対アジア戦争と対英米戦争を「・（ナカグロ）」でパラレルに捉えているにすぎないという感覚をどうしても拭い切れないのである。

本書で論じたように、日中戦争、つまり、日本の対アジア戦争が日米戦争を誘発したのであって、その意味で日米戦争とは日中戦争の延長にすぎない、とさえ指摘できるのはないかというのが私の持論である。第二章では、「1　日米戦争と戦局の展開――アジア太平洋戦争への道程」と「2　日英米の戦争指導体制と日本の作戦用兵」とで戦局の推移と戦争指導体制の問題を取り上げているが、「アジア・太平洋戦争」という呼称ではなく、「アジア太平洋戦争」（「・」なし）という呼称を採用することで、地理的空間の差異を越えて、これらの戦争が一つの原因から発した戦争であることを強調しようとしている。

「第三章　日独同盟関係のゆくえ」では、自らの非力さを同盟によって補完し、没主体的な国際関係しか構築できなかった日本外交の矛盾に焦点をあてた。そこでは後発の帝国主義国家が連合し、先発の帝国主義国家との対抗関係を成立させる過程に注目している。さらに、アジアとの共存を拒否し、これを排除・侵略することによって自立した帝国主義国家を目指すという方向のなかで、結局は不毛の対アジア戦争にのめり込んでしまった日本の進路から、何を教訓として引き出すべきかを問うている。

本章では、イタリアを加えた日独伊三国同盟に便乗する、国際視点を欠落させた当時の外交指導層や軍人の言動を追いながら、しょせんは御都合主義や便乗主義の域を最後まで脱しなかった日本外交の限界をも指摘している。そうしたなか、一九四一年一二月八日の日米開戦の原因に触れ、この同盟への一方的な期待感から戦争発動に踏み切った歴史事実を改めて確認している。

近代国家日本は成立以降、一貫して同盟外交を敷いてきた。日英同盟から日独同盟までの同盟外交が生み出した歴史を読み返す時、現在における日米同盟路線の意味と重ね合わせてみると、そこに潜む戦争の影を見い出してしまう。非同盟路線、全方位外交といった外交方針、さらには国家主導の外交から民間主導の外交への転換の時代に来ていることはいうまでもないであろう。

それで本章では、「1　日独伊三国同盟と日本の進路——アジア太平洋戦争の背景と展開」で、また、同盟関係から日本をして戦争発動に踏み切らせ、日本にとって解決不能に陥った日中戦争の延長として対英米開戦となったことを「2　日本はなぜ、対英米戦争に踏み切ったか——開戦の真相」において明らかにした。

さらに、「3 日本海軍の対米認識と日米開戦――接近していた日米海軍戦力」では、一九〇七（明治四〇）年以来対米開戦を前提に戦力の増強を追求してきた帝国海軍が、一九四一年の対米開戦時において、米海軍力と拮抗していた現実を指摘した。このことは、本論では直接触れなかったが、海軍内主戦派が早期に対米開戦を発動して、特に西太平洋地域の覇権を確保し、東南アジア方面への支配権掌握を企図した動きと連動していたのである。

「第四章 国体護持と支配層温存の試み」は、次の第五章と対をなす章である。

日本の敗戦過程で際立った問題は、戦局の悪化が極限に近づいてもなお、戦争終結の政治指導が機能せず、夥しい人的物的損害を重ねていったという事実である。そうした損害が深刻な域に達しても、それ以上に必要とされた政治課題が存在した。いまさらいうまでもなく、国体護持である。換言すれば、天皇制支配国家体制（=国体）を保守するために、あらゆるものが犠牲の対象とさせられた。

戦争の終結に向けて全力を挙げていた時点でも、日本の支配層にとって重要だったのは実に国体護持であったのである。そのために、日本の降伏を勧告する連合国側の提案（ポツダム宣言）にも当初は完全な無視を決め込んでいた。日本が宣言の受諾に最後まで躊躇したのは、天皇の地位保全の保障をめぐってであった。この躊躇の間に、広島と長崎への原爆投下が強行された。それでもなお、国体護持の一点に執着し続けた。

例え、戦争終結が天皇の政治決断（=聖断）で実行されたとしても、国体護持の一点に執着し続け、事実上、連合国の一員として対日降伏文書に深く関わっていたソ連の仲介を期待して、ポツダム宣言の受諾を遅延させた最終責任は天皇に存在した。文字通り、遅すぎた聖断のために、広島・長崎への原爆投下、ソ連参戦を誘引したことによってシベリア抑留者や中国残留孤児を生み出したのである。この歴史事実を、どのように解釈したらよいかを問う論考である。そうした内容を「1『ポツダム宣言』と受諾遅延の背景――国体護持への執着」で論じた。

これに絡めて「2 終戦工作の真相と原爆投下――支配層温存のシナリオ」では、戦争終結を意図する終戦工作の動きが実は戦後日本における天皇制の再構築と保守再生を目論んだ高度な政治戦略であることを明らかにし、同時に原子爆弾投下は戦後アジア地域における米ソの駆け引きから決定されたことを指摘した。

結局、戦争終結に絡んで陸海軍の主戦派から戦争指導権を奪い取った戦争終結派を構成する宮中・重臣グループは、戦争継続に傾斜していた昭和天皇の方針をも転換させ、天皇制権力の戦後へのスライドを図るために聖断という高度な政治戦略を着想し、実行に移す。戦後の保守権力の基盤は、こうして戦争終結過程から生み出されていく。

第四章で国体護持に奔走し、最後には聖断によって戦前天皇制権力の戦後権力への温存に成功した歴史過程を追ったが、「第五章 天皇制軍隊の特質と戦争の実態」では、国体護持という絶対目標に固執した天皇制の権力基盤であった天皇制軍隊が、戦争発動過程において、いかなる本質を露呈したのかを追及している。特に、「1 なぜ、残虐行為に走ったのか――天皇制軍隊の特質」では、中国戦線を中心に出現した一連の残虐行為を取り上げ、皇軍兵士の意識のありようを辿りながら、そうした行為に走らせた根源は何かを問うている。

そこでは何よりも天皇制軍隊が国民に基盤を置かず、天皇制という政治体制が保有する差別構造をそのまま持ち込んだ組織原理ゆえに、抑圧の委譲原理が機能した結果、残虐行為が頻発する結果となったことを論証しようとした。そこに孕まれた抑圧の構造は、近代日本社会全体の縮図であったことを念頭に据えている。そのことは、「2 沖縄戦と秘密戦――沖縄で日本軍は何をしたか」で論じたように、沖縄戦においても、さらに凝縮した格好で立ち表われた。天皇制軍隊は究極的に天皇制保守の軍隊で国民防衛は二の次とされた。国土が唯一戦場となった沖縄においては、天皇の軍隊は沖縄人を敵視してまで自己保存に奔走した。沖縄で発生した日本軍による住民虐殺の痛ましい事例こそ、日本軍隊の、そしてそうした日本軍隊を生み出した日本近代社会総体の矛盾であったのである。

「第Ⅰ部　侵略戦争」を閉じるにあたり、以上の諸点を踏まえ、「第六章　残された課題は何か」で、戦後に課せられた論点をとりあえず二つ挙げておいた。一つは、「1　アメリカの日本占領と安保・自衛隊——新たな『戦前』の始まり」で触れたように安保と自衛隊の問題であり、「2　戦前戦後を繋ぐもの——潜在する戦前思想の危うさ」で論じた帝国意識や誤った歴史認識に関わる問題である。

連合国による日本占領が終結するとほぼ同時に自衛隊の前身である警察予備隊が創設され、保安隊をはさんで自衛隊へと日本の〝新軍隊〟は成長を続ける。いったい、新憲法下の〝新軍隊〟自衛隊は、どのような創設理由と役割を背負って存続しつづけているのか。表向きの「専守防衛」論のなかで日米安保を基礎とする日米同盟の物理的象徴として、世界屈指の武装を誇る自衛隊と日米安保は、冷戦の時代の産物ながら、冷戦終焉後の今日にあっても、新たな役割を与えられた。現在では、軍事力に支えられたある種の〝政治力〟を発揮しつつある。自衛隊は国民に基盤を置かない点では戦前の帝国陸海軍と同質であり、安保体制はいまや戦後の〝国体〟とも呼ぶべき内実を保守するまでに至っている。そうした新たな軍事力にも支えられた、あの敗戦体験によっても払拭されることのなかった帝国意識が今日再生産されつつある。それは自衛隊という高度職能集団内部、あるいは教育現場や議会などにおいて排外主義的ナショナリズムが噴出している実態として指摘できよう。そうした思いを第六章で論述している。

なお、『侵略戦争』は、韓国（ソウル・凡友社《ポムサ》、二〇〇五年）、台湾（高雄・復文図書出版社、二〇〇七年）、中国（長春・吉林文史出版社、二〇〇八年）とアジア諸国でも翻訳出版され、いくらかの反響を得ていることも合わせて記しておきたい。

さて、引き続く「第Ⅱ部 総力戦の時代と現代――帝国日本の残影」では、「総力戦体制」や「総力戦国家」をキーワードにして、戦前と戦後を通して日本の国家社会が抱える歴史的政治的な諸矛盾と諸課題を取り上げ、分析を加えている。ここでは、二〇〇〇年代に入って執筆した論考を中心に収録している。

日本が近代国家として成立していく過程で、帝国の様相をかなり早い段階で見せることになるが、帝国日本の萌芽は果たしてどこに最初に見出されるのかという問いには、一八七四（明治七）年の台湾出兵と答えたい。「第七章 帝国日本の植民地支配と戦時官僚」の「1 帝国日本の展開と形成」では、台湾出兵が明治国家最初の対外戦争であったという歴史事実に留まらず、日清戦争に二〇年も先立って強行されたこの戦争が、明らかに帝国日本への脱皮を射程に据えて企画されたものであったことを論証している。

台湾出兵に続き、帝国日本は日清・日露戦争、第一次世界大戦、シベリア干渉戦争、日中一五年戦争、対英米戦争など、次々と大規模な戦争を引き起こし、また参戦してきた。その戦争の「勝利」の成果として、植民地保有国となっていく。植民地保有は日本資本主義の資源および供給地として、また、大陸国家日本に変容していくためなどの国家方針が貫徹された結果であった。戦争という国家暴力を振るうことによって、その発展が担保される構造を近代化の名のもとに構築していく過程が戦前日本の本質であった。

それゆえ植民地経営は、大陸国家日本、あるいは自給自足を条件とする総力戦国家日本を成立させるためには必須の国家行為としてあった。「2 日本の植民地官僚と総力戦」は、そうした観点から、植民地経営に動員された官僚たちの思想と動向を追及することで、植民地国家日本の実像に迫ろうとしたものである。そこでは植民地経営の蓄積と実践のなかで、自給自足国家としての総力戦国家日本の創出が目論まれ、人材を含めた国力の多くが植民地統治のために投入され続けた。しかし、そこで得られたもの以上に、被植民地諸国民の反植民地の動きや経営自体の非効率性などから、植民地支配は国力の消耗を早め、国家体力の喪失過程は同時に敗戦過程に連動していった。

近代日本国家の究極の目標とされた総力戦国家成立のためには、国務（政治）と統帥（軍事）との一体化・一元化が不可欠の条件であった。欧米におけるブルジョア国家であれば、政治による軍事の統制（文民統制）が確立しており、政軍両者間の緊張関係が国家戦略を切断するような対立や緊張は起こらない。しかし、日本の軍隊は天皇直結の軍隊＝皇軍として位置づけられ、合わせて政治の統制から離れて軍事が独自の行動を採り得る権能を付与した統帥権独立制が存在したことから、総力戦体制構築に不可欠な合理的な政軍関係は最後まで成立しなかった。

その一方で明治国家は明治緊急権国家として、絶えず国家危機を設定して、国民の平時からの動員体制を構築していく。結局のところ、日本の内外政策は総力戦体制構築に先鞭を付け、大正デモクラシー期の、いわば反総力戦体制的な思想と運動を潜り抜けるなかで、最終的には政党や官僚の支援をも取りつけつつ内外の政策全般にわたり、軍主導の政治過程が貫徹されていく。

「第八章 近代日本の政軍関係」では、「1 明治緊急権国家と統帥権独立制」、「2 日本型政軍関係の展開と国家戦略の不在性」において以上の内容を順次論じた。ここから得られるのは、天皇を頂点としつつ、諸権力が分立して構成される多元的連合国家としての天皇制国家にあっては、権力の分立状況を克服し得ない限り、総力戦体制構築は不可能であったことである。

近代日本の政軍関係については、私は先に『近代日本政軍関係の研究』（岩波書店、二〇〇五年）で、詳細に論じる機会を得ている。そこでは、総力戦体制構築という国家方針が合意される過程で、それまで対立的な関係を続けていた、例えば政党・議会勢力と軍事官僚、あるいは軍事官僚と官僚たちとの連携が開始され、最後まで不十分性は残るものの、一定の妥協が行われたことを指摘した。ただし、その不十分性の根底にあるものとして、本章でも論じたように、統帥権独立制など、軍部の特権制度が最後まで桎梏となったこと、この特権制度を完全に解除しない限り、総力戦体制の構築は未完成に終わったことを論証した。

既述の如く、戦前日本国家の権力構造が多元的連合国家と呼称できるような権力の分立性を主要な特徴とし、それがまた完結した総力戦体制構築にブレーキをかける要素にもなっていた。しかし、総力戦体制の構築過程と並行して強行された対外戦争に関する開戦責任が、大元帥として帝国陸海軍の最高司令官だった天皇にあったことは間違いない。

これに関連して、天皇の責任については多くの領域で議論され、研究の深化は近年特に著しい。「第九章 昭和天皇の戦争責任と現代天皇制」においては、そうした観点から戦後史研究において主要なテーマとされてきた天皇の戦争責任について、私なりの見解を論じておいた。「1 昭和天皇の戦争責任」では、昭和天皇の責任が不問に付されていく政治的背景を論じるなかで、むしろ今日においては、「2 現代天皇制の役割」で触れたように、戦犯訴追の対象から敢えて除外された天皇（制）の、特に政治的な役割がどこにあるかを論じた。開戦責任を問われず、聖断という高度な政治戦略を編み出すことで可能となった戦前天皇制（元首天皇制）から戦後天皇制（象徴天皇制）への変容の背景を読み取ることで、現代天皇制の新たな役割について論じた。

天皇制と総力戦体制との相互関係については、歴史研究及び現代における問題状況を踏まえて、今後ともより一層活発な検討が必要に思われる。つまり、歴史事実で追ったように、戦前国家が総力戦国家へと脱皮するためには、前近代的原理に基づき政治機能を発揮する天皇制の存在は、ある意味では桎梏となるはずであった。その桎梏を解消できなかったがゆえに、戦前国家は完全な総力戦国家へと転換することができなかった。

私は一歴史研究者として、戦前と戦後の連続性を強く主張する立場にいる。つまり、私たちは現代社会のなかで侵略戦争を強行してきた戦前社会と同質の社会を生かされているのではないか、という問題認識である。「第一〇章 連続する『戦前』」は、その問題意識を踏まえて論じている。

最初の「1 日中戦争下の国民監視と統制」は、監視社会の再生ぶりを日中戦争下の国民監視の史的考察を踏まえつつ検討を加えている。

監視社会の問題について、私は『監視社会の未来』（小学館、二〇〇七年）のなかで詳細に論じたが、この国にあっては強度な監視社会への転換ぶりが顕著である。なぜ、かくも監視社会への流れができつつあるのか。多様な視点の突き出しが必要だが、本書との関連で敢えていうならば、現代版総力戦社会の構築にあって、この「新社会」に包摂不可能な個人や集団への監視と統制を強化し、また、〝敵化〟することで排除の論理を公然化する動きとの関係で捉えることも可能であろう。

「2 戦前・戦後の有事法制の展開と構造」では、戦後の再軍備と軌を一つにして進められた一連の有事法制の整備状況を分析した。それが新たな戦前に適合する社会の軍事化を準備する法整備であることを、時系列に追究整理した。戦後社会の民主化が表向き進行する過程で、それと並走する形で有事法制が着々と進められていく。そのなかで戦後保守体制の強化や国家主義の浸透が図られていったことをふりかえる時、戦後社会とはいったい何であったのかを問わずにはいられない。

戦後の経済復興過程で、新たな総力戦体制としての高度経済国家への転換が期待され、実行されるなかで戦後天皇制も、これに対応合致すべき改編が進められた。総力戦体制と天皇制の矛盾を解消し、相互補強の関係をどう創出していくかが、戦後保守支配層の共通した検討課題となったことも確かである。

天皇制権力は聖断によって戦後に持ち越されたが、解体された帝国陸海軍の代替として戦後の再軍備が強行された。そこには、朝鮮戦争期という冷戦体制の初期段階にあって、連合国軍による日本占領期における一連の民主化コースと逆行する、反共防波堤国家日本の育成を急務としたアメリカ政府の強い意向が働いていた。戦後権力を物理的に担保するために再軍備が強行された点から、戦後日本の保守体制を根底から支えたのは、日米安保条約を基礎とする日米同盟関係であったといえる。

しかし、それは冷戦体制を背景にできあがっていたため、いったんその冷戦体制が終焉を迎えるや、新たな装いを凝らした新日米同盟の再構築が不可欠となっていった。それは具体的には、日米安保再定義の名で押し進められることになった。それで「第一一章 自衛隊・米軍再編と新安保・保守体制」で、まず「1〈臨戦国家〉日本への選択迫る米軍再編」で、結局のところ米軍再編は、限界点を迎えた日本の保守体制の再編を意味しているという点を強調した。ここで含意しているのは、戦後保守体制を物理的に支えてきた自衛隊と、それを法的に支えてきた日米安保体制が冷戦体制のなかで創設・締結されたことから、脱冷戦時代に入り、それらの存立の根拠が希薄化、あるいは無効化する恐れのなかで、日米双方の思惑を秘めつつ、安保再定義が強行され、その過程で自衛隊の位置づけも大きく変容していく。それは同時に戦後保守体制の変容あるいは改編過程でもあるという点である。

より細かな点にも目を向けるならば、米軍再編と並行して、自衛隊改編もまた深く静かに進行している。そのなかでも問題としておくべきは、「2 自衛隊の統合運用と文民統制の現段階」で示したように、自衛隊が文民統制を脱してフリーハンドを得ようとする試みが顕在化していることである。何ゆえに、現在の自衛隊及び制服組は、政治の統制から離れて自立化の途を選択しようとしているのか。その行き着く先が、ただちに戦前の統帥権独立制であるとまではいわないが、しかし論理的には、それに近い方向性が垣間見えることも確かである。

保守政治と官僚制が行きづまったとき、軍隊が再び政治の舞台に上ろうとするのではないかと危惧することは、現在の自衛隊の動向を見る限り理由のないところではない。そうした実態に警鐘乱打する意味を含めて論じた。そして、また冷戦体制終焉後においても、一方では国際化を謳いながら、他方では日米同盟というリージョナル(二国間)な関係に日本を収斂させていく日米同盟の非国際性を問題にしないわけにはいかない。この国が日米安保を戦後の国体の如く取り扱う限り、開かれた自由な国家も、また国民も生まれえないであろう。「3 日米安保条約と戦後日本の保守体制」は、そのことを強く訴えた論考である。

以上、全体の収載論文を急ぎ概説した。侵略戦争を発動した戦前国家の権力構造や国家体質が、敗戦を「終戦」と呼ばせてしまう聖断によって、敗戦体験が国家的にも個人的にも教訓化されないまま戦後を起動させたがゆえに、戦前の諸矛盾は隠蔽されたまま今日に至っているということが、大方了解されるはずである。

戦後日本においてはアメリカとの同盟を基盤に据えつつ経済発展を確保することが至上の目標とされてきた。戦前の侵略戦争が、最終的には総力戦国家の構築を大目標として設定したように、そのために構築された戦後日本国家も、文字通り、新たな装いを凝らした総力戦国家といえないか。戦前戦後を跨ぐ国家主導の総力戦思想や国家像を超える思想や国家像の構築が、現代と未来を生きる私たちに強く課せられていることを、歴史の検証を通してあらためて強調しておきたい。

第Ⅰ部　侵略戦争

——歴史事実と歴史認識

はじめに――歴史の忘却と記憶のはざまで

「権力に対する人間の闘いとは忘却に対する記憶の闘いにほかならない」――ミラン・クンデラ

いま、歴史解釈の修正と歴史事実の歪曲の動きが、ある世界史的な潮流として、この日本にも流れ込んで来ている。その一群が、自らを「自由主義史観」グループと称して、日本近現代史の修正作業を押し進め、それが一定の支持を集めている。

その一群の歴史叙述の内容と方法は極めてシンプルだが、青年層を含め、多くの支持と共感を得ているようだ。だが、その極めて恣意的でご都合主義的な歴史解釈や、歴史研究の基本である歴史事実の実証の点で、多くの疑問を内在させていることも、また周知のことになっていよう。

こうした歴史の事実と解釈をめぐる動きのなかで、私が特に問題にしたいと思うのは、歴史の認識に関わる点である。私自身、この間の歴史研究の目標を、歴史事実の実証とその事実から現在と未来の望ましき新たな歴史形成の素材を獲得することに置いてきた。

いいかえれば、ワルター・ベンヤミンが「過去を歴史的に関連づけることは、それを『もともとあったとおりに』認識することはでない。危機の瞬間にひらめくような回想を捉えることである」(「歴史哲学のテーゼ」)と述べたように、歴史事実を正確に叙述すると同時に、実証により確認した歴史事実をどう認識するかという作業を通じて、現実の社会や世界をより良き方向に導く標しとして活用していくことである。そこでは、恣意的でご都合主義的な歴史解釈は絶対に許されるものではない。

今日における歴史修正の世界史的潮流は、歴史事実そのもの否定・歪曲から、恣意的な歴史解釈、ある政治目的を達成するために様々な粉飾を凝らした歴史叙述まで、実に多様な形態をともない表出している。それゆえに、今日の歴史叙述の基本が、ベンヤミンのいう歴史事実のストレートな認識に留まらないで、それをこの歴史の危機の時代に、どう危機克服の武器として活用していくのかという、課題設定なり問題意識の質が問われているように思うのである。

そうでないと、歴史修正主義の潮流や、その日本版であろう「自由主義史観」グループの「歴史再定義」運動には、充分に抗していくことができない。私は、歴史の危機の時代にあって、そのような危機を克服し、歴史を現在と未来を創り出していくための有効な手段とし、主体形成の拠り所としていくために、歴史の事実の確認と歴史認識の深まりを求めていきたいと思うのである。

そうした問題観点を具体例に踏まえて付記しておくならば、戦後一貫してアジア太平洋戦争の解釈と認識をめぐる二分立状態が続き、その一方の側から「侵略戦争論」の清算が意図されてきた。敗戦五〇年目に企画された「謝罪・不戦決議」の国会「決議」により、清算の動きは一層の拍車がかかった。極めて、価値中立的で曖昧極まりない国会決議の内容にさえ、清算を意図する人たちは焦燥感を抱き、その解釈づけにおける主導権の確保を急ごうとしていた。

彼らにとって、戦後民主主義や平和主義が侵略戦争の敗北を契機に獲得されたものであり、日本の敗戦は中国をはじめとするアジアの被侵略諸国家の人々によるファシズム国家日本への抵抗と反発により結果されたもの、という歴史事実や歴史認識は到底受け入れられないのである。なぜなら、戦後民主主義や平和主義は、天皇制に集約される戦前の価値観や政治社会制度の否定ないし克服を前提としたものであって、彼らのいう国家観や国家制度の復権の可能性を全面的に閉ざすものと理解されているからである。

それで、彼らが目指す国家や国家制度の復権を実現させるために、まず戦後民主主義や平和主義の起点ともいうべきアジア太平洋戦争が侵略戦争ではなく、「自衛」のための戦争であり、「アジア解放」のための戦争であったという歴史解釈を持ち出してくるのである。

アジア太平洋戦争の研究レベルや戦争観からいえば、多くの日本人が、アジア太平洋戦争を侵略戦争と明確に規定し、また侵略戦争あるいは極めて侵略性の高い戦争との認識を抱いていることは間違いない。だが、それにも拘わらず、それが同時的に戦争責任や加害責任の問題にまで意識化されている現状にはない。つまり、日本人の戦争認識が依然として確立されていないということだ。それが侵略戦争否定論者たちの格好の狙い目とされているのである。

歴史事実の隠蔽や忘却、そして恣意的な歴史解釈の押しつけは、現行憲法が示す歴史認識を否定し、ポスト冷戦時代に適合する新たな国民意識＝「帝国意識」の培養が試みられているとも理解される。ポスト冷戦の時代を迎えて、新世界秩序＝新体制創出の過渡期に入った現在、「相互依存体制」の深化と脅威の分散ないし拡散という矛盾した現象が最も先鋭化した形で表出するであろうアジア地域で、あくまで日本が覇権主義を貫こうとすれば、国家組織の引き締めは強まることはあっても、弱まることは決してなかろう。

この「帝国意識」の基盤は、すでに経済大国意識によって大枠が形成されたものだが、それは自民族中心主義（エスノセントリズムあるいはエスノナショナリズム）に支えられた歴史観念を特徴とする。そこでは民族の歴史総体が一貫した栄光の歴史として評価され正当化される。それゆえに、アジア太平洋戦争は日本民族の歴史にとって負の遺産ではあってはならず、その戦争目的において日本国家・日本民族発展のための大いなる試みであった、とする歴史解釈や認識が不可欠なのである。

同時に世界的な観点から見据えておくことも忘れてはならない。それは「歴史修正主義者」(révisioniste)、または「歴史否定主義者」(négationniste)と呼ばれる歴史の〈見直し〉論者たちの世界的な動きとの、ある種の連動性の問題である。

ドイツにおける歴史事実の相対化の是非をめぐる「歴史家論争」は、ドイツ・ナチズムが犯した罪の絶対的悪から相対的悪への格下げを結果し、さらにナチスによるユダヤ人虐殺やガス室の存在の否定論を誘因した。歴史修正主義者たちは、実証的な歴史研究を専門的職業とする歴史家たちではなく、その限りでは学問上の論争の相手ではないにしても、その社会的な影響力は無視できるものでは決してない。

歴史修正主義者たちの基本的な目標は、歴史の創造主体としての個人の役割を否定し、歴史を管理・修正する主体としての国家を全面的に評価することにある。したがって、国家にとって不都合な種々の歴史事実は意図的任意的に抹殺・隠蔽しようとする。歴史修正主義の本場ともいえるドイツでは、ナチズムの侵略の事実を隠蔽・歪曲し、アメリカでは「自由圧力団体」に支援される歴史修正会議などがその役割を担い、フランスでは国民戦線に終結した人々がフランス共和制の歴史の〈見直し〉を迫っている。

私たちに求められていることは、〝歴史の管理〟者として過去の歴史を歪曲・隠蔽しようとする国家や、そうした路線に忠実な政治家や歴史修正主義者たちの犯罪性を告発し、国家からの歴史の〈取り戻し〉を急ぐことにある。その危険性を自覚しながら、歴史の〈見直し〉の動きを阻むためには、より逞しい歴史意識や歴史認識を鍛えあげていくしかない。私たちは、いまや過去の克服と同時に、歴史の〈取り戻し〉という課題を背負うことになったのである。その場合は、私たちが検討すべき課題をいくつか抱えている。

そのうちのひとつだけをあげれば、歴史の「忘却」と「記憶」の問題がある。前者については、姜尚中《カンサンジュン》がすでに「歴史の忘却《アムネジア》」というタームで鋭く指摘したが、過去を隠蔽しようとする国家と、過去を忘却しようとする国民とを、同時的に「告発」することを通じて、歴史の〈取り戻し〉と歴史認識の共有こそが求められているのであり、それが被侵略国家および国民・民族との和解の第一歩となるはずである。

だからこそ、侵略の歴史事実を相対化し、侵略戦争を単なる「過去の出来事」に追いやることで「現在としての過去」という歴史を捉える重要な視点を完全に抹消しようとする試みには、異議を唱え続けなくてはならないのである。「過去の出来事」という場合、侵略戦争という、あくまで日本国家にとって都合の悪い歴史事実のみが選定されて忘却の対象とされたことは、極めて悪質な歴史解釈である。

そうした意図された歴史の忘却の進行に、被侵略国家の人々はますます不信感を募らせるばかりだ。なぜ、広島・長崎への原爆投下、シベリア抑留ばかりが強く記憶され、バターン死の行進、南京虐殺事件、シンガポール虐殺事件、マニラ掠奪事件、ベトナム一九四五年の飢饉などが忘却されるのか、という問題である。忘却と記憶によって歴史事実が都合よく再形成されていく事態こそ極めて憂慮すべきなのだ。

記憶と忘却の恣意的な操作のなかでは、歴史事実の確認と未来に向けた歴史認識の深まりは期待できない。侵略の歴史事実と加害の歴史事実を「心に刻む」(Erinnerung) ことによって、より社会的に加害の主体と被害の主体を明確にしていく作業を怠ってはならないのである。戦争責任問題が議論される場合、短絡的な加害論や被害論あるいは敵・味方論の議論に収斂させてしまうのではなく、まずどのようにしたら「現在としての過去」と、自分とを切り結ぶことが可能なのか、そしてどうすれば歴史の主体者としての自己を獲得することができるのかという課題が設定されるべきであろう。

この課題設定が深刻かつ真剣に議論されてこなかったがゆえに、歴史の暗部を隠蔽し、過去の〈書き換え〉を強引に要求する国家の歴史の統制に、有効な対応ができなかったのではないか。同時に戦後の平和主義や民主主義の内実を深く問うことなしに、利益誘導型・利益第一主義的な「前向きな課題」への無条件の礼賛のなかで、無意識的にせよ、過去の忘却に手を貸してきたのではないのか。

今日、アジア太平洋戦争の歴史の事実は充分に論証されもしてきた。戦後日本人の戦争観や歴史解釈にしても、多くの人びとが日本の侵略戦争の歴史事実を真剣に学びとろうとしている。また、侵略戦争を告発し続けることで過去を徹底して批判し、そのことによって「過去を克服」し、同時に侵略戦争を引き起こした戦前期社会と多分に連続性を孕む戦後社会をも総体として批判することで、あるべき理想社会の構築を実現しようとする運動や思想が展開もされ、深められもしている。

それこそが「現在としての過去」を正面から正しく見据えることである。その点で「過去」を単に時間系列的な「出来事」として片づけてしまうのは、決して許されるものでない。それと同時に明らかに歴史事実の歪曲・曲解・隠蔽によって、ある政治的目的のために歴史を捏造することは最も卑劣な行為である。いわゆる「米英同罪史観」、「自衛戦争史観」、「アジア解放戦争史観」、「殉国史観」、「英霊史観」などの〝歴史観〟が、これに該当しよう。

これらの歴史観に共通する事は、いずれも他の人たちによって行われた犯罪によって、別の人々の背負う罪が相対的に軽減されるとする認識に立っていることである。これこそ明らかに歴史責任を放棄する考え方であり、歴史の事実を真正面から見据えようとしない無責任な姿勢である。これでは歴史のなかで生きる人々との間で、あるべき歴史認識の共有と理解により「平和的共存関係」を創造するという平和の思想は、到底生まれようがない。

そのような課題を念頭に据えながら、私は現代史研究者の一人として、とりわけアジア太平洋戦争とはいったいどのような時代であり、どのような戦争であったのか、戦争に至るまで、これを受容していく侵略思想がどのような段階と思想的な変遷を経つつ、どのような思想家たちによって創出されていったのか、また、戦争に至る国内の政治動向、なかでも天皇周辺や軍部の動向はどのようなものであったか、を追い続けてきた。

それと同時に戦争という政治状況のなかに、これに関わらずにいられなかった人々についてや、戦争による抑圧の体系のなかで人々がどのような運命を辿らざるえなかったのかを活写していくことが、新たな「戦前」の始まりともいうべき今日の状況からも不可欠に思われる。

そして、〈侵略戦争〉としてのアジア太平洋戦争の真実に迫る試みは、今後においてもあらゆる機会を通して続けなくてはならない。現在が歴史の危機の時代であってみれば、なおさらである。この戦争が私たちに問いかけている課題はあまりにも多い。本書は、そうした課題に真剣に向き合いたいと思っている私なりのささやかな作業のひとつである。

第一章　侵略思想の源流を探る

1　侵略思想と民族差別意識の形成――日清・日露戦争以前

アジア論に内在する侵略思想

全国の志士たちが中国・朝鮮を中心とするアジア大陸への関心を抱き始めるのは、江戸時代後期から幕末期にまで遡る。

日清戦争前後には多様なアジア論が展開されるものの、それらの全てがアジア大陸こそ日本資本主義の発展に不可欠な市場の提供地や資源の供給地であり、日本の政治的軍事的な覇権の対象地域であるとする、昭和初期のアジア大陸侵略思想に帰結していくものでは必ずしもない。しかしながら、アジアを論ずることが、同時に日本国家や日本民族の将来像を論ずることになったがゆえに、必然的に日本とアジアとの関係性をどのように位置づけていくかが常に主要なテーマとして求められ続けたことだけは間違いなかった。

さらに、それらアジア論が基本的にはアジアへの西欧諸列強の侵略という歴史事実に触発されて展開されたこともあり、侵略への対応という重い課題が、様々なアジア論を媒介に大陸侵略思想の形成につながる内発的なエネルギーを呼び起こしていったのである。それはまた、国家権力の外に向かっての膨張（＝膨張主義）、軍事力による領土拡張（＝侵略主義）、民族的優越性の誇示（＝民族主義）を特徴とする日本近代化思想そのものを準備し、同時に日本人のなかにいわゆる「帝国意識」を育んでいくことにもなった。

日本近代化とは、一面において侵略思想を基盤にしながら、この「帝国意識」を内在化させる歴史過程そのものであったのである。日本近代化の過程で再生産されてきた「帝国意識」は、アジア太平洋戦争での日本の敗北によって解体されたはずであったが、現在の日本国家および日本人から完全に払拭されたとは到底言い難い。

むしろ、今日的状況としては「帝国意識」が蘇生し、増幅されていく現実にある。それは国連安保理常任理事国入りを支持する世論に示された大国意識や、「従軍慰安婦問題」に象徴されるような、戦争責任や戦後責任問題を回避しようとする意識に確実に孕まれている。

以下、侵略思想や帝国意識の源流を探り、その形成過程を追うことから始めたい。

侵略思想の源流とその担い手たち

日本の大陸侵略思想の源流を辿るとすれば、江戸後期に『三国通覧図説』（一七八五年）や『海国兵談』（一七九一年）を著した林子平（一七三八―一七九三）と、『西域物語』（一七九八年）や『経世秘策』（同）を著した本多利明（一七四四―一八二一）に行き当たる。だが、子平が南下政策を進めるロシアの脅威と隣国の巨大国家中国の潜在的脅威への対抗から海防論を主張し、利明が中国・朝鮮に限定されないアジア全域を視野に入れた貿易立国論を説いた点で両者の相違は明らかであった。ただ、子平が朝鮮を国防上の観点から、蝦夷や琉球と並んで朝鮮を緊要の地と位置づけた意味は決して小さくない。つまり、子平はロシアの脅威への対抗から朝鮮を領有する必要性を説いた恐らく最初の人物となったのである。

利明は経済的自立への道を説き、非軍事的手段による日本の発展を志向する。経済的自立の基盤として海洋を利用し、東南アジア地域をも含めたアジアの地に日本の発展の基盤を求めることを強調したのである。それは明治初期から登場する「南進論」の萌芽ともいうべきものであった。その点からすれば、子平の軍事主義的なロシア脅威論と朝鮮領有論こそ、明治初期から中期にかけて華々しく展開される大陸侵略思想の源流といえる。そして、本多利明の所論は海軍の軍事官僚を中心に主張される「南進論」の出発点をなすものであった。

ところで、子平が鎖国の不利益を鋭く指摘し、鎖国政策の見直しと国防思想の普及を第一の目的とした限り、それは一種の開明思想の部類に入るものとされてきた。その一方で、後の天皇制支配原理に刻印されるような日本民族優越主義を基底に据えつつ、極めて鮮明な侵略主義を展開し、天皇制の支配原理に潜在していく侵略思想を率直に語った思想家として佐藤信淵《のぶひろ》（一七六九―一八五〇）がいる。

すなわち、信淵は『宇内《うだい》混同秘策』（一八二三年）のなかで、「皇大御国《すめらみのくに》は、大地の最初に成れる国として世界万国の根本なり」と記し、日本が世界の中心国であり世界の全ての地域は「皇大御国」＝天皇制国家日本に従属し、天皇こそ唯一の支配者であるとする強烈な自民族至上主義を思想形成の出発点としていた（橋川文三・松本三之介編『近代日本政治思想史』有斐閣、参照）。

続けて、天皇制国家日本に最初に従属すべき地域は中国であり、まずその手始めに「支那国の満州より取り易きはなし」と中国東北部（満州地域）の「奪取」を提言する。もっとも信淵の長期的な国家戦略は、中国東北部を日本が「奪取」し、ロシアの脅威から解放されてから後、日本の国力増進のための経済的適地として東南アジアへの「南進」を説くものであった。

それは、ロシア脅威という危機設定のなかで、中国の「奪取」が天皇制国家の支配原理に合致するものと認識していた点で、後の日本陸軍の満州占領計画の動機づけと酷似する。事実、一九二〇年代後半から三〇年代初頭にかけて、軍部や右翼らを中心とする大陸侵略行動の画策のなかで、この信淵の侵略思想が繰り返し借用されることになったのである。

権力闘争から発した朝鮮領有論

明治政府内における権力の争奪をめぐる内紛のなかで、一八七三(明治六)年に登場する西郷隆盛(一八二七―一八七七)らによる「征韓論」が、権力奪取の手段として唱えられる。それは、国民皆兵を骨子とする徴兵制施行による士族の軍事部門における独占的地位の剥奪や、明治近代国家の封建制の払拭過程における士族の特権喪失の危機感を動機づけとし、明治近代化への異議申し立て行為という形式を踏みながら、韓国への軍事侵略による士族制軍隊の有効性を発揮することが企画された。

ここでの問題は、「征韓論」の動機づけがどのようなものであれ、朝鮮半島の領有によって国内における権力関係の調整が図られ、国内危機の解除が目標とされた点である。「征韓論」をめぐる権力争奪劇は、これ以後の日本の大陸侵略思想が国内の政治的問題との関連で産み落とされ、同時に国内権力構造の変動に規定されつつ、その枠組みが形成されていくことを予測させるものであった。

つまり、常に対外脅威論による危機設定が国内の種々の矛盾解消の有効な手段として使われたのである。

そこでは、相手の質や実態は必ずしも問題とされない。要するに、危機設定する側、つまり日本人あるいは日本政府による自己本位の侵略思想が再生産される構造と体質とを、日本の侵略思想は発生の当初から色濃く身につけることになったのである。

大陸侵略思想の基本的構造が国内権力構造の性格を反映したものとして存在し、また国内権力構造の変転に左右されながら表出し続ける体質を持ち続けたがゆえに、侵略思想は実に多様な担い手により多様な形態をもって展開された。同時に、侵略思想に内発性と外発性というものがあれば、日本の大陸侵略思想は内発性が極めて優位を占めただけに、危機設定と脅威の対象は、常に国内の政治社会状況や権力構造の変化に規定される傾向を持ったものとしてあった。

そのことは、客観的な危機が存在しない場合でも、国内の諸矛盾の存在や権力強化の手段の極めて有効な方法として任意に危機や脅威の対象を設定することを可能とさせた。実際のところ日本の侵略思想は客観的な理由づけに乏しく、主観性に依拠した実態を伴わないものであっただけに、それが一定の政治力として実践されていくためには特殊なイデオロギー装置をフルに稼働させる必要性があった。

そのためにも種々のレトリックを多用して、侵略戦争の客観的合理性の欠如を補強せざるを得なかったのである。そこで後年、天皇制が有力なレトリックの素材として活用されるという事態が不可避となった。

こうした視点からすると、「征韓論」は、国内士族権力の復元を目的とした一種の権力争奪過程で派生したものであって、西欧諸列強のアジア侵略という危機認識から選択された行為ではなく、侵略の事実に触発されて朝鮮領有が論じられたにすぎない。

結局のところ、「征韓論」は、西欧諸列強の外圧から朝鮮半島を防衛し、日韓連携の枠組みを構築しようというものでは決してなかったのである。それは、西郷隆盛が自ら「内乱を冀《こいねが》ふ心を外に移して国を興すこと遠略《えんりゃく》」（「一八七三年八月一七付書翰」、『大西郷全集』第二巻、平凡社）と板垣退助に書き送ったように、権力内部の調整失敗から派生した西郷らの権力奪取の手段にすぎなかったのである。

近代化促進のための侵略論

自由民権思想の国権論は、明治専制政府の権力概念の対抗論理として成立し、民権による専制政府の権力概念の根本的な是正を要求したものであった。したがって、自由民権論者が明治専制政府との基本的な対抗軸を形成する限り、同様にアジア的専制や封建制により権力から疎外され強権支配を強いられているアジア人民との連帯と、そうした専制権力からの解放をアジア認識の基本に据えていたことは理解される。

たとえば、杉田鶉山《じゅんざん》（一八五一―一九二八）は『東洋恢復論』（一八八〇年）や『興亜策』（一八八三年）のなかで、専制権力による圧政からアジア人民が解放されるためには、連帯を通してアジアの地でも民権論の拡張が不可欠と説いていたのである。そこでは朝鮮・中国をはじめとするアジアは支援の対象であっても、決して侵略の対象ではなかった。他の民権論者にしても鶉山ほど明確なスタンスを持ち得なかったにせよ、他の民権論者にほぼ共通するアジア観は明治政府の専制権力打倒とアジア地域における専制権力からの人民の解放であり、そのことが民権論の政治目標として強く意識されていたのである。

ところが、鶉山は中国（当時清国）訪問の体験のなかから、日本からの支援や連帯によっても中国人民が自力で専制権力を打倒する能力は皆無とする判断を示し、そのような封建的な専制権力は西欧諸列強の侵略の前に太刀打ちすることは到底不可能であるとの結論に達する。鶉山は『東洋攻略』（一八八六年）のなかで、西欧諸列強の侵略の対象は日本に向けられることは早晩必至であり、中国支援に精力を割くよりも、「寧《むし》ろ我を進んで之れを取り、その仲間にはいる」ことにより、西欧諸列強の侵略を回避すべきであると論じたのである。

ここに自由民権論者鶉山のアジア認識における、いわば転向がなされたわけだが、その背後には中国の現状を見たことから発する中国への差別・蔑視観念が西欧の近代化の実際を見聞するなかで培われたことがあろう。しかし、鶉山は西欧諸列強により半植民化状態に置かれ、しかも封建的専制権力による資源の不平等な分配が中国の政治的かつ経済的混乱の根本的原因であることを読み込もうとはしなかった。ただ、西欧の近代化との対比のなかで、中国の非近代化の現実を解釈していたにすぎない。

鶉山の主張の根底には、西欧諸列強が資源供給地として植民地経営に乗り出したと同様に、日本の近代化のためには中国・朝鮮を侵略し、西欧流の近代化を緊急の課題と設定することがより重要だとする、紛れもない侵略思想が息づいていたのである。それで、鶉山の主張からも理解されるように、アジアの犠牲のうえに日本の近代化＝「一国繁栄」を獲得しようとする国家エゴイズムに直結する侵略思想が、近代化の論理によって形成されてきたことを確認できる。

それゆえ、西欧諸列強の侵略への脅威は観念としては存在し得ても、それ以上にアジアを犠牲にし、アジアを収奪することで近代国家日本の建設を果たすことを正当とする論理が定着していく。その点では権力争奪の一手段としての大陸侵略という位置づけに加え、近代化のための侵略という内容性も含み込んできたのである。いわば〝近代化のための侵略〟なる認識が民権論者ばかりでなく、支配層や多くの国民のなかに浸透し始める。

大陸侵略思想が常に中国・朝鮮への蔑視・差別感情を基底に据えていたことは、ヨーロッパ近代思想を身につけ日本国内にあっては自由党左派の理論家として鳴らした大井憲太郎（一八四三―一九二二）にも共通する。

その憲太郎が連座した有名な大阪事件（一八八五年）は、韓国独立党が朝鮮封建社会を打倒し、朝鮮社会に民権を拡大することが目標とされた。そこでは人間の本質的原理である「自由」を獲得する手段として民権論の拡張が不可欠であり、その「自由」の機会を奪う専制権力を打倒することを一国の問題としてでなく、人類普遍の課題とする認識から、韓国独立党への支援が企図されたのである。

だが、大阪事件で獄中にあった憲太郎にしても、明治憲法発布の恩赦で釈放されてから、以前より抱いていた中国蔑視の観念も手伝い、朝鮮・中国への侵略的思想を展開していく。すなわち、基本的には鶉山の認識と共通するが、西欧諸列強の侵略への対抗手段として大陸に覇権を求め、大陸を領有することが日本の進むべき道だと説くに至ったのである。この点で杉田と同質のアジア侵略論に帰着する思想を語ることになった。

問題は鶉山にせよ憲太郎にせよ、最初は民権思想の拡充による封建的専制権力の打倒を主張しながら、結局は朝鮮・中国への非合理な蔑視・差別感情に規定されつつ、西欧諸列強への対抗と日本近代化の手段として大陸侵略を正当化するに至った原因はどこにあるのかということである。

侵略思想転化の背景

様々のアジア認識が非合理な侵略思想に転化していく原因を探るうえで、例えば樽井藤吉《たるいとうきち》（一八五〇―一九二二）のアジア認識が参考となろう。

藤吉は有名な『大東合邦論』（一八九三年）のなかで、明治中期以降に具現される大陸侵略思想と極めて好対照のアジア観を展開する。しかし、それは同時にいつでも侵略思想に転化する内実をともなっていたことも確かであった。藤吉は、まず日本と朝鮮との関係について次のように述べる。すなわち、「日本は和を貴んで経国の標《しるし》となす。朝鮮は仁を重んじて施治《しじ》の則となす。和は物と相合うの謂《いい》、仁は物と相同ずるの謂なり。ゆえに両国親密の情は、もとより天然に出て、遏《とど》むべからざるなり」（竹内好編『現代日本思想体系9 アジア主義』筑摩書房）と。

それは儒学的素養から導き出された日朝関係論であったが、そこには両国の文化的民族的相違性を遥かに超越した共通の自然的先天的な結びつきが存在しており、両国が連携・連帯するのは西欧的な意味での近代国家観念に束縛されていない個の人間が等しく交じり合うに似ているとする。そして、両国の発展のためには両国が将来的に「合邦」することが最善の途だと説き、「二国合同の実を挙げんと欲すればこれを微《かすか》に慎まざるべからず。けだし名称の前後、位地の階級に因って彼此《かれこれ》の感情を損《そこな》い、もって争端を啓くは古今その例なしとせず」（同前）との理由から、その国名を「大東」と命名するとしているのである。

藤吉は朝鮮との「合邦」が日本にとり不利とする議論に、次のような反論を怠らない。すなわち、「朝鮮は貧弱なりといえども、その面積はわが国に半ばす。その貧は制度の不善による。もし合同してもってその弊を革《あらた》むれば、富をまた期すべきなり」と（同前）。

ここにあるのは朝鮮侵略の観念とは無縁な平等観念であり、日本のアジア主義者たちの多くが指摘してきたように、朝鮮の非近代性の原因を封建的な呪縛を強要する儒教的倫理と道徳観に支配された制度自体に求め、決して朝鮮の民族性に求めていない点でも際立ったものであった。

さらに中国との関係についても次のように語る。「競争世界の大勢を観るに、よろしくアジア同種の友国を合して、異種人と相競争すべきなり。合同を要するもの、何ぞ日韓に止まらんや。余これを朝鮮に望み、清国に望まざるは、故無きにあらず。清国の情、いまだ許さざるところ有ればなり」とし、清国と日本との「合邦」は時期尚早としつつも、「わが日韓、よろしく先に合して清国と合縦し、もって異種人種の侮《あなどり》を禦《ふせ》ぐべし」（同前）とした。

つまり、異種民族との内紛や対立を抱える清国の国情が現在のところ日本・韓国との「合邦」を許す状態にないが、「合縦」という、一種の同盟関係を締結することで両国の関係を強化し、それによって日本と清がアジアの二大国となって西欧への対抗軸を形成しようという戦略が提唱されていたのである。

繰り返し指摘されてきたことだが、明治国家の最初の本格的な対外侵略戦争である、中国との間に朝鮮半島の支配権をめぐって起きた日清戦争（一八九四―一八九五）開始の前年に、このような議論が提出されていたことは注目に値する。日清戦争の侵略性への問い直しが不可欠という視点に立った場合、日清戦争を境にしてなぜ藤吉の所論が振り返られることなく、アジア論が大陸侵略思想へと収斂していったかを総括するうえで、彼の思想に内在する課題は、検証材料になり得るのである。

欧米帝国主義への対抗思想

ここで強調されるべきは、藤吉の「合邦」論や「合縦」論が、西欧の近代化路線と、そこから派生する西欧資本主義の発展段階における帝国主義的なアジア政策への対抗思想として展開されたものであって、結局はアジア的専制権力からアジア人民を解放する戦略として構想された思想では必ずしもなかったことである。藤吉の対朝鮮・中国との関係構築の内実こそは、結局のところ国家運営の方法論でしかなかった。

要するに、西欧の諸列強と対抗するため、基本的には同質の強力な国家を形成することが優先課題とされ、実際には日本人民の諸権利の拡大と社会の民主化に帰結する思想性を一切放棄したところから論じられていたのである。藤吉の所論に典型的に示されたように、国家至上主義を根底に据えた日本国家発展の論理こそ、ほとんどのアジア論が大陸侵略思想に収斂していく主要な要因となったといえよう。

さらに西欧近代化の本質的属性としての帝国主義が、実はアジア的専制権力を利用して、さらなるアジア民衆の収奪を強化しているという世界史的事実への認識が、完全に欠落していたことも指摘しておきたい。課題とすべきは、西欧的なレベルにおける近代化促進のためにも、朝鮮との「合邦」でも中国との「合縦」でもなく、まずはアジア的専制権力を打倒して人民の権利を拡張し、人民を主体とする自立した国家や社会形成を行うという議論だったはずである。

加えていえば、後年の「大東亜共栄圏」思想の根底に、この樽井藤吉的な対朝鮮・中国、そして対アジア認識や位置づけが色濃く内包されていた。「大東亜共栄圏」思想も、基本的には樽井藤吉的な諸論を展開しつつ、その実行方法としての「侵略主義」の採用というパターンにより、その実現が強行された。そして、プロパガンダとしての「大東亜共栄圏」思想は、藤吉と同様に中国・朝鮮の日本との自然的必然的な「合邦」および「合縦」関係の実現を強調することで、多くの日本国民の共感を獲得していくことになる。

日清戦争を新旧文明を代表する日本と中国の対立と位置づけ、新文明が旧文明を乗り越える行為とした内村鑑三（一八六一―一九三〇）の「義戦論」、やはり日清戦争を「文明の義戦」とし、文明的対外論を積極的に説いた福沢諭吉（一八三五―一九〇一）の「脱亜論」などに代表される文明論的かつ思想的な問題としてのアジア論の展開にしても、後述する徳富蘇峰の『大日本膨張論』（一八九四年）、日本の大陸政策の強力な推進者のひとりであった後藤新平（一八五七―一九二九）の『日本膨張論』（一九一六年）などとほぼ同質の侵略思想を内包したものであった。

文明論的かつ思想的アプローチは、結局のところ膨張主義や侵略思想を正当化するための議論でしかなかった。そこに露見されるのは強烈な国家主義であり、国家エゴイズム以外のなにものでもなかったのである。

確かに、今日「大陸問題」の研究史においては、文明論的思想的問題としての「アジア問題」と、膨張主義的侵略思想の内実を含んだ「大陸問題」との相違性を強調し、ふたつの問題が日清・日露戦争を契機として同質化していく過程に注目する視点が有力である。その相違性を把握する作業を通じて、侵略思想への転化の原因を追及する方法と目的は充分理解される。

しかし、それ以上に文明的思想的問題としてのアジア論が、結局は「義戦論」的戦争観を再生産していく思想的根拠を提供し、それが「東亜共同体論」などを経由して「大東亜共栄圏」思想に帰結していった歴史事実を踏まえれば、文明論的思想的アプローチが果たした役割の問題性をまた、ここでは繰り返し強調しておかねばならない。

対中国認識を中心に

戦前期日本の大陸侵略思想の形成期が自由民権期以後における明治二〇年代に求められることに大方の異存はないであろう。民友社を設立して『国民之友』を発行し、平民主義を説いて明治ジャーナリズムに多大の影響力を発揮する徳富蘇峰（一八六三―一九五七）は、日清戦争を境に巧妙な侵略思想を説くことになる。すなわち、当初は西欧近代合理主義の基盤のうえに西欧的市民社会を形成することによって平等主義を実現することを説いたが、日清戦争を境に露骨なまでの日本民族膨張主義礼讃論を展開するのである。

蘇峰は、それまでに潜在的な脅威の対象国として中国を警戒する必要を説いていたが、『国民之友』（一八九四年六月号）に発表した有名な「日本国民の膨張性」では、日本の対外膨張政策を善なるものと位置づけ、その日本の膨張政策の最大の障害が中国だとした。この中国との「衝突」に勝利しない限り、日本の将来における発展はあり得ないとしたのである。

蘇峰の対中国観の特徴は、いわば日本の膨張主義や侵略思想を正当化するために、隣国の大国である中国を脅威と設定し、日本の対外侵略戦争の積極的意義を説く絶好の素材として中国をイメージすることにあった。蘇峰の対中国観は全く合理性を欠いたものであったが、彼の思想的影響力は『国民之友』を媒体として、大方の日本国民を膨張主義への賛同者とすることに成功していく。

さらに蘇峰は、日清戦争以降においては西欧諸列強の進攻への対抗処置は日韓清のアジア三国が「連合」して当たるべきであり、その場合日本が盟主としての地位に就くことが「連合」形成の条件だとする。そこでの連合論には純粋に対抗勢力の形成という意味以上に、日清戦争以後の日本の国際的地位の変化にともなう新たな国際的緊張関係への対処的な意味合いが含まれていた。それはアジア諸国が対等に「連合」し、西欧のアジア進攻に抵抗していくというものでは決してない。それはただ、日本の国際的位置を安泰にするための「連合」であり、やはり国家エゴイズムの発露でしかなかったのである。

その点では、新聞『日本』を通じて西欧の近代化や技術主義に対応してアジアの独自性の発揮と自立性の獲得を説き、西欧との対比のなかでアジア主義を強調し、蘇峰のような安直な侵略思想の展開に一定の批判的精神を示した陸羯南《くがかつなん》（一八五七―一九〇七）にしても同様であった。つまり、羯南はアジアの「平和」が日本を主軸に据えた形でしか成立不可能だと説き、結局は中国への侵略を正当化していくのである。蘇峰が中国の潜在的脅威を率直に語ったのに対して、確かに羯南は中国を日本の陣形に取り込むことで脅威の対象とせず、日本の連携の相手と位置づけ、西欧的なるものを拒絶して日本的なる文化や思想で対置しようとした点での違いは認められる。

だが、両者の間に対中国へのアプローチの相違性は認められても、朝鮮をも含めて日本が主導する対象でしかないというアジア認識を示した点で、最終的には侵略思想に収斂されていく内容を孕んでいたのである。そこでは歴史事実としての侵略行為が、朝鮮・中国をいわば「善導」する行為と認識されていた。

この点は既述の藤吉の諸論とも同質であり、さらに後年に『支那観』（一九一三年）のなかで中国を「畸《き》形《けい》国」と見なした内田良平（一八七四―一九三七）、『支那論』（一九一四年）や『新支那論』（一九二四年）などで中国社会の特殊性を強調してやまなかった内藤湖南《こなん》（一八六六―一九三四）らの中国認識と基本的に共通する。

要するに、中国は西欧的常識からして極めて異質な国家社会であり、国際社会通念から大きく逸脱した存在であると捉えることで、中国への差別・侮蔑感を基底に据えた中国認識を増幅していったのである。それは同時に異質なるものを排除し、共生・共存思想を拒否する論理と意識を潜在化させることにつながっていく。当代の文化人・知識人とされた人々によって繰り返し強調され、現実の政治過程において対中国への強圧的な姿勢が露骨に示されていったことも手伝って、中国社会を否定的に捉える傾向へと国民意識を追いやっていたのである。

2　大陸国家日本の形成――日清・日露戦争以後

日清戦争の評価をめぐって

その後の侵略思想の展開に、日本最初の本格的対外戦争であった日清戦争が決定的な影響を与えたのはいうまでもない。日清戦争は朝鮮半島の領有をめぐる中国との角逐により生じた戦争であり、それは朝鮮に対する紛れもない侵略戦争であった。この結果、日本国家は朝鮮半島での事実上の支配権を獲得し、大陸政策の骨格を明らかにしていく。こうして、朝鮮半島は大陸進攻のための日本の橋頭堡と位置づけられていくのである。

日清戦争で日本がとりあえず勝利したことは、日本国家の国際政治上の位置に大転換をもたらした。すなわち、西欧諸列強の被侵略国・被抑圧国という地位から、西欧諸列強と同質の侵略国・抑圧国への転換である。幕末期から始まる朝鮮・中国への侵略思想が、この戦争において机上の空論ではなく日本軍事力の発動により実行に移された時、大陸進攻論者に限らず多くの国民意識のなかにアジアの「強国日本」のイメージが一気に増幅されて意識化されていったのである。

日清戦争がもたらした強烈な「強国日本」のイメージは、明治二〇年代から三〇年代にかけて次々と創刊された明治ジャーナリズムを代表する雑誌によって一層の拍車がかけられる。たとえば、一八九五年一月の『太陽』創刊は、いまや大陸進攻の緒についた日本がアジアの、さらには世界の注目を一身に浴び、将来の栄光が約束された国家であり、まさに〝太陽〟にも等しい存在であることを暗示したものであった。

また、同年一一月に創刊された『東洋経済新報』で町田忠治《ちゅうじ》（一八六三—一九四六）は、「東洋唯一の立憲強国」になった日本が将来さらなる強国として生きていくために、「西欧諸国に奪はれんとする東洋貿易を我手裡《てうち》に収むるにあらずんば、将《ま》た何れの時か能《よ》く東洋の商権を握ることを得ん」とその創刊の意義を論じ、本誌が日本のアジアでの経済的覇権を確立するための情報を提供しようという熱意を語っていたのである（橋川・松本前掲書）。こうした基調を持つ雑誌は他にも『世界之日本』（一八九六年創刊）や『中央公論』（一八九九年創刊）などが挙げられる。このような雑誌が国民意識のなかに「大国意識」や「一等国意識」を創りあげていくうえで重要な役割を果たしていく。

そうした「大国意識」や「一等国意識」が、勢い新たな国家主義を一方において産み出していくのは必然であった。そして、すでに多くの先行研究で指摘されてきたことだが、日清戦争を境として内向きの国家主義から外向きの国家主義への転換が顕著化してくる。つまり、内向きの国家主義が、その国家や民族の伝統・文化の保守・堅持を最大の目的価値と位置づけるのに対して、外向きの国家主義は、何よりも日本国家の他民族・他国家との対比における絶対的な優位性を確保することが目的価値となり、他民族や他国家への徹底した差別・侮蔑意識を内在化させるものである。

それは同時に他民族・他国家への蔑視と差別の意識を孕みながら、国家主義の究極的な側面としての侵略思想に傾斜することになる。そこでは、権力の分散化と個人の権利拡大を基調とする民主主義の発展も、他国民や他民族との共存・共生の追及を普遍的な課題設定とすることも、さらに、国家間や民族間の相違性から生じる対立や摩擦の解消に立ち向かおうとする思想や論理も排除され、ただ国家利益と国家エゴイズムの拡張が最大の目標と設定されるのである。

極めて重要な論点だが、日清戦争と日露戦争を境に本格化する初期帝国主義のなかで、日露戦争の戦費をイギリスなど外国の借入金で賄うしかなかったように、日本帝国主義が欧米依存型の帝国主義であり、自己完結性を著しく欠いた「半帝国主義」であった現実への苦渋が、大陸侵略思想が孕む露骨なまでの侵略性を全面化する結果となり、逆に欧米には卑屈なまでの従属意識を潜在化させることになったのである。

日本主義の形成と展開

そうした規定要因を孕みながら、恐らく日本帝国主義思想が本格的に形成されていく過程で注目されるべきは、雑誌『太陽』で論陣を張った高山樗牛《ちょぎゅう》（一八七一―一九〇二）の日本主義論であろう。樗牛は、明治思想界の主流を占めていた国粋主義が反欧化主義的要素を強調するあまり、一国主義的な視野から抜け出せず、世界史的な展望を欠く議論しか提供してこなかった点を鋭く批判した。

そこで樗牛は、日本が世界国家への飛躍を志向する論理を孕んだ新たな思想として国粋主義を乗り越える「日本主義」なるイデオロギーを主張する。この「日本主義」では、日本国家共同体へ国民を思想的にも精神的にも強制動員し、国家的価値や国家的利益がすべてに優越するものとして位置づけられることになる。「日本主義」は、国粋主義者によって強調されたように日本文化の伝統や遺産に日本民族の一体感を求めるのではなく、西欧諸国家の侵略に対抗するため、何よりも他の諸国に優越する強大国家・覇権国家の建設という目標価値のなかに、民族としての一体感を求めるべきだとしたのである。つまり、自立した帝国主義国家への変容こそ、「日本主義」の本質的な命題であったのであり、そこで最大の課題とされたのは、西欧先進帝国主義諸国家との競合と対立に耐え得る強大な国家の建設であった。

こうした議論を展開するなかで繰り返し説かれたのが日本民族の膨張性であり、その膨張性を鼓舞したのが徳富蘇峰の『大日本膨張論』（一八九四年）である。蘇峰のこの日本膨張論こそ、後に次第に形成される日本人の大国意識あるいは「帝国意識」の原形をなすものであった。その点では樗牛の国粋主義批判と同様に、蘇峰の膨張主義も国粋主義の内向性を批判し、日本国家および日本民族の発展を外向性に求めようとしたものであった。

それは侵略思想そのものであったが、蘇峰はその侵略思想への飛躍の契機を日清戦争の実現によって掴むことになる。蘇峰にとって日清戦争こそ、防衛戦争的性格として把握するのではなく、日本国家が大陸に向けて膨張していく一大機会と認識されるべきものであったのである。

当該期においては蘇峰のほかにも、世界の植民地争奪戦に積極的に参画する地位を与えられた「大国民」としての日本民族は、強者ゆえに帝国主義戦争を生き抜く「適者」であるとする「適者生存論」を説いた山路愛山（一八六四―一九一七）や、日本を含めた諸列強の世界分割の合理性と必然性を「倫理的帝国主義」と命名して積極的に説いた浮田和民《かずたみ》（一八五九―一九四五）ら様々な帝国主義侵略思想が言論界や世論に大きな影響力を発揮していく。

こうして徳富蘇峰や福沢諭吉ら、明治を代表する知識人の徹底した日清戦争正当化論には、形式論として欧米諸列強からの日本防衛や朝鮮・中国の改革の必要性を論じつつ、本質的には諸列強の動向を日本国家総体の危機と設定することで、日清戦争を日本国家膨張の一大契機と積極的に評価していこうとする思惑が強く込められていたのである。

大陸国家構想と大陸政策

明治二〇、三〇年代の大陸侵略思想は、日露戦後における最大の政治目標となった「戦後経営」という名の国家目標のなかに引き継がれていく。一九〇六（明治三九）年一月二五日、政友会出身の西園寺公望《きんもち》首相は第二二回帝国議会における施政方針演説で、「彼《か》の満州経営、韓国の保護は共に帝国の為に努力せざるべからざる所にして、国力の発展は一日も緩《ゆる》うすべからざるなり」と述べ、満州（中国東北部）と朝鮮半島への支配権の拡張こそが、国家発展の要と位置づけた。

それは、軍事力を背景として中国・朝鮮半島における西欧諸列強との覇権争奪戦に対応しようとする国家目標を端的に示したものであった。この「戦後経営論」の展開こそが、日露戦後における日本の大陸侵略思想の本格的な形成と実践に拍車をかけていく。

ここにおいて明治中期までの侵略思想が本格的実践の段階に入っていくが、その直接の担い手となったのが日本陸軍である。陸軍は日露戦争の全期間を通して約一〇九万人の兵力を動員した結果、約一二万人の死傷者を出し、一七億円の戦費を投じた。その結果、樺太の南半分の領有と旧ロシアの租借地（旅順・大連）および南満州鉄道とその付属地の利権、さらに朝鮮半島の独占的支配権を獲得する。この機会に日本は植民地を一挙に拡大し、外地に利権を獲得することで自他ともに認める帝国主義国家への道を歩き始めたのである。

大陸侵略思想は、政策の次元で大陸政策という形態をとって押し進められていくが、それが公式の文書として策定されるのは、一九〇六（明治三九）年二月九日、大山巌《いわお》参謀総長により上奏され、明治天皇より裁可された「明治三十九年度日本帝国陸軍作戦計画策定要領」によってである。そこには、「明治三十九年度以降における帝国陸軍の作戦計画は攻勢をとるを本領とす」と記され、従来の守勢作戦に換えて攻勢作戦を戦略上の基調とする方針が採用された（陸軍省編『明治天皇御伝記資料　明治軍事史』原書房）。これ以後、日本陸軍は一貫して作戦計画として攻勢作戦を採用するところとなり、大陸侵略が日本国家発展と密接不可分のものとして実践の対象とされていくことになったのである。

この陸軍の大陸侵略思想の有力な担い手のひとりとなる軍事官僚田中義一（一八六四―一九二九）の資料のなかから、当該期日本陸軍の大陸侵略思想の内容を少し紹介しておこう。

一九〇六（明治三九）年に執筆した「随感雑録」で、田中は「明治三十九年度日本帝国陸軍作戦計画策定要領」の先取りとなるような内容を次のように記していた。すなわち、「戦後の経営は単に陸海軍の兵力を決定するか如き単純なる意義にあらずして我帝国の国是に伴ふ大方針を詳言するは海外に保護国と租借地を有し且つ日英同盟の結果従来の如く単に守勢作戦を以て国防の本質とせず必ず攻勢作戦を以て国防の主眼となさざるべからざることを基礎として戦後経営の第一要義とする」（『田中義一関係文書』八）と。

この田中の国防思想は山本権兵衛（一八五二―一九三三）に代表される海軍主流派がこの時期に説いていた「島帝国」論を排し、「大陸国家」日本の構築に国家発展を期そうとする方針を赤裸々に語っていたのであり、それは同時に徳富蘇峰らの膨張主義や帝国主義思想を、正確に踏襲した内容となっていた。一九〇七（明治四〇）年四月、こうした方針は「帝国国防方針」となって公式化されるが、その方針決定の過程で示された対中国認識を簡単に整理しておく。

一九〇六（明治三九）年八月三一日、山県有朋（一八三八―一九二二）は田中義一が執筆した「帝国国防方針案」（通常「田中私案」）を受け取ったが、そこでは「国利国権の伸張は先づ清国に向て企画せらるるものとす」としたうえで、「国利国権」の対象地域として中国を位置づけ、その中国を侵略するのは「帝国の天賦の権利」と断言していた。

こうした田中の対中国認識の根底には、やはり中国への抜き難い差別意識と、「清国自ら其国内の秩序を保持する能はざる」といった文言に象徴されるような主権国家中国の統治能力への著しい過小評価があった。これと同様に「随感雑録」でも、「清国がもし将来大発展をなして各国の欲望を挫折し得るの盛運に達するは前進尚ほ遼遠《りょうえん》否殆んど空望に近からん」とも記していた。

しかし、「帝国国防方針」策定の実質責任者であった山県有朋は、田中ほど率直に中国切り捨て論を展開せず、例えば「戦後経営意見書」(一九〇五年八月)では、ロシア再戦に備えて「第一に清国政府との関係を密接にし同国の進歩発達によりて以て東洋の無事を計るの必要なるは固《もと》より論を俟《ま》たず」(大山梓編『山県有朋意見書』原書房)と論じ、中国との対等な立場からする外交関係の緊密化と連携により、共同してロシアの脅威に対抗するという日中一体論を展開していたのである。

山県は「対清政策所見」(一九〇七年一月)でも、日露戦争中における清国の中立的態度の維持を一定程度評価し、中国国内における利権回収運動に象徴される反日的態度に警戒の念を示しながらも、これに戦争政策で対応するのではなく「清国に対するや主として交情を敦厚《とんこう》にすることを計り無用の誤解を惹き起すが如きことは勉《つと》めて之れを避けざる可からざるなり」(同前)とし、対中国外交に慎重な態度で臨むことを説いていたのである。

それ自体確かに合理的な判断であったが、公式文書として山県により作成された「帝国国防方針案」(通常「山県私案」あるいは「山県元帥伏奏案」)は、「将来我国利国権の伸張は清国に向て企画せらるるを有利とす」として「田中私案」をそのまま継承しており、対中国作戦の概要も、あるいは対中国認識も「田中私案」と全く変わるところがなかった。

大陸国家構想の実現

「帝国国防方針」では、「日本帝国の国防方針」第一項において「国権の伸張」は、まず満州と韓国を対象とし、次いで東南アジア、それから太平洋と拡大していき、これらの地域に利権を獲得することで「国利民福の増進」を達成するとした。そして、日露戦争で確保した「満州」および「韓国」での利権をさらに拡大し、同時的にアジア太平洋地域に日本の勢力を拡張することが日本の今後の使命だと論じたのである。

　この内容は田中義一が「随感雑録」で展開した「大陸国家」構想とほぼ同一であり、田中の意図する「大陸国家日本」の建設が国防方針を中心に据えられたばかりでなく、国家政策として以後の明治国家の進むべき道を規定していくことになる。

　田中の説いた「大陸国家日本」の建設は、換言すれば「攻勢国防論」「大陸帝国論」とされるもので、それは当該期の日本海軍を中心に論じられていた、もうひとつの国家構想ともいうべき「守勢国防論」「島帝国論」を実質否定し、大陸に日本の活路を開くことが繰り返し強調されることになる。その意味で田中の主張に要約される大陸国家日本の形成という戦略こそ、明治初期から中期にかけて言論界で盛んに論じられた大陸進攻論や膨張主義を積極的に採用した結果であった。

　こうした国防方針に規定された対中国政策が第一次満蒙独立運動（一九一二年）、第二次満蒙独立運動（一九一五—一九一六年）、第一次奉直戦争（一九二二年）、第二次奉直戦争（一九二五年）、郭松齢事件（一九二五年）、第一次山東出兵事件（一九二七年）、張作霖爆殺事件（一九二八年）、第二次山東出兵事件（一九二八年）、そして、日中一五年戦争の出発点となった満州事変（一九三一年）に至るまで、直接間接の軍事的政治的行動となって実行に移されていくのである。

　日本政府や日本軍部のなかで蘇峰によって提唱された「日中連合論」を先駆けとし、陸軍省新聞班が作成した「国防の本義とその強化の提唱」（通称「陸軍パンフレット」、一九三四年一〇月）における「日満一体化論」や「日満支一体化論」、さらには石原莞爾《かんじ》（一八八六—一九四九）の「東亜連盟論」、そして最終的には「大東亜共栄圏思想」に流れ込んでいく諸議論に共通するものは、「東亜連盟論」の原作者であった宮崎正義《まさよし》の『東亜聯盟論』（一九三八年）に書き込まれた、満州国の建国（一九三二年）こそ「東洋解放とその新建設たる道義的・文化的意義を有する」という記述に象徴される侵略事実の自己正当化の論理であった。

これらの議論のなかで、例えば日中全面戦争開始（一九三七年七月）後に盛んに論じられた「東亜協同体論」や三木清（一八九七―一九四五）らにより提唱された「東亜共同体論」に代表されるようなアジア諸国との国家連合を構想しつつ、一面において中国ナショナリズムを正面から受けとめ、これを理解することで新しい連帯のありようを追及した議論も展開されはした。

しかし、これらの議論もしょせんは大陸侵略を続行しつつ、その一方でアジア連帯を叫ぶことの矛盾を克服するものではなかった。一九三八（昭和一三）年一一月、近衛文麿内閣によって「東亜協同体論」を根底に据えた「東亜新秩序建設声明」（第二次近衛声明）が出されたことは、結局はそれが日本の覇権主義を隠蔽するイデオロギーとして活用されたにすぎないことを意味するものであった。

さらに、日米開戦を一年後に控えた一九四〇年の中頃から登場する「大東亜共栄圏」思想には、無論アジア連帯を志向する思想的契機は全く見い出せない。歴史事実が明らかにしているように、その名称の偽善性が遺憾なく発揮されていくことになる。すでに、アジア連帯の契機も完全な喪失状況にありながら、侵略過程から派生する被侵略諸国からの反日闘争を抑圧するため、日本国家は幻想共同体としての「大東亜共栄圏」思想にすがるしかなかったのである。「大東亜共栄圏」思想に孕まれた対朝鮮・中国認識の矮小性や欺瞞性を、今後とも繰り返し厳しく総括していく必要があろう。

払拭されない「帝国意識」

以上、日本の大陸侵略思想の系譜を、言論人およびその実行者たちの記録を要約することで、アジア論に内在した侵略思想の構造と特質を浮彫りにするよう努めた。最後に二点だけ繰り返し整理しておく。

第一に、アジア論に内在する大陸侵略思想は赤裸々な武断主義的基調を周到に回避し、文明論的文化論的色彩で粉飾され、それによって侵略の企図や実態を隠蔽するという方法を一貫して採用してきたことを特徴としていることである。そのことが侵略の事実や実態への認識力を弱め、逆に侵略思想を積極的に受け入れ、侵略行動に積極的に加担することで自己の地位向上を図ろうとする意識が多くの国民によって共有されてきた。それが、侵略戦争への国民動員を容易にもしてきたのである。

第二には、日清戦争期に早くも定着するが、政治的経済的動機づけからする侵略思想が基本的にはことごとく日本国家の政治的地位向上の手段として位置づけられたことである。そうした動機づけを加速させたものが西欧諸列強への劣等感であり、一面においてこの劣等観念から脱却する論理として侵略思想が形成されてきた。強調しておきたいことだが、その劣等観念が逆にアジアに対する優越観念を拡大再生産していき、侵略思想の基本的な構造を決定づけていったのである。

それゆえに、思想としての「大東亜共栄圏思想」は巨大な幻想共同体構想であった。だが、その思想的空虚さゆえに、これを解体する論理や思想の構築の困難性がともなうことをまず確認しておきたい。

そのうえで、アジア論に内在する侵略思想の抽出と解体の論理の必要性を認識し、これをどう構築していくかについて繰り返し問題としなければならない。そうでない限り、今日至る所で噴出している侵略思想や、新たな形態を伴って立ち表れるファシズムあるいは国家主義への対抗の論理と解体の思想の全面展開は不可能であろう。

そうした大陸侵略思想なるものを育んできた日本の社会構造や日本人の意識構造は、必ずしも今日においても充分に解明されておらず、また大国意識あるいは「帝国意識」が依然として払拭されていない現状がある。現在のように国家主義や帝国意識を背景とする新国家主義的要素を孕んだ国益主義が、国防ナショナリズムと結びつくことによって再生産される戦後の侵略思想に、どう対処していくかが今後の重い課題となろう。

今日、繰り返される海外派兵、安保理常任理事国入りの画策、在日朝鮮人への暴力に象徴される排外主義的行動など、様々な局面で表出している排外主義と帝国主義の複合思想ともいうべき「帝国意識」を戦前期大陸侵略思想を総括するなかで解体し、同時に「内なる帝国意識」から自らを解放させていく作業が私たちの焦眉の課題となっているのである。

3　台湾出兵の位置と帝国日本の成立——万国公法秩序への参入

欧米諸列強に遅れて近代国家として歩み出した日本は、一八八九（明治二二）年二月一一日に大日本帝国憲法を公布し、以来「大日本帝国」の国号を用いることになった。いわゆる、「帝国日本」の登場である。それで、文字通りの「帝国」日本としての立場を鮮明にするのは、一八九五（明治二八）年四月、日清戦争に勝利し、清国との間に講和条約を結び、二億テール（当時の日本円で三億円）の賠償金と清国の領土であった台湾及び彭湖諸島などを割譲され、植民地領有国家となった時とされるのが通例の解釈である。

しかしながら、現在から約一三〇年前、日清戦争の開始よりも二〇年前の一八七四（明治七）年に、日本はすでに帝国日本としての立場を鮮明にする戦争発動を強行していたのである。それが、明治国家最初の海外派兵たる台湾出兵（台湾側からは牡丹社事件）であった。

戦後日本の歴史学研究のなかで、この台湾出兵に対する研究は、日清戦争の際における台湾軍事占領作戦（一八九五年）の研究をも含め、日清・日露戦争など明治期における対外戦争研究と比較すれば、一部の優れた研究が存在するものの、全体的に見れば極めて少ないといわざるを得ない。

その理由は資料収集作業の遅滞の問題や、当該期における日本の対アジア外交政策が、日清・日朝関係（一八七一年日清修好条規、一八七六年日朝修好条規）に特化されるあまり、日台関係史研究への独自的な視点が希薄となっていることに、一つの原因が挙げられる。同時に日台関係史を日清関係の延長として捉えようとする傾向が顕著であり、その限界性を克服する努力を怠ってきたためである。

戦後日本の歴史学では台湾出兵ではなく、日清戦争を「日本最初の本格的対外遠征」（海外派兵の第一歩）と位置づけるのが一般的であり、台湾出兵の歴史的意義への探究と事実認識が希薄であることを踏まえ、本節では以下の諸点を中心に論ずるものである。

すなわち、第一に、そのような日本の歴史学研究の立ち後れを念頭に据えながら、台湾出兵に至る当該期における明治政府の台湾政策や軍事・外交路線の内容を概観するなかから、台湾出兵が日本の軍事的膨脹政策の第一歩としてあり、それは極めて周到に練り上げられた国家戦略として位置づけられた事件であったことを強調しようとすることである。

そして、第二に、台湾出兵が、その後の日本の国家戦略に、いったいどのような影響を刻印するものであったかを、帝国日本の成立を決定づけた二〇年後の日清戦争及び台湾軍事占領作戦の展開過程を概観しながら論証することである。換言すれば、台湾出兵が、その後の日本の帝国主義及び軍国主義の展開において、どのような影響を与えたかを指摘することである。

帝国日本成立の契機としての台湾出兵

帝国日本の成立と展開過程の分析に関心を抱いている筆者の問題意識からして、台湾出兵の歴史的意義を考察することの意味は以下の点にある。

すなわち、第一に、そもそも明治国家が帝国主義国家としての性格と構造を内在させていく契機は、何に求められるのかという問題設定である。それに対し、どのような回答がなされるべきであろうか。この点について、筆者は、何よりも一八七四年に強行された台湾出兵と、一八九五年における台湾占領作戦の意味を深く捉える必要があると考えている。この相互関係を、どのように捉えるのかという問題に対して、私は「華夷秩序からの脱却」と「万国公法秩序への参入」という分析枠組みで検討しておきたいと思う。

第二に、台湾出兵および台湾占領のいずれも、いわゆる「文明化」のイデオロギーによって、その侵略性・排外性が隠蔽され、出兵政策や占領政策が正当化されてきた点を強調することによって、明治近代国家あるいは日本帝国主義の本質と「近代化」の負の側面を検証することである。それは、日清戦争の背景にある日本の知識人たちの日清戦争への評価の特徴を整理し、いわば日本の侵略思想の系譜を辿る試みである。

そこでの問題意識は、台湾出兵や台湾占領において採用された手法は、以後帝国日本の植民地獲得や膨張政策が強行されるうえで常套手段となったのであり、戦後における日本人の対台湾認識を大きく歪めてきた、一つの原因とも言い得るのではないか、ということにある。実に、戦前期における日本人の多くが、この「文明化」イデオロギーの浸透とともに、植民地化政策や侵略戦争を支持していき、その呪縛から戦後日本人の対台湾認識も充分には解き放たれてはいないのではないか、と考えている。

私がまず指摘しておきたいことは、第一に、戦後日本の歴史学研究では台湾出兵および台湾占領の歴史的位置が必ずしも確定されたものとして認識されておらず、一般的なレベルにおいても、日本の台湾植民地支配は、順当かつ整然と進められた、といった程度の基本的認識から充分に脱却できていないことである。それがまた戦後台湾の「親日的感情」の存在にも支えられて、日本の台湾植民地化責任への自覚と課題の克服を困難にしていることである。それは歴史に真摯に向き合い、教訓化するという基本的な作業に、日本の研究者が充分に意を用いなかったことをも意味している。

第二には、明治国家形成過程における「文明化」の意味を再考することである。「文明化」は、国内の近代化を促す意識的なレベルで浸透力を発揮するが、それは同時に対外膨脹という点において、被植民地者を「蛮人」あるいは啓蒙の対象者と見なし、これを「文明化」することを自らの使命と自己規定することによって、その過程で派生する、あらゆる蛮行、暴力、侵略を正当化しようとするイデオロギーである。その「文明化」イデオロギーが、どのような文言によって主張されてきたかを、実際の歴史過程に即して追究整理し、その欺瞞性を明らかにしておくことである。

周知の通り、台湾出兵の発端は、一八七一（明治四）年九月一三日に調印された日清修好条規による日清関係の対等化に求められる。明治国家は、これによって当時「華夷秩序」と呼ばれる朝貢システムに編入されていた琉球王国を「琉球藩」として日本に帰属させた。そしてそのことを内外に明確化するために強行されたのが、一八七四（明治七）年五月二二日の台湾出兵であった。

すなわち、これより先、一八七一年に琉球の漁民六六名が台湾に漂着し、そのうち五四名が牡丹社の住民により殺害されていたが、それへの報復措置としての出兵であった。この時、西郷従道は、台湾に対する報復措置を「日本帝国政府の義務」とし、「討蕃の公理も茲《ここ》に大基を得べし」と宣言した。要するに、台湾出兵の目的は琉球の日本帰属化を内外に示すための証明行為としてあったのである。

「討蕃の公理」として台湾出兵を自己正当化しようとするこの国家の体質こそ、一八九四年の台湾占領作戦の背景ともなったと考えられる。そもそも台湾占領作戦の呼び水となった日清戦争は、当該期日本の最大の外交上の懸案であった条約改正を進めるのと併行して発動されたものであった。

そこにおいて明治国家にとっては、日清戦争を「文明の戦争」、すなわち、「文明国＝日本」と「野蛮国＝清」との戦争と宣伝することで、戦争への国民の支持を取り付けることに成功していく。福沢諭吉や内村鑑三ら、当代の著名な知識人たちも、「文明」国家の正当な権利行使という解釈付けで、戦争を積極的に支持していったのである。

しかしながら、現在でこそ周知の事実となっているが、日本が台湾領有を志向した背景には、アジアの帝国主義国家として不可欠な要素である植民地領有国家となるために、外務大臣陸奥宗光が『蹇蹇録《けんけんろく》』で、朝鮮と並び台湾が「進む得べきの地」と表現した如く、欧米の帝国主義諸国家に対抗するために、政治的経済的にも、そして、軍事的にも朝鮮と台湾の領有は焦眉の課題とされていたのである。しかし、当該期における日本の対朝鮮政策は、ロシアによって転回を余儀なくされており、必然的に台湾領有が最優先される状況にあった。

これに対して、清国の華夷秩序に組み込まれず、「化外の地」とされていた台湾において発生した牡丹社事件（一八七一年一一月）の処理をめぐり明治政府は、暫くの時を経て、一八七四（明治七）年二月六日に、「台湾蕃地処分要略」を閣議決定する。

その第一条には「台湾土蕃の部落は清国政府政権およばざるの地にして、その証は従来清国刊行の書籍にも著しく、ことに昨年、前参議副島種臣使清の節、彼の朝官吏の答えにも判然たれば、無主の地と見なすべき道理備われり。ついては我が藩属たる琉球人民の殺害せられしを報復すべきは日本帝国政府の義務にして討蕃の公理もここに大基を得べし。然して処分に至りては、着実に討蕃憮民の役を遂げるを主とし、その件につき清国より一二の議論生じ来る客とすべし」（原文カタカナ）とあり、明治政府は華夷秩序の外域に位置した台湾であればこそ、軍事発動を強行したのである。

ところで、当時明治政府内にあって台湾出兵問題へのスタンスは一様ではなかった。一八七四年四月一八日、木戸孝允は出兵反対の意思を表明して辞任する。また、山県有朋や伊藤博文も消極論者であった。同時にイギリス、アメリカ、ロシアも日本の台湾出兵政策に非協力の態度を鮮明していた関係もあり、結局、明治政府は台湾出兵をいったん中止することになった。

ところが、台湾蕃地事務都督（台湾遠征軍司令官）に任命され、すでに長崎港で台湾に向け出撃に備えていた西郷従道陸軍中将は、明治政府の中止決定に異議を唱え、五月二日には先陣部隊を出撃させる措置を採った。西郷の説得に長崎に赴いた大久保利通は説得に失敗し、結局出兵を事後承諾することになった。こうして、最終的には、約一〇〇〇万円の戦費と約三六〇〇名の兵員を投入した台湾出兵が強行されることになったのである。

台湾平定後、明治政府の事後処理は、いわゆる「賞金説」（賞金と引き替えに占領地を清国に返還すること）と「領有説」の二つの選択肢で議論となったが、領有に伴う財政負担に耐えられないとの判断から、「賞金説」が採用された。そこには当該期、依然として植民地保有国への確固たる転身を保証する資本力、及び秩序維持のための軍事力において、未整備状態であることの証明でもあった。

こうしたなかで日清両国間において交渉が重ねられ、最終的には清国側が日本の台湾出兵を「義挙」と認め、日本は五〇万両（当時の日本円で約七七万円）の賞金を得て台湾から撤退する。一〇月三一日、日清両国間で調印された「互換条款」「互換憑単」に調印し、清国は台湾を、日本は琉球をそれぞれの領土として相互承認をする結果となった。

この台湾出兵の解決方法が示すものは、清国にとっては中国の外交原理である華夷秩序及び冊封体制の現状を日本政府が基本的にあらためて受容したことである。それゆえにこの時点では伝統的に中国に朝貢することで清国から朝鮮国王として冊封されていた朝鮮との関係に慎重な姿勢を採ることになった。当時にあって、その朝鮮は清国と日本の両方とも朝貢関係を結び、とりわけ、日本と琉球とは〈交隣〉と称される対等な関係を取り結んでいたのである。

華夷秩序からの脱却と万国公法（国際法）秩序への参入

牡丹社事件を契機とする明治国家最初の海外派兵であった台湾出兵を契機に、政府内では早晩、アジア地域でも熾烈を極めるであろう帝国主義諸国間の対立と競合の時代を控え、清国の華夷秩序の解体への志向性が顕在化する。この華夷秩序からの脱却、さらには解体の論理として明治政府が主張してみせたのが万国公法秩序であった。それは経済的かつ軍事的な格差の現実を直視しつつも、独立国家は法的に対等・平等であることを原則とする秩序こそ、普遍的な世界秩序であるとする考えである。

この万国公法秩序は階層型秩序であった華夷秩序と異なり、横並び型秩序とでも称することのできるものであり、そこでは国際法という一定の規則・規範に従って形成される秩序である限り、新興国家日本においては好ましい世界秩序と捉えられていた。

しかしながら、この秩序は一方で、戦争や侵略、植民地化政策をも否定するものではなく、必然的に帝国主義的秩序を用意するものであった。アジアの新興国家として、西欧の近代化に範を得て一等国への階段を上り始めようとした日本にとっては、富国強兵政策をスローガンとして万国公法の下で実力を養うことは、国家戦略として妥当と認識されるようになった。その意味で、台湾出兵を契機にして明治政府の内外において、この機会に華夷秩序を解体することにより、万国公法秩序の形成を目標とする国家戦略が浮上する。その結果が日清戦争であり、清国と朝鮮との切断による華夷秩序の空洞化である。

他方、清国は台湾の地を「化外の地」としながらも、自らの領土と規定しつつ、日清交渉の際においても一時は交渉決裂の可能性を想定しつつ、戦争不可避論に傾斜したこともあった。事実、台湾からの日本軍撤退後、台湾への関与を強めることになったことに証明される。その清国は、先に日清修好条規（一八七一年九月一三日）を調印しており、また、その後調印された日朝修好条規（一八七六年二月二七日）を容認しているのであるから、ある部分では国際法秩序に参画するスタンスも保持していたといえる。

しかしながら、日本の台湾出兵によって自らの領土であると位置づける台湾が占領される可能性を見るや、予想以上に過剰に反応してみせたことは、台湾が清国領土の一部であり、その一部が例え「化外の地」であっても、華夷秩序の保守のためには断固保守するスタンスを鮮明にしたということであった。そのことが、二〇年後に生起する日清戦争の構造的要因ともいえる。

その視角からいえば、日清戦争とは、台湾出兵に端を発する日本の万国公法秩序と清国の保守する華夷秩序との衝突であり、近代アジア世界が再編される過程で生起した不可避的な事件としての性格を色濃く持つものであった。したがって、ただ単に朝鮮領有をめぐる帝国主義的対立論や覇権争奪論だけで台湾出兵の位置を捉えようとするのは不充分の誹りを免れないであろう。

明治政府内部での台湾政策とその後の展開

さて、台湾出兵を遠因とする日清戦争の結果、一八九五（明治二七）年四月一七日に調印された日清講和条約により、日本は台湾・彭湖諸島を獲得するが、台湾の日本への割譲に反対する台湾の漢人有力者・地主層を中心に台湾民主国の「建国宣言」（五月二三日）がなされ、ここに植民地化への抵抗運動が開始される。

ところで、当代の元老の一人であった松方正義によれば、日本にとって台湾は「南門の関鍵」であり、「北守南進策の第一著の足溜り」であって、台湾の占領はただちにインドシナ半島及びマレー半島、さらには南洋群島への膨脹を保証するものと捉えられていた。つまり、松方の主張を待つまでもなく、台湾はその後、実際に本格化する日本の南進政策の一大拠点として、すでに明治国家の指導者によって明確に位置づけられていたのである。

同時にドイツ、ロシア、フランスなど当該期における諸列強は、等しく台湾及び彭湖諸島の領有に強い関心を抱いている現状から、機先を制しての軍事占領が急がれた経緯も背景にあった。その意味で台湾での軍事行動を甚大な犠牲を払いつつも、また台湾に対する過酷な抑圧的占領を敢えて強行してまで、帝国主義諸列強との角逐のなかで、帝国主義国家日本としての立場を鮮明にしていく過程で生起したのが台湾占領であった。

台湾の占領過程において、日本は正真正銘の帝国主義国家へと変貌していくのであり、それは同時に日本帝国主義の性格まで強く規定する重大な歴史事実となった。日本は、台湾の地でアジア民衆への軍事力を用いた過酷な暴力支配と抑圧の体系を示すことになったのであり、民族主義的かつ排外主義的な差別意識を全面化させることになったのである。

それで、次の問題としてこのような性格を派生させた背景と、そのような過剰な軍事至上主義を生み出した原因を究明することが不可欠となってくる。しかしながら、戦後日本における歴史研究において、台湾の占領過程を通して日本帝国主義の性格を分析しようとする視点は、依然として弱いと言わざるを得ない。これに比較して朝鮮植民地支配や日中戦争の研究が全体としては主流であり、日台関係史の新たな展開が求められているように思われる。

その意味でも牡丹社事件と台湾出兵という二つの事件を媒介とする日台関係史への新たな歴史像の構築こそが、台湾出兵及び日清戦争以後における日本帝国主義あるいは日本軍国主義の展開過程の分析に不可欠の歴史研究の対象として確定されてくるはずである。

次に、牡丹社事件、台湾出兵、さらには日清戦争以後における日本帝国主義の展開過程を要約整理しておきたい。

日本は日清戦争の一〇年後に生起した日露戦争により、その翌年の一九〇五（明治三八）年九月には南樺太と租借地関東州と満鉄附属地を獲得する。続いて、一九一〇（明治四三）年八月には朝鮮を強引に併合する。さらに、一九一四（大正三）年八月、連合国側に立ってドイツと戦端を開き、ドイツ領であったミクロネシアに点在するビスマルク諸島などを領有する。このように帝国日本は、戦争を手段として資本主義化と近代化を成し遂げながら、半世紀にも満たない間に、ヨーロッパ諸列強と同じように植民地領有国（植民地帝国）として、帝国日本の経済圏を拡大していった。

ここにおいて帝国日本にとって、経済圏の拡大と維持、そして、これらの支配地域からの利益を確保することが、日清・日露戦争以後における最大の国家目標となっていった。言い換えれば、獲得された支配地域が文字通りの経済圏として有効に活用され、そこで獲得された利益が日本国内に還流する構造を整備するためには、一定の方針に従って行われるべき経営戦略が求められることになる。そのような意味で、帝国日本の経営内容と経営戦略とを「帝国経営」と称することができる。

帝国経営とは、当該期日本の指導者たちが使った用語ではない。日清・日露戦争以後、植民地領有国家となった日本が、その植民地及び支配地域を国家発展の基盤と位置づけるなかで、「戦後経営」という用語で直接的には日露再戦に備える国家体制を整備し、国力を養うことを目的としようとした。同時に「戦後経営」の方法をめぐる支配層内部の対立と協調の関係が複雑となるなかで、最終的には広大化していく支配地域の維持のために強大な軍事力の保持と支配地域への強権的な支配体制を敷くことで、逆に国力を疲弊させていった。「戦後経営」は、その意味でただ単に支配地域の「経営」に留まらず、帝国日本の展開過程に極めて重大な内圧ともなり、同時にアジア太平洋戦期においては外圧ともなって、帝国日本を内側からも、外側からも揺さぶり続けたのである。

つまり、「戦後経営」という当該期日本の指導部が盛んに口にしたスローガンから、帝国日本の展開に決定的ともいえる課題となったという意味で、「帝国経営」がただ単に植民地をはじめとする支配地域の「経営」という問題に留まらず、政治・経済・外交・軍事など諸領域に関わる課題としてあった点に留意しながら述べていきたい。事実、〈帝国経営〉をめぐり、国内政治や軍事・外交政策の中身が規定され、国家指導部の対立や妥協が繰り返されたのである。その意味から、日本近代史は、帝国経営の実体を読み解くことで、その本質が浮かび上がってこよう。

帝国日本の登場と植民地支配の開始

帝国日本による帝国経営の対象地域は、「本土」を基点として円心円的な拡がりを見せることになった。台湾と朝鮮の二つの直轄植民地を中心としながらも、アジア太平洋戦争が終わるまでには、日本、「満州」(中国東北部)、中国の結合による「東亜新秩序」の形成が目標とされた。さらにその「日満華」を核とした「大東亜共栄圏」という、より広大な地域を対象とする経済圏が形成された。

それは、イギリス、フランス、そして、アメリカなど先発の資本主義諸国がすでに形成しつつあった固有の経済圏との対抗関係のなかで模索されたものであったが、資本と技術において劣勢に立たざるを得なかった日本は、その劣勢を挽回するために軍事力への過剰な依存体質を身につけていくことになる。

帝国日本は日清・日露戦争を皮切りに、第一世界大戦後には南太平洋のミクロネシアを領有し、さらにアジア太平洋戦争下では東南アジアへの軍事占領政策を断行することで、当該地域をも実質的な植民地化または市場化に成功していく。これに関連して、「帝国」日本の本体たる「本土」を基軸に、直轄植民地(台湾・朝鮮)―傀儡国家「満州帝国」および半植民地化された中国―軍事占領した英領マレー、蘭印(インドネシア)、フィリピン等の支配地域が、文字通り、同心円的に二重三重に帝国日本を囲い込むように形成されていったのである。

これら支配地域は直接的な戦争や軍事力による威嚇によって獲得されたが、それら支配地域の持つ価値は決して一様ではなかった。日清戦争の「戦利品」として領有することになった台湾は、本土では充足できなかった砂糖や樟脳など一次産品の生産地としての価値が重視されることになり、朝鮮は将来的に大陸国家日本へと飛躍していくための進出拠点(橋頭堡)としての価値が意識されることになった。

つまり、それぞれの支配地域には、経済的価値、軍事的価値など多様な価値付けがなされていたのである。そのような価値付けが帝国日本の指導者あるいは国民意識において統一的に行われていたとは言い難いものの、アジア太平洋戦争において獲得された東南アジア太平洋地域の価値付けは、明確な意図を伴っていた。例えば、一九四三（昭和一八）年五月三一日、御前会議において決定された「大東亜政略指導大綱」では、セレベス・スマトラ・ジャワ・ボルネオなどが、「帝国領土と決定し重要資源の供給源として極力之が開発並に民心の把握に努む」（原文カタカナ）と位置づけられていたのである。

このように、多様な目的を掲げながら領有された支配地域は、同時に軍事的かつ経済的な利益を生み出す対象でもあった。その意味で、そのような利益を維持しつつ、さらに拡大するためにも支配地域の「経営」戦略が台湾・朝鮮の領有以降において構想されることになったのである。

ところで、帝国経営の内容は決して一様ではない。それは直轄植民地の台湾と朝鮮のように総督府を設置して、事実上の直接支配を軍政統治の形式によって行った所もあれば、「満州」のように表向きは満州族に政治運営を委ねつつ間接統治の形式を採りながらも、実質的には日本の「傀儡国家」として完全な支配を強行した地域、さらには「独立」を認めつつ、事実上の「保護国化」による支配を貫こうとしたビルマやフィリピンの例など多様である。

これら歴史のなかでは「戦後経営」の用語で一括りされる日本帝国主義下の植民地及び支配地域における経営の本質を、あらためて帝国経営の用語を用いながら整理していく必要があろう。その意味でも、台湾出兵は、ここでいう帝国経営の萌芽的状況を創り出した契機となった、とも捉えることが可能であり、以後の歴史で明らかなように、台湾こそ帝国経営が最も活発に展開された地であったことを考えると、この視点からもあらためて日台関係史の再考が、一段と求められていると考える。

第二章　日中戦争から日米戦争へ

1　日米戦争と戦局の展開――アジア太平洋戦争への道程

日中戦争の延長としての日米戦争

一九三一（昭和六）年九月一八日に始まる日中一五年戦争をはじめ、日本がアジア各地で行ったアジアとの戦争と、一九四一（昭和一六）年一二月八日の日本海軍によるハワイ真珠湾奇襲攻撃で火蓋が切られた日米戦争を中心とした太平洋戦争とは、相互に分かち難く結びついた戦争であった。

実際に日本軍事力の配置と動員状況からしても、一九四一年現在で中国東北・中国関内地域をあわせて、中国本土に投入された陸軍兵力は陸軍動員総兵力の実に六五％（兵力数一三八万名）に達し、日本本土在置兵力の二七％（兵力数五六万五〇〇〇名）および南方地域の七％（兵力数一五万五〇〇〇名）を大きく上回っていた。さらに、アメリカ軍の本格的な反攻が始まった一九四三年以降でも、一九四三年が四三％（兵力数一二八万名）、一九四四年が三三％（兵力数一二六万名）、一九四五年が三一％（兵力数一九八万名）という数字であった。

ちなみに、アメリカ軍との戦闘が主であった南方戦線に投入された陸軍兵力は、一九四五年の最大時でも一六四万名（総兵力数の二六％）であり、同年でさえも中国に投入された兵力を下回っていたのである。一方、これに加えて日米開戦以降の軍事費の日本本土を除いた地域別支出をみると、合計で中国関内・中国東北の合計で全支出額の六八％（南方地域は二五％）に達していたのである（吉田裕・纐纈厚「日本軍の作戦・戦闘・補給」、『十五年戦争史3 太平洋戦争』青木書店、参照）。

このような数字から概観した場合、アジア太平洋戦争における中国戦線の比重は極めて大きく、日中戦争そのものが対英米戦の敗北の主要な原因のひとつとなったことは明らかである。その意味でアジア太平洋戦争という呼称の意味するところは、単に反ファシズム戦線の同一線上にふたつの戦争が結びつけられるという点に留まらず、日中戦争をはじめとする日本のアジア侵略戦争の敗北が、アジア太平洋戦争全体の敗北と密接不可分の関係にあることを強く認識する必要性からも重要である。アジア太平洋戦争という呼称の根底には、この戦争の歴史的な性格と発生・敗北の原因が明確に意識されているのである。

戦局の推移と特徴

日米開戦からガダルカナル島撤退まで（第一期）

アジア太平洋戦争における戦局の推移は、ほぼ三期に時期区分することができる。すなわち、一九四一（昭和一六）年一二月八日、日本海軍によるハワイ島真珠湾奇襲攻撃で火蓋が切られた日米開戦から、日米両軍の死闘が展開されたガダルカナル島攻防戦による日本軍の敗北までの第一期は、前半を日本軍の戦略的攻勢期、後半を戦略的持久期と特徴づけられる。

日本海軍は真珠湾奇襲で本来の目標であった米空母群の捕捉殲滅には成功しなかったものの、一時的に真珠湾基地の機能を麻痺させた点で一定の戦果をあげた。その勢いに乗じて日本軍は、真珠湾奇襲と同日にマレー半島のコタバルに上陸し、翌一九四二(昭和一七)年二月にはイギリス領シンガポールを陥落させ占領する。

これより一カ月前に、アメリカの統治下にあったフィリピンのマニラを攻略し、五月にはビルマのマンダレーを占領して、当初計画されていた南方進攻作戦が一段落した。これと相前後してアメリカ・フィリピン連合軍が死守するマニラ湾のコレヒドール島を陥落させ、日本軍は日米開戦以後半年を経ないうちに、東南アジアの広大な地域を手中にすることになった。

この一連の日本軍の一方的な勝利の原因は、日本が圧倒的な海軍戦力と航空戦力とを集中的に運用かつ投入する作戦に徹したのに対し、ヨーロッパ戦場におけるドイツとの戦いを最優先していた連合国側が、東南アジア方面には装備・訓練とも不充分な兵力しか展開できず、しかも広大な地域への分散配置を余儀なくされたことにあった。そのうえ、この時期の連合軍側の基本戦略は戦略的守勢期と位置づけられるもので、作戦方針が持久戦に置かれて作戦内容も防衛的範囲を越えるものではなかったのである。

しかし、米太平洋機動部隊との決戦を目的として発動されたミッドウェー海戦(一九四二年六月)で、日本海軍が主力空母四隻を失うなど大敗北を喫した結果、日本軍のこれまでの進撃の勢いは頓挫する。太平洋海域における日本海軍力の優位は動かなかったものの、アメリカとオーストラリアとの連絡線の遮断を目的に行われた日本軍のガダルカナル島占領を排除するため、アメリカ軍のガダルカナル島上陸作戦の発動によって、同島の争奪をめぐる日米両地上軍および両海軍の激しい戦闘が開始された。

日本軍は米軍の反攻作戦の意図を読み切れず、米軍投入戦力を過小評価したため、兵力の逐次投入の愚を犯すことになる。結局、一九四二年一二月には同島から「転進」という名で事実上の撤退を決定した（撤退完了は翌年の二月）。つまり、同島の奪還に失敗したのである。

ガ島撤退からサイパン失陥まで（第二期）

ガダルカナル島攻防戦で日本軍が敗北したことは、米軍に太平洋海域における反攻拠点を与えることを意味し、この戦闘を分岐点として戦局の主導権が米軍に移行するところとなった。第二期の始まりである。

この争奪戦を通じて日本軍は貴重な海上輸送船舶の相当数を喪失したため、これ以後の作戦展開に大きな支障を来すことになった。そのことは延びきった戦線への補給を一層困難にし、占領地域における弾薬・食料や兵員の補充不足が、戦力の低下に拍車をかけることにもなった。日本軍の戦略的敗北の要因は、実に早くもこの時期に用意されはじめていたのである。

日本軍のガダルカナル島撤退を転機に、ギルバートおよびマーシャル諸島方面から来攻するニミッツ率いる米海軍の攻勢と、ラバウルを事実上無力化しつつニューギニア北岸を西進するマッカーサー率いる米地上軍の攻勢に終始守勢に立たされることになった日本軍は、完全に戦局の主導権を奪われることになった。これに加えてビルマ方面からの連合軍の反攻作戦も開始され、緒戦の勝利で延びきった戦線の先端部分から確実に侵食され始めたのである。

このため、一九四三（昭和一八）年九月、大本営は御前会議で決定された「今後採るべき戦争指導の大綱」において、千島・小笠原・内南洋・西部ニューギニア・スンダ・ビルマを結ぶ線を「絶対国防圏」と称し、その円内に位置する日本軍占領地域を死守すべき範囲とすることにした。そして、この地域が侵攻を受けた場合には、従来の持久戦を放棄して最後の決戦を挑むものとしたのである。しかし、この方針は陸海軍で充分な調整が行われないまま、なしくずし的に決定されたものであった。

たとえば、「絶対国防圏」の死守には、当初中国戦線より南方戦線への相当規模の兵力抽出が必要とされたが、頑強な抵抗力を発揮する中国軍や中国民衆の存在が、南方戦線への兵力抽出に一定の歯止めをかける結果となっていたのである。

事実、一九四三年に入って中国の日本軍が実施した江北作戦（二月開始）や江南作戦（五月開始）、それに翌一九四四（昭和一九）年四月から開始された大陸打通作戦などで示された中国の抗戦能力の高さが、南方戦線への兵力抽出により太平洋戦線の立て直しを図るという日本の作戦方針を挫折に追い込んでいった。「絶対国防圏」の設定は、要するに延びきった日本の戦線を事実上縮小し、底をつき始めた戦力を温存かつ立て直し、戦線の防備を第一の作戦方針とするものであった。

これは明らかに日本軍が戦略的守勢期に入ったことを意味した。しかも、この時期において日米の戦力格差はひろがる一方であった。特に海軍戦力は、一九四二年一二月末における第一線空母の比較で、日本の六隻（艦載機数二九一機）に対し、アメリカは三隻（同二五一機）と日本が優勢であったものが、九カ月後の一九四三年九月現在では、日本の六隻（艦載機数二九一機）に対してアメリカは一四隻（同八二四機）と圧倒的な格差が生じていたのである。

敗戦まで（第三期）

アメリカ軍は一九四三年の後半期に入ると、こうした戦力格差を背景に日本軍の国防前衛線である島嶼拠点への攻略を本格化する。なかでもギルバート諸島のマキン・タラワ両島を占領、またブーゲンビル島の攻防をめぐる航空戦では、一挙に約三〇〇機の日本海軍航空機を破壊する圧倒的な勝利を得るに至った。さらに、一九四四(昭和一九)年二月には南太平洋における日本海軍連合艦隊最大の根拠地トラック諸島への空襲を敢行し、基地機能を完全に喪失させることに成功した。

「絶対国防圏」を死守するうえで最重要基地だったトラック諸島の壊滅は、国防圏に大穴を開けられたことを意味する。しかも、トラック諸島防衛のため第八方面軍の約一〇万余の兵力が配備されていた戦略前進基地としてのラバウルが事実上孤立化することにもなった。ラバウルの孤立化により、「絶対国防圏」の主要な一角が崩れた。そのため、ラバウルの防備と比較して格段に劣る防備施設と、最小限度の兵力しか配備されていなかった第二線陣地としてのマリアナ諸島の失陥が時間の問題とされる状況となった。

クェゼリン島を中心とするマーシャル諸島の失陥、インパール作戦の失敗など太平洋方面や東南アジア地域での戦局は悪化の一途を辿り、ついに一九四四年六月にはマリアナ諸島の中心地サイパン島に米軍が上陸した。サイパン島の失陥は帝都東京が米軍の空襲圏内に入ることを意味し、同時に事実上「絶対国防圏」の崩壊につながるものであった。

そして、米機動部隊との決戦を求めたマリアナ沖海戦(一九四四年六―七月)で、日本海軍の機動艦隊は、大型空母三隻と航空機三九五機を失う大敗北を喫した。これにより事実上日本海軍の機動部隊は壊滅し、続いてサイパン島やテニアン島などマリアナ諸島があいついで占領され、中部太平洋の防衛線は総崩れの状況に追い込まれるに至った。

この時期のヨーロッパ戦線においても、一九四四年六月には連合軍がノルマンディーに上陸し、ソ連軍と呼応してドイツを東西から狭撃する態勢を整えつつあり、ドイツの敗戦は必至の情勢となっていた。こうした日本を取り巻く国際状況も手伝って、日本の戦争指導部は、これ以後絶望的抗戦期の状態に陥っていくことになる。
この時期にマリアナ諸島を出撃基地とする米大型爆撃機B29による本土爆撃が開始され、日本の戦争経済を破綻させていった。同時にフィリピン・沖縄・硫黄島など日本本土に直結する最前線たる地域が陥落し、アメリカを中心とする連合軍の日本本土進攻作戦が着実に進められていった。こうして戦況の帰趨が明らかになりつつあった段階でも、日本軍は一九四五年八月のポツダム宣言受諾まで絶望的な抗戦を継続し、甚大な犠牲者を出すことになったのである。

2　日英米の戦争指導体制と日本の作戦用兵

戦争指導体制と統帥権独立制

日本における広義の戦争指導（軍事機構が担う狭義の意味での作戦指導と区分けする）体制を見ていく場合、一八七八年（明治一一年）一二月の参謀本部の設置を契機とする軍政機関（陸軍省）と軍令機関（参謀本部）との機構的・機能的分離は、その後において軍事機構の政治機構からの独立を方向づけた点で重大な事件であった。

従来、政治機構の一機構として機能すべき軍事機構が、政治機構と並列・対等という形で独立した機構となり、その結果として政治の統制を拒否し、逆に政治への干渉を具体化することになったのである。軍令権（統帥権）の軍政権からの分離あるいは政治機構からの独立という意味において、これを統帥権の独立という。この統帥権の独立こそ、後に軍部の政治化を制度的に保証するものとして、軍部が徹底した拡大解釈を押し進め、政治からの軍事の独立を確保し、さらには政治への介入を強行していく原因となったのである。

こうした状況を、アメリカの政治学者サミュエル・ハンチントンは、政軍関係論の観点から明治憲法体制下の政府の実態を表して、「シヴィル」（政治）と「ミリタリー」（軍事）との二つの領域から構成された「二重政府」にあるとした（ハンチントン『軍人と国家』上巻、原書房）。

こうした政軍関係の特徴は、当然ながらアジア太平洋戦争の全期を通じ、戦争指導体制と戦争指導の内容に決定的な影響を与えることになった。事実、日中全面戦争の開始期より戦争指導体制の強化が叫ばれるなか、国務（政治）と統帥（軍事）における特殊日本的な政軍関係のあり方が、国務と統帥とのあいだの対立と抗争を発生させていったのである。

それで国内政治が戦時体制に入るや、国務と統帥の調整を図るために大本営政府連絡機関（一九三七年一一月）や連絡懇談会（一九四〇年一一月）が設置された。しかし、軍部が統帥権独立制を盾として自己に有利な戦争指導体制づくりに奔走したため、この試みは実質的に何らの成果を得ることがなかった。

この時期の政軍関係の実態といえば、一九四一（昭和一六）年六月二六日の第三回連絡懇談会の席上、南方対策として武力進出があり得るかどうかという松岡洋右外相（第二次近衛文麿内閣）の質問に、塚田攻《おさむ》参謀次長が「事政略に関しては別とし、純統帥に関する事項は相談する必要なく、又此の如き状況はおきていない。相談すれば引きずられるから、引きずられぬ様にする為に自主的に決めたのである」と答えたことに象徴的に示されていた。

さらに、参戦（外交）問題と武力行使＝統帥問題との不可分を説く松岡外相の執拗な追及にも、塚田参謀次長は統帥権独立制の絶対性を根拠とする狭義統帥論を持ち出し、「政略上の事は相談可なるも、武力は敗るか勝つかの問題、高等政策は相談可なるも統帥は不可なり」と述べて政略と戦略の相違性を強調し、あくまで政戦両略の一致（国務と統帥の一体化）の実現に対する否定的姿勢を崩そうとしなかったのである（参謀本部編『杉山メモ』下巻、原書房）。

政戦両略の不一致あるいは国務と統帥の対立・抗争こそ、多元的国家機構を特徴とする天皇制国家の矛盾が露呈されたものでもあった。そうした矛盾を克服する方法は、天皇の権威に依拠するほかなかった。強力な戦争指導を遂行する真の実力者としての天皇および天皇側近たちの存在が戦争末期に浮上してくる素地が、戦争指導体制の混乱・不統一という問題と同時にあったのである。

戦争指導体制の分裂

戦争指導体制一元化とその強化を目的として設置された連絡懇談会ではあったが、このように統帥権独立制が最後まで足枷となっていた。重要国策の決定については御前会議の開催が必要とされたが、結局は重要国策の決定には天皇の権威を活用することで、政戦略の一致の実現を試みるしかなかったのである。ここで最大の問題は、本来戦争指導の主導権を握るべき政府が、軍部の主導下にあった連絡懇談会に実質的に取り込まれて政府が戦争指導構成体のひとつとして位置づけられ、戦争指導運営上の相対的自立性を喪失していったことである。

それもあって、アジア太平洋戦争の戦局悪化により、東条英機内閣が断行した東条首相の陸軍大臣と参謀総長の三職兼任、嶋田繁太郎海軍大臣の軍令部総長兼任という人事関係を媒介とした政戦両略の一致への努力も、結局は兼任にともなう細部権限の下部委譲が全く実行されなかったこともあり、ことごとく失敗に帰した。すなわち、東条首相の三職兼任による戦争指導体制強化案に、それまで参謀総長であった杉山元《はじめ》大将は、「統帥と政務とは伝統として一緒になってはいけない。これは伝統の鉄則である。陸相が総長を兼ねては政治と統帥が混淆する。かくして統帥の伸張は阻害される」と強硬に反対した経緯があったのである(同前)。

このように単に人事による改革程度では、統帥権独立制自体の弊害を解消することは全く不可能であり、本来の政府主導による戦争指導体制確立のためには、統帥権独立制自体の見直しが不可欠であった。そして、政戦両略の一体化に最後まで失敗した日本の戦争指導体制は、当然ながら現実の戦争遂行政策のうえで様々な障害を発生させることになったのである。

それは、すでに述べたように、広義における戦争指導体制の矛盾と同時に、狭義における戦争指導(作戦指導)の混乱を招くことになった。すなわち、国務と統帥の対立・抗争と併行して作戦指導部内では陸軍と海軍の作戦構想をめぐる深刻な対立が生じていたのである。

たとえば、日米開戦後の初期作戦終了後、海軍は引き続き太平洋地域の米海軍力削減を目標に据えた第二次ハワイ攻略作戦とアメリカとフィリピンの遮断を目的とするオーストラリア攻略作戦を主張し、陸軍もこれに呼応すべきとした。一方、陸軍は戦争継続に不可欠な戦略資源の確保を目的とした南方作戦が一応終了し、初期の目的を実現させた状況下では、海軍も含め国家の総力をあげ、陸軍の従来からの基本作戦目標であった対ソ戦準備の実行と、膠着状態にあった中国戦線を打開して中国の完全武力制圧を急ぐべきだとしていたのである。

一九四二(昭和一七)年三月に大本営政府連絡会議が策定した「今後採るべき戦争指導の大綱」では、こうした陸海軍の作戦方針の不一致から生じる対立を回避するために、陸海軍それぞれの主張を同時に満たす折衷案が採用されることになった。このように、国力の現状を踏まえた総合的観点により、統一性と協調性を保った戦争指導体制も戦争指導方針も確立されないままであった。

陸海軍の作戦方針の未調整は、従来から陸海軍間で続けられてきた主導権争いや仮想敵国の違いなどに起因するものでもあったが、徹底した国家総力戦として戦われたアジア太平洋戦争において、国家の戦力を二分するに等しい陸海軍の作戦指導上の不一致は、戦力が底をついていた状況下でなおさら、敗北への道に拍車をかけることになった。

米英の戦争指導体制

アメリカやイギリスの戦争指導は、種々の点で日本のそれと比較して特異な戦争指導体制なり内容を有していた。ここでは素描にとどめるしかないが、日本との相違は歴然としていた。

まず、アメリカの本格的な戦争指導体制は、一九四二年二月に設置された統合参謀本部（ＪＳＣ）によって確立されたとみなすことができよう。陸軍参謀総長、陸軍航空総司令官、海軍作戦部長、それに大統領付首席補佐官（レイヒ提督）を構成員とする統合参謀本部は、イギリスとの共同軍事作戦計画を検討するために設置された合同参謀本部へのアメリカ側の参加構成員でもあり、同時にアメリカ軍の海外における全作戦の計画立案・指揮の統一機関としての役割を担った。ＪＳＣは、それまでの唯一最高の軍事指導機関であった統合委員会（Joint Bord）を拡大発展させたものである。

しかし、それはただ単に軍事指導上の最高機関で最高の軍事的勧告機関というよりは、大統領直属の戦争指導機関として全般的な戦争指導上、大統領に次ぐ重要な政治的役割を担う組織でもあった。平時における文民共同による戦争指導機関として、すでに常設連絡委員会（構成員は国務次官・陸軍参謀総長・海軍作戦部長）、戦争指導会議（国務長官・陸海軍両長官・陸軍参謀総長・海軍作戦部長）、三人委員会（国務長官・陸海軍両長官）などが存在したが、戦争開始とともにその活動を中止するか、微々たる役割しか果たさなかった。

政戦両略の一致および調整機関としては、政軍協議会（国務長官・陸海軍両長官・経済動員局長・各参謀総長）が一定の役割を担い、統合参謀本部が軍事領域の責任を一括して負う形で、絶大な権限を持つ大統領のもとに政戦両略の一元化が図られていた。

実際にはアジア太平洋戦争期における戦争指導は、ローズベルト大統領側近の軍人指導者あるいは軍部の権限を大幅に認めつつ、最終的に文字通り大統領の強い個性と指導力が縦横に発揮されるなかで、全軍一致および戦争指導の一元化の徹底が図られたと指摘できる。その限りでは、日本の戦争指導における国務と統帥あるいは軍事機構内部における不一致や対立という状況は、アメリカではほとんど見られなかった（前掲『軍人と国家』下巻、第三部参照）。

一方、イギリスではチャーチル首相が一九四〇年五月に少人数から構成される戦時内閣の首班となり、同時に軍部への強力な統制権を持つ国防大臣を兼職し、戦争指導における無制限に近い権限を一手に確保することになった。軍事機構においては、すでに参謀長委員会が存在し、具体的な作戦指導機関として機能してはいたが、戦争指導全般への統一的指導力という点においてチャーチルの下に全ての権限が集中されていた。実際、チャーチルは作戦指導まで軍人と共同しつつ、強力な主導権を発揮したのである。

このように米英の戦争指導体制は文民である大統領および首相の戦争作戦指導をも含めた戦争指導全般にわたる強力な権限を特徴とし、いわば文民指導者に軍部が全面的に服従する戦争指導機構をつくりあげるなかで、逆に軍部が一定の政治的軍事的役割を担う組織としての位置を確保していたことが知れる。

それは本来の戦争指導体制の点からして極めて合理的な体制が整備されていたことを意味し、危険な独走や視野の狭さから生ずる独断を回避して、文民指導者との共同による戦争指導の運営という点では、ほぼ理想的な態勢を確立していたといえよう。米英においては、文民による軍部の統制（文民統制・文民優越）の概念や制度が、民主主義の発展のなかで確立されてきた歴史があり、軍部も積極的に文民による統制に従うことで、自らの立場を強化し、同時に軍事機構の充実を指向した経緯が存在したのである。

この点において統帥権独立制を終始一貫して主張し続けることで文民による統制を拒否し、軍部の自律性に固執した日本の軍部との基本的な相違が認められる。日本軍部のこの姿勢では、総力戦状況に不可欠な文民と軍人との共同関係による戦争指導体制の確立は望むべくもなかった。つまり、日本軍部は個別的な作戦の勝利にのみ囚われて、戦争の全局のなかで個別作戦を位置づけ、対処していくという術を著しく欠いていたのである。

日本陸軍の作戦・用兵の特徴

用兵思想の観点から、日本軍隊はアジア太平洋戦争を通じて様々な特徴を露呈してきた。第一次世界大戦で明らかにされたように、国家総力戦の最大の特徴は長期間にわたる国家消耗戦として戦われることであった。したがって、そこには長期戦を戦い抜く戦力の充実と国内体制の整備が不可欠である。そこで戦争指導は、長期戦研究の上に運営されるはずであった。

しかし、日本軍部の国家総力戦への関心は決して希薄ではなかったものの、現実の戦争指導や作戦方針では常に「短期決戦」や「速戦即決」の作戦思想が支配的であった。それがハワイ真珠湾奇襲攻撃に代表される戦術面での奇襲と先制攻撃の重視となって現れたのである。

まず第一の特徴として、「短期決戦」や「速戦即決」の用兵思想の背景には、日本資本主義の後進性に原因する工業生産能力の低位性から、長期持久戦に耐える継戦能力の欠如という根本問題があった。

これに加え、戦略資源の海外依存体質が作戦・用兵思想を大きく規制していた事実もあった。戦略資源備蓄の不十分性という事実は、航空機生産や石油備蓄の限界性とあいまって、陸海軍の作戦方針の分裂の遠因にもなっていたのである。そうした背景ゆえに、長期戦を回避して短期のうちに勝利を獲得し、占領地からの資源供給を待たなければ、戦争継続は実際不可能であった。

第二に極端な精神主義があげられる。特に日露戦争後における「歩兵操典」では、「攻撃精神」や「必勝の信念」が盛んに説かれ、それは地上戦における白兵突撃への過剰な依存という用兵思想に具体化されていった。いわば白兵突撃至上主義を生みだした精神主義の背景には、軍の近代化をもたらすはずの軍事技術や装備開発への関心の薄さや、夜間攻撃・包囲攻撃という伝統的作戦への固執という問題が存在した。

同時にそのような精神主義に依拠した用兵思想を根底で規定していたものは、ここでも軍近代化の促進の阻害要因となっていた資本主義生産能力の低位性という問題であった。つまり、近代戦としての国家総力戦状況において、軍事技術の劣勢を精神主義によって補完せざるを得なかったのである。しかし、圧倒的な軍事技術を動員する米軍の前に次々と玉砕を余儀なくされた事実が示すように、過剰な精神主義の強要は、日本軍兵士の犠牲を必要以上に甚大なものとしていった。

軍近代化の立ち遅れ、ないし近代化への関心の希薄性、あるいは物質主義を嫌悪する日本軍隊の体質が精神主義を支え、また戦局の悪化に伴う戦力の消耗のなかで精神主義をさらに助長する悪循環が存在したのである。

日本海軍の作戦・用兵思想

日本海軍に最後まで貫いていた用兵思想の第一の特徴は、艦隊決戦思想である。アメリカ海軍を第一の仮想敵国とし、アメリカの艦隊を決戦予定海域で最終的に撃破することを海軍軍事戦略の基本に据えた艦隊決戦思想は、詰まるところ大型軍艦を中核とする艦隊の編成に全力が注がれることになった。一九三七（昭和一二）年から翌年にかけて相次いで起工された大和・武蔵（基準排水量六万五〇〇〇トン）はその象徴であった。

日本海軍航空隊によるイギリスの戦艦プリンス・オブ・ウェールズとレパルスの撃沈で、自ら航空戦力の優位性を証明したものの、日本海軍は伝統的用兵の呪縛から完全には解放されることはなかった。海軍部内における航空戦力強化論者の台頭により、その後航空母艦を主体とする機動部隊の編成に着手していくが、艦隊決戦思想を清算し、航空第一主義に切り替えていくのは、一九四三（昭和一八）年のガダルカナル島撤退以降のことであった。

すでに、アメリカの機動部隊群が圧倒的に優勢であり、残存の日本海軍艦挺はアメリカの機動部隊から出撃する航空戦力によって次々と撃破され、消耗の速度を早めていたのである。

この点からいえば、日本海軍航空隊が実戦で証明して見せた航空兵力の優位性を理解し、海上戦闘艦の建造を極力減らしてでも航空兵機の開発と製造に重点を置き、空母機動群を中核とする航空兵力の充実に全力を傾注したアメリカとは対照的であった。

第二の特徴は、兵器体系自体の位置づけである。なかでも駆逐艦や潜水艦などの補助艦艇が戦艦や航空母艦への攻撃を主任務としたことである。そのため、これら補助艦艇には戦艦と対抗可能な高速性や重武装とが要求された。潜水艦にしても軍艦撃破を目標としたため大型で強力な魚雷装備が必要とされ、アメリカと比較して大型艦の建造が中心となった。

一方のアメリカ海軍では、補助艦艇は基本的に海上輸送船団の護衛を任務とし、そのため対潜・対空兵装の充実に力点が置かれた。近代戦の最重要課題というべき継戦能力確保のためには、補給線を護衛する戦力の投入が明確に認識されていたのである。しかし、日本海軍には戦争経済の大動脈としての本土と南方占領地とを結ぶ海上輸送路の確保と、輸送船団の護衛への戦力配置という観念は最後まで希薄であった。そのことが連合軍の攻撃による輸送船団の被害を甚大なものとし、継戦能力を著しく低下させ戦争遂行を困難にさせていったのである。

海上護衛への関心の薄さの最大の原因は、艦隊決戦思想が補助艦艇の役割を規定し続けたことにあった。つまり、太平洋方面におけるアメリカ海軍との決戦に先だち、アジアに来航する前にできる限り補助艦艇が波状攻撃によりアメリカ艦隊の戦力に打撃を与え、対等な戦力水準を獲得した後で決戦を挑むという日本海軍の伝統的作戦用兵が足枷となっていたのである。

第三の特徴は、偵察・通信・情報・暗号解読などに象徴される情報戦略の欠如という問題であった。近代戦は情報戦としての性格を多分にもち、どれほど優れた兵器と兵力を保持したとしても、それらを有効にかつ的確に運用する情報戦略が確立されていなければ情報戦としての近代戦には限界がある。いわばハード的側面としての兵器および兵力と、ソフト的側面としての情報戦略との有機的な関連こそが近代戦の勝敗を分かつ要件であったのである。

それで、日本海軍はアメリカ海軍との対抗上、情報収集体制の整備、暗号解読の技術、レーダー装備などの面において、いずれも大きな格差を最後まで埋めることができなかった。そこには零戦や大和・武蔵に代表される日本海軍の正面整備体系の突出性と、情報・通信システム整備の後進性との不整合性という問題が存在したのである。

このように明治憲法体制の分権性から派生した統帥権独立制に象徴される軍部の特権により、欧米の民主主義国家において具現されたような強力な文民統制を前提とする一元的な戦争指導体制の確立は失敗に終わった。そればかりか純軍事的観点からしても、日本の作戦指導や用兵思想に表れた前近代的な体質は、より徹底した国家総力戦であるアジア太平洋戦争での敗北を加速させ、また決定づけるものとなったといえる。

だが、より根本的な問題は日本近代化の過程で培われた軍事領域の閉鎖性であり、その閉鎖性が、軍事領域の問題は軍事官僚などごく一部の軍事プロパーによってのみ独占されるもの、とする通念を定着させていったことである。それが軍の技術的レベルや用兵思想の近代化を妨げてきたといえる。

文民統制路線のなかで軍事機構の合理化を図り、一般社会において軍が認知を得ることで国家総力戦に適合する戦争指導体制を確立するという合意が形成されなかったところにも、戦前期日本の前近代性と民主主義の未成熟という問題が横たわっていたのである。

第三章　日独同盟関係のゆくえ

1　日独伊三国同盟締結と日本の進路――アジア太平洋戦争の背景と展開

日本の同盟外交

明治近代国家の成立と同時に、日本は多くのドイツ人を技術者や軍制改革の指導者として招聘した歴史を持ち、大日本帝国憲法制定にあたっては、帝政ドイツの憲法に倣うなど、緊密な関係を保っていた。また、明治から昭和の時代を通して近代国家を支えた陸軍軍人、医学者、法律家の多くがドイツに留学し、その進んだ技術や学問を日本に取り入れ、国家発展の原動力となったのである。だが、日清戦争で日本が獲得した遼東半島を三国干渉（一八九五年四月）によって清国に返還を余儀なくされ、その三国にドイツが参加していたことから、日独の外交関係は大きな歪みを生み出すことになる。

第一次世界大戦において日本はドイツを敵国とし、イギリス・フランス・アメリカなどの連合国側に立って大戦に参加した。連合国の勝利の結果として、中国におけるドイツの租借地であった威海衛《いかいえい》や南洋諸島

独両政府および日独国民の友好関係の構築をほとんど絶望的なものとしていたのである。こうした不幸な歴史は、日（ビスマルク諸島）を獲得すると、日独関係は一段と険悪なものとなっていた。こうした不幸な歴史は、日

確かに、フランス式編成からドイツ式編成に切り替えてから、一貫してドイツ陸軍を模範としてきた陸軍軍人やドイツ国家学の影響を受ける法律学者や政治学者をはじめ、ドイツに親近感を抱くエリート集団は少なくなかったが、三国干渉から始まる不幸な日独関係ゆえに、外交路線として親ドイツ路線が浮上する機会は一九三〇年代に入るまで見い出されないままだった。

振り返ってみれば、明治・大正期日本の外交路線は、一九〇二（明治三五）年一月に締結された日英同盟（一九二三年廃棄）と、一九〇七（明治四〇）年七月に締結された日露協商（一九一七年廃棄）のふたつによって代表される。事実、日露戦争は、当時南下政策を志向するロシアを日英両国共通の敵国とし、そのイギリスの財政的支援を受けてはじめて可能な戦争であったし、日本が朝鮮を併合し、本格的な植民地保有国となっていく背景に、イギリスの暗黙の支持があったのである。

一方の日露協商にしても、ロシア革命（一九一七年一一月）によって頓挫するものの、日本は日露戦争以後、日露再戦の危機回避、植民地朝鮮の経営と中国における権益確保策の推進のために不可欠なものだと認識し続けたのである。加えて、イギリス・フランス・アメリカを牽制するためにも、ロシアとの友好関係の維持・推進は、国益の発展のため不可欠との外交認識が存在した。

では、ロシアとの外交関係はどうであったか。ロシア革命を期にシベリアの各地に誕生したソビエト政権を潰す目的を持って、日本もシベリア干渉戦争に加わった。そして、一九一八（大正七）年八月、シベリア出兵を宣言し、撤退する一九二五（大正一四）年まで、約七万五〇〇〇名に達する大兵力を派遣した。この機会に日本とソビエト新政権との関係は一時途絶したが、干渉戦争終了後から一九三八（昭和一三）年七

月の張鼓峰《ちょうこほう》事件で日ソ両軍が軍事衝突し、再び関係が悪化するまで、国内における反ソ・反共の感情が強く存在する一方で、外交関係は概して良好であった。

さらに、イギリスとの関係にしても、一九二一（大正一〇）年一一月に開催されたワシントン海軍軍会議によって日英同盟の廃棄が決定し、さらに日本の中国への権益獲得の行動が抑制されはしたものの、そのことが国内にあってただちに反英感情が高まったわけではなかった。というより、日英同盟の廃棄後も日英関係は、イギリスとの経済関係の維持の必要性からも、またイギリスの事実上の同盟国アメリカとの関係促進という観点からも、極めて重要な課題として認識されていたのである。

転機となった国際連盟の脱退

このような明治国家成立以降における日本の外交路線の展開において、日本とドイツが接近する理由は希薄であり、むしろ対立か相互に無視するという状態が一貫して続いていたのである。その日独関係に大きな転機が訪れるのは、日本とドイツの相次ぐ国際連盟からの脱退であった。ここに両国の接近の可能性が生じてくる。

それは、一九三一（昭和六）年九月一八日に関東軍により引き起こされた満州事変を転機とする。日本への国際世論の批判と、国際連盟から派遣されたリットン調査団により日本の自衛権発動の弁明が否認され、さらに一九三三（昭和八）年二月に開催された国際連盟総会で、リットン調査団の報告書が圧倒的多数により承認されたことから、翌三月、外務大臣内田康哉《こうさい》は国際連盟事務総長ドランドに国際連盟の脱退を通告した。

日本がイギリスやロシアとの外交関係を維持していくうえでの媒介的役割をになっていた国際連盟を脱退したことは、日本の一連の中国侵略行動そのもの以上に、欧米諸国の対日認識をあらためさせる結果となり、日本は国際連盟という媒介機関を自ら放棄することで、国際的には孤立化の道を選択することになったのである。

一方、一九三二(昭和七)年七月、ヒトラー率いるナチス党が選挙によって第一党に躍進し、翌年一月にヒトラーが政権を掌握するや、先の第一次世界大戦に敗北して以来、軍備制限の条件撤廃を一方的に要求し、本格的な再軍備を強行するに至った。このドイツの再軍備宣言は、ドイツの宿敵であり、ドイツの強大化を警戒する隣国フランスを刺激するところとなった。

独仏両国の関係悪化がヨーロッパ大陸の、ひいては全世界の不安定要因を形成するという観点から、国際連盟は関係改善のために努力を重ねた。しかしながら、実際にはフランス寄りの姿勢を基本的には崩さなかった国際連盟に強い不信と不満を抱いたドイツは、日本と同じく一九三三(昭和八)年の一〇月に脱退した。これを機会に、ドイツは再軍備への道を強行し、ヨーロッパにおける覇権争奪に事実上名乗りを上げたが、それは同時に孤立化への道でもあった。ドイツは、奇しくも一九三三(昭和八)年三月に国際連盟を脱退していた日本と、それまで希薄であった外交関係を見直し、孤立からの脱却を図ろうとしていたのである。

ドイツ外交における日本の位置

孤立の回避と、欧米諸列強との対抗軸の形成というふたつの課題の克服を目的として、特に第一次世界大戦以降において、見るべき外交関係も文化交流も皆無に等しかった日独両国が急接近していくことになる。

ヒトラーは『わが闘争』（一九二五年）のなかで、日本の文化は「月光文化」だと断じている。つまり、日本の文化と呼ばれるもののなかで、日本が自ら創造した文化は皆無に等しく、そこで強いて文化と呼べるものは、しょせんはヨーロッパの文化に照らし出されてはじめて光を放つことのできる文化にすぎないとした。日本民族は「文化創造能力」が欠如しているのだと断じているのである。

日本と同盟を結ぼうとしているドイツの最高指導者が、ドイツ国民の必読書とされた書物のなかで日本の文化水準を低位に見積もったことは、ドイツ人の対日観に計り知れない影響を与えたのは当然であった。

事実、当時の日本とドイツは人的文化的交流も希薄であり、ヒトラー政権のブレーンと呼ばれる人々のなかにも日本への理解と共感を抱く人物は皆無に等しかった。それでも敢えて挙げるならば、『大日本』（一九一三年）や『地理的発展における日本帝国』（一九二一年）を著した地政学者のカール・ハウスホーファーくらいである。ハウスホーファーは、アメリカ・イギリス・フランスというドイツの対抗国との関係からベルリン・モスクワ・東京枢軸の構築を提唱した。

ヒトラーの外交ブレーンの一人で、後に外務大臣に就任するリッペントロップも、確かに日本問題についてはハウスホーファーからの情報を頼りにしていたが、ハウスホーファー自身がヒトラー政権内で有力な位置を占めたわけでも、また対日外交に重要な役割を演じたのでもなかった。

そうした経緯がありながらも、孤立の回避と欧米の対抗軸形成を痛感したドイツ外交は、国連脱退と同時に、ドイツを盟主とする形で同盟相手国を早急に確保する外交の新展開を用意することになる。日本とドイツの関係は外交は言うに及ばず、経済的文化的諸領域において、それまでさしたる交流はなかったものの、客観的に見れば共通する側面が全くないわけではなかった。

それは両国ともに一八七〇年代において産業革命を経験し、先進欧米資本主義諸国に追いつくために強引なまでの国家主導の資本主義の発展を計り、遅れて植民地保有国の戦列に加わった。しかし、本来が不充分な資本力ゆえに植民地経営も海外市場の開発も立ち遅れたことである。

特に日本の場合は、近代工業国家としての体裁を急速に整えていくための資本や技術が不足したために、イギリスやアメリカへの依存を余儀なくされていた。そこから、対アジア覇権主義の表出と、その反面で欧米先進資本主義国への依存という二重帝国主義国家として発展の道を選択せざるを得ず、それが国内の外交方針の動揺や外交路線をめぐる諸勢力の対立と抗争につながっていくのである。

ドイツの場合は、日本に比較すれば資本力と技術力において恵まれてはいたものの、それでもイギリスやアメリカとの対抗において立ち後れは否めず、また狭隘な植民地・市場ゆえに常に資本主義の発展に一定の制約を受けねばならなかった。それが、ドイツ国内においては反英・反米・反仏感情として蓄積され、ドイツ・ナショナリズムとなって立ち現れていった。

そうしたドイツ国民の感情を巧く政治的エネルギーとして表出させ、政権獲得に成功したのがヒトラーであった。このような状況の進展のなかで、ドイツは対日接近政策を具体的に採用していく。それは、一九四〇（昭和一五）年九月の日独伊三国軍事同盟に帰結する。

日独伊三国軍事同盟の締結経緯

ドイツではヒトラーが政権掌握に成功してから、国会放火事件を捏造してドイツ共産党を非合法化するなど、敵対する国内勢力をことごとく一掃し、国会で全権委任法を成立させてヒトラーが独裁的な権限を握った。そして、国際連盟脱退の後ドイツは、一九三五年一〇月にエチオピアを侵攻して以来、後発の資本主義国家として本格的な植民地保有国家となり、同時に英仏を中心に国際世論から厳しい批判に晒されていたイタリアとの関係強化に乗り出していた。

具体的には、一九三六年一〇月、ローマ・ベルリン枢軸が結成されたが、これもエチオピア侵攻で国際的な孤立に陥っていたイタリアと、スペイン内乱（一九三六年七月開始）への干渉を本格化し、一段と国際批判を浴びていたドイツとが急接近した結果であった。このローマ・ベルリン枢軸に、アジア方面に対するイギリスとフランスを牽制し、さらに社会主義ソ連を中立状態に置くか、場合によっては自らの陣営に引き入れるためにも、ドイツは日本との連携強化を模索していた。

その第一弾が、一九三六（昭和一一）年一一月に締結された日独防共協定（反コミンテルン協定）である。協定締結に奔走したのは、ドイツ側がナチス党の外交部長格であったリッペントロップ、日本側がドイツ大使館付武官の大島浩陸軍少将であった。大島少将は、リッペントロップと接触するうちにナチズムに心酔し、強烈な反共意識を抱くようになる。

大島は当時日本陸海軍向けの軍用機売り込みに活躍していたハインケル航空のハックを通じて、ドイツに防共協定の締結を打診していたが、一九三五（昭和一〇）年一〇月になって、リッペントロップから日本陸軍に意向の問い合わせがあった。これを受けて参謀本部から派遣された参謀本部第二部（情報）ドイツ班長の若松只一《ただいち》中佐とリッペントロップとの会談で、ドイツ側は同年夏に開催されたコミンテルン第七回の決議が日独に脅威を与える内容であるとの情勢判断を示し、早急に反コミンテルン協定の締結を提案した。

そして、両国の交渉は、一九三六（昭和一一）年二月に起きた日本陸軍の反乱事件である二・二六事件で一時滞り、日本側の交渉の主体が陸軍から外務省に移りはしたが、日本陸軍の強い影響の下、広田弘毅内閣の有田八郎外務大臣の責任で進められ、一一月二五日にベルリンで調印となった。

日独防共協定は、コミンテルンに対して相互防衛措置の協議を取り決めたものだが、秘密付属協定で協定に違反する条約はソ連と一切締結しないことを確認するものでもあった。つまり、まず国際共産主義運動への対抗軸の形成という目的のもとに国際的孤立を深めていた日独両国が接近したのである。これには一年後の一九三七（昭和一二）年一一月にイタリアも参加し、同国は翌一二月には日本とドイツを追う形で国際連盟を脱退した。

そして、日独伊防共協定を軍事同盟に発展させる企画が、まずドイツ側から提案される。その端緒は同年一一月にヒトラーがドイツ国防軍や外務省の幹部を招集して開かれた会議で、その場で英仏を中軸とする国際秩序（＝ベルサイユ体制）の打破を強調し、旧連合国に対抗可能な軍事力が整えられた現状を確認したうえで、まずはヨーロッパのドイツ化、すなわち、ドイツに隣接する諸国家への侵略行動を開始する。

ドイツ側の思惑

この際、ヒトラーはドイツが新ヨーロッパ秩序の形成に向かった場合の最大の障壁をイギリスと見ており、対英政策がドイツの当面の外交軍事目標を達成するうえでの最大の懸案と認識していた。そこでヒトラーは、イギリスの対独制裁行動を背後から牽制する役割を日本に求めようとしたのである。そのためには、日独伊防共協定を軍事同盟にまで発展させ、日独伊の枢軸の強化が前提条件と考えていた。

こうしたヒトラーの意向を受けたリッペントロップ（当時ドイツ駐英大使）は、一九三八（昭和一三）年一月、大島浩陸軍少将に三国同盟締結の提案を行った。ドイツの対日接近政策は、翌二月にヒトラーが国防軍を完全に統制下におき、さらに腹心のリッペントロップを外務大臣に据えた時点から拍車がかけられていった。同年四月にリッペントロップは駐日ドイツ大使に大使館付武官であったオットー陸軍少将を就任させ、日本側との直接交渉役を担わせることにしたのである。

リッペントロップ外相はオットー大使を通じて、日本を同盟関係に引き入れるため、それまでドイツ外務省が踏襲してきた親中国政策を放棄させ、一九三八年二月に「満州国」を承認、四月には中国向けの武器・戦争資材の輸出禁止措置の断行、さらにドイツ軍事顧問団の引き上げ、駐華ドイツ大使の召還など、一連の対日外交の展開で日本への懐柔政策を強めていた。

これと併行して、ドイツはイタリアにも同盟参加を呼びかけてはいた。しかし、エチオピア併合を承認するなど、宥和外交を展開していたイギリスの外交攻勢に逡巡していたイタリアも、アルバニア併合の思惑もあって三国同盟参加の意思を固めていた。

日本国内では、ドイツの対日接近政策を受けて、これを膠着化しつつあった日中戦争の打開の機会と捉え、陸・海軍省及び外務省では三国同盟締結に積極的な姿勢を採ろうとしていた。同盟は、一九四〇（昭和一五）年九月に締結されたが、そこまでに至る経緯は実に紆余曲折を繰り返すことになる。

ここでの基本的な問題は、日本によるイギリスへの牽制を同盟の主要な柱とする構想をドイツが持っていたのに対し、日本政府はドイツには対ソ同盟を、イタリアには対英牽制を期待することを骨子とする同盟を企画していたことである。それで、日独の構想は齟齬を来たし、その調整に手間取る結果となった。

次いで、ドイツは日本に同盟の対象国をソ連に限定せず「第三国」とし、この場合の「第三国」にイギリスとフランスを含むとする案を示した。近衛文麿内閣の宇垣一成《かずしげ》外務大臣は、日本政府の立場としてあくまで対ソ限定とし、英米を当面敵視する性格のものでないことをドイツに伝えようとしたが、陸軍はソ連だけでなくイギリスとフランスも対象に含む同盟の締結を希望する旨を強硬に主張した。陸軍は独自の外交ルートを通じ、ドイツに同調する線で宇垣外相の意向を無視して交渉を進展させようとした。近衛内閣ではついに結論が出せず、次の平沼騏一郎内閣で決着がつけられることになった。

日本海軍の態度

確かに日独伊三国軍事同盟の締結まで、一貫して主導権を握り続けたのは日本側では陸軍ではあったが、従来の研究で軍事同盟の締結には反対か慎重論が多勢を占めていたと思われた日本海軍も、一部の者を除けば、この反英的性格を色濃く持った同盟締結に積極的であった。実はこの海軍の立場が、最終的には陸海軍および外務省が一致して締結に邁進した大きな背景ともなっていたのである。

日独伊三国同盟締結が問題として浮上した時の海軍首脳は、海軍省が米内光政海軍大臣、山本五十六海軍次官、軍令部が伏見宮博恭《ひろやす》軍令部総長、古賀峯一《みねいち》軍令部次長であった。これらの首脳たちは、ドイツ側の構想する軍事同盟には無条件で反対の姿勢を当初示していたことは確かだが、それはドイツ主導の軍事同盟がイギリスとの対立関係を先鋭化させ、ひいては日本海軍の第一仮想敵国であるアメリカを過剰に刺激することを警戒したためである。

いわば、状況判断として政治的配慮を優先し、英米に対して表向けの顔としてそのような姿勢を採用していたにすぎないといえる。

実際には海軍省内にしても軍令部内にしても、満州事変以降においては、早晩生じるであろうイギリスとの対立激化から戦争勃発に備えて中国広東省や海南島での基地獲得のための南進政策への積極的な採用が目立っていたのである。海軍首脳の公式見解とは別に、海軍内で実権を振るっていた中堅軍事官僚たちは、ほとんどがドイツとの無条件同盟締結に合意する意向を固めていくのである。

これら海軍内中堅幹部たちがドイツが提案する同盟案に最初に接したのは、一九三八（昭和一三）年八月、ドイツから帰国した参謀本部付の笠原幸雄《ゆきお》少将がドイツ側の提案を海軍省と軍令部の首脳に説明してからということになっているが、実際には海軍も独自に駐独日本大使館付海軍武官小島秀雄少将がドイツ側の意向を知らされており、同盟締結への関心は高まっていた。

ところで参謀本部付の笠原少将は、八月七日に海軍首脳が一堂に会した席上でドイツ側の同盟についての趣旨説明を行った。これを受けて、海軍事務当局は「自動的参戦」の回避、イタリアの加入による同盟対象国のイギリス・フランスへの拡大を条件に同盟締結に賛成の立場を採ろうとしていた。この場合、海軍内では同盟に反対の意向を崩そうとしなかった古賀峯一軍令部次長、結局は条件付き賛成の態度を見せることになる米内光政海相、最初から積極的な同盟締結支持であった海軍中堅幹部ら意見の対立が浮き彫りにされ、海軍内における同盟締結へのスタンスは必ずしも一枚岩でなかったのである。

だが、ヒトラーが政権を掌握する頃から、同盟締結問題が浮上してきた一九三八年頃にかけて、〝親ドイツ派〟とも称されるべき中堅幹部の存在が目立って登場してくる。彼らは同盟締結問題の主導権を握り、さらには海軍独自の対中国政策の実行や日米開戦決定過程への重大な関わりを演じていくことになるのである。

海軍内〝親ドイツ派〟の登場

海軍内においてドイツのヒトラー政権への暗黙のうちに支持する勢力が登場してくるのは、やはり同盟締結問題が本格的に浮上してきた一九三八年頃とみてよい。当時、海軍省臨時調査課長であった高木惣吉大佐は、一九四〇（昭和一五）年七月二七日付けの「帝国の近情と海軍の立場」（『高木惣吉関係資料』未刊行）と題した報告書で、ヨーロッパでは新しい時代の幕開けの象徴としてイタリアやドイツで起きたファシズムへの関心が高まっていることを赤裸々に記し、民主主義や自由を標榜する先進諸国主導の欧米秩序が崩れ始めているとする判断を記していた。

高木は、日本が特にドイツの思想や文化を倣い、英米両国への過剰な依存体制を見直し、ドイツ・イタリアとの枢軸関係を強化することで、強力なファシズム国家としてアジアの地で主導権を握る絶好の機会到来とする認識を示そうとしたのである。つまり、ファシズムの時代潮流こそ、これからの新秩序形成の鍵であるとし、それは英米主導の旧秩序を解体する力と捉えていたのである。

海軍内の〝親ドイツ派〟にほぼ共通するこうした考えが生み出されるには、より具体的な歴史的背景が横たわってもいる。それは満州事変までも遡るが、陸軍の主導下に進められていた中国東北部への侵攻作戦の「成功」に、海軍は深刻な焦燥感を募らせることになる。つまり、陸軍に対抗して海軍独自のプレゼンスを示さないと海軍予算の削減や国内における影響力低下を招きかねないというものであった。そこで海軍は満州事変の翌年に、「満州」と違い、英米資本の利害が錯綜する上海で事変を引き起こし、ここに軍事圧力をかけることで日本財界の支持を確保しようとしたのである。

さらに、高木は報告書のなかで、「今日帝国が経済的に英米勢力に依存する実状あるを以て之と出来得べくんば国交を調整したき希望を持つは已むを得ざるが然し日本が或いは大陸に或いは海洋に発展して世界新秩序の建設に乗出す以上刻々の具体的現象は兎も角として大勢は英米との衝突が避くる能わざる必然の趨勢であるのと同様である」（同前）と言い切っていたのである。

すなわち、当面は英米との関係を悪化させるのは可能な限り避けるべきだとしながらも、世界新秩序の確立という大目標のためには英米との戦争を「必然」とした。ここでいう世界新秩序とは、具体的には英仏米の利権争奪を前提としつつ、中国や東南アジア地域での日本の覇権確立を意味した。そして、このような新秩序を確立するためにこそ、ドイツやイタリアとの同盟関係を構築し、対英仏米の強力な対抗軸を早期に形成すべきだとしたのである。高木に象徴されるこの姿勢は、当時の海軍中堅層幹部にほぼ共通するものであり、彼らをして〝親ドイツ派〟と称することができよう。

〝親ドイツ派〟の目標

ただ、この〝親ドイツ派〟と対抗するような勢力、例えば〝親英米派〟のようなグループが存在して、両派が海軍内で主導権争いを演じたというわけでない。もちろん、同盟締結問題が浮上した折り、一貫して同盟に反対の姿勢を見せていた古賀軍令部次長のような首脳や中堅幹部が存在したことは確かだが、それはしょせん締結時期や条約の内容、それにドイツとの連携強化による陸軍の政治軍事指導における主導権強化への警戒心から出たものであって、海軍全体がここに来て対英米戦争を回避し、ドイツやイタリアの陣営に距離を置こうとするものではなかった。

その意味でいえば、同盟締結問題が浮上した時期においては、すでに海軍内では、ここでいう〝親ドイツ派〟が主要な役割を演じていくまでになっており、それゆえ同盟締結までには若干の紆余曲折があったとしても、最終的には海軍も日独伊三国軍事同盟に将来の日本、そして海軍の発展の機会を求めようとしたのである。

海軍が最終的に日独伊三国軍事同盟の締結に賛成したのは、これら〝親ドイツ派〟が、結局のところ海軍内の主導権を握ったことによる。それで、言うならば海軍全体がほぼ〝親ドイツ派〟で占められ、文字通りドイツ寄りの政策を採用するに至る理由は、従来から懸案であった陸海軍の主導権争いに終止符を打ち、陸海軍が共同して時局に対応していくためにも、無条件で同盟締結を急ぐ陸軍との共同歩調が不可欠と判断したからである。

〝親ドイツ派〟の一致する目標は、結局のところ英米中心の秩序を打破して、日本がアジアの盟主となり、この地を大東亜共栄圏のスローガンのもとに、日本資本主義の独占的市場にすることであった。その目的達成においては、海軍も陸軍と同様であり、日本資本主義の発展の基礎を軍事力で開拓していくことが陸海軍の使命である以上、海軍がドイツ・イタリアとの同盟関係に反対することは実際には不可能であったし、むしろこれを積極的に支持していくことで、陸軍と同様に国家の中軸としての役割を果たし得たのである。

こうした姿勢が、〝親ドイツ派〟を不可避的に生みだしたのであり、その意味で〝親ドイツ派〟の登場は、当時の海軍が置かれた、もっと言えば陸軍をも含めた日本が置かれた客観的状況の必然的な成り行きでもあった。つまり、日独防共協定締結により、英米秩序に対抗する新秩序のなかに自らの発展の余地を軍事力によって見い出そうとすれば、ドイツやイタリアとの同盟関係の形成しか選択肢がなかったのである。

そのような極めて限られた選択肢しか残されていない状況に自らを追い込んでいったのは、何よりも軍事力によって経済的利益の拡大を志向し続けた近代日本資本主義の大いなる過ちの結果であった。

2　日本はなぜ、対英米戦に踏み切ったか――開戦の真相

中国問題が開戦原因

明確な国家意思により対英米戦開戦が決定された事実を明らかにしたことは、戦後政治史研究の主要な成果のひとつである。対英米戦開戦の原因究明こそアジア太平洋戦争の意味を把握し、そのような戦争に行き着いた近代日本国家の性格を浮彫りにしていくうえで、不可欠な作業であるとする歴史認識が今日深まりつつある。

ところで、日本が対英米戦に踏み切った最大の理由は、「大陸政策」と称された中国問題に求められる。「大陸政策」は近代日本国家の成立以後一貫して展開され、日清・日露戦争も「大陸政策」の延長としてあった。昭和の時代に限っても、日本の軍事・外交政策の最大の懸案事項が中国問題にあったことは間違いない。国家総力戦に対応する軍の近代化が要請されながら、特に陸軍内にあって軍近代化への意志統一が不充分であったのは、ソ連を第一の仮想敵国としながらも、現実には対中国戦を想定した軍備編成に比重が置かれたからである。

また、山東出兵（一九二七年五月）という中国への軍事介入によって昭和時代の幕が切って落とされ、それが大陸政策の主唱者であった陸軍出身の田中義一率いる政権によって断行されたことは象徴的な事件であった。さらに、張作霖爆殺事件（一九二八年六月）は、日本陸軍による中国東北部の事実上の直接支配への第一歩であり、その延長上に中国東北部の軍事占領という歴史が積み重ねられていった。いわゆる満州事

変（一九三一年九月）の勃発である。

満州事変後の「満州国」から「満州帝国」の建設は、中国の心臓部である華北・華中方面への進攻の呼び水となった。日中全面戦争（一九三七年七月）の開始は、日本の侵攻に対する中国民衆の全面的反攻の開始を告げるものであり、日本はこれを契機に中国大陸全域に膨大な軍事力を投入し、中国国内の権益確保に懸命となっていく。

中国東北部の事実上の軍事占領は、ソ連共産主義への脅威という問題とあわせ、ソ連封じ込めによる当該地の権益を安定的かつ長期的に活用しようとする戦略的な判断も働いていた。さらにはシベリアの膨大な資源の獲得が射程に据えられてもいた。この点で、陸軍と資本との利害は全く一致していたのである。

開戦への危険な道

「大陸政策」を進めるうえでは「満州生命線」論から「大東亜共栄圏」構想にいたるスローガンが掲げられ、日中戦争への民衆の支持と同意が獲得されていった。「新天地中国」への移住により、新しく豊かな生活を確保できるという宣伝が盛んに流布され、民衆動員が巧妙に進められた。もはや中国は資本だけではなく、民衆にとっても実利の対象として認識されていたのである。

こうして軍部・資本・民衆の間に共通するものは、中国大陸の豊富な市場と資源に依拠しつつ、自らが抱える課題や矛盾を解消して一層の利益を獲得しようとする願望であった。それゆえ、この三者はその根底において ほぼ共通の対中国認識を形成し得た。満州事変を引き起こした軍部への献金熱の高まり、中国の首都南京陥落を祝って大々的に挙行された一連の祝賀行事、盛んに奨励された出征兵士への千人針や慰問袋づくりなどの実態を見ると、官製的臭いを発しつつも、それ以上に民衆の戦争への熱い思い入れがあったことも確かなのである。

多くの民衆は日中戦争の初期段階での勝利に驚喜したが、戦争長期化によって厭戦気分を抱くようになったのは自然な感情の発露といえた。しかし、指導者層にとって民衆の厭戦気分の広まりは、戦争長期化による国内諸資源の消耗とともに、深刻な問題として捉えられていた。それゆえ、中国戦線の拡大と膠着化は急ぎ打開すべき課題として指導層に強く認識され始めていたのである。

この時期の中国問題は、戦争の行き詰まりにより浮彫りにされてきた国内政治体制の諸矛盾を押さえ込み、外圧をも封じて中国戦線の立て直しを図ることに集約された。そこで指導者たちの課題は、戦争の長期化に耐える国内総動員体制を強化すること、中国の最大の支援国イギリスなどによる対中国援助ルート（援蔣ルート）を軍事的に遮断し、同時に戦略的資源を東南アジア諸国に求めて南進政策を積極的に実行に移すことであった。こうした後にイギリスやアメリカとの軍事衝突を不可避とさせた南方進出という危険な道が選択されていったのである。

英米との衝突招いた武力南進

一九四〇（昭和一五）年七月二二日に成立した第二次近衛内閣は、同盟国ドイツのヨーロッパ戦線での快進撃という新情勢の展開に促され、組閣直後に「基本国策要綱」を閣議決定した。そこでは「大東亜新秩序の建設」が打ち出され、新たな中国支配構想を提唱した。七月二七日には大本営政府連絡会議が大本営陸海軍部案の「世界情勢の推移に伴う時局処理要綱」を決定した。これは日本の指導者たちによって明確に対英米戦が想定され、国策レベルで確認された最初のものであった。

「要綱」は同時に日中戦争の処理、仏印(仏領インドシナ)の基地強化、さらに南部仏印の重要戦略資源の確保が目標とされた。南方進出による対英米戦の可能性を覚悟したうえで、南進政策の公式採用が明記されることになったのである。しかし、その後ドイツ軍のイギリス本土上陸作戦の失敗や、アメリカの屑鉄・石油など重要戦略資源の輸出許可制の採用などの情勢により南進政策は紆余曲折を経る。

事実、日本が北部仏印へ武力進駐を強行するや、報復措置としてアメリカから屑鉄の全面禁輸の経済制裁を招き、両国間の緊張は一挙に高まった。その直後に成立した日独伊三国同盟の締結もまた、この緊張に拍車をかけることになった。

翌一九四一(昭和一六)年四月一三日、日本はソ連との間に日ソ中立条約を締結する。これも中国問題の処理を優先するためしばらく対ソ戦を見送り、結局は南進政策の具体化を急ぐためのものであった。当時進められていた日米交渉においても、常に問題とされたのが日本の南進政策と中国問題であったことは、これまでの日米の利害関係からして当然であった。アメリカは、これ以後日本軍の中国からの撤退と南進政策の中止を要求していく。

撤兵問題で挫折した日米交渉

こうした状況のなかで、同年六月にドイツがソ連への攻撃を開始する。この新情勢のなかで大本営政府連絡懇談会は「南方施策促進に関する件」を決定し、南進政策を本格化する。さらに独ソ開戦の新情勢を受け、翌七月二日には「情勢の推移に伴う帝国国策遂行要綱」を御前会議で決定し、南方政策の遂行のためには「対英米開戦を辞さず」という方針が確認された。九月六日の御前会議で決定された「帝国国策遂行要領」では、日米交渉の期限を一〇月上旬と定め、実質的な日米開戦を射程に入れた戦争準備が決断された。

大詰めに来ていた日米交渉は、ハル米国務長官の「四原則」をめぐる攻防に絞られた。ここでの最大の要点は、中国・仏印からの日本軍の撤兵問題であった。近衛内閣は、この点に日米交渉妥結を期待したが、一〇月六日の陸海軍局部長会議で陸軍は撤兵に断固反対を主張し、海軍は陸軍の撤兵によりアメリカとの妥協を図るべきだとした。撤兵問題をめぐり、日米交渉妥結に望みを託す近衛内閣および海軍と陸軍とが真っ向から対立する。

陸軍は撤兵容認が、これまで追及してきた大陸政策の清算を意味するものと受け取っていた。それは同時に陸軍の存在すら否定されかねない重大な問題と認識していたのである。それで対英米戦は、陸軍の歴史と存在をかけた避けて通れない選択としてあった。対英米戦において前面に立たされるはずの海軍は、日米軍需生産能力の圧倒的な格差を認識するだけに、開戦に即同意することは実際のところ不可能であった。

この考え方は海軍部内でも特に海軍省サイドに強かった。しかし、海軍は開戦反対を最後まで明言せず、近衛内閣に開戦決定を委ねる態度に終始する。そうしたなかで作戦実行責任者で軍令部総長の永野修身《おさみ》大将は、同年七月三〇日、石油備蓄量の問題から早期開戦により「ジリ貧」を回避することが妥当とする見解を天皇に表明していたのである。

この間陸海軍の対応をつぶさに検討していた昭和天皇は、日米交渉に期待をかけながらも、その一方で開戦の時期や勝算を見定めていた。ただ天皇は最後まで勝利への確信が持てず、再三にわたり質問を試みるが永野大将は勝利の見込みを明言することはなかった。

昭和天皇の開戦決意

そうした発言に天皇は開戦を躊躇するものの、陸海軍の作戦担当者は、天皇が納得する勝利へのシナリオを用意し、まず天皇の周辺に働きかけて開戦決定を迫った。その結果、天皇は最終的には開戦に傾斜していく。日米交渉に期待をかけていた近衛内閣が総辞職し、中国撃滅論者の東条を首班とする内閣が成立する。天皇は九月六日の御前会議の決定に拘束されず、開戦決定を留保する姿勢を見せた。しかし、陸軍主戦派を代表する東条への大命降下そのものが、事実上の対英米開戦のゴーサインであった。そのことは戦後種々の見解が出されるなかでも、動かし難い歴史の事実となっているのである。

開戦までの日程は、一一月一日の大本営政府連絡会議が一二月初旬に武力発動の時期を定めた「帝国国策遂行要領」を決定し、同月五日に御前会議で正式に承認された。これによって、対英米開戦は確定方針となっていく。そして、一二月一日の御前会議において開戦日が一二月八日と最終決定されたのである。

このように開戦理由や開戦経緯は、すでに相当程度明らかにされているものの、天皇を中心とする戦争指導体制の実際的機能の分析、日清・日露戦争などを含め、日本近代化過程における種々の対外戦争を全体として把握し、そのなかでアジア太平洋戦争をどう位置づけるかという問題の解明などが依然として残されている。さらには陸海軍や宮廷グループだけでなく、官僚や右翼など様々の社会集団が対英米戦決定にどのように関わったのかという問題は必ずしも明確にされていない。そうした問題を掘り下げる作業を通してこそ、アジア太平洋戦争の歴史認識がより豊かなものとなろう。

3 日本海軍の対米認識と日米開戦——接近していた日米海軍戦力

日米主力艦の質量差

日独伊三国同盟締結によって、日米開戦の可能性は一気に高まることになった。それで、アメリカを第一の仮想敵国とし、対米戦争を想定して毎年度の作戦計画を立案してきた日本海軍にとってできるだけ正確なアメリカの戦力評価を下すことが焦眉の課題となっていた。

一九三三（昭和八）年に日本が国際連盟を脱退した時期は、まだワシントン・ロンドン海軍軍縮条約下にあって、日本海軍は主力艦（軍艦・巡洋艦など）と補助艦（航空母艦・潜水艦など）の保有量が対英米比率で上限が決められており、自在に軍艦建造などが許されない状況にあった。

ところが、国際連盟から脱退した翌年の一九三四（昭和九）年一二月、当時の斎藤実《まこと》内閣は、ワシントン・ロンドン軍縮条約からの離脱を閣議決定し、無条約時代に対応するための軍備拡大政策を密かに押し進めていた。なかでも、当の海軍では国際連盟から脱退した時点で、早くも無条約時代に備えて、一八インチ（四六センチ）の主砲を搭載する超弩級戦艦「大和型」の設計を開始していた。

そして、無条約時代に突入するや、日本海軍は大規模な軍備拡充計画に乗り出すことになった。一九三七（昭和一二）年から始まる「第三次補充計画」では、一九四一年までに大和型戦艦二隻、翔鶴《しょうかく》型空母二隻など七一隻（総計約三〇トン）が、さらに一九三九（昭和一四）年に始まる「軍備充実計画」では、一九四三（昭和一八）年までに大和型戦艦二隻、大鳳《たいほう》型空母二隻など八〇隻（約三二万トン）の建造が決定された。

一方、日本海軍のライバルと目されたアメリカも、一九三七年一〇月にノースカロライナ型新鋭戦艦（三万七〇〇〇トン、主砲一六インチ砲九門搭載）を起工し、本格的な軍拡を開始する。その後、アメリカ海軍は同型艦のワシントン（一九三八年六月起工）、サウス・ダコタ（一九三九年七月起工）、マサチューセッツ（一九三八年六月起工）、インディアナ（一九三九年一一月起工）、アラバマ（一九四〇年二月起工）を相次ぎ起工し、一九四二年八月までに完成させた。

さらに、一九四〇年六月には、アイオワ型新鋭戦艦（四万八〇〇〇トン、主砲一六インチ砲九門搭載）も起工し、続いて同型艦のニュー・ジャージー（一九四〇年九月起工）、ミズーリ（一九四一年一月起工）、ウイスコンシン（一九四一年一月起工）、イリノイ（一九四二年一二月起工）、ケンタッキー（一九四二年一二月起工）の建艦に着手した。このうち、イリノイ、ケンタッキーは建造中止となったが、一九四四年四月までに全て完成させた。

日本もこれに呼応するように先の軍拡計画のうち、一九三七年一一月に大和（六万四〇〇〇トン・主砲一八インチ砲九門搭載。一九四一年一二月完成）、翌一九三八年三月に同型艦の武蔵（一九四二年八月完成）、一九四〇年五月に信濃（空母に改装）、一九四〇年一一月に大和型の四番艦「一一一」（仮称）を起工した。最後の四番艦「一一一」は、結局建造中止となったが、この期間における建艦競争の特徴はアメリカが一六インチ主砲の三万トンから四万トン級の戦艦を一九三七年から五年間に一〇隻と大量に建造したのに対し、日本海軍は一八インチの六万トン級の巨大戦艦を建造し、その数的劣性を補完しようとしたことである。

日本海軍の「漸減邀撃」戦術

当時、日本海軍は近い将来に起きるであろう日米戦争の主役は海軍自身であることを十分に自覚しており、日米開戦後、日本がアメリカの植民地フィリピンを占領した場合、アメリカ太平洋艦隊がフィリピン奪還のため出撃し、そこで日米間で艦隊決戦が派生するというシナリオを描いていた。

その場合、これを迎え撃つ日本海軍は、アメリカ太平洋艦隊がフィリピン近海に近づくまでに、最初は潜水艦や重巡洋艦などの補助艦艇で可能な限りアメリカの戦力を消耗させ、最後は軍艦などの主力艦決戦で決着をつける「漸減邀撃《ぜんげんようげき》」作戦を採用しようとしていた。すでに五年間に軍艦だけで一〇隻という軍艦建造計画を実行していたアメリカ海軍の実力は脅威であり、これに対抗するためには一八インチ砲を搭載した大和型戦艦で、相手の射程距離外からの先制攻撃で勝敗を決する戦術しか残されていなかった。

つまり、アメリカ主力艦の一六インチ砲の射程距離は約三万メートル、これに対して日本海軍の主力艦一八インチは約四万メートルであったから、この射程距離差一万メートルを活用し、勝機を開こうしたのである。そうすれば、たとえ主力艦数の歴然たる差も全く問題にならず、アメリカの主力艦を敵砲弾の届かない「安全」な場所から撃滅可能というわけである。

それは、建艦技術においてアメリカ以上の実力を保持していたとしても、資本力において劣勢な位置に立たされていた日本海軍の苦渋の戦術であった。しかし、これとてアメリカ海軍も大和型と同規模の一八インチ砲搭載の戦艦建造に着手すれば、その時点で全く無意味化する戦術であった。

したがって、日本海軍の艦政本部では、大和型戦艦の建造には徹底した秘密主義が励行され、さらにアメリカが実際に一八インチ砲搭載の戦艦建造に着手した場合に備え、大和の起工とほぼ同時に、二〇インチ(五一センチ)搭載の九万トン主力艦の建造計画を立案していたのである。

そのアメリカが日本の第一の仮想敵国に位置づけられたのは、ワシントン海軍軍縮条約締結後の一九二三

（大正一二）年に改定された「帝国国防方針」においてであった。そこにおいて、日米戦争のシナリオとして「漸減邀撃」の戦術が明記された。ここでは最終的に主力艦の決戦を迎えるまえに敵戦力の「漸減」を実行することで、主力艦数において劣勢を余儀なくされる悪条件を事前に少しでも克服しておこうとする作戦構想である。

そこから、日本海軍の戦力構成は、「漸減」戦力としての巡洋艦・駆逐艦・潜水艦と、「邀撃」戦力としての戦艦・航空母艦という役割分担ができ上がっていくことになる。この場合、対米作戦構想の大枠は、ハワイから出撃するアメリカ太平洋艦隊にまずハワイ周辺に展開する潜水艦部隊によって機を見て魚雷攻撃を加え、アメリカ艦隊の進攻ルートに布陣した巡洋艦による夜襲攻撃を敢行し、決戦海面に到達するまでに日本海軍戦力とほぼ同等の戦力までに「漸減」、すなわち弱体化させる。その後、決戦海面において敵主力艦隊を「邀撃」し、これを撃滅するというものである。

以後、この作戦シナリオを実行するに足りる性能を保持した大型で高速性と重武装を特徴とする潜水艦や巡洋艦の設計と建造が急ピッチで進められることになる。一九二六（大正一五・昭和元）年に完成した巡潜水艦Ⅰ型の伊号第一潜水艦（排水量一九七〇トン、航続距離四万四四五〇キロ）や、一九二九（昭和四）年に完成した妙高型巡洋艦（排水量一万トン、主砲二〇センチ一〇門搭載、最大速力三五・五ノット）はその代表例であり、いずれも「漸減邀撃」作戦に対応する正面整備であった。

日本海軍が優位を占めた開戦当初の空母戦力比

日本海軍の「漸減邀撃」の基本は主力艦同士の決戦に置かれていたものの、第一次世界大戦以降、航空機性能や戦闘技術の向上にともなって、航空母艦の比重が急速に高まりつつあった。空母戦力の効果的な運用が将来における海上戦闘の帰趨を制するであろうことが、認識され始めたのである。

それで、一九三七年から一九四一年末までに日米の航空母艦建造の実績でいえば、日本が六隻（総トン数一一万三六〇〇トン、艦載機数三〇八機）に対して、アメリカが四隻（七万四三〇〇トン、三八〇機）と日本海軍が隻数とトン数でアメリカ海軍を上回っていた（イギリスは五隻・一一万四〇〇〇トン・二〇四機）。この日米の差は日本海軍が「漸減邀撃」戦術に空母戦力を補助的に使用し、主力艦の数的劣性を空母戦力で補完しようとした結果であった。

そうした建造計画の実績を含め、日米開戦の一九四一（昭和一六）年一二月八日現在における日米海上戦力は、日本海軍が戦艦一〇隻（三四万トン・主砲数九六門のうち一六インチ砲一六門）、空母一〇隻（二〇万トン・艦載機定数五七三機）、これに対してアメリカ海軍は戦艦一五隻（四七万二三〇〇トン・主砲数一五六門のうち一六インチ砲四二門）、空母九隻（一九万〇一〇〇トン・艦載機定数六一八機）であった。主力艦では、隻数・トン数・主砲数のいずれもアメリカの六割から七割であったが、ここで決定的なのは一六インチ砲数の差で、日本の主力艦はアメリカの四割にも達していなかった。

この劣勢に比較し、空母戦力では隻数・トン数とも日本海軍が上回っており、艦載機数でも、ほぼ互角であった。それだけに、日本海軍としては一八インチ砲搭載の大和主力艦の完成が急がれたのである。主力艦と航空母艦の他に、日本海軍としては巡洋艦三八隻・駆逐艦一一六隻・潜水艦八四隻の合計二三八隻（合計一〇九万三五〇〇トン）を保有していた。同様にアメリカ海軍は三四五隻（一三六万二〇〇〇トン）であった。これに、戦艦と航空母艦を加えた五艦種（戦艦・航空母艦・巡洋艦・駆逐艦・潜水艦）の対米戦力比率は八〇・三パーセントであった。

このように日米開戦時の海軍戦力差は、アメリカ海軍が大西洋と太平洋の二大洋に戦力の二分を余儀なくされる現実を考慮に入れた場合、少なくとも日本海軍に決して不利な状況とはいえず、純粋に正面整備の量的比較だけからすれば、日本海軍に有利ともいえた。もちろん、それはあくまで一九四一年末の日米開戦時の比較であり、アメリカはその豊かな資本力と工業技術力をフルに稼働させて、開戦後においては日本海軍の建艦ペースを完全に凌駕する勢いで質量の両面で日本海軍を圧倒していくのである。

ただ、日米開戦前における以上の戦力の実績が、日本海軍首脳を開戦に踏み切らせる大きな理由にもなっていたことも確かであろう。そこにおいては、日米戦力が総合的に見て大差なく、拮抗状態にあるうちに開戦に踏み切り、アメリカ太平洋艦隊に甚大な損害を与えればアメリカはアジア方面から手を引くであろうという、やや都合の良い解釈付けがなされてもいたのである。

日米開戦に躊躇する昭和天皇や国内勢力に対し、永野修身軍令部総長がじり貧状態に陥る前に撃って出ることで勝機を掴もうとし、また戦力の拮抗状態から日本海軍の絶対的優勢状態に持ち込むために真珠湾奇襲を計画し、実行した山本五十六大将の判断の根底には、このような微妙な日米の戦力差の問題が横たわっていたのである。

したがって、開戦直前における日本海軍はアメリカの太平洋艦隊を完全に撃滅することは不可能であっても、「漸減邀撃」戦術がシナリオ通りの結果を得て、主力戦艦を中心とする艦隊決戦まで持ち込めば勝機は十分に生まれると踏んでいたのである。そうした判断が海軍首脳にほぼ共通して存在していたこと、そして、そのような判断が天皇をはじめ軍首脳を早期開戦に踏み切らせたといえる。

軍事力の面では自立した帝国主義国家ではあっても、経済的金融的には英米に依存せざるを得ないという「二重帝国主義」国家としての国家体質から脱却しようとしていた当時の日本であってみれば、日米開戦時の微妙な戦力差そのものが、開戦を決意するに十分な理由でもあったのである。日米開戦を合理化する理由が、この微妙な戦力差であって、国力の総合比ではもちろんなかった。日本の指導者たちは、一筋の光明をこの点だけに探し求め、全体的総合的な国力判断には意識的に目を閉じようとしたのである。

目的の前に現実を直視しようとしなかった指導者たちの責任は、たとえ国家発展に貢献したいとする情熱や愛国心がどれだけ深いものであったにせよ、軽減されるものではない。指導者であれば、主観を排して客観性に依拠すべきである。したがって、彼らの情熱や愛国心の深さは、みじんも弁明のために使われるべきではない。そうでなければ、問題の本質が見えにくくなり、そこから責任回避の動きが顕在化しよう。そのことが、歴史の教訓として受け継がれなければならない。

第四章　国体護持と支配層温存の試み

1　「ポツダム宣言」と受諾遅延の背景——国体護持への執着

「ポツダム宣言」の発出まで

一九四五（昭和二〇）年七月の時点で、イタリアとドイツはすでに降伏していた。日本一国だけが連合国との戦いを続けるなか、国際政治の舞台では早くも戦後世界秩序の再編をめぐる綱引きが開始されていたのである。

ソ連は戦後予測される米ソ角逐の時代に備えるべく、先のヤルタ会談での密約で対日参戦に道を開こうとしていた。ソ連は英米協調路線を敷くために、日本を共同の敵とする方針に踏み出したのである。一方、沖縄戦に勝利したアメリカは、次いで日本本土空襲の本格化による日本国力の破壊と進攻準備に余念がなかった。原爆保有にも成功し、その圧倒的な軍事力を背景に、戦後世界秩序の主導権を握ろうとしていたのである。

アメリカにとって、日本が密かに進めていた日ソ交渉による「和平工作」は到底受け入れることのできないものであった。このことから日ソ交渉の動きを封じるためにも、七月一七日にベルリン郊外のポツダムにおいてトルーマン米大統領、チャーチル英首相、スターリンソ連首相が会談することになったのである。会談の席上、予定通りソ連が日ソ交渉に応じないことを三国首脳間で真っ先に確認する。ソ連は取りあえず、この時点で英米協調の路線を選択して見せたのである。日本はこの結果を知るよしもなかった。

天皇制存置論

七月二六日、ポツダム宣言が発表された。それはアメリカのスチムソン陸軍長官がトルーマン大統領に提出した「対日計画案・覚書」および「共同声明案」を原案としたものであった。そこではアメリカの圧倒的な兵力による日本壊滅の可能性、日本の戦争指導者の追放、日本主権の本土への限定、平和的政権樹立後における日本占領の連合国軍の撤退などを骨子としていた。そして、日本の戦争指導者にとって最大の関心事となるはずの天皇の地位については、「現在の皇室の下における立憲君主制を排除するものではない」(中村政則『象徴天皇制への道』)という主旨を付記すれば、日本が無条件降伏する可能性が高いとの判断が書き込まれていた。

天皇の処遇および天皇制存続問題は、戦後世界の主導権掌握を狙うアメリカにとっても極めて重要な検討事項となっていた。アメリカの政府部内や国内世論は、大別すると天皇制廃止論、天皇制存置・利用論、天皇制存置・機能停止論の三つの意見に分かれていた。確かに、日本軍国主義の打倒で世論が沸騰していた日米開戦当初は天皇制廃止論が圧倒的に有力であった。しかし、戦後の新秩序が模索され始めた日米戦争の終盤になると天皇制存置・利用論が浮上してくる。

アメリカの政府部内では最終的に、天皇および天皇制が来るべき対日占領政策を円滑に押し進めるには不可欠な要素とする判断が有力視されていく。ここでいう天皇制存置・利用論が優位を占めたのである。こうしたアメリカ政府内外の意向が反映されつつ、アメリカの「対日声明案起草委員会」がポツダム宣言の草案を策定する。

草案では肝心の天皇の位置について、日本政府に平和政権が樹立され、その政府が再び侵略を意図しない性格であることが世界に納得された場合に、「現皇室の下における立憲君主制を含みうるものとする」（同前）と記されていた。これらいわゆる「天皇条項」に共通していることは、明白な天皇制存置を示さないで、恒久的な平和政権の樹立を基本とする一定の条件下に、天皇制存続の可能性を示唆するに留めたことであった。

これは天皇制廃止論を明確に主張する中国やイギリスなどへの配慮を示したもので、この時点でアメリカ政府は穏便に天皇制存置の路線を固めていこうという意向であった。したがって、「天皇条項」は、その他の条項と比較して格段に曖昧さが目立つ内容となっていた。しかしながら、七月二六日に発表された「米英支三国宣言」（通称「ポツダム宣言」）からは、これら曖昧さの目立つ「天皇条項」すら削除されていたのである。全一三項目から成る条項は、スチムソンの「対日計画案・覚書」および「共同声明案」をほぼ正確に踏まえたものであった。

しかし、この時点でアメリカの政府部内では、天皇制存置を匂わすいかなる文面も削除すべきだと主張する新任のバーンズ国務長官や軍部らの強硬意見が多勢を占めるようになっていた。天皇制存続問題に関連するところを強いて指摘すれば、第一二項の「前記諸目的が達成せられ且つ日本国民の自由に表明せる意思に従い平和的傾向を有し且責任ある政府が樹立せらるるに於ては連合国の占領軍は直に日本国より撤収せらるべし」（外務省編『終戦史録4』北洋社）という箇所だけであった。

「ポツダム宣言」の内容と黙殺声明

ところで、「ポツダム宣言」に示された連合国側の対日観を最もよく表しているのは第四項であろう。しかし、後日宣言が発表された時、この第四項は秘匿されることになった。その第四項には、「無分別なる打算に依り日本帝国を滅亡の淵に陥れたる我儘なる軍国主義的助言者に依り日本国が引続き統御せらるべきか、又は理性の経路を日本国が履むべきかを日本国が決意する時期は到来せり」（同前）と記されていたのである。連合国は日本の戦争が明らかに一群の軍国主義勢力により指導されてきた事実を明確に認識していたのである。

「ポツダム宣言」を傍受した日本政府は、まず外務省で宣言文の検討を開始する。七月二七日の外務省幹部会議において、戦局の悪化が誰の目にも明らかになってきたこの段階で、宣言受諾は戦争終結の唯一の方法とする判断が確認されはした。それで宣言内容は全文を新聞掲載するものの、日本政府としては一切の声明を差し控えるとの消極的対応策を採用することで合意をみていた。

外務省としてはソ連を仲介役とする「和平交渉」を企画中でもあり、加えて宣言内容や連合国の真意を照会する必要があると考えていたのである。東郷茂徳《しげのり》外務大臣は、同日の午前中に天皇に拝謁して宣言文の訳文を見せ、宣言への対応は慎重を期すること、日ソ交渉が継続中であり、その行方を見定めたうえで結論を出しても遅くないことなどを上奏する。

宣言内容を知った天皇は、それに特に重大な関心を示さなかったという。天皇も外務省幹部と同様に、基本的には日ソ交渉による「和平工作」の進展に期待を抱いており、宣言内容にかかわらず宣言への関心は、この時点で高いものではなかったのである。

ところが、軍部は宣言の内容に当初から反発を示すことになる。やはり七月二七日に開催された最高戦争指導会議において、豊田副武《そえむ》軍令部総長は宣言に何らの反応を示さず、無視することは軍の士気に悪影響を及ぼす恐れがあるとした。それで日本政府は宣言に断固たる拒否の意思を表明し、あくまで戦争継続の意向が強いことを内外に公表するよう政府を突きあげていたのである。同日午後に開催された閣議の席上で、宣言への対応策をめぐり協議が行われた結果、公表の件については情報局の判断に委ね、基本的にはできるだけ目立たない形で掲載に踏み切ることとした。

七月二八日、宣言の内容が一部を削除して掲載された。そのなかで『読売新聞』は「笑止、対日降伏条件」の見出しをつけ、日本政府の声明として「戦争完遂に邁進、帝国政府問題とせず」と報道していた。情報局の意向通り、各新聞は連合国が不当な降伏条件を日本に迫っており、到底耐えられる内容でないことを強調しようとしたのである。

さらに、鈴木貫太郎首相はポツダム宣言への所信を聞かれ、「私はあの共同声明はカイロ会談の焼き直しであると考えている。政府としては何ら重大な価値があるとは考えていない、ただ黙殺するだけである。我々は戦争完遂に飽く迄も邁進するのみである」（同前）と言い切ったのである。鈴木首相の「黙殺」声明は、宣言受諾に逸早く反対の意思を明らかにし、戦争継続を主張する軍部を懐柔するためでもあった。事実、新聞で発表された宣言内容は極めて限定的かつ日本側に都合のよい解釈と、その要約にすぎなかった。

たとえば、第九項の「日本軍隊は完全に武装を解除せられたる後各自の家庭に復帰し平和的且生産的の生活を営むの機会を得しめられるべし」という部分が、「日本兵力は完全に武装解除せらること」とだけ要約され、連合国側の真意が事実上秘匿されていたのである。ここでは宣言文に示された兵士の家庭復帰を実現する意味でも日本軍の武装解除が必要であるとする主旨を封殺するために強引な要約がなされており、連合国側が日本軍の解体と消滅を狙っている点のみが強調されたのである。

確かに宣言には、戦後処理をめぐって対日政策の前提をなす戦後日本国家のあるべき姿が、日本国の主体的な選択という表現ながら展望されており、日本政府と日本国民の進路決定・選択に依拠する方針が示されていたのである。「ポツダム宣言」は、明らかに平和への提言ともいうべき内容を備えたものであった。

しかしながら、日本政府や鈴木首相の「黙殺」声明の背景には、軍部への配慮とか宣言内容への不信という問題のほかに、より本質的には日本の支配勢力が国民を全く信頼していなかったことが指摘できよう。要するに、宣言に示された日本国民の主体的な政治判断を回避する途を模索し続けたことが、結果的に受諾決定を遅延させる主要な原因のひとつとなったといえるのである。

「国体護持」への執着と天皇の態度

宣言受諾の遅延の原因をもう少し具体的に追ってみたい。宣言受諾遅延の最大の理由は、天皇および日本政府がソ連の仲介による和平交渉への期待を捨て切れなかったこと、天皇制存置に関する「天皇条項」の明記がなく、原則として「国民の自由意思」に委ねるとした連合側との直接交渉では、従来の天皇制支配体制の存続（国体護持）への確信が持てないとする判断を崩そうとしなかったことである。

日本の軍事力がすでに事実上崩壊し、戦局も最後的段階にある現状においても、依然として全く展望のない日ソ交渉に期待をかけ続けることで国体護持にのみ執着し続け、戦争終結の好機を逃した天皇および支配諸勢力の政治的責任は頗る大きい。日本政府部内に宣言の評価や受諾の是非をめぐり種々の対立や駆け引きが存在したとはいえ、鈴木首相の「黙殺」発言は、アメリカをして広島・長崎への原爆投下に踏み切らせ、同時に投下を正当化させる口実を与えてしまった事実からしても、重大な政治的過失を犯したことになる。

鈴木首相は戦後この時の「黙殺」声明に触れて、「この一言は後々に至る迄、余の誠に遺憾と思う点」と回顧しつつ、同時に「この一言を余に無理強いに答弁させた所に、当時の軍部の極端な抗戦意識が、如何に冷静なる判断を欠いて居たかが判るのである」（同前）と述べて「黙殺」声明は本意ではなく、責任は軍部にあるとして自らの政治責任を認めようとしないのである。

「黙殺」声明が連合国側に事実上の宣言受諾拒否声明と受け取られることを承知していたはずの鈴木首相が、軍部の強硬意見があったとはいえ、自らのリーダーシップを発揮して早期に宣言受諾に踏み切ろうとしなかった責任は極めて重い。一日もゆるがせにできない状況のなかで、いかなる理由があれ、受諾を逡巡することは決して許されないはずであった。

しかし、こうした鈴木首相の「黙殺」声明の裏には天皇の固い戦争継続意思と日ソ交渉への過剰な期待感が存在していたのである。事実、天皇はひたすらソ連からの「和平工作」の要請に対する回答を待ち続けるだけで、戦争終結への有効な対策を採ろうとはしなかった。そればかりか、天皇はこの間にも内大臣木戸幸一に、「伊勢と熱田の神器は結局自分の身近に御移して御守りするのが一番よいと思ふ」（『木戸幸一日記』下巻、東京大学出版会）と発言し、天皇の象徴である「三種の神器」を自らの手で守護し、信州松代の大本営への移動を考慮していたのである。

つまり、天皇は宣言受諾による戦争終結ではなく、ソ連を仲介とする「国体護持」が確認されるまで、本土決戦に望みをつなぎ、場合によっては松代の大本営に立て籠ってまで徹底抗戦の態勢を整えようとしていたのである。木戸は戦後になって、天皇も木戸自身も宣言受諾による「和平」の可能性を期待しはしたが、軍部強硬派のクーデタや反乱の恐れがあり、そのために即時受諾に踏み切ることができなかったと弁解している（同前）。だが、これは額面通りに受け取ることはできない。

宣言文から「国体護持」の確証が得られないという判断を抱いていたがゆえに、天皇および木戸は、宣言文を無視ないし軽視を決め込んでいたのである。最近アメリカの国立公文書館から返還された「国際検察局押収文書」に収められた「敵ハ勝ニ乗ジテポツダム共同宣言ニ追込ムベク猛烈ニ攻撃スルデアロウ　此ノ儘《まま》行クト自滅ノ他ナイ」（粟屋憲太郎他編集解説『国際検察局押収文書①　敗戦時全国治安情報』第七巻、日本図書センター）とする民衆の切実な声がそこで配慮されることは全くなかったのである。

天皇の継戦意思と「聖断」の決定

次に天皇周辺の「国体護持」を目的とする「終戦工作」の動きを、小磯国昭内閣の成立時まで少し時間を遡って整理しておきたい。なぜならば戦争継続路線の修正が始まるのは、実は小磯内閣時であり、天皇も戦局の悪化に不安感を深めながら、しだいに「国体護持」への執着を鮮明にしていくからである。

一九四四（昭和一九）年九月七日、第八五回帝国議会で就任間もない小磯首相は戦争継続方針を打ち出し、挙国一致による強力な戦争指導体制の整備を説いた。そこで、首相・外相・陸相・海相・参謀総長・軍令部総長を構成員とする最高戦争指導会議を設置することにした。先の八月一九日の御前会議では、「今後採るべき戦争指導の大綱」が決定された。そこで太平洋方面でアメリカとの決戦を挑む作戦方針が打ち出され、国民の戦意高揚を目的とする「国体護持精神の覚醒」や「敵愾心」の徹底喚起が叫ばれた。そして、ここで戦争の目的が「皇土の護持」の一点に絞られていくのである。

表向きには、こうした強引な戦争継続方針が確認される一方、最高戦争指導会議はソ連を仲介とする中国との戦争終結構想や対重慶工作に象徴されるような戦争終結を展望した動きも開始していたのである。こうした「戦争終結」構想をリードしたものが、近衛文麿に代表される重臣・宮中グループと称される首相経験者、木戸幸一に代表される天皇側近のメンバー、さらには高松宮宣仁《のぶひと》、賀陽宮恒憲《かやのみやつねのり》、東久邇宮稔彦《なるひこ》らの皇族たちであった。

その中心人物であった海軍大将岡田啓介（元首相）は、小磯内閣の戦争継続路線を表面上支持しながら、その理由を「只今ノトコロ一億玉砕シテ国体ヲ護ル決心ト覚悟ニテ国民ノ士気ヲ高揚シ其ノ結束ヲ鞏《かた》クスル以外方法ナシ」（『高木惣吉関係資料』）と述べていた。岡田は「終戦工作」のための最大の要点を「国体護持」と位置づけ、戦争継続による「国体破壊」の危険性を読み込んだうえで、戦争終結のシナリオを模索していたのである。そこでは「国体護持」（天皇制の存続）こそ、重臣・宮中グループに課せられた使命だとする強烈な自負が動機づけとなっていた。

岡田としては東条内閣を打倒した実績を踏まえ、戦争継続を主張する陸軍主戦派から「終戦工作」の主導権を重臣・宮中グループが掌握しておきたかったのである。これらの一群が構想していた「終戦工作」のなかで「国体護持」観念がどのように位置づけられていたかを知るうえでは、次のような高松宮の発言が注目されよう。

すなわち、「戦争終結対策ノ眼目ハ国体ノ護持ニ在リ玉砕デハ国体ハ護レズ又玉砕トイッテモ玉砕出来ルモノニ非ズ「サイパン」ノ実例ヲ見テモ明ナリ七生報国生キ替リ死ニ替リ皇室ヲ護持スルノ大決意ガ必要」

とし、さらに加えて戦争終結の条件について、「条件ハ簡単ナリ国体ノ護持是《これ》ノミ独逸ノ前大戦ニ於ケル如ク二、三十年ニ異レル形ニテ復興スレバ宜シトイフガ如キハ我国ニ許ス可カラザルコトナリ」（同前）との内容である。

要するに、高松宮は戦争終結を実現させる「終戦工作」の目的が「国体護持」にあること、陸軍主戦派の主張するような「玉砕主義」では、日本に有利な「終戦工作」を創り出すことは不可能であることを強調したのである。これは陸軍主戦派から戦争指導権を取り上げ、重臣・宮中グループが戦争終結の主導権を握らない限り、「国体」の崩壊もあり得るとの危機感の表明でもあった。

この間にも大本営陸海軍部は、本土・南西諸島・台湾・フィリピン方面を次の決戦場として作戦準備を進めていたが、同年一〇月一〇日には沖縄、同月一三日には台湾が空襲され、同月一七日にはフィリピンのレイテ島へのアメリカ軍の上陸が開始される。日本海軍がレイテ島沖海戦で航空母艦を全て喪失する壊滅的損害を被ることになるや、重臣・宮中グループは「国体」崩壊の可能性が現実味を増してきたことに脅威を感じていたのである。事実、賀陽宮は近衛との会談の席上、「これ以上戦いを継続することは我国体に傷つくるのみにて、何等益なきを以て、重臣等は転換に努力すべき」であると発言していた（小磯国昭自叙伝刊行会編『葛山鴻爪』中央公論事業出版）。ここには、「国体護持」を叫びつつ、その一方で戦争指導の主導権維持を優先しようとしていた陸軍主戦派への反発の意味が込められていたのである。

こうして陸軍主戦派からの主導権奪取の試みが水面下で進められる一方、肝心の天皇は戦局の悪化に不安と動揺を隠していなかったものの、最終的には依然として反撃の余地が残っている旨の上奏を陸海軍の両統帥部長から聞くや、重臣・宮中グループの戦争終結方針に同調しようとしなかった。天皇としては可能な限り反撃の機会を摸索し、日本に有利な条件を形成することに重点を置こうとしたのである。

受諾遅延の真相と天皇の戦争責任

戦争継続の意思の固い天皇を、あくまで「国体護持」を目的とする戦争終結方針に同調させる試みが、年明け早々から開始される。その代表的なものが「近衛上奏」（一九四五年二月）である。それは、「敗戦は遺憾ながら最早必至なりと存候《ぞんじそうろう》以下此の前提の下に申し述べ候。敗戦は我が国体の一大瑕瑾《かきん》たるべきも、英米の世論は今日迄の所国体の変更とまでは進み居《お》らず（勿論一部には過激論あり、又将来いかに変化するやは測知し難し）随つて敗戦だけならば、国体上はさまで憂ふる要なしと存候」（細川護貞『細川日記』中央公論社）とする内容であった。

近衛は敗戦そのものや、戦局の悪化にともなう国民の人的物的損害の深刻化の問題より、敗戦の結果国体そのものが崩壊の危機に晒される可能性を強く意識していた。それで、陸軍主戦派の主張に乗り、依然として戦争継続の意思を捨てていなかった天皇を説得しようとしたのである。

そのことは原田熊雄の残した発言からも裏付けられる。それは、「近衛上奏ノ筋ハコノ儘デ進ンデハ敗戦必至ノ情勢デアル而《しこう》シテ陸軍ノ戦争指導ニ委セラレテハ国体ガ危険デアル陸軍ハ故意ニ非ザルベキモ結果的ニハ赤化ノ一途ヲ辿ルトイフコトヲ従来ノ実例ヲ挙ゲテ一々御説明申上ゲタ、陛下ハ梅津ガ奏上シテ米国ハ国体ノ変革ヲ目指シテイルカラ徹底的ニ戦ハナケレバナラヌト言ツテ居タガ近衛ハドウ思フカト御言葉デアツタノデ近衛ハ左様ニハ信ジマセヌト申上ゲタ」（『高木惣吉関係資料』）とするものである。

さらに、同資料には近衛の陸軍主戦派の動向について種々上奏したところ、天皇が「陸軍ハ何トカシナケレバナラヌト思フガソレニハドウスレバ宜シイカトノ御下問デアツタ」ので、近衛は「陛下ガ軍部ノ最近ノ情勢ヲ最モヨク御承知故御聖断ニヨル以外ナイト存ジマスト述ベタ」としている。二月の時点で、天皇は戦争継続路線と戦争終結路線の間で揺れ続け、実にこれ以後、「ポツダム宣言」の受諾に踏み切るまで約半年間近くも貴重な時間を無駄にしていくのである。先に述べたように、天皇はこれ以後、日ソ交渉への期待感を強めていくが、それも「国体護持」への異常とも思える執着心の結果であった。

そのことがまた近衛ら重臣・宮中グループが構想する「国体護持」のためには陸軍主戦派の主導権を奪取し、陸軍に戦争責任を一方的に背負わせることで、戦後における「国体護持」と天皇を核とする戦後保守支配層の再編成という構想を受け入れるまでに時間を要してしまうのである。しかし、問題はその時間の経過のなかで、例えば東京大空襲や広島・長崎への原爆投下を招き、さらにはソ連参戦による「中国残留孤児」と「シベリア抑留問題」が発生したということである。

こうした歴史事実を繰り返し考え合わせる時、天皇の戦争責任は極めて重いと言わざるを得ないのである。

2 終戦工作の真相と原爆投下——支配層温存のシナリオ

終戦工作の開始

終戦工作が開始されるのは、一九四五（昭和二〇）年六月以降のことである。本土決戦論が叫ばれるなかで、軍部の政治支配は表面上強化されたかのように見えたものの、実際には軍事力そのものは壊滅状態にあった。民心の離反を示す兆候が至るところで露見され始めており、揺るぎないものと思われた軍事権力は崩壊の危機に見舞われていたのである。小磯内閣から鈴木内閣への政権交替を機に権力の流動化に一層の拍車がかかり、支配層内部では天皇制支配国家体制（国体）の存続を最優先する終戦工作が本格化したのである。

終戦工作の主導権を握ったのは、陸軍主戦派に対比して後に「穏健派」と称される木戸幸一や近衛文麿ら宮廷グループであった。終戦工作の水面下での開始は、支配層内部の権力の重心が陸軍主戦派から、これら「穏健派」に移行し始める契機ともなった。彼らの最大関心は敗北による国体存続の危機であり、国体の崩壊にともなう彼ら自身の地位喪失という問題であった。

彼らは陸軍に戦争の責任を押しつけ、同時に自ら政治権力の掌握を目標としていた。そのために天皇の権威に全面的に縋ることで終戦工作を企図する。それは戦後の支配体制の編成替えを狙った一種の政変（宮廷クーデター）ともいうべき性格を持った事件であった。

終戦工作が開始されたとはいえ、戦争指導全体の流れは、表向き依然として本土決戦論による戦争継続方針が貫かれていた。例えば、一九四五（昭和二〇）年六月八日に策定された「今後採るべき戦争指導の基本大綱」では、「飽く迄戦争を完遂し以て国体を護持し皇土《こうど》を保衛し征戦目的の達成を期す」という方針が確認されていたのである。この二日前に開かれた最高戦争指導会議でも本土決戦論は確認済みであった。

黙殺声明の理由

終戦工作の出発点となった「時局収拾対策試案」が木戸の手で起草されたのは、本土決戦論を強硬に主張する陸軍主戦派に対抗する「穏健派」の戦争終結論を明確に打ち出すためであった。

陸軍主戦派の本土決戦論が公式の場で確認されたことで、日本の全面敗北による国体の崩壊を必至と見た木戸は、本土決戦の戦争指導方針を転換するため天皇自らの決断による戦局の収拾や戦争の終結に乗り出すべきことを説いた。「聖断」のシナリオが具体的に示されたのである。ここで重要な問題は「聖断」のシナリオが戦争の被害から国民を救うためではなく、国体護持の一点のみに置かれていたことであった。後に原爆投下による甚大な犠牲を強いられても、ただちに無条件降伏に踏み切らなかった理由もここにある。

そこでは種々の困難にも関わらず、戦争終結を断行した天皇の役割を全面的にアピールし、それによって天皇をも含めた政治指導部の戦争責任や敗北責任を一切不問に附すことが企図されていた。それによって国体を護持し、戦後における「穏健派」を中心とする支配体制の存続を意図したのである。

終戦工作が開始された当初、天皇は依然として強硬な戦争継続姿勢を崩していなかった。しかし、ドイツ軍の降伏（同年五月七日）を境に戦争終結への意向を漏らすようになり、本土決戦準備の杜撰さが明らかになるや、戦局の悪化を熟知していた天皇は、連合国との戦争終結のための仲介をソ連に委ねることを決意する。近衛元首相を特使としてソ連に派遣する計画も練られたが、ソ連側の対応や対ソ交渉案の未調整、それに強硬姿勢を崩さなかった陸軍主戦派らの抵抗により交渉は遅延していた。

七月二六日、連合国側は日本への最後の降伏勧告としてポツダム宣言を発した。日本政府は外務省筋を中心に対ソ交渉への期待感から、直ちに受諾する方針を避け、最終的には鈴木首相の「ただ黙殺するだけ」という声明を発表し、戦争継続の強い意思を内外にアピールした。

戦後支配体制の再編

そうするなかで八月六日、最初の原爆が広島に、次いで八月九日には二発目の原爆が長崎に投下された。

長崎への原爆投下をアメリカの対日占領政策の第一歩と見なしたソ連が同日予定を繰りあげて参戦に踏み切るや、日本政府は遂に翌八月一〇日、ポツダム宣言受諾の方針を決定する。同日の深夜から最高戦争指導会議が御前会議として開催され、そこで国体護持のみを条件として受諾という東郷外相の提案を、天皇自ら支持することで「聖断」を下したのである。ただ、いったん「聖断」が下ったものの、降伏条件をめぐる支配層内部の対立から連合国への受諾表明は、さらに一四日まで持ち越されることになる。

そのなかで宮中グループは戦争の責任を軍部、なかでも陸軍に全面的に負わせて天皇に戦争責任が及ばないことを念頭に置いて動き、海軍は宮中グループの「終戦工作」に一役買うことで陸軍との共倒れを避け、戦後の保守人脈の有力な一翼を担うべく画策していたのである。支配層内部では陸軍を除外して宮中グループを中心に、資本家や官僚、それに海軍内の「穏健派」を抱き込む形で新たな支配層を形成し、天皇の権威を利用して終戦工作の主導権を掌握していくのである。

終戦工作の目的が、戦前支配層の温存と戦後新支配体制の構築を目的としたものであればこそ、当然に連合国側との交渉内容は国体護持の約束を取りつけることだけに傾注された。本土決戦を強硬に主張する陸軍主戦派との合意を可能にさせたのも、この点において他になかったといえる（纐纈厚『日本海軍の終戦工作』中央公論社）。終戦工作の過程で、原爆投下による広島・長崎市民の甚大な犠牲に象徴される国民の苦しみは省みられることなく、国体護持だけが唯一の関心としてあったことは、天皇制国家の本質を余すところなく示すものといえた。

原爆投下の背景

日本政府が、「聖断」シナリオによる「国体護持」やソ連を仲介役とする「和平」工作などによる支配層の温存を必死に試みている一方で、沖縄の占領に成功し、日本本土空襲の強化と進攻準備に取りかかっていたアメリカは、戦後の新たな世界再編の主導権を確保するため、あらたな対日攻勢を準備していた。

そのアメリカには、日ソ交渉による日本の「和平」工作など到底受け入れられるものではなかった。七月一七日、ドイツ・ベルリン郊外のポツダムで開催された米英ソの三巨頭会談（ポツダム会談）では、米ソの共通意思として、日ソ交渉を事実上拒否することが米ソ間で確認された。

アメリカの対日政策の基本は、あくまで日本を早期の戦争終結に踏み切らせ、ヤルタ協定によるソ連のアジア秩序再編計画の修正を迫り、あわせてアジア地域へのソ連の影響力を遮断し、日本を防壁として利用することにあった。そのために日本の完全敗北前にアメリカ主導の対日占領を実現し、アジアにおけるアメリカの代理人としての役割を担う国家へと再編することが求められていたのである。

日本の敗北が時間の問題となってきた段階で、アメリカのトルーマン政権内部では、元駐日大使で国務次官の要職にあったジョセフ・グルーを筆頭に、アジアにおけるソ連への対抗勢力としての日本という位置づけが有力になっていた。一〇年間に及ぶ滞日経験から、グルーは天皇制の存続を条件に日本の早期降伏を実現し、日本の「穏健派」との連携を強め、戦後の日米関係を構築することをアメリカの対アジア政策の要とすべきであるという見解を持っていたのである。

政権内部でグルーの見解はほぼ了承されつつあったものの、陸軍長官スチムソンらは日本の敗北をアメリカ単独の軍事力で獲得し、さらには圧倒的で高度な軍事力の威力をソ連に示すことで日本の降伏を決定づけることが重要だと考えていた。そこからスチムソンらは完成が目前に迫っていた原爆の日本投下を企図する。

このことから、日本への原爆投下は最大限の軍事的政治的効果を結果するものでなくてはならず、その条件として日本にこれまでにない甚大な被害を与え、日本国民ばかりかソ連をも震憾させる効果が期待されることになった。

戦後軍事秩序の原点

以上の通り、ソ連参戦により予測された脅威を確実に除去するために原爆投下が決定されたのであり、原爆投下の目的が日本の早期の降伏を実現してアメリカ兵の出血を抑制するためという説明は戦後流布されたものでしかない。原爆投下は甚大な犠牲者と引き換えに、広島・長崎の地を借りて戦後世界の主導権争奪戦の一里塚として実行されたものであった。原爆投下こそ、戦後世界秩序再編という文脈のなかで捉えるべき事件であった。

原爆投下は直接日本の無条件降伏や終戦工作に関わるものではなかったものの、原爆投下にいたる過程で形成されたアメリカ政府部内の対日政策は、ポツダム宣言受諾後の日本の支配体制の改編構想と連結されることになった。そのことを通じて、終戦工作の目指した目標は国際政治の枠組みに組み込まれていったといえる。

原爆投下の背景をめぐる研究は、米ソ冷戦構造との関連での把握を中心に近年の研究蓄積が著しい。これに加えて欧米のアジアへの人種的偏見を背景に、原爆効果の実験適地として日本が選定された問題なども盛んに論じられてきた。そうした研究成果を踏まえて、筆者は原爆投下によって戦後の世界秩序の骨格が、軍事力に依存する「平和秩序」の形成という路線で確定され、それが過剰な軍事的安全保障論を再生産している現実を指摘しておきたい。

その観点から原爆投下によって規定された戦後世界軍事秩序を除去していくためにも、原爆投下の政治過程についての批判的視座を据えた研究が不可欠であろう。それは戦後日本政治の中核に座った「穏健派」とされる人々の政治スタンスをもより鮮明にするはずであり、さらに日本の戦後保守政治に貫かれている世界秩序観や平和観を見直す機会をも提供するものになるであろう。

第五章　天皇制軍隊の特質と戦争の実態

1　なぜ、残虐行為に走ったのか――天皇制軍隊の特質

見せかけだけの近代軍隊

明治国家の成立と同時に中央権力の暴力装置として近代的軍隊の創設が急がれた。それは、当初からフランス、イギリス、ドイツなどの軍隊を模範として近代軍隊の体裁を施してはいたが、実際には欧米諸国の軍隊とは明らかな違いを見せていた。すなわち、編成・装備の面からすれば近代軍隊の形式を整えつつあったが、その軍隊の内実は各藩から寄せ集められた封建的武力集団であり、軍隊を構成する兵士たちは旧支配階級に所属する武士階級出身者たちであった。それで天皇の軍隊は、欧米の近代的軍隊のように、市民革命の中心となった農民や労働者から編成された本来の意味における国民的軍隊として出発したわけではなかったのである。

天皇の軍隊が創設当初から、封建的秩序を基軸とする旧武士階級出身者により中枢部が構成されたことは

歴然たる事実であった。そのことは以後合理主義や科学主義を重んじ、個々の兵士の自発性や積極性を不可欠とする近代的軍隊への転換を困難なものにしていく。しかも、明治政府が直轄の軍隊を創設しようとした動機が、種々の封建的遺物を物理的に排除・清算しようとする試みにあったため、ここで編成された軍隊は一種の雇い兵的な性格を多分に秘めたものとしてあった。

そのこともあって、個々の兵士の自発性や積極性に依拠することは到底無理であった。その兵士たちを統制・管理しようとすれば、過剰なまでに厳格な軍紀を徹底する以外なかったのである。

明治政府は、一八七三（明治六）年一月に徴兵制を施行したが、これは武士階級出身を主体とする軍隊の構成に限界と不安を抱いたからである。「国民皆兵」主義のもとに、国民的軍隊への転換を試み、実際にも西南戦争（一八七七年）など士族の反乱を鎮圧する過程で、ある程度の成功を収めたかに見えた。

しかしながら、徴兵制軍隊の中心となった農民出身者たちにしても土地革命によって解放された自立した農民層ではなく、封建的秩序のなかに束縛された人々であった。徴兵忌避の動きに象徴されるように、彼ら農民層にして見れば徴兵は賦役以外何ものでもなかったのである。

彼らが近代軍隊の兵士として、その職務を自発的かつ積極的に果たすとは考えられなかった。そのために彼らを軍隊的秩序のなかに取り込み、言うならば強制動員への不満や反発を押さえるには、過剰なまでに厳格な軍紀による服従の強制が不可欠とされることになったのである。この過剰なまでの厳格な軍紀の徹底によりはじめて軍隊的秩序を確立するしかなかった天皇の軍隊の特質こそが、容易に残虐行為に走る体質を内在化させたといえる。

つまり、軍隊機構として形式的な近代化や合理化が追及される反面で、個々の兵士に実施された不合理な軍隊教育による精神の抑圧や管理は、過剰な差別性や階級性の誇張も手伝って、不満や矛盾は内攻し、状況に応じて外に向かって噴出する可能性を常に用意することになる。それが、天皇の軍隊をして、無差別の暴力や残虐行為へと駆り立てる原因となった。台湾に続き、本格的な対外戦争であった日清戦争時における旅順大虐殺から記録され始める天皇の軍隊の残虐行為は、こうしてその素地が創設当初から形成されていくのである。

徹底された軍紀・風紀に関する施策

創設とほぼ同時に準備されていった軍紀・風紀に関する施策の内容と変遷を追うことで、天皇の軍隊の特質を知ることができる。例えば、一八七一(明治四)年八月、天皇の軍隊の最初の軍紀ともいうべき「海陸軍刑律」が作成され、そこでは抗命・結党・上官侮辱・暴行脅迫などの罰則規定が記された。翌年六月には「歩兵内務書」も出された。

明治期において最も有名なものは、一八七八(明治一一)年八月に当時陸軍卿の地位にあった山県有朋が公布した「軍人訓戒」と、一八八二(明治一五)年一月に明治天皇の名で出された「軍人勅諭」である。前者は、明治期最大の軍隊反乱事件であった竹橋事件の翌年に出され、そこでは忠実・勇敢・服従こそが、軍人精神を維持するうえで不可欠な条件として徹底注入されることになった。

この抽象的で道徳的な文言のなかに、従来の軍隊秩序ではすでに一定の兵士管理や統制への不安が軍当局によって示されてもいた。軍隊教育において、より具体的で合理的な目的意識を獲得させる方向には進まなかったのである。

この非合理的で過剰なまでの道徳的教義は、後者の「軍人勅諭」となると一段と色濃く示されることになった。すなわち、忠節・礼儀・武勇・信義・質素の五項目を軍人の守るべき条件としたのである。ここでは天皇の権威を前面に押し出し、天皇の権威に依拠しつつ、「絶対服従」による軍隊秩序の強化が打ち出された。「只一途に己の本分を守り義は山嶽《さんがく》よりも重く死は鴻毛《こうもう》よりも軽しと覚悟せよ　其操を破り不覚を取り汚名を受くるなかれ」とする有名な文言は、個々の兵士への一種の脅迫であり、そこからは近代軍隊に必要とされる自発性や積極性は生まれようがなかった。

要するに、天皇（＝上官）の命令に絶対服従することが公然と求められたのであり、その命令の前には自らの生命が無価値とされたのである。自らの精神や意識だけでなく、肉体・生命をも全面的に軍隊秩序のなかに埋没させることによって、初めて天皇の軍隊の一員として認められるような天皇の軍隊における命令と服従の関係が、以後においても一貫して追及されていく。

一八八七（明治二〇）年五月、軍隊教育を担当する監軍（後の教育総監部）が創設されて以来、この傾向は一段と拍車がかかる。そこでは「軍紀に因《より》て規定さるる事を得以て初めて軍隊本然の用を全《まっと》うするを得べし」と記し、軍紀を遵守することで軍隊秩序が保たれるとした。軍紀は個々の兵士が自らその意義を理解したうえで、積極的自発的に受容するものではなく、天皇の権威を背景とする厳格な懲罰と引き換えに、絶対的かつ無条件に服従するものとされたのである。

強化される軍隊内務

日清・日露戦争を経て、軍事的膨張主義を特徴とする大陸政策が押し進められるなか、軍紀の引き締めも一段と強化されるばかりであった。たとえば、一九〇八（明治四一）年一二月に改定された「軍隊内務書」

では、「軍紀は軍隊成立の本分なり　故に軍隊は必ず常に軍紀の振作を要す」とされ、軍紀の崩壊が軍隊の崩壊に直結するものと位置づけられた。同時に一方的な上からの強制への反発を考慮して、「兵営は苦楽を共にして死生を同うする軍人の家庭」として、家族主義の軍隊内秩序への導入が企画されもした。

この家族主義の導入について、「軍隊内務書」の改定作業の実質的責任者であった田中義一は講演のなかで、「中隊は家庭である。中隊長と部下とを親子の関係に結び付け、古い軍人と新しい軍人とに兄弟の如き関係をもたせることの必要を絶叫して遂に目的を達し、中隊は軍隊内の一家庭ということになった」と発言している（辻村楠造監修『国家総動員の意義』青山書院、一九二六年）。

田中は厳格で絶対的な軍紀と懲罰だけで、軍隊内における支配—服従という関係を維持することは不可能と考え、兵士の上官への忠誠心を安定的に獲得していくために、家族関係における支配—服従という関係を軍隊内に持ち込み、兵士の軍隊内における不満や反発を吸収しようと試みたのである。

しかしながら、いわば軍隊家庭主義の導入による偽装によっても、天皇の権威を背景とする絶対的な支配—服従関係という本質には何ら変化はなかった。むしろ、天皇制国家の支配イデオロギーとしての家族国家観が軍隊内に持ち込まれたことで従来に増して上官の存在が絶対化され、いうところの「愛の鞭」の名による私的制裁（リンチ）が軍隊内で横行することになった。

それは結局のところ、軍隊内において暴力が公然と軍隊秩序を保持するために頻繁に用意され、どのような理由であれ暴力そのものが合法化されることを意味した。その結果天皇の軍隊には、軍隊秩序や兵士管理の最も有効な手段として暴力の行使が定着していく。

暴力そのものが秩序の維持、兵士の管理、軍紀の徹底などの手段として積極的に位置づけられたことは、天皇の軍隊を構成する日本軍兵士の精神構造のなかに暴力行使に対する過剰なまでの恐怖心と、その反面で被暴力の恐怖と不満を外に向かって噴出させようとする衝動を絶えず内在化させていくことになった。いわば、抑圧の委譲原理が軍隊教育のなかで一貫して培われ、暴力による抑圧状態の連続が、他者への暴力行為による抑圧からの解放へと自らを追い立てもしたのである。

大正・昭和初期の軍紀と南京事件

一九一八（大正七）年八月から始まるシベリア干渉戦争（シベリア出兵）という名分なき侵略戦争に動員された兵士たちの軍紀の頽廃が目立ってくるようになると、再び軍紀の見直しが軍当局の焦眉の課題となった。

これに加えて、大正デモクラシー運動の軍隊内への影響も出始める。絶対的な服従や強制、一切の人間性を許容しない軍隊秩序への不満や反発を公然と主張する兵士が現れるや、一九二一（大正一〇）年に改定された「軍隊内務書」では、軍隊内務の緩和や簡略化が試みられたりした。しかし、一九二〇年代前後から開始された中国・朝鮮における反日本帝国主義の動きに対応し、軍隊内務の緩和や簡略化の試みは事実上棚上げされ、兵士の管理・統制が再び強化されることになる。

一九三四（昭和九）年に改正された「軍隊内務書」には、「欧州大戦後滔々として風靡せる誤れる『デモクラシー』的思想は軍紀を振作し軍の団結を完うする所以にあらざるのみならず特に皇軍意識の徹底を害する」と記していたのである。ここでは大正デモクラシー状況の軍隊への影響を、軍隊秩序の崩壊を招きかねないという深刻な危機感を持って位置づけていた。これに対抗する意味からも、兵士への皇軍意識の注入に以後奔走していくのである。

さて、日中全面戦争の開始にともない、兵士の大量召集と大量動員が押し進められた。ここにきて天皇の軍隊は、また新たな課題に直面する。すなわち、新兵の急速な増員は既存の軍隊秩序の維持をより困難としたのである。つまり、大量の兵力動員は現役兵の比率を低下させ、軍隊内における服従の徹底という習性に馴染んでいない予備役や後備役の比率を一挙に高める結果となったのである。さらに中国軍の果敢な攻勢により日本軍兵士が予想以上の犠牲を強いられると、兵士の間に不安と混乱を招き、加えて戦争の長期化が兵士の厭戦気運を高めることになった。

こうして軍紀の混乱と、何よりも戦争長期化にともない、兵士には戦争目的の不明確性による戦争疑問視の意識も見られることになった。そうした相乗作用として南京虐殺事件（一九三七年一二月）が発生したとも考えられる。

確かに直接的な動機づけとして、南京攻略に至るまでの甚大な被害に対する復讐戦的様相もあったが、同時に軍隊内で欝積していた不満・反発を一挙に中国側に向かって噴出させることでしか軍隊秩序を維持できなくなっていた天皇の軍隊の構造的な矛盾が、この虐殺事件の根底に横たわっていた。

その点からすれば、虐殺事件はいわば天皇の軍隊の特異な体質から生み出された帰結でもあった。問題はそのような構造や体質を潜在させた軍隊を、日本国家が対外的暴力装置として抱え込み、また国家発展の物理的手段として前面に押し立ててきた歴史事実である。

軍紀・風紀の崩壊と頻発する虐殺事件

日中前面戦争開始以降、軍紀・風紀の混乱が一段と顕著となっていく。軍紀犯の内容は対上官暴行、抗命、多衆脅迫暴行、勤務離脱、逃亡、従軍免奪などである。具体的な事件には、一九四二（昭和一七）年一〇月一五日、中国湖北省広水鎮《こうすいちん》に駐屯する輜重兵第三連隊第一中隊の下士官七名が将校団への暴力行為を働いた広水鎮事件、同年一二月七日、山東省館陶《かんとう》県に駐屯する独立歩兵第四二大隊第五中隊の兵士六名が将校団を襲撃、中隊長らの幹部が兵営から脱走した事件などがよく知られている。

このふたつの事件は対上官暴行の典型的な事件例だが、このような軍隊秩序そのものを根底から否定する重大な規律違反が、この時期各部隊で頻発する。そうした事件や南京事件に象徴される他民族への残虐行為は、共に大義名分なき戦争への兵士の心理的不安や苦渋の表現でもあった。厳格な軍紀の強制は、個々の兵士の人間性を剥ぎ、残虐行為への躊躇を解消していくことになったのである。

日中戦争の膠着化とアジア太平洋戦争末期における絶望的な戦況のなか、指揮統率の混乱や弾薬・食料の欠乏・途絶という状況に置かれた天皇の軍隊の兵士たちは、ここにきて既成の軍隊秩序の非合理性への不満を一気に噴出させ、軍紀は敗北の連続のなかで確実に崩壊の道を辿ることになったのである。

一九四四（昭和一九）年の「軍隊内務書」において「軍紀は軍隊の命脈なり」と記され、さらに翌一九四五（昭和二〇）年二月の「歩兵操典」には、「軍紀にして其の弛張《しちょう》は実に軍の運命を左右するものなり」と書き込まれたとしても、軍紀崩壊への流れに歯止めをかけることは不可能であった。

以下において、軍当局が軍紀・風紀に関してどれほどの混乱と動揺とを持って捉えていたかを知る資料を紹介しておきたい。それは、一九四〇（昭和一五）年九月一九日、陸軍省副官・川原直一の名で陸軍の各部隊に通牒された「支那事変の経験より観たる軍紀振作対策」（陸密第一九五五号）であり、軍当局が各部隊に通達したものである。また、軍当局自ら調査に基づく統計・資料の類でもある（纐纈厚編・解説『軍紀・風紀に関する資料』不二出版、収載）。

まず、既述のように日中全面戦争開始以来、顕著になっていた軍紀崩壊の事実を教訓に、その立直しを命じたものである。そこでは日中全面戦争開始以降における軍紀違反例が頻発していることの実態を踏まえ、冒頭の「一、要旨」の項で「軍の威信を失墜し延《ひ》いては聖戦に対する内外嫌悪反感を招来し治安工作を害し国際関係に悪影響を及ぼし聖戦目的の達成を困難ならしめる」と総括する。

天皇の軍隊における軍紀違反例のなかで、中国人に対する残虐行為の存在したことを暗に認めたうえで、そうした事態が「内外嫌悪感」を助長し、ひいては「国際関係に悪影響」を及ぼすという捉え方を表明しているのである。南京事件で示された中国民衆に対する日本軍の残虐行為の事実を、この時点で軍紀・風紀の移送の徹底という通牒を送付することで軍当局が事実上的確に把握していたことは注目に値しよう。

同資料によれば、一九三七（昭和一二）年から翌一九三八（昭和一三）年にかけての二年間に発生した予備役の軍紀違反者が四六三名、後備役が六一四名、補充兵役が二八五名の合計一三六二名となっており、同期間における現役兵の軍紀違反者三一二名の約四倍余りとなっていた。軍紀違反を防止するために幹部教育の徹底、服従観念の透徹、部下の教導薫化、賞罰行使の厳正、軍隊内務の刷新、人事の公正などの指示を行ってはいるが、それらがほとんど成果を上げられなかったのは、上述の資料が示す通りである。

慰安所施設整備を要請する軍当局

同資料において注目されるのは、「第二、主として事変地に於て著意すべき事項」に記された「五、事変地に於ては特に環境を整理し慰安施設に関し周到なる考慮を払ひ殺伐なる感情及劣情を緩和抑制することに留意するを要す」とする内容である。

そこには以下の文面が綴られている。すなわち、「環境が軍人の心理延《ひ》いては軍紀の振作に影響あるは贅言《ぜいげん》を要せざる所なり故に兵営（宿舎）に於ける起居の設備適切にし慰安の諸施設に留意するを必要とす特に性的慰安所より受くる兵の精神的影響は最も率直深刻にして之が指導監督の適否は士気の振興、軍紀の維持、犯罪及性病の予防等に影響する所大なるを思はざるべからず」と。

軍中央の統制のもとで「性的慰安所」（日本軍慰安所）が設置・運営されていた事実を、この資料でも明らかにしているのである。そのうえで、相次ぐ天皇の軍隊の残虐行為を可能な限り押さえ、兵士に蔓延していた軍隊秩序への不満・反発を解消する手立てとして、「性的慰安所」が積極的に位置づけられていたことを示している。

「環境を整理」するとは、残虐行為を押さえて、国の内外からの批判を回避することを意味していた。だから、「性的慰安所」設置問題や「従軍慰安婦問題」と天皇の軍隊の残虐行為とは、ある意味で表裏一体の関係として把握する必要もあろう。そこでの最大の問題は、極めて封建的で非合理的な軍隊秩序を兵士に強制し、絶対的な服従を求めながら、その一方で兵士の懐柔策として「性的慰安所」を設置することで、この軍隊秩序に内在する矛盾を一切覆い隠し、いわばアメとムチの使い分けによってしか軍隊としての秩序を維持できない天皇の軍隊の特質である。

言うならば問題の本質に目をつぶり、天皇を頂点とする抑圧委譲の原則が最末端の兵士に徹底して貫徹され、それがさらに他民族や占領地域の人々へと転嫁されていったという事実である。そこでは上からの抑圧機能が強化されればされるほど、戦闘行為以外においても、極めて安直に暴力行為や残虐行為に踏み切る精神構造が植え付けられていったのである。例外が存在するとしても、大方の日本軍兵士により、「従軍慰安婦」への非人間的な仕打ちや暴力的かつ差別的な行為や言動は、天皇の軍隊の特質を遺憾なく示したものといえよう。

さて、同資料に補足された「付録 主要多発犯の若干に対する一部の観察」における「一一、掠奪、強姦、賭博等に就《つい》て」の項にも次のような記述がある。少し長いが引用しておく。

> 支那事変勃発より昭和十四年末に至る間に軍法会議に於て処刑せられし者は掠奪、同強姦致死傷四二〇、強姦、同致死傷三一二、賭博四九四に達しあり其の他支那人に対する暴行、放火惨殺等の所為亦散見する所なり抑々此種事犯は皇軍の本質に戻《もと》る悪質犯にして軍紀を紊《みだ》るのみならず事変地民衆の抗日意識を煽り治安工作を妨げ支那側及第三国の宣伝資料に利用せられて皇軍の声価を傷け延《ひ》いては対外政策にも不利なる影響を及ぼし聖戦目的の遂行を阻害する等其の弊害誠に大なるものあり宜しく軍隊幹部に於て部下の教育指導を適切にし特に今次聖戦の目的を一兵に至るまで徹底せしめ其の行動を之に即応せしむると共に慰安其の他の諸施設を強化する等各種の手段を講じ以て此種反抗を防遏《ぼうあつ》し皇軍の真価を発揚するを要す

基本的には本文の内容と変わりないが、本文以上に「支那人」への「暴行、放火惨殺」がかなり顕著となっている実態を率直に認め、その実態が招く天皇の軍隊の威信低下と日本の国際的孤立な深まりを深刻に危惧する。本文と併せてこの「付録」部分が語るところは、天皇の軍隊の中国人への残虐行為が、すでに偶発的散発的な事件として存在しているのではなく、常態化あるいは日常化している現実であった。しかしながら軍中央の対処方針は、「聖戦目的」の徹底という抽象的なスローガンを繰り返すだけに留まり、その一方で「慰安其の他の諸施設」の強化を実効性ある具体策として掲げたにすぎなかったのである。

残虐行為の原因は何だったのか

以上、天皇の軍隊の成立事情から刻印された歴史的構造的特質を踏まえつつ、軍隊内では統制・服従の手段として私的制裁という名の暴力が内に向かって頻繁に用いられ、同時に外に向かっては残虐行為となって立ち現れたことを指摘しようとした。そして、軍紀の混乱と崩壊の過程で、その残虐行為が恒常化していったことをも指摘し、軍中央もその実態を認めざる得ない状況にあったことを繰り返した。

そこでいま一度、天皇の軍隊の残虐行為の原因を箇条書き的に要約しておくならば以下のようになろう。

第一に、天皇の軍隊はしょせん封建的秩序を最後まで色濃く残した、いわば〝擬似近代的軍隊〟にすぎず、そのことが過剰なまでの精神主義や観念主義を採用するところとなり、合理的で客観的な思考や判断を培う土壌を奪い続けたことである。過剰な精神主義や観念主義は、極端な日本民族至上主義に帰結し、排外主義や差別主義を軍隊教育において徹底して注入することになったのである。それは、他民族を徹底して劣等視するところとなり、残虐行為への罪悪観をも払拭していく結果となったといえる。

第二に、戦争目的の曖昧性に起因する個々の兵士の動揺と混乱からくる精神的フラストレーションの蓄積と、そこから発生する軍隊外に向けて噴出される暴力行為としての残虐行為である。特に日中全面戦争以降における予備役や後備役の大量召集により、それまでの日常生活との極端な歪みを埋めることが困難であった兵士たちにとって、自らに課せられた抑圧から解放されるためには、暴力行為への積極的な加担による自己意識の喪失を求めざるを得なかったのである。

同時に暴力行為に身を置くことによってしか戦場において自己を保存することは不可能であった。しかし、何よりもそのような戦場心理に追い立てることによって、兵士を統制・管理しようとした天皇の軍隊のありようこそが問題であろう。

第三に、繰り返し議論されてきたが抑圧の委譲原理が、これほど貫徹されていた軍隊も類例を見い出せないことである。軍隊としての機構を維持するうえでの命令系統の維持というレベルを越えて、「軍人勅諭」に示されたように人格否定を当然の条件として軍隊秩序を形成していき、上官の命令への絶対的服従を強要し、公然と抑圧態勢が敷かれたのである。

そして、軍隊秩序を堅持するために抑圧への不満や反発を上位に向かって噴出することは厳しく諫められ、結局は下位に向かって抑圧の委譲が貫徹されることでしか、逆に天皇の軍隊秩序は成立し得なかったのである。抑圧観から解放されるために下位に向かって放射される暴力行為こそが、他民族への残虐行為として結果されるという事態が頻繁に見受けられることになったのである。

第四に、天皇の軍隊の過剰なまでの階級差別が軍隊秩序を厳格に維持するためだけでなく、人格にも等級を設定することとなり、階級差別が同時的に軍隊内において差別主義を横行させることになったことである。この差別意識は下位の者への差別意識や差別的言動・行為という面に留まらず、他民族への差別意識に容易に転化し、その差別意識が残虐行為への罪悪観を喪失させていった。

残虐行為が、いわば差別行為の裏返しとして存在したことは、差別意識を助長させることによってしか秩序を維持できなかった天皇の軍隊の本質的な問題と同時に、そのような軍事機構を許容してきた戦前期の社会総体の問題でもある。

さて、以上で整理してきた課題を設定するうえで不可欠なことは、単なる日本軍隊論として議論の対象とするだけでなく、戦前期の日本社会全体を批判的に総括するという視点を用意するということであろう。

天皇の軍隊が犯した残虐行為は天皇の軍隊のみの犯罪ではなく、戦前期日本社会が犯した国際犯罪であり、国家テロであったという歴史の把握こそ、今後ますます求められる。天皇の軍隊の残虐行為を正確に歴史の事実として記録し、そこから様々な教訓を引き出すことを通じてのみ、私たちの歴史責任ははじめて果たされるのである。

2 沖縄戦と秘密戦——沖縄で日本軍は何をしたか

沖縄作戦における防諜対策

アジア太平洋戦争が終盤に近づき、アメリカ軍の本土進攻が予測されると、一九四四（昭和一九）年一一月一一日、陸海軍両省は「沿岸警備計画設定上の基準」を作成し、全国に配置された各部隊に通牒した。そこでは本土警備の方針・要領・主要区域・装備・訓練について細部にわたる指示がなされていた。

そして、「第六 島嶼の警備」の項では、「主要警備地の島嶼に在りては其の地域的特性等を考慮し（中略）特に在住民の総力を結集して直接戦力化し軍と一体となり国土防衛に当たるべき組織態勢を確立強化す」とした（本部《もとぶ》町史編集委員会編刊『本部町史 資料編1』）。要するに軍中央の方針としては、島社会における農村共同体の濃密な人間関係を利用することで、軍への動員態勢を確立し、軍民一体化によって島全体を一個の要塞化する意図が明示されていたのである。

沖縄の第三二軍もこの方針を受ける形で、同月一八日、「球一六一六部隊」の名で、「報道宣伝防諜等に関する県民指導要綱」を関係各方面に通牒している。その冒頭で、「皇国の使命及び大東亜戦争の目的を深刻に銘肝せしめ我が国の存亡は東亜諸民族の生死興亡の岐《わか》るる所以を認識せしめ真に六十万県民の総蹶起を促し以て総力戦態勢への移行を急速に推進し軍官民共生共死の一体化を具現し如何なる難局に遭遇するも毅然として必勝道に邁進するに至らしむ」（同前）との方針を掲げていた。ここでも繰り返し沖縄県民全体を戦争に根こそぎ動員するため、戦争への関心喚起と「軍官民共生共死」の覚悟で県民総動員態勢の確立とを緊急の課題としていた。

そうした方針が掲げられた背景として、本土防衛にあたって、最初に敵軍隊の進攻想定地域の対象とされた辺境の島嶼における戦闘には、大軍事力の配備は不可能であり、また作戦自体が本土防衛の盾としての役割を担っていた現状から、大規模な攻勢作戦の展開は最初から放棄されていたこと、また、原則的には極力限定された軍事力の派遣・配備が前提であったことから、その派遣軍隊の補完兵力として沖縄住民の総戦力化が意図されていたこと、あるいは第二四師団および第六二師団を中心とする正規軍の作戦を補完する戦術として、秘密戦を採用することでアメリカ軍に対する軍事的劣勢を補おうとされていたことなどが考えられる。

沖縄の住民は、この方針の下で軍民一体化という目的において徹底動員の対象とされたが、その一方で住民と軍隊との接触の恒常化による軍事機密漏洩の可能性への対処が住民対策の中心となった。ここから沖縄の日本軍は、住民の徹底動員を実施しようとすれば、それだけこの危惧は深刻化するものと見なしていた。それで、沖縄戦においては、軍事機密の漏洩阻止を目的とする防諜対策の比重を高めざるを得ないとの認識を深めていたのである。

同要綱によれば、防諜対策は住民を主な対象者としつつ、敵側の諜報行為を事前に封殺する目的を据え、各兵団・各守備隊の正規軍、憲兵隊、連隊区司、県当局がその実施者となった。このなかで、憲兵隊は本来、一般民衆の軍と県行政当局への動向や防諜事項の監視にあたる中心的存在であったが、憲兵兵力の不足もあってこの憲兵的任務を各地域に配置・駐屯した正規軍が一部代行する格好をとることになった。

そこで「防諜」の具体的方針としては、同資料において、「特に本県は離島なると防諜観念一般の状況に鑑み一層の注意を要す。故に攻防両面に於ける防諜を強化し軍の行ふ防諜と相俟ち諸施策を活発にし敵側秘密戦活動の完封を期す」と明記し、防諜強化のための指導要件として、防諜精神の指導啓蒙の促進、官庁防諜対策の徹底、軍工事従事者の指導取締、軍と直接交渉多き外来者の指導、各町村の保甲制度化に依る積極防諜への推進、特に行動不審者発見時の連絡通報の積極迅速化、防諜違反者の取締の強化、などを掲げていた。

ここには直接的に住民が防諜違反者として想定されている内容とはなっていないものの、軍にとっては老若男女をふくめて六〇万県民全てが防諜違反者として想定され、それゆえに民間の防諜組織や軍の防諜活動に加えて各町村の保甲制度化という、いわば末端における住民相互監視態勢によって防諜網の完璧を期そうとする意向が明確にされていた。こうした方針のもとに秘密戦の任務を与えられた正規軍部隊が編成された。現在判明しているものが国頭《くにがみ》支隊と、その指揮下にあった第三・第四遊撃隊（秘匿名＝第一・第二護郷隊）である。

国頭支隊の編成と「秘密戦大綱」

一九四四（昭和一九）年末、大本営の方針により第三二軍司令部は、隷下の独立混成第四四旅団第二歩兵隊（国頭支隊）に対し、沖縄北部の本部半島と伊江島等を含む国頭郡内で遊撃戦（ゲリラ戦）を展開し、沖縄南部島尻地区の主作戦を容易とすることを任務とした遊撃隊の編成を命令した（防衛庁防衛研修所編『戦史叢書 沖縄方面陸軍作戦』朝雲新聞社）。

国頭支隊は、第二歩兵隊本部（人員一〇八名）、第一大隊（隊長井川正少佐以下約六五〇名）を中核とする伊江島地区守備隊、第二大隊（佐藤富夫少佐以下六七七名）を中核とする本部半島地区守備隊を基幹部隊とし、これに遊撃戦を専門とする第三遊撃隊（隊長村上治夫大尉、タニヨ岳・久志《くし》岳地区で遊撃拠点設定、人員約五〇〇名）、第四遊撃隊（隊長岩波寿大尉、恩納《おんな》岳・石川岳で遊撃拠点設定、人員三九三名）、それに支隊直轄部隊などに軍隊区分されていた。

この国頭支隊が実施した遊撃・秘密戦の基本を定めた「国頭支隊秘密戦大綱」（前掲『本部町史 資料編1』）が、一九四五（昭和二〇）年三月一日付けで作成されている。大綱はまず冒頭の「総則」で、「本綱中の宣伝、防諜、遊撃秘密戦は諜報謀略と共に之を秘密戦と称す」と定義した後、「防諜勤務方針」の項において次のように記している（一、省略）。

二、組織ある諜報網を構成し適切なる任務付与と相俟つて諸現象を適確に収集す。之が為め要所に分子を獲得し置くと共に要所に直接機関員を推進配置す。

三、防諜の指向目標は情勢に応じ変換せらるべきも敵の本攻撃前後に分ち概ね左記の如く指向するを要す。

1、本攻撃前（対内諜報）

（イ）、住民の思想動向特に敵性分子の有無

（ロ）、政治、経済諜報

2、本攻撃開始後

(イ)、軍事諜報(敵情偵知)即ち本来の任務に邁進す

ここで注目したいのは対内諜報として、住民の思想動向の調査・監視と敵性分子の摘発・発見を防諜対策の主要な目的としていることであろう。沖縄の日本軍が補完兵力として沖縄住民の総戦力化を意図していた反面で、その動員対象としていた沖縄住民への徹底した警戒心を抱いていたことが知れる。

この種の警戒心の理由の一端は、次の「防諜勤務方針」のなかで、「防諜は本来敵の諜報宣伝謀略の防止破摧にあるも本島の如く民度低く且つ島嶼なるに於ては寧ろ消極的即ち軍事初め国内諸策の漏洩防止に重点を指向し戦局の推移に呼応し積極的防諜に転換するを要す」と記されていた。要するに、沖縄住民は日本国民としての自覚が脆弱であって信用に足りず、従って沖縄住民には軍事事項に関する秘密の漏洩防止に万全を期することはもちろんのこと、日本国内の一般諸政策に関する事実事項についても秘密保全の対象とすべきことを説いたのである。

日本軍は、沖縄は日本国土であっても沖縄住民は本土住民と一線を画すべき存在であり、沖縄住民は軍民混在の状況下で日本軍の足元を脅かす潜在的スパイとの認識を当初より抱いていたのである。この沖縄住民に対する差別・偏見の意識が実際に沖縄の日本軍の防諜対策の基本的前提にあった。

日本軍の沖縄住民に対する差別・偏見の意識は、この他にも多くの資料で検証されつつある。一例をあげれば、一九三四(昭和九)年二月二五日付で、当時沖縄連隊区司令官石井虎雄が陸軍次官柳川平助宛に送付した「沖縄防備対策」(『旧陸海軍文書』R一〇五)には、沖縄住民の「欠点」として、事大妄想・依頼心の強さ・惰弱・団結犠牲の気風に乏しいこと、などを挙げていたのである。こうした沖縄観を背景として、沖縄

は日本軍にとって「国内」というより、むしろ「外地」として多分に意識されていたと考えられる。

そこで一連の防諜対策を実施するために、軍当局にとって緊急の課題とされたのは、地域の要所に正規軍の指揮を直接受け、秘密戦の機関員の指示のもとに活動する諜報分子を住民のなかに獲得し、これを管轄内地域に内密に配置することであった。そのために国頭支隊は各地域において諜報分子獲得懇談会なるものを順次開催し、人員の獲得に乗り出していた。

たとえば、国頭支隊長の名で第三二軍司令官宛に通牒された「秘密戦実施予定計画」では、遊撃秘密戦対外幹部教育、戦意昂揚・防諜思想普及講演会と並んで諜報分子獲得懇談会が、羽地《はねじ》村仲尾《なかお》次国民学校（一九四五年三月一七日）、大宜味《おおぎみ》村大宜味国民学校（三月二〇日・昼）、金《きん》武村金武国民学校（三月二六日）などで開催予定とする記録がある。

ここでどれだけの諜報分子が獲得できたかの資料は残念ながら不明であり、推測の域を出るものではないが、国頭支隊直属の諜報分子、国頭支隊の下に設置された国士隊の諜報分子を合わせれば、これら秘密戦の内容や活動範囲からして相当数の諜報分子が国頭郡内だけでも存在したと思われる。

このことは沖縄の各地域で頻繁に行われた「スパイ」摘発を原因とする日本軍の住民殺害と無関係ではない。「スパイ」の容疑者として摘発された住民のほとんどの場合が「住民」からの通報の類であったことを考えれば、これら「住民」のなかに相当数の諜報分子が存在していたと見るのが妥当であろう。

民間または正規軍を問わず、防諜を主な目的とする秘密戦機関にしても、現在判明しているものが国士隊と国頭支隊直属の遊撃隊であり、他の例は現在のところ確認されていない。しかし、「防諜勤務方針」のなかで「防諜の徹底は防諜組織網（防諜規程に依る軍官民機構）によるも其の発動に当りては他の秘密機関と連絡を密にし一途の方針に基づき紛糾間隙を防止す」としているように、ここには「他の秘密戦機関」の存在を暗示する記述が見られるのである。

護郷隊の編成と活動

大本営は一九四四（昭和一九）年八月二九日、第三二軍司令部に対し、第三・第四遊撃隊の編成を命じた。遊撃隊は一般には上級指揮官の直接命令により、野戦部隊のなかから地形や戦況に応じて兵力を抽出して編成するのが常であった。

しかし、沖縄で編成された遊撃隊は大本営の令達に基づいて編成管理者が任命され、その幹部要員は陸軍大臣によって任命・配属されるという形式をとった（陸軍中野学校交友会編刊『陸軍中野学校』）。これは沖縄の遊撃隊が、一般の遊撃隊と異なる任務を与えられことになったからである。

沖縄の遊撃隊は形式的には国頭支隊に所属していたとしても、野戦部隊から事実上独立した存在として行動する秘密戦部隊であったことを示している。同様の例は、現地パプア族を部隊員としてニューギニアで編成された第一遊撃隊、フィリピンで編成された第二遊撃隊がある。これら遊撃隊の幹部には、いずれも主に諜報・防諜・謀略など秘密戦の教育・訓練を受けた陸軍中野学校の出身者が就任した。特に陸軍は、将来の秘密戦の重要性を考慮して、同年八月に陸軍中野学校二俣分校（静岡県磐田町二俣）を開設し、遊撃隊幹部要員の養成を急いでいた。

陸軍中野学校で秘密戦教育の訓練を受け、沖縄の遊撃隊の編成管理者に任命された村上治夫陸軍中尉（後第三遊撃隊長・就任後大尉）、岩波寿陸軍中尉（後第四遊撃隊長）らは、遊撃隊編成のため同年九月沖縄入りした。村上中尉は、「国家総力戦の指導要領に基づき直ちに戦力化出来る十七歳以上の徴兵適齢期以前の青年を防衛召集して部隊編成する」（護郷隊編纂委員会編刊『護郷隊』）ことを編成要領とし、編成作業に入った。そして、幹部要員は臨時召集により常駐（常置員）とし、隊員の大部分は徴兵適齢期に達しない青年が義勇隊員の名目で防衛召集されることになった。

第三遊撃隊の場合は部隊本部（大隊長村上治夫）と四個中隊から構成され、中隊長には陸軍中野学校出身の将校（第一中隊長油井栄磨少尉・第二中隊長管江敬三少尉・第三中隊長木下忠正少尉・第四中隊長竹中素少尉）が、また各中隊の指揮班長にも同校出身者の下士官（軍曹）がそれぞれ任命された。各中隊は最小の単位として三人組あるいは分隊を編成し、分隊は原則として担当地域の一部に一個分隊を置くこととされた。そして、三個ないし四個分隊で一個小隊を、三個小隊で一個中隊を編成し、一個中隊は大体一町村に該当するものとした。

幹部人選の基準として分隊長には、「在郷軍人で兵長若しくは上等兵で部落の青年達の崇敬のまとになるような人物」が、小隊長には「在郷軍人（下士官）で諸地方の比較的有力者で青年学校の指導員等の経験者若しくは青年達の崇敬の的たる如き人物で指導力のあるもの」から選抜するとした。

これらの人選は、遊撃隊が沖縄住民を主要な構成員とする以上、地域に密着した有力者を、その直接の指揮者とする必要があったためである。同時に特に諜報などで沖縄住民自体を秘密戦の対象としていたこともあって、防諜・諜報の両面で沖縄の有力者を指揮者に選抜することが有効とみなされたのであろう。

同年九月二五日、村上・岩波両中尉は第三二軍司令部に出頭し、同軍情報主任参謀薬丸兼教少佐より、「朕ここに第三第四遊撃隊の編成を命ず細部に関しては参謀総長をして指示せしむ」（同前）とする勅令の伝達を受けた。実際にはこれを契機に編成作業に入り、同年一〇月一三日までに第三遊撃隊と第四遊撃隊の編成を終了した。両遊撃隊は防諜上の理由から、それぞれ第一護郷隊と第二護郷隊という秘匿名で呼称された。

なお、遊撃隊には中学生や師範学校生徒から構成される鉄血勤皇隊の一部が配属された。県立第三中学生徒一五〇名が第三遊撃隊に、県立水産学校の生徒二二名が第四遊撃隊にそれぞれ参加したのである。

遊撃隊の任務

沖縄の遊撃隊（護郷隊）がどのような形で防諜活動の任務に就いていたかは、『本部町史 資料編1』に収められている「国頭支隊関係資料」のうちの「指揮下部隊作命綴（国頭支隊）」のなかで概観することが可能である。次にそのいくつかを書き出しておこう。

まず、一九四五（昭和二〇）年二月二三日付の「第一護郷隊命令」（発信時間一二：〇〇 発信地・谷父岳）には、「防衛隊指導計画」が付記され、護郷隊の方針を、「国頭地区在郷軍人を糾合戦力化し郷土防衛のため皇民皆兵の中核として御奉公せしむ。之が為特に左の点に留意指導す。一、徹底せる幹部教育を実施す。二、軍人精神に透徹し挺身憤墓の地を護らんとする熱烈なる護郷愛を鼓吹す。三、戦闘に当りては護郷隊長の指揮のもと情報収集防諜及簡単なる遊撃戦闘を実施し完勝の基盤を作為す」としていた。

アメリカ軍の上陸を目前に控えて軍事的緊張が高まるなかで、主要な任務が「情報収集防諜」に置かれたが、これが敵潜入部隊を対象とした以上に沖縄住民自体を対象としていたことは、「指導要領」の項で「防諜有害者の調査（摘発準備）」が主要な任務として位置づけられ、これへの対応訓練が隊員の指導項目とされていたことからも明らかである。

次にアメリカ軍の慶良間諸島上陸（一九四五年三月二六日早朝）前後の「第一護郷隊命令」のなかの防諜活動関連事項を拾いあげておく（同前）。

「第一護郷隊命令」（三・二五　一二：〇〇　谷父岳）

第一中隊第二小隊は名護岳遊撃隊となり名護湾の敵船艇の状況を監視すると共に名護平地要点に防衛隊地方官民を以て偵諜網を組織すべし。

「第一護郷隊命令」（三・二七　二四：〇〇　谷父岳）

第一護郷隊は其地主力を分散すると共に自体及地方官民を以て防諜措置を講ぜんとす。

「第一護郷隊命令」（三・二八　〇八：〇〇　谷父岳）

民情報に依れば一部落下投入諜者らしきもの字汀間《ていーま》に降下せり。

第一護郷隊は一部防諜班を以て之が摘発を実施せんとす。

玉城兵長は秘密防諜班員を率ひ直ちに出発し其地字汀間道を前進、民を指導し瀬嵩《せだけ》以来の捜索に任ずべし。

ここに見られる命令内容からは、アメリカ軍との戦闘を控えて敵スパイの発見・摘発に護郷隊が動員され、護郷隊のなかに設置された防諜班と称する防諜専門部隊が主要な役割を担ったこと、防衛隊をはじめ国士隊に代表される民間秘密戦機関との協力態勢のなかで相当濃密な偵諜網を組織して防諜活動に就いていたこと、などが窺い知れる。

護郷隊員は上級幹部こそ陸軍中野学校出身者で占められていたものの、指揮班長を含め大部分は、臨時召集した在郷軍人か、一七歳から一八歳の青年を防衛召集した隊員であった。第三二軍はこれら地域の出身者で編成された護郷隊を、一般民衆のなかに細部にわたり配置することで、敵諜報員と民衆の接触の阻止を図ったのである。

離島残置工作員の活動

日本軍による一連の防諜・諜報活動の対象地域は沖縄本島に限定されず、大小の離島にまで及んでいた。すなわち、第三二軍は離島における秘密遊撃戦実施を目的とする離島残置工作員を各離島に密かに潜入させ、その身分を完全に秘匿したままで、島民と日常的に接触し、現地の在郷軍人や青年団員を訓練していたのである。

一九四五（昭和二〇）年一月一六日、離島工作要員の派遣を計画していた第三二軍司令部は、陸軍中野学校二俣分校出身者を中心とする工作要員を司令部に召集し、牛島満軍司令官自ら、「貴官らは、それぞれ指示された離島において、身分を秘匿し遊撃戦ならびに残置諜報の任務を遂行すべし」（俣一会戦史刊行委員会編刊『陸軍中野学校 俣一会戦史――二俣分校第一期生の記録』）とする特別任務を命令した。

この命令に従って鈴木清十郎少尉が佐々木一夫の偽名で粟国島《あぐに》に潜入したのをはじめ、多良間島《たらま》に高谷守典少尉（偽名＝中島正夫）、黒島に河島登軍曹（山川敏雄）、与那国島に阿久津敏朗〈現姓宮島〉少尉（柿沼秀男）と中屋八郎〈現姓仙頭〉軍曹（山本政男）、伊是名島《いぜな》に馬場正治軍曹（西村良雄）、伊平屋島《いへや》に菊池義夫〈現姓斎藤〉少尉（宮城太郎）、久米島に氏元一雄軍曹（深町尚親）と偽名を上原敏夫と名乗った某少尉らがいた。また、波照間島《はてるま》には約五〇〇名におよぶマラリアによる死亡者を出す原因となる強制疎開の指揮をとった山下虎雄指導員こと酒井清軍曹が潜入していた。

これら工作員は、離島潜入の際に第三二軍司令部が沖縄県知事と交渉して正規の国民学校訓導あるいは青年学校の指導員の辞令をうけるという体裁をとった。たとえば、久米島に潜入した二名の工作員のうち某少尉は偽名の上原敏雄名義で〈沖縄県島尻郡具志川村具志川国民学校訓導〉の辞令を、氏元一雄軍曹はやはり偽名の深町尚親の名で〈沖縄県島尻郡具志川村青年学校指導員〉の辞令を、それぞれ発給され、当地に赴任するという偽装工作を行っている（前掲『陸軍中野学校』）。潜入当初から工作員が住民に身分を秘匿した理由は、住民の監視とスパイ摘発を主な任務としていたからである。

工作員はその表向きの身分を利用して島民の戦争への態度・動向や、島の地理・環境に関する情報収集に当たると同時に、島内の青少年に軍事訓練を施したり、護郷精神を吹き込んだりして将来の遊撃戦に備えた。この結果、例えば、与那国島では島内の青年団員や在郷軍人らによって構成される残置諜報組織が結成され、島内祖内《そない》地区に五〇名、久部良《くぶら》地区に三〇名、比川地区に二〇名の遊撃部隊が残置離島工作員の指導によって秘密裡に編成されたとの記録がある。

この他に秘密戦組織として国頭支隊壊滅後、国頭地区で組織された桜挺身隊の例もあったが、遊撃戦の実態も離島残工作員をも含め、敵兵力の後方攪乱という積極作戦を展開する余力はなく、アメリカ軍に投降する恐れのある日本軍の敗残兵や住民の監視・摘発に活動の重点が置かれていたのが現実であった。

住民殺害への道程

既述した戦時下沖縄の民間防諜組織にせよ、第三二軍の防諜対策と防諜活動にせよ、それは軍中央の防諜方針を忠実に実行したものであった。それで軍中央の当該期における防諜方針の内容、および第三二軍自体の防諜方針の内容はどのようなものであったかを、特に住民観と住民対策の問題とあわせ整理しておきたい。最終的に政府・軍当局等戦争指導機構が実施し、国土が戦場となった沖縄で最も端的に現れた防諜政策の帰結を、日本軍による住民虐殺を例にとりつつ整理しておきたい。

一九四三年（昭和一八）年五月二四日付で作成された「軍防諜参考資料――沿岸築城防諜上の諸注意」（陸密第一六八八号別冊第一三号）は、本土への敵侵攻を予想し、事前の沿岸施設防諜対策案としたものであり、各部隊に通牒された文書であった。当文書は憲兵はじめ軍当局者の視察調査の結果作成されたもので、当該期の軍中央の防諜方針を端的に要約したものといえる。

それは冒頭で防諜の限度の限界性を指摘し、そのうえでこの限界性を克服する手立てとして国民防諜観念の昂揚と敵諜報組織の破砕等を提言している。これの実施には、防諜任務の専門機関としての憲兵との緊密な協力によって実施するとした。このなかで特に住民対策との関連では次のような記述がある。

一般に沿岸地区の官民の協力精神は十分なるものあるを以て之に必要なることを理解納得せしむると共に防諜上の措置を組織化し挙村保秘に協力するの態勢を作るを必要とし又他面防諜上の要求に基く生活の圧迫を最小限ならしむる要あり。尚将来住民の敵手に入る場合等を考慮し逐次深刻なる防諜観念の徹底を期すると共に骨幹陣地の編成素質に関しては其の要点を官民に対しては一切秘匿する如く指導するを要す。（前掲『本部町史 資料編1』）

ここには防諜組織の組織化が特に沿岸地区の官民において緊急課題の要件とされ、この組織への住民参加を要請しながらも、敵上陸後に住民が敵の捕虜となった場合を予測して防諜対策を企画すべきことを指示している。軍当局は防諜組織の結成を説き、軍官民一体の防諜網の態勢確立を方針とする一方で、軍の防諜組織の編成・所在等については一切秘密とした。

これは結局軍の統制下にある場合でも地域住民は、軍の企画する防諜上信用に足る存在とは見なされていなかったことを示している。ここからも防諜の主たる対象は敵兵力ではなく地域住民であり、地域住民の動向が軍にとっては軍事機密漏洩の最大の警戒対象であったのである。

軍中央におけるこの住民の動員・利用と住民への警戒・不信という二律背反した位置づけが見られるのは防諜方針上の問題に限ったことではない。たとえば、参謀本部が陸軍中野学校に起案を命じて作成させた「遊撃隊戦闘教令（案）」（一九四四年一月）の総則・第四項には、「遊撃戦遂行の為住民の懐柔利用は重要なる一手段にして我が手足の如く之を活用するの道に長ぜざるべからず」（前掲『陸軍中野学校』）として、遊撃戦では住民の徹底動員と利用によって秘密戦の使命は遂行されるとしていたのである。

また、大本営陸軍部が一九四五（昭和二〇）年一月一五日に作成した「国内遊撃戦の参考」の「第三章　民衆との関係」には、「遊撃戦の成否は民の動向に懸ること大にして民衆の克《よ》く組織せられて防衛の総動員の実を挙げ得るに至れば遊撃戦遂行上極めて有利なり」と記されており、住民利用の可否によって遊撃戦の展開の成否が決定されることを強調している。

住民への警戒と不信

しかし、こうした位置づけと同時に明確に住民への警戒と不信を記述したものもある。例えば、「珊瑚島嶼の防禦（案）」や「島嶼守備部隊戦闘教令（案）の説明」など、一連の太平洋の島々の防衛方針を示した教令・教範のひとつで、参謀本部・教育総監部が作成していた「上陸防禦令（案）」（一九四四年一〇月）の「第六章　住民の利用」には、現地住民の利用が作戦遂行に不可欠としながらも、「不逞の分子等に対しては機を失せず断固たる処置を講じ、禍根を未然に芟除《せんじょ》する等、之が対策を誤らざるを要す」と記されている。

そこには住民への根深い不信感を背景とし、その対策として「不逞の分子」には「芟除」＝排除・抹殺をもって臨むとしていたのである。

さらにアメリカ軍（第七七海兵師団）が慶良間《けらま》諸島に上陸して事実上の沖縄戦が始まった後、大本営陸軍部が全軍に配付した「国土決戦教令」（一九四五年三月二〇日）には、「敵は住民、婦女、老幼を先頭に立てて前進し我が戦意の消磨を計ることあるべし斯かる場合我が同胞は己が生命の長きを希《ねが》はんよりは皇国の戦捷を祈念しあるを信じ敵兵撃滅に躊躇すべからず」と記し、戦場における非戦闘員で敵の捕虜となった住民は戦闘遂行上障害となる場合には、これを排除・抹殺することも可としたのである。

ここには日本軍が最初から住民の生命保護の役割を放棄していたことが明瞭にされていたが、それ以上に住民が敵の捕虜となった場合は排除・抹殺も辞さないとした背景には、敵の手に入った住民は防諜上の観点から日本軍にとって危険な存在となる、との判断もあったのである。

全住民を徹底動員・利用しておきながら、その一方で敵の捕虜となった場合ただちに排除・抹殺の対象としか見なさなかった日本軍の住民観がここに集約されている。そして、こうした住民観の根底には軍の防諜方針があった点も看過できない。

それでは沖縄第三二軍の住民対策及び防諜対策の内容はどうであったか。まず第三二軍司令官牛島満中将が行った一九四四（昭和一九）年の「訓示」を見ておきたい。「訓示」は、その冒頭で沖縄の位置を「皇国の興廃を双肩に負荷しある要位に在り」とした後、司令官としての統率の大綱を七項目にわたって披瀝したが、そのなかで関連する項目を引用しておく。

第一、森厳なる軍紀の下鉄石の団結を固成すべし常住《じょうじゅう》坐臥《ざが》常に勅諭を奉礼し之が具現に邁進すべし特に上下相共に礼譲を守り隊長を中心として融々和楽の間明朗濶達戦闘苛烈を極むるに至るも一糸乱れざる強固なる団結を固成すべし、然れども非違あらば断固之が芟除に此の躊躇あるべからず

第六、地方官民をして喜んで軍の作戦準備に寄与し進んで郷土を防衛する如く指導すべし之が為懇《ねんごろ》に地方官民を指導し喜んで軍の作戦準備に協力せしめると共に敵の来攻に方《あた》りては軍の作戦を阻碍せざるのみならず進んで戦力増強に寄与して郷土を防衛せしむる如く指導すべし

第七、防諜には厳に注意すべし

「訓示」は第三二軍指揮下の各部隊宛に通牒されたもので、直接的には正規軍部隊の隊員を対象とした内容ではあったが、軍民一体化を住民動員の口実としていたことから、その実際の対象は沖縄住民全体を含むものと解釈できる。ここでも正規軍兵士と同様、戦場に動員された住民も絶対的な軍の命令と論理によって行動すべき存在であり、これから逸脱する者、またその可能性ある者は断固「芟除」すべきことを指示していたのである。

そして、第六項で住民の動向が軍事行動の障害とならないよう徹底指導を説いたのは、住民が反軍行動に走ることのないように、事前に住民の防諜意識の徹底を図る必要性を強調するためであった。これを受ける形で、第七項では防諜注意を取り上げている。第三二軍が沖縄住民の根こそぎ動員を図る一方で、住民の抹殺を意味する「芟除」の方針を掲げながら、軍の機密漏洩防止対策として防諜問題を強く意識していたことが知れる。

牛島司令官の「訓示」は、徹底動員による住民の総戦力化と、徹底警戒による住民の「総スパイ視」という二律背反した軍中央の防諜方針を忠実に取り入れたものであった。確かに、住民の総戦力化が正規軍の補

完戦力としての役割を果たした側面を否定できないが、それ以上に動員によって正規軍の戦闘の阻害要因となると予想された住民を、防諜対策によって監視・統制する狙いが「訓示」に込められていたのである。

ここでは戦闘任務の遂行が最上の目標・価値と位置づけられ、住民の生命財産の保護は全く無視され、それどころかその目標・価値から逸脱する行為・人物は無条件に抹殺の対象とされたのである。このことを一層明確に断言したのは、沖縄の新聞記者の質問に、「一般県民が餓死するから食料くれといったって、軍はこれに応ずるわけにはいかぬ。軍は戦争に勝つ重大な任務遂行こそが使命であり、県民の生活を救うがために、負けることは許されない」(『沖縄新報』昭和二〇年一月二七日付)と答えた第三二軍参謀長長《ちょう》勇《いさみ》中将の発言である。沖縄の日本軍のこうした住民対処姿勢こそ、防諜対策の本質であったのである。

住民総スパイ視の背景

部隊の行動記録を綴った「陣中日誌」によると、各部隊が兵士たちに命令・訓示した防諜対策の内容は実に細部の内容にわたっていたことが知れる。そこでは、軍のスパイ潜入への警戒心と並んで、沖縄現地住民に対して徹底した監視態勢を敷くよう再三の注意を促している。そうした例を二、三書き出しておく。

まず、独立混成第四四旅団(鈴木繁二少将)所属の独立混成第一五連隊(美田千賀大佐)「陣中日誌」の中に「沖縄北地区戦闘計画書」が所収されており、その「第七、情報・防諜」の項には、以下の記述がある。

一、情報取得の為には情報勤務規定に基づき情報班を設け迅速確実なる情報を取得利用す

二、防諜に関しては防諜規定及連絡規定に基き厳に軍機を漏洩せざる如く注意するを要す

三、敵上陸の機近迫するや沿岸住民の動向に注意し第五列（スパイのこと）の活動を封ず
四、島嶼及北米、南方占領地域に在留する者の家族は敵に利用せらるる顧慮大なるを以て開戦と共に抑留し敵の利用を阻止す

また、同連隊の第一八中隊「陣中日誌」に残された「会報」（一九四四年八月二九日）にも、次の記述がある。

二、防諜に就いて左記事項厳に注意すべし
1、住民に要求することは其の目的等は絶対に話すべからず
2、陣地構築或は諸設備に使用する徴用労働者等に付いても勉めて陣地を秘匿する著意必要在り
3、電話に固有名詞を用いるべからず
四、兵の一般民に接触し紊《みだ》りに談話することを禁ず　県民の指導を誤り軍の威信を損じ防諜上適当ならず

一九四五（昭和二〇）年四月一日、沖縄中部海岸へのアメリカ軍上陸後、本格的な戦闘が開始されるとともに決戦を呼号する日本軍は、各部隊向けにタブロイド版の「撃滅」と題するガリ版印刷による通信を配付していたが、その第一号（一九四五年四月五日）の「戦闘欄」には次の注意事項が記述されている。

一、敵諜者の潜入の算大なり。

二、電話をかける時は防諜に注意（盗聴の懼《おそれ》あり）。
三、夜間いまだ大声を発する者在り、間諜にたいし兵力陣地を暴露す、艦砲射撃を吸引す、諜者は常に身辺にあり

（「歩兵第八九連隊第五中隊　陣中日誌」所収）

この他にも「地方民の居住しある洞窟には監視者を付し、侵入出を警視せしむること」などの内容を記した「対諜報網強化に関する件」（一九四五年四月一五日）をはじめ、各部隊の「陣中日誌」には各種の事例を挙げつつ防諜対策の履行を命じているが、そこで一貫しているのは、「敵諜者」の存在と住民の動向を同一次元で把握しようとしていることであろう。

スパイ摘発機関の設置

戦闘が激戦の様相を顕著に呈していき、さらに軍民混在の状況が招く混乱のなかで、軍司令部はそれまで以上に住民と「敵諜者」との混在を意識し始めた。戦局の劣勢による軍の焦燥感によって、そうした意識は一段と増幅され、軍司令部は長勇参謀長名でついに、「軍人軍属を問わず標準語以外の使用を禁ず。（沖縄語で談話しあるものは間諜と見做《みな》し処分す）」（「第三二軍司令部　日々命令綴」）という通牒を発するに至るのである。

この通牒に集約される軍の対住民姿勢の背景には、これまで多くの研究や証言によって証明されてきたように、沖縄住民への差別・偏見が介在してきたことは改めて指摘するまでもない。ここでは沖縄南部の浦添

村仲間を中心に展開していた第六二師団の「石兵団会報」（第四九号、一九四四年九月七日）中、「二、防犯関係」の項目からそうした事例の一端を紹介しておこう。

そこには、「沖縄県人中には他府県人に比し思想的に忘恩功利傾向大なるもの多く」、また「管下は所謂『デマ』多き土地柄にして又管下全般に亘り軍機保護法に依る特殊地域とせられある等防諜上極めて警戒を要する地域なるに鑑み軍自体此の種違反者を出さざる如く万全の策を講ぜられ度《たし》」（「第六二師団 会報綴 独立速射砲第二二大隊受領」）とある。

「会報」に示されたものは、沖縄住民への根拠なき偏見であり、その偏見が「『デマ』多き土地」との判断の理由とされ、それが沖縄住民を潜在的スパイの理由としてストレートに結びつけられていた。この軍当局全体を蔽う単純だが重大な対住民認識が、住民総スパイ視の背景となっていたのである。

軍当局は住民総スパイ視という基本認識から、警察に対し住民監視およびスパイ摘発等の役割を担う警察警備隊の編成を要請していた。沖縄県警察当局はこれを受けた形で、沖縄戦場化が目前に迫った一九四五年二月、警察警備隊を組織することとなった。

警察警備隊は、本部（隊長警察部長）・警察部警備中隊（隊長刑事課長）・警察特別行動隊（隊長特高警察部）・警察署警備中隊（隊長署長）から構成され、那覇・首里・糸満・嘉手納・名護・渡久地《とくち》・塩屋・宮古島・八重山の各警察署毎に設置された（陸上自衛隊幹部学校編刊『沖縄作戦における沖縄島民の行動に関する史実資料』）。

このなかでスパイ摘発を専門に担当したのが警察特別行動隊であり、それは「軍と協力して主として『スパイ』取締りに当たり、一面沖縄上陸後の警察警備隊の活動状況、県民の戦争協力状況を内務省に報告する任務」および、軍の要請に基づいて「『スパイ』行為者の検挙、取調べ」を主要な任務とした。このように軍司令部は各部隊に住民を主要な対象とした細部にわたる防諜対策を指示していただけでなく、警察機構のなかにもより実践的なスパイ摘発機関を設置させていたのである。

警察警備隊設置後、各警察署では警察警備隊の実践力を養成し、隊員の錬度を高める目的で警備訓練が実施されたようである。その一例として渡久地（国頭郡本部町）警察署長は、沖縄県警察部長・球第七〇七一部隊（国頭支隊）長・管内各町村長・管内各警防団長宛に、「総動員沿岸警備訓練実施に関する件」（渡警第二六六号、一九四五年二月三日）を通牒し、警備訓練計画の実施方針や目標を詳細に報告している（前掲『本部町史 資料編1』）。

そこに付記された「総動員沿岸警備訓練実施要綱」によれば、二月から三月にかけての二カ月間にわたり管内の本部町・今帰仁村・伊江村の管内全域を施行地域とし、「訓練科目」として次の内容を指示している。

一、非常事態下に於ける
1、混乱の防止（現地部隊との連絡協調警察警備隊の重点的機動力の発揮を主眼とす）
2、流言蜚語の取締（警察警備隊主体となり警防団協力す）
3、諜略の阻止（仮想敵の潜入に対する処置等適宜状況を与う）

このような形で徹底した防諜網が敷かれ、軍司令部は警察機構をも防諜対策に動員することで沖縄住民への総スパイ視政策を押し進めていったのである。それではこのような総スパイ視政策が戦場下にあってどのような結果を招くことになったかを、これまでに活字化されたいくつかの証言を引用しつつ追っておきたい。

住民殺害の実態

秘密戦実行部隊をも含めて沖縄の日本軍が引き起こした住民殺害の具体例は、一九七一年から一九七五年にかけ琉球政府（のち沖縄県）により編集発行された『沖縄県史』（八・九・一〇巻）中の多くの沖縄住民の証言によって明らかとなった。その後も『沖縄タイムス』が一九八二年八月一四日から四カ月間、合計六一回にわたって長期連載した「平和の検証――いまなぜ沖縄戦か」の第一部「実相（1―35）」には、『沖縄県史』発行以後さらに明らかにされた証言や追跡調査の結果をも含め、日本軍や秘密戦部隊による住民殺害やスパイ摘発行為がいかに沖縄住民の脅威となっていたかが赤裸々に語られている。

この記述で紹介された住民殺害例の二、三を引用しておこう。

一九四五（昭和二〇）年五月三一日に発生した国頭支隊の敗残兵による大宜味村渡野喜屋《とのきや》（現在の白浜）避難民殺害事件（第9回―第13回「敗残兵」）は、米軍の捕虜となり保護されていた避難民を山中や海岸に連れ出し、手榴弾などで約三〇名を殺害したものである。事件の直接の経緯は国頭支隊員のうち二人が米軍に連行されたことから、その原因を避難民による米軍への通報にあるとして報復のため避難民全体をスパイ集団と決めつけ、避難民部を襲撃、殺害に及んだものであった。

無論、実際には避難民がスパイ集団でなかったことは、戦後になって当時大宜味村兵事主任であった山城宗広氏の証言があり、また国頭支隊の通信兵長であった森杉多氏も『空白の沖縄戦記』（昭和出版）のなかで明らかにしている。この事件は敗走する日本軍敗残兵が、米軍接近の恐怖心から正常な判断を喪失し、自己保存のみへの執着から口封じのため住民殺害を引き起こしたものと考えられる。これは住民の生命が、軍隊の延命と兵士の自己保存の前には何の価値の対象ともみなされなかった事実を余すことなく証明した事件ともいえる。

伊是名島で発生した、住民が喜納主と呼ぶ喜納政章（当時四二歳）殺害事件は、隣島の伊平屋島に上陸した米軍と接触し、漁猟に用いる火薬と米兵が土産として入手したがっていた日の丸とを交換していた家畜商（博労《ばくろう》）の喜納氏が、伊是名島に呼び出されスパイの容疑をかけられて国頭支隊平山克利大尉らの敗残兵と、伊是名島に潜入していた特務教員（離島残置工作員）らによって殺害されたものであった。

このなかで西村良雄の偽名で潜入していた離島残置工作員馬場正治軍曹は、伊是名国民学校教員の身分で、島の青年学校生徒などに夜間山中で遊撃訓練を実施していたという。

同記事の「第17回〈喜納主〉虐殺④」のなかには、当時の伊是名国民学校教頭の証言として、「西村は突然、校長に、自分は軍人でこういう任務を帯びてやってきた。以後、伊是名のことは自分がとりしきるのでよろしくと軍人調で改めて名乗りをあげ、このことは絶対秘密にするよう申しわたした。村の指導層にも公然の秘密として身分を明かにした」という記述がある。そして、殺害の経緯について平山大尉ら敗残兵や西村（＝馬場）軍曹ら離島残置工作員が、戦時下の島民を引き締める手段として殺害に及んだとしている。

また、喜納氏殺害の契機となった点について、「虐殺の中心的な役割を果たしたのは特務教員や敗残兵グループであったが、村民の一部も協力したと思われる」（同①）とも記し、殺害事件に住民の通報が介在していたことを明らかにしている。同事件は喜納氏が米軍と接触していた事実が軍によってスパイとされ、これが直接殺害の原因となった事例であり、軍への住民の通報行為は殺害の遠因となった。

その意味で通報行為の責任は重大だが、それ以上に離島残置工作員をはじめとする日本軍が、スパイ摘発や自己保存のために島内の有力者に接近して軍に強制的に協力させ、全島一丸となってスパイ摘発の体制を、まさに伝統的な村落共同体の秩序を利用しつつ完成させていた事実を問題にすべきであろう。

伊是名島では、この他にも奄美から来た少年がスパイの嫌疑で敗残兵によって斬首されるなど、合計五名が日本軍によって殺害されている。ここには離島残置工作員らが各離島における事実上の支配者として全島を完全かつ濃密な軍事体制下に置き、機密保持への執着心から軍機漏洩の阻止に正常な判断を欠いたまま奔走した様子を窺い知ることができる。

もっとも米軍の占領が始まった段階での軍事機密とは、敗残兵の所在と離島残置工作員の指導する遊撃隊の活動であり、決して戦局を左右するものでも将来における秘密戦の展開に関わるものではなかった。そこにはただ自己保存の目的を達成するため、それと引き換えに住民の生命を抹殺することも当然の行為とした日本軍の論理のみが存在していたのである。

防諜政策の帰結

そうした日本軍の論理がより一層浮彫りにされた事例として、久米島の住民殺害事件がある。久米島住民殺害事件は、久米島の大岳に基地を設営し、鹿山正兵曹長を隊長とする日本海軍沖縄方面根拠地隊（隊長大田実海軍少将）指揮下の電波探信隊約三〇名が、久米島守備隊と称して同島をその支配下に置き、現在判明しているだけでも二〇名の島民をスパイ容疑等の理由により直接殺害したものである。

事件の概要は、まず六月二七日（一九四五年）に鹿山隊長自身によって仲里村字山城在住の久米島郵便局駐在の有線電話保守係安里正二郎氏（当時二六歳）が銃殺され、続いて二日後の二九日には具志川村北原地区区長小橋川共晃氏（三八歳）、北原地区副区長で警防班長の糸数盛保氏（二二歳）、同区民の宮城栄明氏

（三八歳）の家族三名、比嘉亀氏の家族四名の計九名が宮城氏宅に集められ斬殺後、家ごと放火されたというものである。

さらに日本の無条件降伏による敗戦後の八月一八日にも、久米島出身の元海軍軍人で沖縄本島の戦闘に参加し、本島の日本軍壊滅後金武村屋嘉《やが》の米軍収容所に入れられ、久米島民の米軍への降伏を呼びかけるため、同島へ米軍に伴われ上陸した仲村明勇氏（二四歳）がその妻シゲさん（二五歳）と一年三カ月になる幼児（明廣）とともに殺害され、さらに、八月二〇日には、具志川村上江州地区在住のスクラップ商具仲会《クチュンホア》氏（五〇歳・日本名＝谷川昇）が、妻のウタさん（三七歳・本名美津）と五人の子供（一男・綾子・次夫・八重子、出生後数カ月の幼児）とともに殺害されたというものであった。

久米島は面積五五平方キロで約八五〇〇名の人口を数えたが、鹿山隊長ら約三〇名の日本軍は具志川村警防団および仲里村警防団を命令下に置いて食料の徴発・敵兵力の偵察などと並んで特に住民の米軍への投降や通報行為を監視させ、細部にわたる連絡体制を強制していた。久米島の警防団は、一九四三年段階で両村警防団を合わせて二八六名を数えたが、このうち久米島の日本軍と具志川村警防団との連絡内容を収めた「昭和二十年　連絡書類　具志川村警防団」（三三枚綴り）の資料から、鹿山隊長ら日本軍の住民対策がどのようなものであったかを書き出しておく。

まず、日本軍から警防団（団長）宛に出された通達の類には、「達（日付なし）　三、敵の謀略宣伝のため宣伝ビラ等撒布の場合は早急に之を収拾取り纏め軍に送付のこと　四、右条項に違反したる時は銃殺並に厳罰に処せらるることあるべし」（沖縄県沖縄史料編集所編刊『沖縄県史料　近代1』）との内容がある。

六月一五日にも全く同様に、敵宣伝ビラを「取得私有し居る者は敵側『スパイ』と見做し銃殺す」という警告を再度発している。これらの通達は日本軍が、宣伝ビラを介在して米軍側の情報が住民に入ることを極度に警戒していたことを示しているが、同様の意図のもとに出された六月五日付の具志川・仲里村警防団長宛通達の後半には、「情報に依れば本島各所に慶良間列島方面よりの脱出者到着しある由部落民承知居るにも関らず当隊に連絡なきは只単なる『デマ』に之有候《これありそうろう》や由なき『デマ』なれば警防団に於充分取締られ度《たし》各に於ける変化は早急に報告のことに取計られ度脱出到着後は其の場より出頭せしめられ度尚両村の連絡に充分留意のこと」と記されていた。

ここには連絡体制の不備への軍の苛立ちが相当の焦燥感を伴って表明され、また警防団の「デマ」流布の取り締まりの徹底を要請している。これは軍に代わって警防団が島内警備の前線に立たされていたこと、軍はあくまで連絡を受けるという受動的立場を軍の権威を盾に取ることで維持し、決して積極的には米軍の前面に出ることはなかったことを証明するものでもあった。軍は山に隠れて警防団を通じて住民を監視し、時としてスパイ容疑で住民殺害を繰り返すことで島内引き締めを行っていたのである。

一方、警防団側は軍の命令を忠実に履行し、住民の動向あるいは米軍の爆撃による被害状況等を各分団長が警防団本部へ報告し、それを警防団長が軍に報告するという連絡体制を敷いていた。同資料には警防団の役割として、「一、一部警防団員は各字要所に待機隣字との連絡をとる　一、非防諜従事者は避難壕へ　一、武器は一定の場所へ纏め置くこと　一、本部及分団に伝令を待期させること　一、各字刻々変化を本部へ（分団を通じて）必ず連絡のこと」などの注意事項が箇条書きされている。

こうした役割に従って、各警防団員は次々と本部宛の連絡を取っている。たとえば、「具志川警防団長殿　四月二〇日の空襲に於いて字具志川久手堅忠勝氏の住家全焼す其の他二、三、家に機銃掃射を受けたのみ人畜其の他に異状なし　具志川警防団班長」とか、「具志川警防団長殿　二一、三〇受付　十九時頃大原西南水平線内に軍艦らしきものが火が二つ四分位見えた　字大原分団」といった具合である。また、「伝令　大原南海面より南西に向つて航行中敵駆逐艦とおぼしきもの二隻進行中行動厳戒を要す　四、七　九三〇分　第2分団　村本部殿」との記録もある。

こうして詳細な報告が絶えず報告され、また強要される過程で警防団は住民への監視行動をも強化せざるを得ず、またその行動範囲を自ら狭めていた軍も常に警防団からの報告を受けることで初めて住民の掌握と自己の保存が可能であったのである。

しかし、米軍の島内制圧が進んで住民掌握が困難となり、さらに報告・連絡体制の不備が目立ってくると、日本軍の住民への猜疑心が一層増幅されてくる。こうした延長に住民殺害事件が引き起こされていったのである。それはまた、戦時体制下における住民統制の一手段として採用された防諜政策に内在していた論理的帰結でもあった。

沖縄戦における防諜政策の帰結と日本軍の住民対策が示したものは、沖縄の第三二軍による住民への仮借ない抑圧の体制であったが、程度の違いこそあれ、そのような住民対策は日本の内外で採用された。戦争による直接被害だけでなく、こうした問題への着目が必要であろう。

第六章　残された課題は何か

1　アメリカの日本占領と安保・自衛隊――新たな「戦前」の始まり

なぜ、間接統治方式が採用されたのか

占領方式という点でいえば、日本と同じ敗戦国であったドイツの場合がアメリカ、イギリス、ソ連、フランスによる四カ国による共同占領であったのに対して、日本の場合が実質的にアメリカ軍による単独占領であった事実が、第一の特徴として挙げられる。

しかし、このアメリカの単独占領方式は、最初から予定されたものではなかった。日本占領にあたり、アメリカの国務・陸軍・海軍の三省から構成される三省調整委員会（ＳＷＮＣＣ《スウィンク》）の勧告「ＳＷＮＣＣ七〇／五」には、日本占領にはアメリカを含め、ソ連・イギリス・中国・フランスなど連合国軍が参与する主旨が明記されていたのである。また、大戦中から日本が降伏した後、連合国による分割占領案が構想されており、一九四五年八月一六日には、日本の無条件降伏を受けて、アメリカの統合戦争計画委員会（ＪＷＰＣ）

が、その原案を作成していた。

それに先立ち、一九四三年一〇月にモスクワで開催された米英ソ三国外相会議において、日本・ドイツ・イタリアの占領統治は、その国を軍事占領した連合国が独占的な支配権を確保して占領する合意事項が確認されていた。だが、軍事占領した地域の独占的支配権を保証しようとするこの合意内容は、とりわけ日本とその周辺地域の軍事占領に関心を抱くアメリカとソ連との間に軋轢を生じさせることになる。

そこで、アメリカ政府は、日本のポツダム宣言受諾により降伏が明らかになると同時に、ダグラス・マッカーサー元帥を連合国最高司令官（ＳＣＡＰ）に任命し、日本が降伏した日の八月一五日には「一般命令第一号」を関係各国に通告して、米ソ間の占領地域の区分けについての規定を明らかにしようとした。

ここで米ソは、朝鮮半島の三八度線を境とする南北朝鮮の区分けを確定事項としたが、千島列島および北海道の北半分をソ連の占領下におくことの是非をめぐる対立が本格化する。結局、アメリカがソ連の千島列島占領を容認したのと引き換えに、ソ連は北海道北半分の占領を断念し、最終的に日本本土はアメリカの単独占領という形で決着する。

膨張主義的大国路線の外交方針で戦後外交に臨んでいたソ連としては、日本の軍国主義体制が完全に解体され、日本が二度と極東ソ連の脅威とならず、千島および樺太を確保できれば、いたずらにアメリカを刺激することで極東方面における米ソの摩擦を生じることを回避したい意向があった。

それは、戦勝国とはいえ、先の大戦で国土をドイツ軍によって蹂躙され、甚大な人的物的損害を出したソ連としても合理的な外交判断であった。だが、そうしたアメリカに対する協調的な態度も、アメリカ主導の日本占領によって日本の非軍事化が予定通り達成されることを条件としていた。したがって、当初の非軍事政策から「逆コース」と呼ばれるアメリカの対日占領政策の転換は、ソ連の了解するところではなかった。

単独占領を狙ったアメリカの思惑

では、なぜアメリカは日本の単独占領に固執したのか。アメリカの対日政策の基本は、日本の早期降伏を確保してヤルタ協定によるソ連のアジア秩序再編計画の修正を迫り、併せてアジア地域へのソ連の影響力を遮断し、日本を対ソ戦略の防壁として利用することにあった。そのためにも、日本の完全敗北前にアメリカ主導の対日単独占領の実績を積み上げ、日本をしてアジアにおけるアメリカの代理人という役割を担うべき国家へと再編することであった。

より具体的には、日本の敗北が時間の問題となってきた段階で、アメリカのトルーマン政権内部で国務次官の要職にあった元駐日大使ジョセフ・グルーを筆頭に、アジアにおけるソ連への対抗勢力としての日本の位置づけが再評価されつつあった。天皇制の存続を条件に日本の早期降伏を実現し、日本の「穏健派」との連携を強めて戦後の日米関係を構築することを、アメリカの対アジア政策の要とすべきとのグルーらの見解が有力となっていたのである。

トルーマン政権内部でグルーらの見解は大方了承されつつはあったが、そのためにもスチムソン陸軍長官らは、アメリカの圧倒的な軍事力で日本を敗北に追い込むことが不可欠だと考えていた。その結果、スチムソン陸軍長官らは完成が目前に迫っていた原爆の日本投下を主張していたのである。それで、日本への原爆投下は最大限の軍事的かつ政治的効果を引き出すものでなければならなかった。

この原爆投下は、このようにアメリカにとって、戦後の米ソ冷戦構造の開始を睨んだ上で実行された高度な政治的判断の結果としてあった。広島と長崎の頭上に炸裂した原爆による甚大な被害は一身に日本にもたらされたものであったが、同時にその政治的効果はソ連に向けられたものとしてあった。日本に投下された原爆の威力は、結果的にアメリカの対日単独占領という結論をも用意することになったのである。

間接統治が招いたものは何か

アメリカは原爆によってソ連の日本侵攻の可能性を断ち切った。そしてドイツのような米ソ英仏の四カ国による直接統治ではなく、日本に対しては間接統治の占領方式をもって臨んだ。対日占領統治の形態については、一九四五年六月、国務・陸軍・海軍から構成される三省調整委員会で、「日本降伏後におけるアメリカの初期の対日方針」(SWNCC一五〇)を作成していた。

それは、アメリカの軍政府が天皇および日本政府の権限を掌握して軍政を実施するとしながら、日本の各行政機関を最大限に利用し、日本人の行政官にも最大の責任を付与しつつ、アメリカの軍政を代行させることを骨子とする内容であった。だが、その後アメリカ国内では対日政策をめぐる各機関の対立が生じ、必ずしも一枚岩的に対日政策が早期に確定されていたわけではなかった。

「SWNCC一五〇」文書は、その後いくつかの加筆修正が加えられたが、一九四五年八月二九日、幕僚を引きつれマニラから日本に到着する直前のマッカーサー元帥に、「SWNCC一五〇/三」という文書ネームで送付された。それから、二カ月後に、日本占領政策の基調を徹底した非軍事化＝民主化に据えて実行すべきことを説いたアメリカ統合参謀本部(JCS)の指令「日本占領及び管理のための連合国最高司令官に対する降伏後における初期の基本的指令」(JCS一三八〇/一五)が、再びマッカーサーの下に送付されてきた。

その後、ポツダム宣言を経由して天皇制の存続がアメリカ政府内部で合意されたことを受け、様々な対日占領方針の変更が検討されたが、最終的には九月六日、「降伏後に於ける米国の初期の対日方針」（SWNCC一五〇／四）において、間接統治の方針が確定された。併せて、ここでは日本国民による自発的な民主化要求の容認、連合国間におけるアメリカの主導権の三点が確認されていた。

より具体的に要約すれば日本占領の目的は、日本が再びアメリカと世界の「脅威」とならないために、国際連合憲章の理想と原則に示されたアメリカの目的を支持すべき平和的かつ責任ある政府の樹立にあるとされた。そして、「軍事占領と間接統治」の項において、連合国の日本占領軍はマッカーサー元帥の指揮下に入るものとし、そのマッカーサー元帥は「天皇を含む日本政府機関及諸機関を通じて其の権力を行使す」と明記されていたのである。

この他にも、日本の全面的武装解除と非軍国主義化、戦争犯罪人の逮捕と処罰、個人の自由や民主主義的諸権利の保障、経済上の非軍事化、民主主義勢力の助長、平和的諸活動の再開など、戦前日本国家の根本的かつ質的な転換を迫る内容が盛り込まれていた。それは、文字通り「改革占領」と呼ばれるに相応しい内容であった。

しかしながら、ここで繰り返し問われるべきは、この間接統治そのものが、ドイツとの比較を待つまでもなく、戦前日本の軍国主義権力体としての「天皇を含む日本政府機関及諸機関」が、アメリカ占領政策の代行機関として蘇生する機会を与えられ、最終的には温存・復権していく政治過程を用意していったことである。それは早期に日本を安定的に占領し、戦後アメリカの有力な経済市場とし、さらには同盟国家として育成するという、アメリカの戦後アジア戦略から導き出されたものであり、その意味からもアメリカの責任は極めて重大である。

そこにおいて、天皇の処遇をめぐってアメリカ国内にも政府内をも含め様々な議論が存在し、イギリスや中国など他の連合諸国において、天皇への厳しい処分を要求する合理的な請求をもアメリカは最終的に自らの欲する戦後国際秩序の形成という文脈のなかで反故にしていくのである。その行為は、日本をして新たな軍国主義やファシズムの芽を用意せしめたという意味で犯罪的な行為である。

「改革占領」の変質と残された課題

実質的にアメリカ単独による間接統治として開始された占領は、歴史的に見れば第一次世界大戦後における占領が敗戦国からの戦争賠償を確実に取り立てるための、いわば「保証占領」という性格が強かった。

これに対して、ドイツ・イタリア・日本というファシズム国家を民主主義的ないし社会主義システムや思想の導入により、敵性国家として国際政治の舞台に登場することがないように、国家形態から国民の思想・文化に至るまで、軍国主義やファシズム的なるものを除去するための「改革占領」であった。その意味で、日本国憲法の制定や政治経済教育など諸領域における一連の民主化政策は、この「改革占領」という趣旨に忠実に従ったものであった。

しかし、非軍事化＝民主化を基調とする一連の「改革占領」は、平和憲法の制定を頂点とする成果を獲得しはしたが、一九五〇年六月に始まった朝鮮戦争を決定的な要因として変質し始める。非軍事化＝民主化路線の見直しと、日本の反共防波堤国家化というアメリカの対日占領政策の転換であり、いわゆる「逆コース」と規定されてきたものである。

それはまた、実質的な意味における「改革占領」という歴史的目標の放棄でもあった。具体的には、片面講和による占領の終結、同時的に締結された日米安保条約によって実行された。そして、ここに至るまでの日本占領期間において、いまだ必ずしも充分検討されず、また問題の本質を曖昧にしたまま棚上げされた課題がいくつか存在する。

第一に、歴史的課題として出発したはずの「改革占領」が、米ソ冷戦の本格化という国際政治秩序の変動によって放棄されていく基本的背景として、日本占領がアメリカによる単独占領という占領形態をとったことがあることは間違いない。だとすれば、米ソ冷戦という変動要因によって左右される程度の「改革占領」を実質的な単独占領によって実行しようとしたアメリカの対日政策は、ドイツにおける米ソ英仏四カ国の共同占領によって米ソ冷戦の影響力を最小限に押さえ、ドイツの徹底した非軍事化＝民主化を果たし得た事実と比較するまでもなく、あらためて批判の俎上に上げられるべきであろう。

第二に、一九四五年八月の日本占領開始から、朝鮮戦争が開始される一九五〇年六月までの占領期間、すなわち「逆コース」が始まるまでの一連の非軍事化＝民主化路線を「逆コース」以後との比較において、これを積極的に評価する歴史認識が依然として多いことである。

確かに、第九条に象徴される日本国憲法の制定を結果したことの意味は小さくないが、そこにおける非軍事化＝民主化路線なるものは、ソ連による北方領土の軍政施行と、なによりも沖縄の長期的軍事占領が継続された状態の下で押し進められた。そこで考えておく必要があるのは、日本の主要領土の民主化が沖縄の軍事化・基地化によって、初めて実現された事実をどう見るのかという問題である。

それとの関連でいえば、一九四七年九月、昭和天皇のアメリカによる沖縄の長期軍事占領を希望する旨の

「沖縄メッセージ」に遺憾なく発揮されているように、日本の戦前における官僚機構および天皇制の実質的温存策と引き換えにそうした軍事化路線の要請がなされていた。

その天皇を頂点とする温存された保守層は、米ソ冷戦体制のなかで韓国・インドネシア・フィリピン・ビルマなどアジア周辺諸国の軍事化（＝反共防波堤国家化）を下支えすることで、日本の「民主化」を実現し、資本主義の発展の機会を形成していくという、対アジア外交を基本戦略としていく。このことを考え合わせるとき、「逆コース」以前における非軍事化＝民主化路線のなかで培われた負の遺産への検討は不可欠であろう。

第三に、日本の保守層の温存と復権の機会が、この占領期間中に付与されることになったが、その機会は通常指摘されてきたように「逆コース」の時代に留まらないことである。それ以上に、アメリカによる日本占領が開始される直前、さらにいえば日本が敗戦を迎える直前における「終戦工作」とアメリカの対日占領計画構想のなかに、すでにその萌芽が存在し、同時に敗戦を前後しつつ実行されていった事実である。それがアメリカの間接占領方式と呼応することで温存でき、さらに「逆コース」で完全に復権を遂げていく事態を迎えていったことである。

講和条約の限界性

一九五〇年代前半の日本における最大の政治課題は講和問題であり、それに付随する基地および自衛隊創設に至るまでの、再軍備の評価をめぐる論争があった。足かけ七年間にわたるアメリカの間接統治方式による単独占領を通して形成された再編において、日本はサンフランシスコ平和条約による占領状態からの脱却後においても、日米安保条約の基本目標としての日本全土基地貸与という条件のなかで、中国・ソ連を封じ込める軍事戦略の最前線基地としての役割を担わされることになった。

そのことは国際紛争解決の手段として軍事力の行使を放棄し、非軍事的手段による国際平和に貢献するという可能性をも自ら閉じるものであった。同時に日本の軍国主義の復活や再軍備への警戒心を抱いていた、かつて日本に侵略され甚大な損害を被ったアジア諸国との決定的な溝をも用意することになった。その意味において日本の全土基地化と日本再軍備を用意した講和条約をめぐる国内での争点化は、冷戦時代から脱冷戦時代の現在にいたるまでの戦後体制を決定する問題としてあったのである。

サンフランシスコ講和は、アジア太平洋戦争における日本の交戦国との間の戦争状態を国際法の慣習に従い終結させ、日本の戦争責任を明確にして全ての交戦国との友好関係を樹立する機会であった。しかしながら、「片面講和」との歴史的評価で知られる通り、それはアメリカの戦後アジア戦略や国際秩序の変転を基本的要因とする、極めて限定的かつ制約的な講和でしかなく、日本の国際秩序への復帰は、当初から「西側の一員」という構造的枠組みのなかでの、文字通り条件付き復帰にすぎなかった。

しかも、戦後半世紀の歩みのなかで、この条件つき復帰という冷厳な歴史事実への問い直しが希薄化していき、その結果としてアジア諸国との共生という戦後日本に課せられた戦後責任が完全に忘却の彼方に追いやられていくのであった。そのことを端的に示すのは、一九五一年九月四日から、サンフランシスコで開催された講和会議に招請を受けたインドとビルマが、中国の北京政府の不参加やアメリカ軍の継続駐留、また日本の再軍備の動向への批判や講和条約中における軍備制限条項の欠如、さらに賠償への不服などの理由により参加を拒否し、日韓併合以来、三〇年以上にわたり植民地とされてきた朝鮮も招請を受けなかった事実である。

加えて、講和会議では招請を受けていたソ連・ポーランド・チェコスロバキアが欠席し、調印しなかった。逆にソ連は九月五日に占領軍の即時撤退、外国軍隊の駐留禁止、南樺太・千島のソ連主権の承認、沖縄・小笠原の日本主権の明確化、北京政府の参加などの講和条約修正案を提出したが、アメリカのアチソン議長はこれを取り上げることはしなかった。この結果、締結された講和条約は、アメリカをリーダーとする西側陣営に所属することになる諸国とだけ交わされた、文字通りの「片面講和」であり、本来の意味における講和条約と位置づけられるものでは実際なかったのである。

片面講和を生みだした原因

講和条約をめぐり日本国内で国論を二分する論争に発展するが、一方アメリカ国内でもアメリカの単独占領の継続と、日本本土基地の無制限使用を主張して講和条約そのものの締結に反対する統合参謀本部（JSC）と、日本人の対米感情への悪化を危惧し、条件付き本土基地化を構想していた国務省との間で対立が浮上していた。

そうした対立の背景には、一九四七年三月のトルーマン・ドクトリンにより、アメリカのトルコ・ギリシアへの軍事援助開始を境に一気に緊張が高まった米ソ関係があり、さらに一九四九年九月のソ連の原爆保有発表、翌一〇月の中華人民共和国の成立を受けて、米ソ冷戦構造の本格化という国際政治軍事情勢の変動があった。

そのような国際情勢の変動自体が「片面講和」を生みだした原因であることは論を俟たないが、そこでの問題はそのような国際情勢の変動を理由に自らの欲する国際秩序再編の目的のために、講和という歴史的課題を歪曲したアメリカのスタンスであり、実質的にこれを支持したイギリスやフランスなどの連合国と、このような講和に結果的に追随することで自らの保守再建の機会とし、これに便乗した日本の保守政治家および官僚たちの存在である。

アメリカはこの機会に、本来敗戦国の戦争責任を厳しく問い、戦争賠償の獲得や戦争犯罪者の徹底処罰などを法的に確認するはずの講和条約の役割を実質的に無意味化する「片面講和」を日本に突きつけることで、日本の西側陣営への取り込みを図ったのである。そして、日本の保守層は自らの勢力の温存と復権を保証するであろう非懲罰主義という性格を明らかにしつつあった「片面講和」（単独講和）に積極的に乗っかっていくのである。

その証拠として、一九五〇年五月の池田・ドッジ会談におけるアメリカ軍への基地提供の申し入れがあり、一九四七年五月六日、マッカーサー元帥との会見の席上での、「日本の安全保障を図る為には、アングロサクソンの代表者である米国が其のイニシアチブを執ることを要するのでありまして、此の為元帥の御支援を期待して居ります」とする昭和天皇の発言があった。

この昭和天皇の申し入れは、日本本土基地の位置づけをめぐるアメリカ国内の行き詰まり状況さえ打開する役割を果たすことになり、日米間で日本本土のあらゆる場所を基地として使用可能な内容をもつ「全土基地方式」が合意されたのである。その結果、講和条約第五条において外国軍隊の駐留と基地使用が明記されるに至った。

日米安保条約締結と再軍備の開始

講和条約調印後の一九五一年九月八日に調印された日米安全保障条約は、このようなアメリカの戦後アジア戦略の基本的性格と昭和天皇をも含めた日本の保守層のスタンスの合作として発議された条約であった。そして、日米安保条約の本質は、その秘密性にあった。すなわち、調印式に唯一の日本側代表として出席した吉田茂は、調印を控えた国会の場で条約の全貌を開示せず、実質的に外交秘密としたのである。

日米安保条約は、国権の最高機関としての国会で審議されず、また講和条約調印によって回復したはずの日本国家としての主権性を発揮することなく、「全土基地貸与方式」に集約されるように、アメリカに日本本土防衛義務を課すものではなかった。それは、日本が一方的に基地提供を約束するだけの、極めて従属的な内容で貫かれたものであったのである。

一九六〇年六月の日米安保改定において、同条約は日本のアメリカへの協力を一層強めることと引き換えに、アメリカの日本防衛義務を課することによって「双務的」な性格を付与されたとする見方がある。しかし、それは日本がアメリカのアジア戦略にコミットするレベルを高めたにすぎず、同条約の対米従属性を深めた点で、五一年安保の基本的特質は不変であった。

その五一年安保において、もう一つ重大な決定がアメリカから提示され、同条約に盛り込まれることになった。それが再軍備問題である。同条約の前文には「直接及び間接の侵略に対する自国の防衛のために漸増的に自ら責任を負う」ために、日本側に再軍備を「期待する」と明記した。

日本の再軍備は、朝鮮戦争が始まった年の一九五〇年七月八日、マッカーサー元帥の指令により、七万五〇〇〇名から成る警察予備隊の創設が打ち出され、同年八月一〇日、政令二六〇号「警察予備隊令」が公布・施行されてから、すでに開始されていた。それが日米安保条約によって、いわば公式化されたのである。

日本再軍備は、朝鮮戦争の開始にともないアメリカ駐留軍が朝鮮半島へ出撃し、その結果生じる空白を埋め、在日米軍基地およびその家族の安全保持を図るためとされている。だが、事実はそうではない。アメリカは、すでに一九四八年二月の時点で日本の再軍備を検討し始めていたのであり、その直接的間接的な契機となったのは、中国大陸および朝鮮半島の政治情勢の変動であった。それは、最終的に一九四九年一〇月の中華人民共和国の成立に至る中国における共産軍勢力の優勢であり、一九四八年八月の大韓民国（韓国）と同年九月の朝鮮民主主義人民共和国の成立である。

こうしたアジアの変動要因を背景としてアメリカは、一九四八年一〇月に対日占領政策の転換を明らかにした「NSC一三／二」文書を決定し、そのなかで「現在における中央集権的警察組織の拡充」（第七項）を掲げ、現存の国家地方警察三万人を拡充する形式を踏みつつ、実質的な再軍備を企図していたのである。つまり、日本国憲法公布（一九四六年一一月）から約一年余りで、その平和憲法の理念と目的を完全否定する結果となる再軍備を、アメリカは自らのアジア戦略の転換のなかで構想するのである。

再軍備問題に孕まれた課題

ここで再軍備に孕まれた課題を二点だけ指摘しておく。第一には、再軍備の本質がアメリカの内部文書でいう「警察軍」（constabulary）方式による〝土民軍〟の編成であり、それはアメリカの支配下におく地域を現地軍隊によってアメリカ軍に代わって治安維持に当たらせようとする性質の軍隊として位置づけられたことであった。それと同質の軍隊組織に、フィリピンにおける「フィリピン巡警隊」や南朝鮮の「南朝鮮国防警備隊」などがある。警察予備隊から保安隊、そして自衛隊と名称の変更はあっても、アメリカに従属する軍隊としての性格は不変であった。

そもそも日本の再軍備計画は、「NSC一三／二」文書に端を発してはいたが、当初この計画に消極的であったマッカーサー元帥が、アジア情勢の緊迫化を背景に一九四八年一二月、アジアで紛争が生じた場合に即応して日本人からなる軍事組織の立ち上げの必要性をアメリカ政府に要請したことを重要な契機としている。秘密裏に日本再軍備計画を準備する構想は、同年五月にロイヤル陸軍長官の提起したものであった。

そのロイヤル長官は同年一月六日、「日本を反共の防壁にする」と演説して、非軍事化＝民主化を基調とする対日占領政策の修正を主張した人物であった。このマッカーサーおよびロイヤルの再軍備方針の一致は、同時にアメリカ国内における日本再軍備をめぐる対立の解消にも連動したものであった。こうして、朝鮮戦争が始まった一九五〇年六月の時点までには日本再軍備の開始を告げる警察予備隊の創設を結果するのである。

だが、この警察予備隊の創設は、あくまで「NSC一三／二」文書の具体化であって、日本独立後、すなわち講和条約成立後における日本の将来的かつ本格的な意味での再軍備の見通しまで視野に収めたものではなかった。

そうした状況のなかで、フィリピンでの共産軍フクバラハップの大攻勢、マラヤにおける反英ゲリラ闘争の激化、ベトナム民主共和国軍と旧宗主国フランスとの対立、カシミール地方の帰属問題をめぐるインドとパキスタンの武力紛争など、深刻化する一方のアジア情勢のなかで、アメリカは対日占領の継続が日本国内でもアジア情勢と連動しつつ、反米ナショナリズムを高揚させる危険性を読み取っていた。そのためには早期の講和成立が不可避としながら、そのことと国防総省サイドを中心にした在日米軍基地の継続要請との、この二つのアンビバレントな課題を解決する必要に迫られていたのである。

中間的な経緯は省略するが、最終的にアメリカ主導の早期講和実現によるアメリカの陣営への日本取り込み、在日米軍基地の恒久的使用権確保による日本防衛とアジアを攻撃対象とする出撃基地化を誘引した日米安保条約は極めて攻撃性の高い軍事条約として成立していく。その結果として生み出された警察予備隊も名称とは裏腹に、アメリカのアジア戦略に規定された軍隊として、将来的にはアジアに出撃するアメリカの補完部隊としての役割期待が背負わされた存在として位置づけられていたのである。

実際の所、一九五〇年七月に極東米軍司令部が作成していた極秘文書「警察予備隊創設計画」には、その創設理由に関連して極東米軍司令部所属の兵力とみなされる警察予備隊も将来的には、「朝鮮、台湾、フィリピン、インドシナへ派遣する必要が生ずる可能性がある」と明記されていたのである。新ガイドライン安保体制下における自衛隊の新たな役割期待としての日米共同作戦の展開や、一連の統合軍事訓練に具現される日米両軍の一体化の萌芽は、この時から明確に刻印されていたのである。

いずれにせよ、アジアにおけるアメリカ軍の補完部隊の創出を目的として開始された再軍備は、また同時に日本軍隊のアメリカ軍への徹底した従属性を特質とした。再軍備がアメリカ軍占領下で実行され、日本政府や日本国民に全く創設への経緯も告知されず、アメリカ軍総司令部民事局の指導下に、アメリカ政府の内部文書で「極東特別予備隊」(Special Far East Command Reserve)と密かに呼称されていた警察予備隊の編成や訓練、そして幹部の人選が押し進められたのである。

日米関係の変転や安保改定のなかで、自衛隊の質も位置も変化するが、今日においてこれまで秘密とされてきた「有事指揮権」や「統一指揮権」に関する史料の公開によって明らかにされつつある、アメリカ軍への従属性軍隊という本質は不変であり、さらに新ガイドライン安保体制下において、その特性は一段と増幅されたといえよう。

すなわち、アメリカへの従属性を特質とする再軍備は、有事において日本自衛隊もアメリカの戦争に加担を強いられるという枠組みの下に位置づけられたということである。事実、一九五四年二月八日にはハル極東軍司令官は、有事の際には自衛隊がアメリカ軍の指揮下にはいることの了解を、吉田茂首相から取り付けたという。このことは、日本国内において発生した内乱・騒擾を鎮圧するためにアメリカ軍を鎮圧部隊として投入することができるとした、極めて植民地主義的な色彩を鮮明にした日米安保の性格と相関関係にあったと指摘できよう。

再軍備を支えた旧軍人と旧軍組織

再軍備問題における重大な問題の第二には、一連の再軍備過程で旧軍人グループが復権し、実質的に吉田茂政権下で強行された再軍備政策の立案と実行を担ったことである。戦前の陸海軍省など旧軍事機構が解体される一方で、復員局など旧軍人を温存・復権させる場が創設され、そこで自衛隊創設から今日に至るまで、特に自衛隊内における精神教育において戦前に蓄積されたノウハウが確実に戦後に持ち越されているのである。

旧軍人の追放解除および警察予備隊への募集には、軍国主義復活を警戒する判断が吉田茂とGHQの双方にあり、いったんはマッカーサー元帥の裁定で旧軍人の警察予備隊への採用が見送られることになった。

しかし、警察予備隊創設を境に大量の部隊指揮経験者が必要になったという理由から、一九五一年八月には旧陸軍軍人五五五六九名、旧海軍軍人に二二六九名の追放解除など、第六次に至るまで合計六万三八〇五名に及ぶ旧軍人の追放解除が実現していく。そして、旧軍人関係者たちが、警察予備隊に大量入隊を果たしていったのである。そして、新隊員のほとんどが旧日本軍で何らかの戦闘体験を持った者であったという事情に加えて、指揮官クラスが旧軍の将校出身というケースが、追放解除以降に一段と顕在化してくるのである。

さらに、一九五一年度の警察予備隊募集においては、陸士五八期、海兵七四期および同期相当（敗戦時少尉）を対象とした募集が開始され、幹部候補生の第一期として、二四五名が採用された。さらに同年一月一日付けで、旧軍佐官級の将校の募集が実施され、四〇六名に辞令交付があり、翌一九五二年には旧大佐一一名が高級指揮官として新日本軍に採用されていくのである。

軍事機構面でいえば、特に海軍の場合、人脈の面に留まらず軍事機構・組織としても、その解体と再建のプロセスの線引きは困難であった。確かに、日本の敗戦直後においては、旧軍隊の温存策は旧軍幹部によって様々試みられた。たとえば、陸軍は近衛師団四〇〇〇名を禁衛府と皇室衛士隊として温存する試みや、警察力および武装憲兵部隊併せて四八万名規模からなる部隊として再編し、陸軍大臣の指揮下に置こうとする計画を実行に移そうとした。一方海軍でも水上監察隊や沿岸警備隊の新設案などを練り上げていたが、結局はＧＨＱの厳しい監視により挫折を余儀なくされてきた。

陸・海軍省はその残務整理を名目として、それぞれ第一復員省と第二復員省に組織替えを行い、そこに復活の機会を期待していたが、なかでも第二復員省（旧海軍省）は、海外からの軍人・軍属や植民者の引き上げのため、海上輸送や日本海域の機雷除去のために輸送部隊や掃海隊など実働部隊の温存が許容される状況で、海軍は事実上再軍備当初の中心的存在となっていく。さらにいえば、海軍だけでなく陸軍もまた完全には解体されなかったのである。

そのなかでも警察予備隊から保安隊に至る過程で、旧軍事機構や人脈の温存と復権を射程に据えて遂行された政治工作としての「終戦工作」の中核的存在として活発に動いた野村吉三郎《きちさぶろう》（元大将・元駐米大使）、保科善四郎（元少将・元海軍軍務局長）らは吉田茂の事実上の軍事ブレーンとなって再軍備の実行者となり、また、山本善雄（元少将）、秋重実恵《あきしげじつえ》（元少将）、初見盈五郎（元大佐）、永井太郎（元大佐）、長沢浩《こう》（元大佐）ら旧海軍の中堅軍事官僚たちの一群は「海上警備隊創設準備委員会」（通称〝Y委員会〟）に集結して、新海軍建設のために活動し、新日本軍に旧日本軍の組織論や教育論を持ち込んだのである。

　このような一連の再軍備過程を概観しただけでも、アメリカはアジア戦略のなかで日本軍の再編を急速に押し進め、アメリカに完全に従属する補完部隊として育成する中長期的方針を明確に保持していたことが理解される。

　そこでは、アジア太平洋戦争での交戦国アメリカの従属軍隊としてでも、再建と復活を果たすことを目標としてきた旧軍幹部の動きが顕著であり、彼らは実質的に新日本軍の中核をなし、最終的には今日具現された日米統合軍の登場を結果していくのである。その意味で、旧日本軍あるいは戦前の官僚機構は実質解体されず、アメリカによって蘇生されることになった。しかし、蘇生の過程でアメリカへの従属軍隊化、さらには従属国家化が進行していったのである。

2　戦前戦後を繋ぐもの――潜在する戦前思想の危うさ

引き継がれる旧軍隊教育

警察予備隊（一九五一年八月）から保安隊（一九五二年一〇月）に至る再軍備の過程で、装備や編成面ではアメリカ軍に倣い、軍隊指揮権を内閣総理大臣に帰属させ、軍事行政を内閣行政権に含むなど、戦前の天皇による統帥権保持や統帥権独立制と異なり、欧米型の民主主義体制に包括される軍事組織の確立が志向された。警察予備隊や保安隊が、その装備や組織面で軍隊としての性格を色濃く持った点で、軍隊や軍事組織を真っ向から否定した現行憲法に著しく抵触していたことは間違いないが、ここで問題にしたいのは「建軍精神」に関わる旧軍隊との連続性である。

例えば、一九五三（昭和二八）年一月に作成された部内文書「現段階に於ける新軍建設に関する部内文書」によれば、「新軍は世界人倫の最高原理たる道義を本原《ママ》とする真武たるべきものとし、新軍は之に拠《よ》り、我が民族の生命を維持し、正義を守護し、国家を保全するを以てその使命とし、世界平和と国際正義に寄与すべきものとする」としながら、保安隊という「新軍」が名実共に軍隊として民族の生命維持、国家保全を目的とする武力装置としての位置づけを行っていたのである。

そして、同文書の「付録七　保安隊の実状」には、「過去の日本軍は忠君愛国の精神に根基をおいて如実に之を具現した。……今日の保安隊には此の精神がない」と記されていた。保安隊の幹部として入隊を果たした旧軍人によって作成された同文書が繰り返し危惧して止まない課題は、旧軍と異なり新軍が確固たる不動の精神的基盤を持たないことであった。しかも、憲法の制約もあって、旧軍のように精神的基盤としての天皇を直接的には戴けない現実にあり、その分だけ民族の優秀性や理性的愛国心、国家への忠誠心が強調されることになった。

実際、現在の自衛隊まで続くこの精神教育の柱は、「民族愛、愛国心、反共教育」の三つである。しかし、この時代にこれらの柱が含意する内容は、偏狭な自民族中心主義と過剰な排外主義を生み出す結果となり、現行憲法が目指す国際連帯や国際平和の実現に大きな足枷となることは必至であろう。その意味で、戦前軍国主義の負の教訓が充分に活かされているとは、到底言い難いのである。

自衛隊員の憲法観念

戦前においては、上官の命令への絶対的服従が天皇の軍隊の組織原理として確立されていた。すなわち、「軍隊内務書」の「第二章 服従 第八」の項には、「命令ハ謹テ之ヲ守リ直ニ之ヲ行フヘシ決シテ其ノ当不当ヲ論シ其ノ原因理由等ヲ質問スルヲ許サス」とあり、例え捕虜の殺害、略奪など国際法規に照らし、違法行為あるいは明白な人権への侵害行為を結果するような命令にも絶対服従が強要された。仮に命令に不服従の態度を示したならば抗命罪（陸軍刑法第五七条）で厳しく処罰されることになっていた。

これに対して、現在の自衛官への命令・服従の関係や内容は、どのようになっているのであろうか。それは、大別して三つの命令内容に分類される。不当な命令、瑕疵《かし》ある違法な命令、重大な瑕疵ある違法な命令、である。不当な命令には服従すべきではないが、後の二つに限っては一応「服従」した後、異議を唱えることが「適当」とする教育が行われているという（『軍事研究』一九八九年九月号、土井寛論文）。

しかし、自衛隊法第五六条には、「上官の職務上の命令に忠実に従わなければならない」との規定があり、不当と思われる命令への不服従が現実には不可能の状態にあると見なされる。その点では、用語の表現こそ、より洗練されたものとはなったが、本質的に旧軍の命令服従関係がそのまま持ち越されたといってよい。その点などは、ドイツの軍隊における抗命権が留保されている点と比較した場合でも、日本の自衛隊が旧軍的体質から脱していないと言わざるを得ない。

これとの関連で自衛官にどのような憲法教育がなされているかといえば、これも不充分の誹《そし》りを免れない。警察予備隊時代の宣誓書には、「私は、日本国憲法及び法律を忠実に擁護」するとあり、保安隊時代にも「私は、日本国憲法を擁護し、法律を遵守」するといった文面があった。しかし、自衛隊創設の折りに、「憲法擁護」の文字が削除された経緯がある。

戦後の再軍備は憲法の改悪を先取りする形で強行された。それで自衛隊創設当時、軍事や軍隊の存在を全く想定していない現行憲法に忠誠を誓うことは非合理的であるとの判断が自衛隊周辺に存在し、その結果が「憲法擁護」の削除になったと思われる。自衛隊側からすれば、早晩憲法が改正され、軍隊組織の保有を認めた新憲法の登場を待って憲法への忠誠をなそうと判断したに相違ない。

この問題は、一九七三（昭和四八）年九月一九日の参議院内閣委員会で取り上げられ、当時田中角栄内閣の山中貞則防衛庁長官が憲法宣誓を追加すると答弁を行った経緯がある。それでも自衛官には宣誓書の印刷文が修正されたに留まり、憲法遵守の精神や思想が隊内教育として徹底されているとは言い難い状況にある。

自衛隊員が国家公務員として位置づけられているならば、当然に憲法を尊重し、憲法の示す精神や理念、とりわけ現行憲法が示す豊かな人権を保障する内容に深い理解力が求められるべきである。そのためには、主権を有する国民への忠誠を誓うことが第一歩となるはずである。忠誠を誓うのは特定の政権や特定の機関であってはならない。

軍隊は何を守るのか

旧軍隊と自衛隊の連続性について指摘する場合、これら新旧の軍隊がいったい何を守ってきたのかという問題がある。私はかつて、沖縄戦で具現された旧軍による住民殺害の歴史事例とその背景にあるものを調査・分析したことがある。そこでは、住民殺害に至る指揮命令系統の分析や、殺害に狂奔する旧軍隊組織のもつ特質を浮き彫りにする作業に取り組んだ（本書第五章2節参照）。

久米島飛行場近くに建てられた「天皇の軍隊に虐殺された久米島住民在久米島朝鮮人」と記された墓碑銘（痛恨之碑）によって知られる、久米島住民殺害事件を引き起こした鹿山隊長は、戦後徳島の農協に勤務している折り、雑誌のインタビューに以下のように答えている。

すなわち、「ワシの見解はね。当時スパイ行為に対しては厳然たる措置をとらなければ、アメリカ軍にやられる先に、島民にやられてしまうということだったんだ。なにしろワシの部下は三十何人、島民は一万人もおりましたからね。島民が向こう側に行ってしまっては、ひとたまりもない。だから、島民の日本に対する忠誠心をゆるがないものにするためにも、断固たる措置が必要だった。島民を掌握するために、ワシはやったのです」（『サンデー毎日』一九七二年四月二日号）と。

久米島住民がスパイ行為を働いたという証拠は皆無であることが証明されており、事件の真相は沖縄住民への差別意識や非人権意識から発露された恐怖心などが主因とされる。だがここには、旧日本軍の自己保存に執着するあまり、本来守るべき国民を犠牲にしてまで軍隊組織の温存と維持に血眼となっていた姿が浮き彫りにされている。そこでは、天皇の軍隊を保守することで天皇への忠誠心を発揮する機会とし、そのためには自国民の生命さえ顧みず、さらには在日朝鮮人には、さらなる差別と抑圧への心情を発条《ばね》として殺害にまで及ぶ旧日本軍の実態が露呈されてもいる。

これに関連して、もう一人の旧日本軍人の発言を引用しておきたい。元関東軍作戦班長であった草地貞吾氏は、戦争目的と住民保護との関係について、自らの体験を踏まえて次のように語っている。

「軍は生命よりも崇高な国家防衛・民族保全・伝統文化宣揚の中核的実力として厳然として存在すべきものだ。その極限状況というのは戦争（戦闘）そのものであった。住民保護の如きは二の次である」（草地貞吾『中国残留孤児問題の大観』日本防衛研究会）。ここでは赤裸々な形で、「住民保護」以上に、国家体制や国土、そしてその伝統文化の体現者としての天皇（制）の保守、つまり、「国体護持」が、軍隊が最大最優先で守るべき対象とすべきとの認識が明らかにされていたのである。

アジア太平洋戦争において、日本の戦力が完全に崩壊しているにも拘わらず、昭和天皇を頂点とする宮中グループや政府あるいは軍部は、ただちに戦争終結への政策転換を行わず、また連合国が発したポツダム宣言をも当初は黙殺した。その結果、東京大空襲、沖縄戦、広島・長崎への原爆投下に象徴される甚大な国民の被害を受けるに至る。そして、この間にも過酷な植民地支配や日本軍による占領地域における数多くの虐殺事件が繰り返されていたのである。

そこにおいて、戦争終結への政策転換を最後まで決定し得なかった最大の理由は、天皇制支配体制の保守（＝「国体護持」）であったのである。昭和天皇をも含めて、連合国との間で講和条約を締結する最大の条件が「国体護持」であり、その確証が得られない限り、国民がどれだけ生命の危機に晒され続けようとも、これを考慮することはなかったのである。

天皇制国家の軍隊が、決して国民の生命と財産を保守する役割を担わされた組織ではなく、「皇軍」の名の通り、天皇制（＝国体）を保守（＝護持）するために存在していたことが、沖縄戦に限定されず、アジア太平洋戦争の全体に見出される。そのような旧軍隊の体質は、新軍隊としての自衛隊に受け継がれてはいないだろうか。

自衛隊幹部の沖縄戦認識

そうした問題との関連から、自衛隊はいったい何を守ろうとしているのか、当然ながら問われてくる。まず、旧日本軍の特質を露呈した先に触れた沖縄戦を、自衛隊・防衛庁はどのように総括しているのかを紹介しておきたい。

防衛庁のシンクタンク機関である防衛研修所（現在の防衛研究所）が作成した「沖縄作戦における沖縄島民の行動に関する史実資料」（一九六〇年）の「第6節 住民の通敵行為の有無について」には、「通敵事例は、軍があまりにも前記事例等により神経過敏となり、思慮の足りない端末の部隊内で行われたもので、事実通敵行為として処刑したことは寧ろ軍の行き過ぎ行為であり、現在においてもこのことに対しては一般の非難を聞くものである」と記されている。

一九六〇（昭和三五）年当時といえば、久米島事件など一連の沖縄における日本軍による住民虐殺事件が全面的に明らかにされていない時点だが、日本軍による住民殺害事例を認めながら、それが「思慮の足りない端末の部隊内」で引き起こされた特殊例外的な事件として位置づけられていた。しかも、そこでは住民殺害の動機を戦場における日本軍の過剰な「神経過敏」性に見出し、殺害の直接の要因をアメリカ軍が沖縄住民を利用して実施した諜報行為への対抗措置という点に求めていた。

さらに着目したいのは、「第7節 防諜対策」において、沖縄戦の教訓として、「敵上陸後直ちに自由となる地域に、諜報に活用出来る住民を放置することは極力避くべきであり、むしろ軍の庇護下に非武装地帯を設定して集結せしめることが望ましい」との結論を記していることである。

要するに、この文書では、沖縄住民への殺害事例を認めながらも、その原因や動機づけのなかに、国民の生命・財産への配慮が欠落していたという旧軍隊の特質への関心も言及も皆無であり、ただ将来において国土が戦場となった場合には、より徹底した防諜態勢を敷くことで作戦遂行の完全性を追究するべきだとする純軍事的関心のみに終始しているのである。

ここから、戦争となった場合には、国民の生命・財産を犠牲にしてでも、国家や軍隊の「目的」を達成しようとする、旧軍隊以来の冷厳な論理が生き続けていると指摘せざるを得ないのである。この一文書からは、国家・軍隊と国民のあいだにおいて、国民自身が国家・軍隊を統制・管理する主体である、という戦後民主主義原理の否定ないし無視の姿勢を見て取ることができよう。

そうした姿勢は、自衛隊幹部の意識にも脈々と生き続けているといえる。たとえば、かつて海上自衛隊幹部学校長であった筑土龍男海将は、第一義的に防衛努力を集中する対象が防衛戦略の主要問題としながら、防衛対象は「国土」であると明確に論じていた(『海幹校評論』一九七一年九月号)。この場合、「国土」とは地理的空間としての領土・領海・領空を示すとされるが、陸上幕僚監部編『精神教育(陸士本技用・陸士錬成用)』(一九六二年)には、自衛官の精神・思想教育の柱として「日本民族の優秀性」「理性的愛国心」が強調されていた。

また、自衛隊の精神的基盤として天皇の位置が再確定され、天皇を「自衛隊員統合の象徴」(『軍事研究』一九八九年三月号、栗栖弘臣論文)と断言したり、「政権が社会党をはじめとする左翼政権に移行した時、これをそのまま国民の意志として素直に受け入れるわけにはいかない。今の自民党を中心とする政権、つまり議会制民主主義による政権下にあることを前提として作られたのが自衛隊なので、もしそういう事態になったとしたら、その下に働くことを潔しとせず去って行く者が多数に上ることであろう」(『軍事研究』一九八九年一一月号、増岡鼎論文)とする発言を考え合わせると、自衛隊は、とりわけ昭和天皇の葬儀(大喪の礼）を境に、それまで内部で蓄積されてきた天皇へのシンパシーを一挙に噴き出させてきた感が強い。

こうして、自衛隊に内在してきた現体制の保守（体制護持）のために発動される国家の暴力装置という性格づけが一段と強化されたように思われる。

栗栖氏は元統合幕僚会議議長、増岡氏は元東部方面総監という自衛隊制服組の最高幹部であり、そのような人物の発言であってみれば、間違いなく現職の高級自衛官や中堅自衛官の多くが、類似した天皇観や自衛隊の役割への認識を「使命感」という形で抱いているとみてよいであろう。

そのような天皇観が戦前における統帥権保持者としての天皇、そして、戦前軍国主義精神や思想の源泉としての天皇への親近の情の表れとするならば、戦後平和国家・平和社会の建設を目的としてきた日本の国際的責任という観点からして、極めて由々しき問題である。同時に自民党政権しか認知しないという発想自体も、開かれた国家における軍隊の中立性という基本的スタンスからも大きく逸脱するものである。

自衛隊の違憲性をここではひとまず置いたとしても、守るべきは国民の生命・財産であって、特定の政党組織や特定の機関（天皇）ではないはずである。そのことを、旧軍隊の役割を徹底的に総括するなかで、懸命に学んできたはずではないか。

平和的生存権の具体化を

日本国憲法の非武装平和主義の精神と思想は、人類のひとつの到達点を示したものである。その理由は、それが統治機構上の原理として、国家権力を規定する機能を発揮する点のみならず、同時に基本的人権のひとつとしての「平和のうちに生存する権利」（平和的生存権）の原理をも提起しているからである。

この平和的生存権が長沼訴訟の一審判決（一九七三年九月）を通して有力な、いわゆる「新しい人権」として積極的に採用されるようになった背景には、戦争という直接的暴力こそ、将来にわたり人権を侵害する可能性があることを予測するようになったからである。

国際的視点からして、平和的生存権が登場してくる背景となったのは、今世紀における甚大な戦争被害によって、前世紀まで容認されてきた主権国家の正当なる権利としての戦争という認識が、その根底から問い直され始めたことである。敗戦国はもとより、戦勝国でさえ、戦争による人的被害は国家総力戦という近代戦争の形態ゆえに、深刻さの度合いを増してきたという現実を人類は体験してきた。そこから、例え主権国家であっても戦争に訴えることは違法である、とする考え方（Outlawry of war）が一般化し、そこから「人権としての平和」なる思想が育まれてきたのである。

二〇世紀半ば、人類は核の脅威のもとで憎悪と抑圧の歴史を刻み始めたこと、また資本主義の展開と社会主義の成立のなかでの東西対立、そして世界規模での貧富の拡大という南北問題の浮上という現実のなかで平和と人権こそが、これら人類が抱え込んだ課題を克服する精神であり、思想であることに気がつきはじめたのである。

このような課題を克服する上で、日本はそうした精神と思想を盛り込んだ現行憲法を手にしている。しかしながら、これまで簡約してきたように、そうした精神と思想を真っ向から否認するような軍事組織としての自衛隊の存在を許している。とりわけ、新たな軍国主義体制の構築過程で、私が指摘したような旧軍隊の特質を色濃く引き継ぎ、いまや世界有数の強大な戦力を持つに至った自衛隊という名の軍事組織は、平和的生存権を侵害する危険な存在であると認識せざるを得ない。

戦前日本国家が歩んできた道を振り返るとき、平和でない戦争状態や貧困や差別・抑圧、それに不正や不公平が罷《まか》り通る社会では、人権が保障されないことを繰り返し確認しなければならない。平和を維持しながら、より完全に人権を保障する平和社会を創造する思想を逞しくし、その実現に向けて行動する必要を痛感する。

同時に、平和が人権保障の前提であることを理解しなければならない。その意味で、「生存する権利が、あらゆる人権中第一の権利である。生存する権利とは、戦争の廃止を意味する」(『法律時報』第四五巻第一四号、深瀬忠一論文)という認識を共有することが、今ほど求められている時はない。

したがって、違憲ではあるが現実に存在する自衛隊という軍事組織が孕む戦前的軍国主義精神や思想は、何よりも自衛隊の民主化を押し進めることによって克服すべきである。そして、アメリカとの共同軍事体制の構築過程において、国際紛争解決のために軍事力の行使を重要な選択肢として採用しようとしている政府・防衛省の軍事政策の非合憲性を主権者である私たちが繰り返し訴え、平和的生存権を蔑ろにする政策をただちに放棄させる必要がある。

平和的生存権とは、現行憲法に明示された私たち市民が希求する平和を侵害し、平和のうちに生きる権利を侵害する可能性のある、あらゆる政策を採用しようとする政府や機関に、異議申し立てをする権利でもある。平和的生存権の確立に努力することは、日本国民が等しく果たすべき責務でもあろう。

第II部　総力戦の時代と現代——帝国日本の残影

第七章　帝国日本の植民地支配と戦時官僚

1　帝国日本の展開と形成

帝国日本の植民地経営

帝国日本の最大の植民地であった朝鮮の「経営」は、近代日本が最初に行った本格的な対外戦争であり、清国との間で朝鮮の支配権をめぐって争われた一八九四年から一八九五年（明治二七―二八）の日清戦争を起点とする。この戦争に勝利した日本は朝鮮支配への第一歩を踏み出した。その後、一九〇四（明治三七）年二月一〇日から一九〇五（明治三八）年九月五日に起きた朝鮮半島への進出の機会を狙っていたロシアとの戦争（日露戦争）にも勝利し、この地域の領有を確実なものにしていく。

欧米諸列強と同様に植民地帝国としての道を歩み出した当時にあって、国内では明治近代国家の創設者たちの主導権は依然として揺るぎないものであった。しかしながら、東京帝国大学出身者や専門的官僚制度により育成され、出身閥に囚われない官僚、戦争による軍需や公債の引き受けなどによって財産の蓄積に成功していた資本家、日清・日露の二つの戦争を勝利に導き、政治的な発言力を高めつつあった軍部の三者が、新たな権力層を形成し始めつつあった。[★1]

官僚・資本家・軍部の三者は、お互いに対抗と連携の関係を繰り返しつつ、同時に日露戦争以降、急速に増大してきた都市労働者の存在には一致した対応策に迫られもしていた。この都市労働者を中心とした、いわゆる民衆の政治の舞台への登場は、日露戦争の終結後に生じた日比谷焼討事件などの事例で明らかなように、反政府・反権力を掲げた運動として時の政府を大きく揺さぶる要因となっていた。

そのような状況のなかで、対立と妥協を繰り返していた官僚・資本家・軍部とが、一定の連携を保ち、同時に民衆の反政府・反権力の動きを封じるため、新たな国家目標の設定が差し迫った課題となって浮上していたのである。すなわち、専制主義的な色合いの濃い官僚勢力を基盤としていた第一次桂太郎内閣は、一九〇五（明治三八）年一二月、日比谷焼討事件により退陣を余儀なくされた。

一方、目を外に転じれば、当該期、日露戦争に勝利した日本国内では朝鮮半島を領有し、これを橋頭堡として大陸への進出を果たし、狭隘な島国帝国から広大な支配地域を獲得し、そこに日本資本主義の発展の機会を展望しようとするいわゆる「大陸国家」論が各方面から打ち出されることになった。

例えば、一九〇六（明治三九）年一月二五日、西園寺公望首相は第二二回帝国議会における施政演説[★2]において、「彼の満州経営、韓国の保護は共に帝国の為に努力せざるべからざる所にして、国力の発展は一も緩うすべからざるなり」と述べ、「満州経営」と「韓国の保護」の表現を用い、中国東北地方（満州）と朝鮮半島の支配権を確保し、それによって帝国日本の発展を図ろうとした。

西園寺首相は続けて「戦後経営」、本章でいうところの帝国経営の目的を「内にありては財政を鞏固にし、陸海軍の充実及び産業の発達を図り、教育の普及と進歩とを謀らざるべからず」とし、具体的な目的を明らかにしていた。つまり、「戦後経営」が「帝国日本」の経済・軍事・教育という諸領域にわたる目標の実現に貢献するものと位置づけられたのである。

それは別の側面からいえば、国家発展のために軍事力を使って中国・朝鮮を支配しようとする意味で、帝国主義的な収奪行為を敢えてするという内容であった。軍事力を前面に押し立て、支配地域の拡大と経営に当たり、その実を持って国家発展を期そうとする姿勢の表明は、間違いなく帝国日本の存在を内外に宣言したことに等しいものであったのである。

帝国経営の展開

しかしながら、「戦後経営」による産業の発展と輸出増大の目的は、現実にはうまく進まなかった。少なくとも一九〇五（明治三八）年から一九〇八（明治四一）年にかけての貿易収支は常に輸入超過を記録していたのである。こうした状況は、一九一〇（明治四三）年八月二二日の韓国併合後になって、その韓国経営のために投入した費用が予想以上に莫大となり、「戦後経営」は、逆に一層深刻な経済危機を招く原因となっていったのである。

「戦後経営」の実態が明らかになる前後から、西園寺内閣の与党であった政友会だけでなく、官僚党ともいうべき大同倶楽部は「積極進取」、憲政本党は「帝国遠大の業基達成」をスローガンに掲げ、大陸への積極的進出を図り、経営の実を挙げることを主張していたのである。★3

こうしたなかにあって、大陸への進出に前々から熱心であり、「戦後経営」策にも最も強い関心を持っていたのは陸軍であった。ここで先に陸軍の植民地と占領地における軍政統治の実態を要約しておくことにする。

陸軍が「戦後経営」という名の帝国経営に当初からきわめて熱心であったのは、いくつかの要因が存在する。そのなかでも有力な要因として日露戦争の歴史体験が考えられる。つまり、日本は日露戦争の全期間中に一〇九万人の兵力を動員し、その結果約一二万人の死傷者を数え、一七億円（明治三八年の国家予算は約八億九〇〇〇万円）に達する戦費を投入した。

その結果として確かに、樺太の南半分の領有、旧ロシアの租借地（旅順・大連）と満州鉄道（満鉄）およびその附属地の利権、さらには韓国における独占的な支配権を獲得し、大陸国家日本の基礎を築いたことに間違いなかった。こうして、日露戦争を機会に日本は植民地を拡大し、帝国日本の地位を高めることになったことは、帝国経営の中心が植民地経営の維持・拡大にあることを明らかにしたものであった。そのためには、軍事力の強化が必要であることをも内外に示す結果となった。

これについて、由井正臣が、「日露『戦後経営』の主要課題たる植民地経営、軍備拡張、産業基盤の育成拡充、財政政策の四つのうちで最も基軸的なものは前二者であり、これらはいずれも国家機構における軍事機構の強化とその頭部に位置する軍部の政治的地位の上昇をもたらし、天皇制の軍事的性格を強める結果となった」[★4]と指摘しているように、「戦後経営」という名の帝国経営それ自体が、軍事機構の肥大化および軍部の政治的地位を高めていく背景ともなったのである。

その意味で軍事力の拡充を一貫して求め続け、その結果として政治力を強めてきた軍部にとって、帝国経営においても主導権を握り続けることが、明治国家において確固たる地位を保持していくうえで必要不可欠な条件となった。別の言い方をすれば、軍事力を背景とする帝国経営という条件こそが、日本軍部に一個の政治勢力としての位置を与える条件ともなったのである。

海外に植民地および領土、さらには占領地を保有する帝国にあって、その経営戦略のなかに軍事力を据え置く限り、軍部勢力の存在は一定の役割期待を与えられる構造にあったのである。その点をより具体的に述べておこう。

帝国経営の実際

「帝国経営」の内容は、決して一様ではない。歴史のなかでは「戦後経営」の用語で一括りされる日本帝国主義下の植民地および支配地域における経営の本質を、あらためて帝国経営の用語を用いながら、その実態を追うことにしよう。

日本が最初に獲得した領土であった台湾は、一八九五（明治二八）年四月一七日に、日本の下関で調印された日清講和条約において、条約上、日本に割譲されることになったにすぎなかった。日清戦争終結後、台湾は清国から切り離されることになったことから、当時の台湾では新たに独立運動が進められ、事実、同年の五月二五日には「台湾民主国独立宣言」がなされた。そして、日本軍は同年五月二九日に台湾に上陸し、ここに台湾侵攻作戦が開始されることになったのである。

日本軍は、約三万人に満たない台湾の兵力を圧倒する兵力を次々に投入し、台湾民主国それ自体は、侵攻後約一年で崩壊させたものの、台湾の人々はゲリラ戦による抗日戦争を一九一五（大正四）年末まで継続する。この間、台湾に投入された日本の兵力は軍人・軍夫の合計が七万六〇四九人に達したとされる。[★5] そして、台湾植民地戦争が終了するまでに、このうち一万人近い戦死者を記録した。

その台湾を統治する主体は軍部であった。すなわち、初代総督は海軍出身の樺山資紀大将であり、以後一貫して総督の地位にあったのは陸海軍の大将であった。台湾を実質的に植民地とするためには軍事力の投入が必要とされ、その結果として台湾統治も事実上の軍政統治に頼るしかなかったのである。

日本帝国の最大の植民地となった朝鮮の保護国化とその領有を最初に強く主張したのは陸軍、特に参謀本部と現地駐在武官たちであった。一九〇三（明治三六）年二月七日、韓国公使館付駐在武官伊地知幸介少将は、天皇直隷の大将または中将から親補される総督が在韓公使と駐劄軍隊とを統率して韓国の経営にあたること、また、総督を長官として官房、外交部、軍事部、交通部、内務部から構成される総督府が韓国保護化を準備する機構とすべきこと、などを骨子とした「半島総督府条例」の制定を大本営に提案した。[★6]

これに対して大本営は特に回答しなかったが、それには日清戦争以後における陸軍の対韓政策のなかに明らかな軍事的な野心が示されており、韓国の軍事支配の先駆的な構想を発揮したものである。事実、その後の日本の対韓政策は、例えば、韓国保護化の第一歩といえる「日韓議定書」（一九〇四年二月二三日調印）が「半島総督府条例」に示された構想に沿ったものであったように、軍部の主導権は明らかであった。

それで、同年三月一一日には、韓国駐劄軍が編成されて大本営直轄部隊となり、司令官は天皇に直隷（司令官は長谷川好道大将）することになった。そのことは韓国の支配が文字通り軍事支配であったことを意味していた。

そのような軍部の満州領有計画は必ずしも順調に進んだわけではない。関東総督府は、その後も一貫して軍政施行を画策したが、満州地域をめぐるイギリスやアメリカとの関係悪化が予測されるに及び、これを憂慮する外務省の満州開放論あるいは国際協調路線との間に対立を引き起こすことになったのである。

そこで、一九〇六（明治三九）年五月二二日、韓国統監の地位にあった伊藤博文の要請で満州問題協議会が開催された。そこでの争点は、軍政継続が「戦後経営」に不可欠な資金の提供を仰がざるをえないイギリスやアメリカとの関係悪化を招き、その結果として「戦後経営」そのものが行き詰まることへの懸念をどのように解消するかであった。当然ながら軍部は反発するが、最終的には対英米との協調関係のなかで「戦後経営」を進めることの合理性を説いた伊藤の意見が通ることになり、関東総督府は軍政を廃止して、平時機関に改組することになった。

要するに、軍事主導の「戦後経営」の限界性が露呈した格好となったのである。この時点から軍部に限らず、常に対英米協調関係の維持によってしか「戦後経営」自体が成立しない日本帝国主義の限界性を日本の指導層に意識させることになった。

軍部主導による中国東北部（以下、満州）に対する支配が確立していく過程を整理しておくならば、日露戦後の一九〇五（明治三八）年九月五日の日露講和条約において、日本は満州地域の独占的支配権を獲得した。さらに陸軍は同年一〇月に遼陽に関東軍総督府を設置し、同地域の軍政を施行することになった。総督府は天皇直隷の軍事機関であり、総督には陸軍大将または中将が任命された。

総督は二個師団の兵力を統率し、遼東半島の旅順と大連を中心とした「関東州」を守備範囲とすることになった。同時に、民政の監督、関東州以外の各地の軍政機関（奉天・昌図・新民屯・瓦房店・営口・遼陽・安東県に設置された軍政署）を統轄した。[★7]

関東総督府は、翌年の四月に「関東総督府軍政実施要領[★8]」を制定したが、そのなかで軍政施行の目的が、「我利権ヲ獲得スヘキ好機アラハ之ヲ逸スルコトナク又軍事上ノ目的ヲ達成スルニ有益ナルモノハ之ヲ断行スル」ことにあるとしたのである。軍政施行の目的が「利権の獲得」にあることを明らかにするとともに、そのためには「満州地域ハ之ヲ領地ト云フコトヲ得サルモ施政ノ方針ハ我領地同様」とする認識を堂々と語っていたのである。

このような軍部主導の対満州領有計画は、後に満州領有計画を着々と進め、一九三一（昭和六）年九月一八日に起きた満州事変によって満州を軍事占領し、翌年三月一日に奉天（現在の瀋陽）を首都に「満州国」を建国し、さらに一九三四（昭和九）年三月一日には、満州族出身の清朝最後の皇帝であった愛新覚羅溥儀を幽閉先の天津から連れ出し、「満州国」の皇帝に据えて「満州帝国」の建国に帰結する。

この前年には、締結された「日満議定書」によって事実上日本が満州の支配権を握るために、満州国防衛を日本と満州国が共同してあたることが確認されていた。要するに、これを口実に日本軍の満州国内における駐屯権と軍事行動の自由を確保したのである。そこではあたかも今日における日米安保条約および日米地位協定と同様に、満州国防衛の任務を与えられた日本軍（関東軍）の駐留経費は満州国が負担し、日満共同軍は日本軍司令官によって統一指揮されることになった。そのうえで、満州防衛に必要な鉄道・港湾・航路・水路などの使用権や管理権は日本の手に置かれたのである。

さらには、満州国の政治機構も実質的には日本人官吏によって権限が握られ、運営された。そして、政治機構の最高位に駐満大使を兼務する関東軍司令官が就き、その結果満州帝国も事実上軍事支配下に置かれることになった。この点は台湾および朝鮮の植民地支配が、軍人総督に全権が付与され、文字通りの軍事支配（軍政）が敷かれていたのと同一であった。満州帝国は形式上、「独立国」の体裁を採ったものの、それは台湾・朝鮮と同様に植民地化されていたのである。帝国経営の基幹対象地域に軍事支配が貫徹されていたことこそ、帝国経営そのものの実体を示したものであった。

そのような支配地域の現地における統治機構と日本国内との連携は、例えば、対満事務局（一九三四年設置）や興亜院（一九三八年設置）など首相の管理下に置かれた機関によって保たれた。現地の統治機構と国内の管理機構との連携は必ずしも常に良好な関係を維持したわけではなく、現地における軍事支配と国内の政治経済の領域を主とする植民地経営方針との齟齬は最後まで完全に解消されなかった。しかしながら、そのような軍事と政治の軋轢が繰り返されるなかで、日本が敗戦によって植民地支配や軍事支配を放棄せざるを得なくなるまで帝国経営は続行したのである。

帝国経営の手法

日本の植民地支配は帝国経営という視点からすれば、英米に依存する帝国経営という姿を露呈させるものであり、いうところの帝国日本の自立と従属の両面性を示したものであった。すなわち、軍事力によるアジア地域の資源と市場を確保する一方で、資本と技術では欧米に依存せざるを得なかったのである。

それゆえに植民地支配を続けるうえで、一貫して軍部と政府、あるいは軍部と政党との間における対立が争点となって国内政治を不安定化させることになる。

このような課題を克服するため、同年八月一日に制定された「関東都督府官制」によれば、関東都督は外務大臣の監督下に置かれ、広範囲にわたる民政事務を監督する都督は、陸軍大将または中将から任命され、軍政・作戦・動員計画・軍隊教育に関しては陸軍三長官（陸軍大臣・参謀総長・教育総監）の指揮を受けるとされた。関東都督は、形式的には軍事機関ではなくなったが、実際には関東総督府と同様に陸軍がその実権を握ることには変わりがなかったのである。これはあくまで対英米対策としての形式以上の改組ではなく、実質的には依然として軍部主導の統治形態が維持されたと見るべきである。

帝国経営が円滑に実施され、その成果を確実に挙げていくためには、帝国経営の手法が巧みに講じられねばならなかったが、その典型事例として、あらためて台湾と朝鮮、「満州国」を概観しておく。

台湾の領有が明らかになった時点で、樺山大将が台湾総督に任命され、総督は軍人ではあったものの、内閣総理大臣の管轄下に置かれることになった。しかしながら、既述のように、台湾民主国の成立により台湾人による抵抗が開始されると、総督府は大本営隷下の軍事行政組織として性格を一変することになった。台湾総督府はこれ以後、常に戦時体制化を前提とする軍政機関として位置づけられることになった。それもあって総督は現役の陸海軍の中将か大将の地位にあるものから任命された。この総督府現役武官制は、大正期を迎えて政党内閣時代に入ると、政党対軍部の対立点の一つとして問題化し、政党側は台湾の軍政統治から民政統治への転換を強く要求することになった。

それは、政党内閣時代においても軍部が台湾および朝鮮の軍政統治を継続することで、政治的に大きな発言力を確保していたことや、軍政統治への国際世論の反発への考慮、さらに軍政が必要以上の経費を要していた現実などがあったからである。長きにわたる台湾植民地戦争により台湾人の抵抗が事実上終息してからは、形式的には総督が実権を掌握してはいた。しかし、総督府内の民政部が次第に台湾経営の中心機関となり、とりわけ児玉源太郎総督時代に官僚出身の実力者であった後藤新平が民政長官に就いてからは、実質的にこの民政長官による統治が行われた。★9

朝鮮に対する帝国経営は、何よりも朝鮮人固有の歴史や文化を抹殺して、朝鮮人を「日本人」化する政策を編み出した。つまり、朝鮮人を日本人および日本国に「融合同化」することが基本的な政策とされたのである。歴史上、それは「皇民化」政策と称され、朝鮮人を日本人と同様の天皇の「赤子《せきし》」と位置づけることで天皇制国家の一構成員としたのである。一九一一（明治四四）年八月二四日の朝鮮教育令には、朝鮮の皇民化政策の第一の作業として日本語の習得を義務づけ、朝鮮人から母語を奪い、朝鮮人としてのアイデンティティの喪失が企図された。

しかし、日本の植民地統治への反発が一九一九（大正八）年の三・一独立運動（万歳事件）によって頂点に達する前後から、強権的な植民地統治の見直しが模索され始めた。それが、原敬内閣時に検討された朝鮮総督府政治の転換であった。

すなわち、武力を背景とした強権による統治方針としての「武断政治」から、神社参拝や日本語の使用を義務づけ、朝鮮の歴史や文化を否定し、朝鮮人を「日本人」化＝皇民化あるいは日本に同化させることで、日本の植民地統治への同意を獲得しようとする「文化政治」への転換である。

「文化政治」は、原敬政友会内閣の意向を受ける形で、海軍出身の斎藤実朝鮮総督の手によって進められることになったが、その実態は、例えばソウルを一望する南山《ナムサン》（現在、ソウルタワーの所在地）に朝鮮神社を建立し、それに朝鮮人を参拝させての国家神道の強要、朝鮮教育令公布などを通して朝鮮人を日本人と同様に天皇の「臣民」へ向けて教化するなど、強制的な同意を目的としたものであった。

「皇民化」政策は、その後、「融合同化」「内鮮一体」、さらには「内鮮一如」などのスローガンによって、いっそう強化され、さらに日中全面戦争開始以降、日本国内の戦時体制が強化されるのに併行して、一九三八（昭和一三）年に特別志願兵制度の施行、一九三九（昭和一四）年には「創氏改名」制度の導入、一九四二（昭和一七）年には徴兵制の施行などによって、日本の戦争体制を支える物的・人的両面にわたる資源供給地としての役割を朝鮮に担わせることになった。朝鮮の植民地統治の実態にこそ、帝国日本の「領土」が戦争体制を支える「資源」として徹底して活用されたのであり、「帝国経営」とは、そのような資源供給地を恒常的に確保し、総力戦に対応可能な戦争国家に不可欠な政治戦略としてあったことを示している。

東亜新秩序構想から大東亜共栄圏構想へ

「満州」の支配機構の実際については既述したが、ここでは「満州」経営の表向きの目標として設定された東亜新秩序構想について触れていきたい。それは、日本と中国、そして、中国と切り離された「満州」の三つの地域を統合する概念として日中全面戦争が開始された翌年（一九三八年）に日本政府によって公式に表明されることになる。

それは、欧米中心の世界秩序に対抗して、東アジアの地域に新たな秩序としての政治的経済的ブロックを日本を盟主として形成し、これらの地域の広大な市場と豊かな資源を日本が占有することを目的としたものであった。このスローガンないし目標は、後に大東亜共栄圏構想へと発展し、東アジア地域に東南アジアおよび南太平洋地域まで組み込んだ広大な地域を包括することになった。

これを全体として捉えた場合、大江志乃夫が、「(日本）本土の外郭に『皇民化』朝鮮・台湾などの直轄植民地をもつ日本帝国が、その外縁に帝国日本を中心とする『文化ノ融合』した『日満華』結合の旧帝国的文明圏の性格を残す『東亜新秩序』を建設し、さらにその外周に『東亜新秩序』を経済的にささえる近代帝国主義の植民地支配圏である『資源圏』としての『大東亜共栄圏』をかたちづくり、できればその外延として『補給圏』を従属させる、というものであった」[★10]と的確に描写しているように、帝国経営は文字通り二重にも三重にも重層的に利害地域を設定し、しかも資源と補給の対象地域という明確な位置づけのもとで構成された。つまり、帝国経営は大東亜共栄圏という名のブロックを構築することで初めて成立する構造としてあったのである。その意味では帝国経営とは、帝国日本の経済的な自立を目標としたものであり、その上に政治的な自立を確保する国家戦略としてあった。

しかしながら、帝国日本の帝国経営は、結果的には自立への道を決して用意するものではなかった。なぜならば、欧米帝国主義国家のように充分な資本や技術を支配地域や市場に投入する余裕がなく、その一方で初期の国家目標を達成しようとすればいきおい軍事力による恫喝や占領、あるいは強権的な抑圧による手法を採用せざるを得ず、それがまた被支配地域の民衆の反発と独立への欲求を一段と後押しすることになったからである。

このように日本の帝国経営は、日本資本主義水準の低位性ゆえに、過剰に軍事力に依存せざるをえないという特質を持ったものとしてあった。それゆえに帝国日本の軍事力が一定程度の有効性を発揮している間は別として、抗日勢力の反抗により、その有効性を失い始めるや、帝国経営自体が急速に破綻状況へと追いやられることとなったのである。

このように日本資本主義水準の低位性に規定された帝国経営の限界と、軍事力への過剰の依存という二つの課題を同時に克服できないまま、帝国経営の破綻を招くことになったことが、同時に帝国日本の崩壊に直結していくことになったのである。

〔注〕
(1) 纐纈厚『近代日本の政軍関係』(大学教育社、一九八七年)、三九頁参照。
(2) 大津淳一郎『大日本憲政史』第二巻(宝文館、一九二四年)、二二八—二二九頁。
(3) 小林雄吾『立憲政友会史』第二巻(立憲政友会史出版局、一九二四年)、二八五—二九三頁。
(4) 由井正臣「日本帝国主義成立期の軍部」(『大系日本国家史』近代Ⅱ、東京大学出版会、一九七六年)、七二頁。
なお、同論文は由井『軍部と国民統合』(岩波書店、二〇〇九年)に再録された。
(5) 大江志乃夫「植民地戦争と総督府の成立」(岩波講座『近代日本と植民地2 帝国統治の構造』岩波書店、

一九八六年)、六頁参照。
(6)谷寿夫『機密日露戦史』(原書房、一九六六年)、七二頁。
(7)大山梓『日露戦争の軍政史録』(芙蓉書房、一九七三年)、二一四頁。
(8)同前、二七五頁。
(9)大江前掲論文、参照。
(10)同前、二九頁。

2 日本の植民地官僚と総力戦

戦時官僚をどう位置づけるか

そもそも官僚制とは何か。「私有財産の配慮と最高理念国家への奉仕」(ヘーゲル『法の哲学』)を目標とし、国家社会において高度に組織化・制度化された組織、とする定義がある。このように定義される官僚制は、市民的自由や民主主義と原理的には相容れない。特に本節が対象とする近代日本国家における官僚および官僚制が、これに該当する。しかし当然ながら、例えそのような官僚制であっても、マックス・ウエーバーの近代官僚制の概念に示されたように、国内における諸権力関係や国際的秩序の変容に対応して質的変化を迫られる。すなわち、近代国家の発展過程において増大する行政的機能を担う官僚制への役割期待が高まるなかで、官僚制自体が民主主義や平等主義の拡充という状況下で、それとの齟齬・乖離を解消することを余儀なくされる。

一方、近代国家の近代政党制は、官僚制との齟齬・乖離を埋める役割期待を担って登場してきた側面がある。その限りで官僚制と政党制とは対立関係を内在させながらも、近代国家にとって、この二つの統治構造の併存が不可欠の要素として評価されるに至った。いうならば、官僚制の相対化が開始されるのである。そこでは、民主主義の発展を背景に官僚は市民の直接的政治装置である政党との関係において、形式的に下位の地位に甘んじるものの、とりわけ近代国家の統治構造の複雑化・高度専門化という現実の前に、いきおい官僚制の地位向上は必然化する。

すなわち、ヘーゲルが定義するように、近代国家発展の原動力となる資本主義の勃興のなかで、「私有財産の配慮」が官僚制の再構築という文脈において強化され、官僚は市民に従属するという形式の向こうで、資本の擁護者としての役割をも担うことになる。そのような変容を生じた重要な背景として資本と政党の癒着関係の深化という問題があり、これに近代市民が関与することによって国家体制に混乱と無秩序を招くことになった。そのような状況で、「最高理念国家」形成の主体としての官僚への期待が高まる。

近代日本国家の生成発展過程において、資本家、政党、官僚、軍部などの諸権力集団が形成され、相互に対立と妥協を繰り返しながら、客観的には相互依存、さらには相互癒着という関係を構築していったことは、多くの先行研究によって明らかにされてきた。本節の目的は、国内外の政治・経済・軍事の各領域における環境の変容の中で、改編を迫られていった近代日本官僚制の位置を指摘することにある。

すなわち、冒頭で述べたような普遍的な官僚の役割期待と同時に、日本の官僚が「戦時」や「総力戦」という国内外の政治経済変動への対応過程で、その役割期待をどのように変化させ、内在化させていったのかを論じることである。日本の官僚たちが、植民地支配や総力戦対応など対外的軍事的政策のなかで、軍部や資本家と連携しながら、どのような役割を担ったのか。併せて、日本の官僚が危機対応型の政策立案を恒常的に担った実態について総力戦論などの問題と絡めて論じる。要するに、植民地統治や総力戦を担った官僚たちの思想と行動を可能な限り追い、その結果、戦後日本の権力構造にもシフトすることに成功し、戦後経済復興の立役者となっていく背景を探ろうとするものである。

近代日本の官僚制は、とりわけ政党との重層的な関係を一貫して保持してきた。それは一九一〇年代の桂園時代から顕在化し始め、一九二〇年代に入り、総力戦対応型の官僚機構が整備されるに伴い本格化する。すなわち、国内支配秩序を安定化させるための治安警察機構や国家防衛および植民地防衛を名目とする軍事機構の肥大化も、官僚制の強化を促迫する要因には違いなかったが、ここでは外在的要因ともいうべき植民地経営と総力戦という要因に特に着目することで、日本官僚制の特質を指摘しておきたい。そこでの検討課題は以下の通りである。

第一に、植民地統治の担い手としての官僚が果たした役割を素描し、政党や議会不在の植民地下において、官僚が直接的な民衆統治を実行した、その成果がいかなる形で国内支配に転用されたかを検討することである。植民地支配の研究領域においても、近年ようやく植民地官僚の制度的実態や植民地政策決定過程への参与の程度に関する研究が緒に就き始めている。★1 植民地官僚という用語自体も吟味されなければならないが、そこでは、明治期における官僚たちが植民地台湾および朝鮮で実行した政策とその成果を、国内に転用した実際をつぶさに検討することを通して、日本の官僚たちの政治過程への関わりを検証するようなアプローチの確立が求められよう。

第二に、日本の官僚たちが、個々の政策立案に決定的な役割を果たしたことは論ずるまでもないが、その官僚たちが軍部や政党など、他の諸権力との間に対立と妥協を重ねながら相互補完的な役割構造を確立していく起点となった第一次世界大戦で具現された戦争形態の総力戦化と、将来戦における国家総動員体制の構築という客観的要請に対応可能な国内政治経済体制の再編過程で、その役割を一気に高めることに成功する官僚たちの位置を再確定することである。

ここでは先行研究として繰り返し検討の対象とされてきた内務官僚を中心とした日本ファシズム形成期における新官僚や、ファシズム確立期において戦時経済統制に主要な役割を果たした革新官僚という、用語使用やカテゴライズを敢えて避けることにする。その代わりに第一次世界大戦において出現した総力戦段階に対応して制定された軍需工業動員法の制定（一九一七年四月一六日）を嚆矢に、国家総動員法の制定（一九三八年四月一日）以降本格的に胎動し、満州事変（一九三一年九月一八日）以後における準戦時体制から、日中全面戦争開始（一九三七年七月七日）以降の戦時体制下における、国家総動員体制構築過程において重要な役割を果たした官僚たちを戦時官僚と敢えて呼称し、彼らの果たした役割を検討してみたい。[★2]

これら戦時官僚は、一九三〇年代における準戦時あるいは戦時状況下で忽然と登場したわけではなく、第一次世界大戦を契機とする総力戦時代への対応過程に、その萌芽を見いだすことが可能ではないか。総力戦への対応過程で構想された国家総動員体制構築への展望のなかで、治安・思想弾圧・国民再組織を不可欠とする国内政治体制と、国家によって高度に企画・管理・統制され、長期戦に耐え得る高度経済体制を不可避とする国内経済体制とが同時的に充足する体制構築への目標こそが、戦時官僚の登場を促した原因と考える。そして、ここでいう戦時官僚のルーツを、第一の課題設定たる植民地官僚の歴史体験に求める考えを提起しておきたい。すなわち、台湾および朝鮮の植民地統治に関わった植民地官僚と戦時官僚との相互関連性について言及しておくことである。

第三に、近年繰り返し指摘されてきたように、総力戦体制下、特に一九四〇年代において活躍した戦時官僚たちが、敗戦過程において、その組織温存に成功し、戦後改革および経済復興の主導的役割を担った事実を確認しながら、それがなぜ可能であったか、について検討しておきたい。

従来の官僚および官僚制研究は、官僚の出身母体や政党制との距離、軍事官僚との連携の程度など、様々な指標による性格づけが行われ、その限りで活発な研究対象となってきた。[★3] 特に原敬内閣以後の政党政治への反発から形成され、新日本同盟、金鶏学院、国維会などを母体とする内務省の新官僚、あるいは一九三〇年代における電力国家管理法や国家総動員法など総力戦体制構築に絡み発言権を発揮した革新官僚の区分によって日本の官僚制の歴史的かつ政治的性格を明らかにされてきた。[★4]

これに対して、一九四〇年代における戦時官僚の一群が、その名称とは裏腹に実は近代日本国家における明治期から開始される植民地統治の実践から着実に存在し、それが、第一次世界大戦を契機とする総力戦対応のなかで、おおよその骨格が形成され、それが一九三〇年代における準戦時体制から戦時体制への移行過程で顕在化してきた、と考えている。このような官僚の変容過程が一直線で無条件で進行したわけではもちろんないにせよ、官僚と軍部、官僚と政党という諸権力間における対立と妥協の繰り返しのなかで、官僚、軍部、政党の各権力集団間で相互依存関係が成立していった過程を重視していきたい。

台湾・朝鮮植民地官僚の思想と行動

戦時官僚論を展望する場合に最初に押さえておくべきことは、官僚の性格を変容させた外在的側面と、近代日本の官僚本来の内在的側面とを、どのような関係として捉え返すのか、という問題である。これら二つの側面が併存していた、と結論づけるのはたやすい。明確にいえることは、どちらかの側面を強調することが、ただちに近代日本官僚制の性格をかなりの程度に規定する結果となることである。この問題を論ずる際には、やや面倒ながらも、「戦時」の定義づけから入らねばならない。そこで筆者のいう「戦時」とは、決して一九三〇年代から四〇年代の準戦時および戦時を示すだけでなく、台湾および朝鮮植民地統治や第一次世界大戦を契機とする総力戦体制構築過程における官僚の動向を含め、〈戦時対応〉という概念で問いたい。一九三〇年代的状況を、〈直接的戦時〉状況だとすれば、植民地統治および総力戦体制構築過程を〈間接的戦時〉状況という意味として設定しておくことにする。

筆者がいう〈間接的戦時〉状況が意味する対象とは、台湾・朝鮮における植民地統治であり、そこでは植民地統治に主導的な役割を果たした植民地官僚群が検討の対象となる。要するに、植民地官僚の政治的役割は、植民地統治という名の、ある種の戦時状況下での支配秩序の形成と維持にあったということである。台湾・朝鮮植民地統治機構においては、政党および議会の不在性ゆえに、官僚機構自体が本国における政党および議会の代替機能を併せ持ち、それゆえ巨大な政治機構を形成していた。それが、後の戦時官僚との間に歴史的に、いったいどのような関連性を内在化させていたのであろうか。

さらなる問題は、すでに多様に論じられてきた視点だが、植民地官僚の歴史的特質を検討する場合、やはり第一次世界大戦を画期点とする官僚制自体の役割期待の根本的変化という点がある。すなわち、近代国家成立以降、大日本帝国憲法、議会、政党など民主主義の形式を整備するための諸組織が成立していくが、日本の政治決定過程において主要な役割を担ったのは官僚であり、官僚政治体制であった。ところが、第一次世界大戦を画期とする、デモクラシーを基本原理とする国際秩序の形成と、その一方における戦争形態の総力戦化というあらたな時代状況とが、国内政治体制の民主化と大衆化を促し、それが政党政治の時代を呼び込むことになった。★5

日本資本主義は、その脆弱な資本力と技術力という課題を抱えながらも、国際資本の動きに、これまで以上に関心を払わざるを得なくなっていた。また、国際平和主義や民主主義の気運は、政治の舞台への大衆の登場を促していた。こうした状況のなかで、もはや官僚制にしても、政党や議会との連携なくして既存の権力構造の中枢から除外される可能性すら見えてきたのである。その意味で、日本の官僚及び官僚制の歴史的特質を探るうえで、第一次世界大戦をひとつの転換点として、その役割の特徴を概観する必要がありそうである。

問題は、こうしたあらたな時代状況が果たして植民地官僚の動きに、どれほどの規制力を発揮したのかという点である。台湾の植民地統治開始（一八九四年）と朝鮮植民地統治開始（一九一一年）とでは時間差があるものの、ここでは、いずれの植民地統治においても明らかな変化が具現された、原敬内閣期前後における台湾統治を担った植民地官僚を中心に見ておきたい。

近代日本の成立以降、日本の官僚制は極めて典型的な階層構造として組織されており、こうした階層構造は当然ながら植民地統治を担う台湾及び朝鮮における総督府の官僚制にもシフトされていた。波形昭一が、台湾や朝鮮の植民地では、官僚組織の役割期待は日本国内の中央官庁や地方官庁と基本的に異なり、「帝国議会も地方議会もなく、したがって直接的には政党と議員とが存在しない特殊世界であり、そこでのすべてが官僚によって取り仕切られている世界である」★6と指摘している通り、文字通り〝官僚王国〟であったのである。つまり、国内では政党や議会の影響力が増大するなかで、植民地においては、その限りでは政党も議会も存在せず、いうならば官僚による直接統治が貫徹されていたのである。その意味では被植民地人は、あくまで支配の対象であり、管理や統制・動員の対象として位置づけられていた。この、政党や議会という近代政治制度が不在であり、巨大な権力組織である官僚制によって支配と服従の関係が保守されている政治状況が、先述した〈間接的戦時〉である。

朝鮮や日本の傀儡国家満州国において協和会組織が創られたが、例えば満州協和会では中国東北部の人口約三〇〇〇万人のうち、最盛期には約四〇〇万人の「満州国住民」が会員として強制的・半強制的に名簿化された。しかし、それも官僚による統治の円滑化と抑圧体制への不満を吸収する緩衝剤としての役割が期待されたものであった。換言すれば、植民地官僚による露骨な官僚統治色を薄める機能が求められていたにすぎない。

台湾総督府の人事を概観すれば、初代総督の樺山資紀海軍大将から、桂太郎、乃木希典、児玉源太郎、佐久間左馬太、安東貞美、明石元二郎に至るまで、全てが軍人であった。このいわゆる前期武官総督時代（一八九五年―一九一九年）においては、民政長官が事実上の植民地官僚のトップとして位置づけられていた（民政局長官、民政局長、民政長官、総務長官と、名称は変更されている）。台湾総督府にあって総督は軍事外交の領域を専管事項とし、植民地の内政事項に関しては原則として民政長官に事実上委任していたことから、植民地行政における民政長官の役割は絶対的であったのである。前期武官総督時代における民政長官は、初代が水野遵、以下、曽根静夫、後藤新平、祝辰巳、大島久満次、宮尾舜治（代理）、内田嘉吉、下村宏である。

台湾総督府は、当初拓殖務省の指揮監督を受ける形式が整えられはしたが、実際には台湾法令法（法律第六三号、一八九六年制定）により、台湾総督が出す律令が日本国内の法律とは別に効力を持った[★7]。つまり、実質的に台湾統治は国内行政からは一定程度の自律性を与えられ、その独自性が確保されたことになる。その意味では、武官総督時代における台湾統治は、内地行政と外地行政という区分でいえば、基本的には別枠での行政単位として認識されていた。台湾総督は行政・立法・司法の三権を一元的に掌握しており、特に軍事に関しては中央統帥部に直結して軍令権を付与された存在であった。植民地官僚は、そのような総督の絶対的権力によって、その三権の実質的執行者としての地位を担保されていたのである。

そうした総督の絶対的権限や植民地官僚の圧倒的な権能への批判を回避する狙いもあって、一八九六年には総督の諮問機関として、台湾総督府評議会が設置された。当初評議会には建議権はなく、会員は高級植民地官僚によって独占され、一九三〇年になって一部建議権が認められた。しかし、これは疑似議会と評価することさえ不可能な程度の組織にすぎなかった。こうした中で、特に八年余の長期にわたり民政長官の地位にあり、台湾内政に重要な役割を果たした後藤新平は、植民地行政への評価を得て、本国帰還後に政府の枢要な地位を占め続ける。

後藤長官時代は、日清・日露戦争以後、「戦後経営」の名による植民地の拡大と支配強化が強く要求された時期であった。加えて諸列強との緊張関係が深まるなかで、先発の植民地台湾の統治の強化策が相次ぎ打ち出された。後藤長官の施政下に展開された公衆衛生の改善、インフラ整備など一連の施策は、早急に台湾統治が相応の成果を生み出し、非植民地者の懐柔と統制を推し進めていく必要に迫られた結果であった。後藤の役割は本国政府でも高く評価されはしたが、同時に当該期においては植民地支配における軍の占める地位も高まらざるを得ず、植民地官僚は軍との連携を要求され、官僚はこれに呼応することで、その地位の強化を図ることになる。

問題は、一九一九年から一九三六年まで続く文官総督時代である。つまり、国際平和と民主主義への展望が国際潮流となり、国内的には大正デモクラシーの機運が横溢し、政党が本格的に登場する時代である。事実、一九一八年に成立した原敬内閣は、政党政治の開始を告げる政治史上画期的な内閣であった。その原内閣の諸政策を貫徹するものは、この内外の諸情勢に適合的な国家体制を再構築することであった。

こうした国際潮流と連動するかのように、一九二〇年に東京で発足した新民会は、台湾における植民地統治の改善要求を運動目標に掲げ、その後台湾議会設置請願運動を開始する。以後一九三四年までの一四年間に一五回の請願が日本政府および台湾総督府に向けてなされた。時期的にほぼ文官総督府時代と重なるこの運動は、台湾の独立を直接目標に掲げるものではなく、台湾議会など近代的民主的な制度を設置することで、台湾人の植民地政治への参加と政治的意志表明の回路を設定しようとする試みであった。しかし日本政府も台湾総督府もこのような動きのなかに、台湾独立に結果する可能性を読み取ったがゆえに、請願要求には事実上は拒否の姿勢を堅持する。

ただ、このような台湾の政治情勢を受けて、文官総督時代の台湾では、植民地行政の再検討を迫られていた。事実、田健治郎（政友会系）、内田嘉吉（政友会系）、伊澤多喜男（憲政会系）、上山満之進（憲政会系）、川村竹治（政友会系）、石塚英蔵（民政党系）、太田政弘（民政党系）、南弘（政友会系）、中川健蔵（民政党系）と続いた文官総督は、植民地統治方針の見直しを推し進め、近代的植民地行政の政策を具体化していく。この期間の文官総督と民政長官にはほとんどが政党の息のかかった官僚たちが任命されていった。

国内における大正デモクラシーの潮流を背景とする政党政治の開始と展開という新たな状況を受けて、絶対的権限を保持していた台湾総督府の役割も相対化され、台湾統治のありようが再検討された時期でもあった。そこでは台湾評議会設置運動など、従来にない運動が生まれていた。これらの運動と日本内地の政党政治及び大正デモクラシーとの関連をにわかに証明することは不可能だが、後述する朝鮮統治の転換問題とも含め、時代状況に対応した中央植民地行政の変容と、現地植民地官僚たちの柔軟な反応ぶりだけは注目されてよい。以下、文官総督府時代に植民地経営に関わった官僚たちが、いったいどのような政策に関心を抱いていたかの一端を、彼らが総督就任前後に記した発言から、概観しておく。

上山満之進は、米の増産計画について多くの発言を行った農林行政官僚であった。例えば、「米の調節」

と題する記事において、「目下の米の問題は価格に在らずして、正に分量に在り、予の考える所によれば、大正八年に於ては朝鮮米及台湾米の移入以外、少なくとも外国米五百万石の輸入を図らざれば分量問題を解決する能わざるものと信ず」[★8]と記し、台湾を食料資源の供給地として捉え、これを植民地経営の主要目標に据えるべきだと主張していた。上山のように、植民地経営の主目的を食糧資源確保に据えた官僚は決して珍しくない。

他にも内田嘉吉のように、台湾民政長官を歴任し、本国召還後に逓信次官から化学工業協会の会長に就任して、その後に台湾総督に就任した官僚など、第一次世界大戦に具現した総力戦に対応する化学工業の振興や発展を主張した、いうならば、総力戦対応に深い関心を示していた官僚もいた。彼らが、総力戦対応という文脈で植民地行政に具体的にどう関わったかは今後の研究課題だが、総力戦体制の構築を深く意識した官僚が総督や民政長官の職に就任し、その観点から台湾植民地経営を実行した点は注目されよう。

このような台湾の植民地官僚との比較でいえば、朝鮮植民地統治においては、長年争点となってきた一九一九年三月に発生した万歳事件（三・一独立運動）を契機とする統治方針の転換、いわゆる武断統治から文化統治への転換の背景と国内政治との関連性への着目が検討されてきた。ここでもまた、台湾における文官総督の成立と同様に、国内の疑似民主化政策の反映としての政党政治の登場に対応する朝鮮総督府の方針転換の意味をどう捉えるか、という問題がある。

当該期、朝鮮総督武官専任制への見直しを中心とした朝鮮総督府および総督の権限縮小を骨子とする官制改革も頓挫し、台湾のような文官総督は最後まで実現はしなかった。確かに、原内閣下において実施された総督府官制改革では総督府武官制が官制上廃止され、台湾と同様に文官総督への道が開かれはした。しかし、原が任命したのは海軍大将の斎藤実であり、それ以後も武官以外の人物が総督に就任した例はなかった。

それでも、すでに多くの先行研究が示しているように、国内政治の変容が朝鮮植民地統治への質的変化を促し、総督府の植民地官僚たちが、その動きに機敏に対応していたことは確かである。斎藤によって従来の武官総督による統治方針に様々な変更が加えられていくが、人事の面でもそれは明らかであった。木村健二の精緻な研究が示すように、政友会系の有力な官僚で、原内閣の下で内務大臣を歴任した水野錬太郎を政務総監に起用することで、朝鮮植民地統治への政党の影響力を注入する試みが本格化する。[★9] この政務総監は事実上、朝鮮統治の実質責任者であり、植民地行政の舵取り役という役割分担は、以後においても基本的には不変であった。

その後、政務総監に就任した有吉忠一は政友会系、下岡忠治と湯浅倉平は共に憲政会系、池上四郎は政友会系であり、いずれも政党とのパイプを保持した人物であった。木村が指摘したように、これら植民地官僚は一九一九年の官制改革以降においては、政権政党の掲げる植民地政策を忠実に実行するようになるが、それは多くの場合、「日本本国で実施済みの政策の焼き直しである場合が多く、必ずしも朝鮮の内情を理解した内容にはなっていなかった」[★10] のである。台湾と同様に、とりわけ一九二〇年代以降における植民地官僚は、政党政治の政策の実験場か、または焼き直しの場であり、そこにおいては植民地内および被植民地者の実情に即応した政策の立案や実行という点では全く不十分であった。

第一次世界大戦以降における総力戦対応型官僚の登場

第一次世界大戦を契機とする戦争形態の変化は、国家総力戦段階という用語で指摘できる。従来の戦争形態は戦場の特定化・限定化が特徴であるとすれば、総力戦段階では銃後がただちに戦場化する可能性を一気に高め、併せて航空機と潜水艦が戦力として戦場に登場したことから、地上に限定された戦域が空中と海中にまで拡大する。戦域の無限の拡大が本格化し、新たな戦域を充足する近代兵器が大量生産され、戦域の拡大が戦闘期間の長大化を結果したのである。

そのような意味における新たな戦争形態の出現は、必然的に人的資源の戦時体制に備えての確保と、同時に平時からする軍需生産能力の飛躍的な向上を要請する。それで、当該期の官僚たちに、植民地官僚経験者を含め、総力戦対応型と称する志向性を持った人物が存在したことにまず注目しておきたい。例えば、台湾植民地において民政長官から総督を歴任することになった内田嘉吉は、この間の逓信次官当時に新聞紙上で「化学工業の振興」[★11]と題する記事を寄せ、第一次世界大戦が総力戦として戦われている現実を認識しながら、総力戦勝利の鍵は化学工業能力にあると強調している。

内田は同記事において、「将来の世界の貿易戦は化学の戦争なり。単に貿易戦のみならず、世界の戦争も亦益々化学の戦争とならんとす。吾人は今に於て計画する所なくんば、近き将来に於て必ず後悔臍を噛むの期至るべきと信じて疑わざる者なり」と結論づける。内田に象徴されるように、官僚が総力戦体制の構築に重要な役割を果たしたことを証明する事例として、一九一八年成立の軍需工業動員法の制定過程における経済官僚たちのスタンスを概観しておく。それは一例にすぎないが、後の戦時官僚の典型事例といえるであろう。

第一次世界大戦の勃発による工業原料の輸入減少あるいは途絶は、軍部や財界に大きな衝撃を与えたが、こうした事態への対応策が検討されていく過程で軍部と財界の仲介役を担い、同時に総力戦対応策としての、新たな経済体制構築への提言を積極的に行ったのが当該期における、とりわけ農商務省の経済官僚であった。

寺内正毅内閣の仲小路廉《なかしょうじれん》農商務大臣は、一九一六年四月に設置された経済調査会において「国家ノ独自自給」と題した、「自給自足論」を展開していた。それは、「国家ノ独自自給ニ必要ナル主要生産及海外貿易ニ必要ナル組織ノ完成ヲ遂ケ、以テ将来ニ必要ナル各種ノ画策ヲ定メ並ニ国家百年ノ大計ヲ樹立スルコトハ実ニ今日ノ急務ナリト思考ス」★12とするもので、大戦期間中から軍部、財界などから様々な反応を導き出すことになる。それは総力戦体制が、極めて高度かつ集中的な軍需工業動員体制を基盤とするものである限り、基本的には自給自足経済の確立を前提とした軍事・経済体制として成立する体制であったからである。

戦時における軍需品の自給自足は純軍事的要請からいっても不可欠な戦勝要素であり、軍需工業動員が戦時を想定して企画されるものである限り、自給自足体制確立もそこから案出された一つの結論であった。しかし、これを経済合理性・効率の点から見た場合、財界人から次のような慎重論が出てくるのも当然であった。例えば善生永助は、「勿論自給自足主義は経済上の安全第一であるが、個人に全智全能を求め得ざる如く、国家に在りても如何なる種類の生産品をも自給することは難く、従って平時に於て極端に其実行を企画するは、国家保護の趣旨には合致するが、消費者の不利益を来さしむるあると共に、資本及び労力の損失を伴ふことがあるから、余程手加減をせねばならぬのである」★13と発言し、完全な自給自足の経済体制は、経済合理性に適合する限り有効である、という慎重論を示しながらも、後段では大戦後各国で採用されつつあった、より柔軟な自給自足主義を骨子とする経済政策の導入の必要性を説いたのである。

これに対し仲小路は、特に工業用基礎的原料の自給自足に力点を置きつつ、自らの自給自足論を、「現時の情態を見るに理論の上に於ては兎も角実際の必要より今日の場合に於ては国家国民の存立上必要なる物質は自給自足の途を講ぜざる可らざる固より総ての物質悉く之を自給に待つと云ふが如きは到底行はるべきことには非ざるも国防及百般工業の基礎的材料は必ず自給の方策を樹立せざる可からざる」[★14]とした。これは、産業調査局（一九二〇年）の設置理由として述べられたものであったが、特に鉄、羊毛、タール工業、アルカリ工業等の戦略物資および軍需品生産関係の品目を「基礎的材料」と位置づけ、これをとりあえずは自給自足の対象品目としたのである。このように軍事官僚と財界、それに経済官僚との間には認識の差異は見られはしたが、仲小路の発言に具現されるように、自給自足対象品目の限定を通して、とりあえず自給自足体制の基礎を形成し、これを踏まえて対象品目の拡充を図るという合理的な判断が軍部と財界、そして官僚の間に採用されていくことになる。

ここで重要なのは、軍部と財界に生じかねない対立や齟齬を解消し、両者の妥協点を提起しつつ、最終的には自給自足論の主導権を握り、具体的な政策の次元に下ろしていったのが、仲小路のような経済官僚であったことである。その意味で、当該期において総力戦段階に適合する経済体制の構築という要請が重要度を高めるほど、これに比例するかのように経済官僚の役割期待が一層高まっていくのである。仲小路によって示された総力戦対応型経済体制構築への方向性は、いうまでもなく一九三〇年代から一九四〇年代の、戦時官僚たちの総力戦対応にストレートな形で引き継がれていったと結論することはできないにしても、当該期における戦時官僚の思想と行動の原型的な事例を示しているとはいえよう。[★15]

次に、原内閣期に設置された国勢院に焦点をあて、それ以後の動員機関の変遷と絡めながら、そこにおける軍事官僚と経済官僚の対立と妥協の争点が何であったかを読み取ることで、総力戦対応型の官僚勢力の特色を素描しておきたい。

一九二〇（大正九）年、原内閣時代に、軍需工業動員の中央統制機関として国勢院が設置された。それは二年前に内閣の管理下に工業動員の最初の政府機関として設置されていた軍需局と内閣統計局を統合し、政府の工業動員関係機関を整備強化したものである。

国勢院は、総裁官房と内閣統計局が前身である第一部、軍需局が前身となった第二部とから成り、第二部には制度課、工場課、軍品課、産業課の四課が設置された。軍需評議会は、同年一一月一九日、軍需産業の奨励に関し関係各大臣への通牒を発し、その中で国勢院の役割が軍需工業動員のために、「一層研究調査ノ歩ヲ進メ産業状態ニ応シ適当ノ方策ヲ立案シ其ノ成案ヲ得ルニ従ヒ本会（軍需評議会のこと）ニ諮問セラルヲ担当トス」[★16]ることにあるとしている。国勢院の総裁には政友会総務委員小川平吉、第一部長に牛塚虎太郎、第二部長に原象一郎が就任し、陸海軍次官は参与に格下げされた。国勢院設置には、これまで陸軍主導で進められた軍需動員計画を政党と官僚の手に取り戻そうとする意向が強く働いていた。それは工業動員計画を進めていくうえで首相に指揮命令権を与え、首相の権限を強化しようとするものであったのである。

一九二二年、国勢院は軍需評議会とともに廃止された。第一次世界大戦終了後、国外にあっては反戦平和の気運昂揚に伴うワシントン条約（一九二二年）に象徴される軍備縮小、国内にあっては大戦後の不況による財政緊縮政策の一環として行政整理を要求する世論の形成があり、政府はこの行政整理の一つとして国勢院を解体した、と説明している。しかし、官僚のなかには国家総動員機関としての国勢院の廃止に懸念を表明する者がいた。

例えば、一九一八年に内閣統計局長の職にあった牛塚虎太郎は、国勢調査の必要性を論じたなかで、特に戦時における兵力動員に関連して「若夫レ一旦緩急アリ国ヲ挙ケテ軍国ノ事ニ従ハサルヘカラサルノ時多数兵員ノ補充召集軍需品製作ニ要スル工場ノ動員各種労働者ノ配給調節男工ニ対スル女工ノ補充食料ノ調節等国内人力ノ総テヲ動員活躍セハ是非トモ平常国勢調査ノ方法ニ拠レル正確ナル人口並職業ノ調査準備ナカルヘカラス」[★17]と述べ、大戦下において参戦諸国が各種動員の実態調査・把握のために、平時から準備作業を実施してきた例を参考としつつ、戦時において軍事当局がその役割を果たすためにも、軍当局が人口調査を要求する権利を有し、一方、政府当局は精密な統計資料を提供していく義務のあることを主張していたのである。この考えに基づいて、同年五月一四日、国勢調査施行に必要な法令の起草を担当する臨時国勢調査局が設置され、また国勢調査施行のための諮問機関である国勢調査評議会が勅令一三六号により設置された。

総力戦対応に熱心と思われた軍部内にあっても、総力戦論の理解や浸透度は低く、国家総動員体制の構築が軍の総意となるまでには至っていなかった。実際、この時期までに国家総動員のための計画案やその実施機関がいくつかできていたが、これらを統一的にかつ強力に推進してゆく主体の形成という点では明確なものはなかったのである。いずれにせよ国勢院が廃止されたことにより、軍需動員を担当する中央機関は消滅し、これに伴って軍需工業動員法に基づく諸機関、諸法令についても、軍需調査令と軍需工業の奨励に関するものが農商務省に引き継がれた他は全て廃止され、軍需動員計画なども中止されることになった。

一九二七（昭和二）年、国家総動員機関設置準備委員会の約一年に及ぶ審議の結果、総動員資源の統制運用を準備する中央統轄事務および諮詢機関として内閣総理大臣の管理下に資源局が設置された。この資源局の設置こそ、第一次世界大戦の参戦諸国の戦時体制の研究調査から導入された国家総動員思想が制度的に定着したことを示すものであった。資源局は、内閣総理大臣の管理に属し、人事、文書、会計、資源の統制運用に関する制度施設の研究や、それに必要な法令の準備立案を管掌する総務課、資源の現況調査、戦時需給調査を管掌する調査課、資源の培養助長・統制運用計画の遂行達成を目的とした平時施設の設置を管掌する施設課、資源の統制運用機関の整備計画、資源の補填、配当その他の統制運用の計画策定を管掌する企画課から構成された。同年、資源局官制が施行され、資源局長官宇佐美勝夫（賞勲局総裁）、総務・企画課長松井春生（法制局）、調査課長植村甲午郎（商工省）、施設課長宮島信夫（農林省）らの人事が発令された。資源局職員二七人のうち、二人の陸海軍現役武官が専任職員として資源局事務官を兼任するところとなった。

たとえば、陸軍軍務局長阿部信行、同整備局長松木直亮、海軍軍務局長左近司政三らが参与仰付として文官官庁である資源局に入ることになった。これは軍人の軍事領域以外への進出を事実上認めたものであり、以後既成事実として定着していくことになった。それはまた第一次世界大戦以来、軍が主張してきた総力戦体制を目標とする国家総動員の思想が、国家全体の目標として定着し、徐々にでも制度化されていくことを事実上容認するものであった。すなわち、軍部が合法的に政治に関与していく制度的・客観的条件が生じていく契機となったのである。

資源局が同年作成した「資源の統制運用準備施設に就て」と題する文書によれば、資源を「国力の源泉」と位置づけ、「資源は其の範囲極めて広範であつて、人的物的有形無形に亙り依つて以て国力の進展に資すべき一切の事物を包摂する」としたうえで、これら資源を国防の目的に集中する役割を資源局の目標としている。そのために、「平時に於いても国民各個の創意努力を害せざる範囲に於て資源の利用関係に統制を加ふることが近代衆民国の重要なる職分の一つとして認めらるるに至つた所以である★18」としている。それは先に廃止された軍需局や国勢院と比較して、資源局が一層総動員機関としての性格を深め、その機能を強化したことを示すものであった。それはまた、国勢院において一つの課題とされていた各省の権限への干渉を回避し、それを充分考慮したうえで、徹底した各省総動員業務の調整統一機関としての権限を発揮しようとするものであった。

資源局設置に伴い、資源局関係業務についての内閣諮詢機関として、同年資源審議会が設置された。資源審議会は首相を総裁とし、首相の勅令で任命される副総裁、首相の奏請で任命される委員と臨時委員、それに審議会の庶務を処理する幹事長（資源局長官兼任）と幹事が置かれた。

この時期、陸軍にあって総動員政策を進めていくうえで中心的な人物であった陸軍整備局長松木直亮は、国家総動員の意義を「国民的戦争の際に当て、国家の全知全能を挙げて、一撃物の細をも之を苟くもせずして有効に統制することを言ふのである、即ち国家の総ての機能及び資源を統制按配して、一面には国民生活の安定に資し、一面に於ては戦争に必要なる資源を豊富にすること」と位置づけ、このために国家総動員機関として平戦両時にわたる、国情に適応した機関設置の必要性を説いていた。[19]

この考えは、国家総動員が国家の基礎を確固とし、平時行政と何らの差異はないものとみなすもので、国家総動員体制こそ、戦時行政を恒常化する役割を担ったものであった。さらに松木は「国家総動員準備に就て」と題する講演資料のなかで、国家総動員の範囲を人員の統制按配、生産分配・消費等の調節、交通の統制、財政と金融に関する措置、情報宣伝の統一などとし、これらを実施していくための総動員準備としては、国防資源の調査、不足国防資源の保護・増補・培養、平時施設の実行、総動員計画の策定、戦時総動員に必要なる法令の立案が不可欠であるとしていた。[20] これら松木に代表される陸軍の国家総動員構想は、資源局による資源調査法の制定（法律第五三号、一九二九年四月一二日公布）、「総動員計画設定処務要綱」の策定（同年六月一八日閣議決定）などによって具体化されていった。

ここで、一九三〇年代から四〇年代における戦時官僚たちの動向を概観しておきたい。まず、陸海軍は、一九三六（昭和一一）年六月、国防所要兵力の改定を行ない、一九三七年度を第一年度とする大規模な軍備拡充に着手する。これと前後して国防資源の確保、軍需品生産能力の向上は、一連の総動員計画に沿って、一段と拍車がかけられた。すなわち、日本製鉄株式会社法（法律第四七号、一九三三年四月六日）、石油業法（法律第二六号、一九三四年三月二八日）、自動車製造事業法（法律第三三号、一九三六年五月二九日）などの国家総動員推進を目的とする法整備が行われた。それは軍需品の中心である鉄、石油、自動車について政府の監督命令統制権を強化する措置であった。

以後、総動員計画の一環として各省庁総動員業務の調整統一および調査を目的とする内閣審議会（勅令第一一八号、一九三五年五月一〇日）、内閣調査局（勅令第一一九号、一九三五年五月一〇日）、総動員諸施策の啓発宣伝を目的とする情報委員会（勅令第三六号、一九三六年七月一日）など次々に設置されていった。このうち岡田啓介内閣時代に設置され、各省から官僚、陸軍から鈴木貞一、海軍から阿部嘉輔が参加して電力国家管理案の具体化、産業合理化政策の各方面にわたる業務を担当していた内閣調査局は、林銑十郎内閣時代に国策の総合調整機関として企画庁（勅令第一九二号、一九三七年五月一四日）へと再編強化された。

さらに、企画庁は、日中全面戦争の開始（一九三七年七月七日）後、内閣資源局と企画庁とを統合強化して、企画院（勅令第六〇五号、一九三七年一〇月二五日）となり、国家総動員計画、総合的国力の拡充・運用などの戦時統制と重要国策の審査、予算の統制などを担当することになった。ここに、国家総動員機関と総合国策企画官庁としての機能を併せ持つ強大な組織が登場することになった。企画院設置当時の首脳人事は、総裁瀧正雄（法制局長官）、次長青木一男（対満事務局次長）、総務部長横山勇（資源局企画部長・陸軍少将）、内政部長中村敬之進（企画庁次長心得）、財政部長原口武夫（企画庁調査官）、産業部長東栄二（商工省鉱山局長）、交通部長原清（海軍少将）、調査部長植村甲午郎（資源局調査部長）という布陣であった。

こうして、一連の国家総動員政策を進めていくなかで、有事の際の人的物的資源を総動員し有効に運営するうえで、これを保証する基本法の制定が必要であるとの認識は、総動員計画業務を担当してきた軍需局、資源局、企画庁、そして設置されたばかりの企画院などの活動を通じ終始一貫して受け継がれてきた。そこで企画院は、日中戦争の拡大、陸軍軍需動員や総動員計画の一部実施などの国内の進展を背景に、国家総動員法の立案作業を本格化し、この時期までにほぼ作業を完了していたのである。

こうしたなかで、もうひとつ注目すべき事実は、すでに一部概観してきたように、一九二〇年代から四〇年代にかけての、軍人官僚の非軍事機関への進出ぶりである。この点について、永井和の詳細な研究[★21]によれば、内閣直属の国家総動員機関である資源局（一九二七―三七年）に一九一名、内閣調査局（一九三五―三七年）に八名、企画院（一九三七―四三年）に一七六名、総力戦研究所（一九四〇―四三年）に四九名、また、植民地統治機関である対満事務局（一九三四―四二年）に八八名、興亜院（一九三八―四二年）に八六名、興亜院連絡部（一九四〇―四二年）に一一八名という具合に大量の現役将校が軍事テクノクラートとして送り込まれた事実がある。軍事官僚の一群は、内閣直属機関に限っても、情報局三九名（一九四一―四三年）、技術院三一名（一九四二―四三年）、特許局三〇名（一九四二―四三年）と多くを数えたが、その他にも逓信省、商工省、外務省、農林省、内務省など各官庁にも派遣された[★22]。

これらは、国家総動員法の制定過程のなかで、いわば天皇大権を基軸とする明治国家の国家構造の質的転換をも迫る勢いのなかで強行されていく。内閣行政権と最後まで一定の距離を置きつつ、自らの権限拡大の機会を狙っていた軍部も、国家総力戦体制構築という高度な行政的技術を不可欠とする領域では既存の官僚機構と連携し、精緻な法機構の整備を押し進める内閣行政機構の充実により国家総力戦体制構築に向うことが合理的と考えるようになったのである。

企画院は、その後国家総動員の中心機関としての役割を果たすことになる。例えば、一九三八（昭和一三）年五月一六、一七日に開催された国家総動員会議は企画院総裁が議長を務め、各省庁の次官、局長、長官クラス、さらには朝鮮総督府などから植民地官僚までの参集を得た大がかりな総動員検討会議であった。また、戦局の悪化が最終段階に至った時点で設置された研究動員会議（勅令第七七八号、一九四三年一〇月一四日）や、総合計画局（勅令第六〇八号、一九四四年一一月一日）などにおいても同様であった。その意味で、有事法体制の整備という点からすれば、企画院を中心とした官僚主導による行政機構の有事体制化は必然の方向でもあったのである。

統治機構の中軸として内閣行政権が有事法体制の要に位置づけられていく過程は、とりわけ日中全面戦争開始前後期から顕著となってくる。それは第一次近衛文麿内閣において設置された内閣参議制の導入を事実上の嚆矢とし、同内閣期における国家総動員法の具体化に関連する審議機関であった国家総動員審議会（勅令第三二九号、一九三八年五月四日）、国民の戦時動員体制に対する自発的かつ積極的な支持と協力を目的とする国民精神総動員委員会（勅令第八〇号、一九三九年三月二八日）、国家総動員の実施上支障が生じると判断される出版物などの規制・処分を行う情報局（勅令第八四六号、一九四〇年三月六日）などは、すべて内閣総理大臣の管理下に置かれることになった。

その他にも、内閣行政権を強化する試みは戦時体制の強化に伴い頻繁に実行に移された。岡田内閣期の対満事務局（勅令第三四七号、一九三七年一〇月二六日公布）、第一次近衛文麿内閣期の臨時内閣参議官制（勅令第五九三号、一九三七年一〇月一五日公布）、小磯国昭内閣期の内閣顧問臨時設置制（勅令第六〇四号、一九四四年一〇月二八日公布）、東条英機内閣期の内閣顧問臨時設置制（勅令第一三四号、一九四三年三月六日公布）などがそれである。しかしながら、これらの機関は必ずしも額面通りに内閣行政権の権限強化を結果したわけではなかった。そこでは確かに行政の効率化と軍部の抑制化が主要な課題とされていたものの、特に急速に発言力を強めていた軍部権力の前に、内閣行政権の拡充は不充分性を克服できないままであつた。

こうした経緯のなかで、アジア太平洋戦争の展開過程において中央諸官庁の有事即応化が進められた。そのなかでも、一九三八年一月一一日に公布された厚生省官制（勅令第七号）によって設置された厚生省の位置は重要である。本来、厚生省は保健行政と社会行政の統合を目的に着想されたもので、それによって国民の体力向上を図ることが狙いとされた。このように総力戦体制構築過程において、軍事官僚が内閣直属機関を中心とする国家総動員諸機構に大量に進出する事実の背景には、第一次世界大戦における総力戦段階の対応を軍事主導の下で展開せざるを得なかった日本資本主義の低位水準という根本的原因があった。資本や技術の劣位を補完するためには、軍事官僚を含めた戦時官僚の呼称で括れる一群が、迅速かつ一元的な総力戦対応策を提起し、実行に移すことによって総力戦段階に適合する国内政治経済体制の創出が不可避とされたからである。

　要するに、平時からする行政機構の戦時体制化・総力戦対応型行政機構の創出および戦時行政における軍部の役割は顕著であったが、しかし永井が指摘するように派遣された軍事官僚の多くが専任職としての地位ではなく、兼任職であったことを考慮すれば、実態としては専任職として非軍事官僚の集団によって諸機構が運営されていた事実を確認せざるを得ないのである。これを客観的にいえば、非軍人であれ軍人であれ、総力戦体制の構築と運営には協同一致が原則として貫徹されていたことは間違いない。

　総力戦対応型の経済体制が戦時経済の名で資源と人材の軍事部門への集中的配分を、合理的かつ迅速に遂行するためには、高度に専門的知識を持つ一群の官僚たち——吉野信次（商工官僚）、石渡荘太郎、賀屋《かや》興宣《おきのり》、毛利《もうり》英於兎《ひでおと》（以上、大蔵官僚）、岸信介、椎名悦三郎、美濃部洋次（以上、商工官僚）、奥村喜和男（逓信官僚）、和田博雄（農林官僚）など——に依存せざるを得なかったのである。資本主義の市場原理を無視した戦時経済への移行に対し、財界はいうまでもなく、政界にも学界にも抵抗感を示す勢力は決して少なくなかった。しかしながら、最終的には戦時経済への移行を押し進めることができたのは、軍事的要請という理由だけでなく、むしろ戦時経済型の経済運営によって脆弱な日本資本主義を活性化させようとする志向性が強かったからだと思われる。

そうした意味では、総力戦対応を掲げながら、軍部と連携しつつ戦時経済を強行しようとした戦時官僚たちの動きの背景には、日本資本主義あるいは日本経済の基本構造が横たわっているようにも思われる。そうした戦時官僚たちの意図は予期した以上の長期戦を強いられることにより、資源調達の限界性が露呈されたことから水泡に帰することになる。しかしながら、戦時官僚たちは、戦後復興という課題に向き合った時、その意図を実現する機会を手にすることになったのである。

戦後復興と「戦時官僚」の復権

戦後日本の経済体制を「一九四〇年体制」と命名した経済学者の野口悠紀雄は、それを「大政翼賛会的総与党体制」[★23]と位置づけた。野口は一九四〇年代の戦時体制の担い手であった戦時官僚こそが、戦後の経済復興復興から高度経済成長への牽引役をも果たしたという。要するに、現代社会の基本構造が一九四〇年代に形成されたとするのである。それは組織および政策、そして、人的側面においてである。戦前期「一九四〇年体制」が戦後期「一九四〇年体制」へとシフト（転移）したことを意味しており、そこから戦前戦後の連続性が指摘可能となる。しかし、筆者と野口説との決定的な差異は、筆者が現代社会の基本構造の起点を一九四〇年代の戦時期ではなく、第一次世界大戦を画期とする総力戦体制の構築過程に求めていることにある。

また、そのことと密接不可分の事実として、戦後の高度経済成長を支えた経済体制の担い手としての経済官僚および官僚制を支えたものが、戦後版総力戦体制であった、やや過剰な表現ながら、戦後の経済政治体制とは、形を変えたもう一つの総力戦体制であった、ということである。こうした認識論は、近年におけるいわゆる総力戦体制論のなかで果敢に指摘されてきたが、「高度経済成長を支えた経済体制は、基本的には戦時総力戦体制の継続であった」[★24]とする指摘を検証する場合、果たして何を手がかりにすればよいのかを、より具体的に明示する必要があろう。

台湾・植民地官僚の動向を、先行研究を踏まえ、議会なき統治機構のなかで官僚がいきおい直接行政の担い手として前面に出ざるを得ない植民地統治機構の運営過程において、官僚の役割期待が管理施行や支配行政の主体として機能したという意味で、日本の官僚制がビューロクラシー（bureaucracy）というより、アドミニストクラシー（adoministocracy）という性格を付与されていく背景をここで整理しておきたい。この性格は、植民地官僚における植民地統治から刻印され始め、第一次世界大戦を契機とする総力戦対応に関心を抱く過程でいっそう支配行政に傾斜し、それが一九三〇年代後半から一九四〇年代にかけて、ある意味では全面化していく。アドミニストクラシーは、文字通り、政策の立案から執行までを一元的かつ連続的に掌握する役割を担う制度（システム）の施行者であり、それは政党の比重を低下させ、一九三〇年代以降における軍事官僚の台頭期にあっても、官僚・政党・軍部という三者のなかで優位性を保持する背景となったのである。

そうした把握を進めていく上で、筆者が特に関心を抱いているのは、テクノクラシー（technocracy）概念の導入である。テクノクラシーとは、広義の技術者が国家や社会を主導する思想や運動を意味する場合と、国家や社会を効率的かつ合理的に管理運営する官僚制を意味するなど、その概念規定は現時点で確定されていない感がある。筆者としては、アドミニストクラシーとテクノクラシーの二通りの名称あるいは概念を念頭におきつつ、第一次世界大戦以降に本格的に芽生え始めた官僚たちに潜在する科学的技術的な価値と位置への傾斜傾向を示す用語として使用しておきたい。

同時に、あえて単純化するならば、政党制（＝デモクラシーの推進主体）と軍部及び内務官僚（＝ファシズムの推進主体）への反発・対抗・連携という、複雑な関係を強いられた一九三〇年代から一九四〇年代にかけての準戦時官僚あるいは戦時官僚に通底する意識構造を示す用語としてテクノクラシー、そのような意識を鮮明にする官僚をテクノクラートと、取りあえず呼称しておく。それによって、従来の官僚論における政党制への対抗勢力あるいはファシズム体制の推進勢力という視点と距離を置くことで、あらためて戦時官僚の歴史的位置を再確定しておきたいのである。その視角から、これら戦時官僚が戦後に復権し、戦後復興の推進者となった理由を探っていこうと思う。

小林英夫は、「満州の地で始まった総力戦体制は、形を変えて戦後も生き続け、高度経済成長を準備した。戦後復興過程は、見方を変えれば総力戦体制の復興過程であった」[★25]と捉えている。すなわち、戦後復興期から高度経済成長期に至る官僚主導経済システムの原型を総力戦体制構築を目標とし、台湾と朝鮮における植民地支配行政、とりわけ満州国における支配行政に求めようとしているのである。より具体的には、一九四〇年代前後において相次ぎ制定された電力国家管理法（一九三八年制定）、食料管理法（一九四二年制定）、改正日本銀行法（同年制定）に象徴される一連の法令整備による経済産業統制が、戦後復興期から高度経済成長の決定的な背景となったとするものである。これらの法整備に主導的な役割を果たしたテクノクラートたちが、戦後復興の立役者となったとする把握である。

戦後復興を担った経済安定本部（一九四六年九月設立）の傾斜生産方式に代表される国家主導の経済統制方式を、戦前期企画院の統制経済の方式との酷似性や、何よりも企画院で中心的役割を果たした戦時官僚が温存され、経済安定本部の中枢を担ったことをもって、戦後版総力戦体制と捉える小林らの議論は、今日多くの支持を受けている。小林、野口にしても、とりわけ戦時経済官僚たる革新官僚が、戦後経済復興の担い手として再登場し、戦後復興と高度経済成長を主導した経済官僚の動向に注目している。

もちろん、そのような戦前と戦後の連続性を強調することによって、戦後に持ち込まれた「戦前」的社会状況への着目が、総力戦論の焦点となっていることはいうまでもない。また、雨宮昭一の、総力戦によってもたらされた「社会的混在化」[★26]が、ある種の社会の平等主義あるいは均一主義を生み出したという分析視角や、山之内靖らによる総力戦体制が戦前の固定的な階級社会を相対化し、社会システムの再編過程のなかで社会の平準化を招いたとする議論が注目され多くの議論を呼んでいる。[★27]とりわけ、小林は一連の総力戦研究において、戦時体制期及び戦後復興期を通底する官僚システムとして、行政指導という形において企業活動をコントロールすることにみる。そのことによる戦時体制の構築と戦後復興の達成とを、それぞれ「総力戦体制構築」(＝戦時体制期)と「総力戦体制の復興」(＝戦後復興期)と捉え、その連続性を強調する。

特に、岸信介、星野直樹らが満州国で実行した「重要産業五カ年計画」に示された経済統制の手法が、のちに企画院案として作成された「経済新体制確立要綱」に投射され、満州国統治に参画した官僚たちが、一九四〇年体制を構築し、さらに戦後復興期にも主要な役割を果たしていったことは、すでに多くの研究と証言で明らかにされている通りである。実際に、「経済新体制確立要綱」は企業の公共化、ナチス的な指導者原理の導入によって、利潤第一でなく、生産を目標とする組織へと企業を転換させることを明示したものであり、日本経済の再構築と国家総力戦への対応という課題克服が意図されていた。

そこで、彼ら戦時官僚において通底する意識としてのテクノクラシーの思想である。従来、戦時官僚たちは産業統制や総動員政策の立案実行者であり、また、そのなかには満州国で官僚経験を積んだ人物が少なくなかった。[★28]これら官僚たちにテクノクラシーの思想がいかなる程度通底していたのかは、今後検証が不可欠であろう。だが、戦後官僚に通底するテクノクラシーの思想こそが、敗戦の歴史体験を経た後でも、なお戦後日本社会に自らの位置を確保する理由となったのである。換言すればテクノクラシー思想の技術至上主義に内在する脱歴史性・脱政治性が復権の機会を提供したのである。

これに関連して、高橋彦博は、「新官僚・革新官僚と社会派官僚」のなかで、古川隆久が新官僚としてカテゴライズしている吉田茂（小磯国昭内閣で軍需大臣など歴任。戦後首相となった吉田茂とは別人）を取り上げ、「吉田は、国維会において、革新官僚のあり方を思考し判断する行政官僚テクノクラート体制、すなわち行政官僚テクノクラシーの制度的担い手となる方向へ切り替える踏み切りをみせた[★29]」とする興味深い指摘を行っている。テクノクラシーとは、高度工業国家に飛躍させるためには資本家や政治家ではなく、高度専門技術者（テクノクラート）が支配管理し、科学的合理的な観点から国家社会を運営することが重要だとする一九三〇年代のアメリカで一大潮流となった社会改良主義の思想と運動である[★30]。

少なくとも政党政治の開始以降において政党との連携のなかで自らの地位を確定しようとした一九二〇年代の官僚と異なって、一九三〇年代における準戦時体制下の官僚が政党政治への反発を背景に自立的な地位獲得を志向する傾向を顕在化させてきたのが、国維会や金鶏学院を拠点とする新官僚とカテゴライズされた一群である。それが、やがて高橋の指摘するように、「行政官僚テクノクラシーの制度的担い手」を自覚するようになったのは、軍人出身内閣であった斎藤実内閣と岡田啓介内閣の非政党内閣においてであった。すなわち、前者は「挙国一致内閣」、後者は「官僚内閣」と称されるように軍部の政治の舞台への本格的登場を背景に政党人が政権の舞台から排除される代わりに、官僚出身者がこれらの非政党内閣の閣僚として政権中枢を占めるに至る。そこで彼らはテクノクラートとして実権を掌握し、その限りで自立性を確保していくのである。

そのような意味でも、これらテクノクラートはビューロクラシーというよりも、文字通りアドミニストクラシーと呼称するのがふさわしい。ただし、日本の官僚の意識や官僚制の性格が近代日本の生成期から一貫してテクノクラシーの思想や運動を背景としたアドミニストクラシーだというのではない。近代日本の生成期から発展期、そして、日清・日露戦争から第一次世界大戦期に至る日本の官僚は、植民地官僚をも含め、国家統治を主軸に据えた典型的なビューロクラシーであり、いわゆる「官治体制」の構築であった。

それゆえ、そこにおいてはいきおい内務官僚が重要な役割期待を担ったといえる。それが、第一次世界大戦を契機に国家総力戦の時代に入ると、総力戦への対応型を目標とする官僚システムへの再編が焦眉の課題となり、そこで受容されていったのが官僚と政党との連携である。両者の関係はいうまでもなく対等ではなかったが、政党の相対的劣化という状況の下で官僚主導の総力戦対応型の経済体制の構築が推し進められた。そこでのポイントは資本家との連携であり、同時に研究者やジャーナリストなど、より広範な形式を伴った、文字通り「官民一体」型の総力戦システムの構築が大前提とされたのである。

この、総力戦システムがより完全に機能するためには、高度専門技術者としてのテクノクラートの登場が不可欠であるとする認識が、とりわけ一九三〇年代以降において拡がり始めたといえる。それは、日本経済が置かれた当該期の危機的状況を克服するために根本からの改革・改造を迫られていたことと、何よりも国家総力戦対応に必要な大量の軍需製品の生産拡大には総力戦体制構築を目標として重化学工業を中心とする諸産業の育成と管理の主導権を官僚が掌握することが合理的かつ不可欠な条件と考えられるようになったからである。このような考えが、敗戦を迎えるまで首尾一貫して合意されていたわけではもちろんないが、戦後の経済復興期において再び認識され、それが短期間による経済復興を獲得し、さらには戦後冷戦構造という国際秩序のなかにあって、経済第一主義に特化した日本の高度経済成長を促進したのであった。そこでは、小林のいうように、戦後版総力戦体制の構築が事実上果たされたのであり、その意味で一九四〇年代状況が戦後の一九五〇、六〇年代においても「再現」したとする歴史認識が、深められつつあるのである。

［注］

（1）例えば、木村健二「朝鮮総督府経済官僚の人事と政策」および波形昭一「台湾総督府経済官僚の人事と政策」（波形昭一・堀越芳昭編『近代日本の経済官僚』日本経済評論社、二〇〇〇年）、所収。

（2）粟屋憲太郎は「日本ファシズム」（歴史学研究会編『現代歴史学の成果と課題（4）』青木書店、一九七五年）において、当該期における官僚の実態を治安・思想弾圧・国民再組織などを担う内務官僚群と、総動員業務を担う経済官僚群の両勢力が、それぞれの役割分担を保守しながら台頭した事実を指摘している。

（3）例えば、戦後の歴史研究において本格的な官僚論であった橋川文三「革新官僚」（神島二郎編『日本思想大系10 権力の思想』筑摩書房、一九六五年）や「新官僚」の名を冠した本格的な経済史分析であった安藤良雄「日本戦時経済と『新官僚』」（高橋幸八郎ほか編『市民社会の経済構造』有斐閣、一九七二年）、など。

（4）芳井研一「日本ファシズム」の形成と軍部・官僚」（江口圭一編『体系 日本現代史1 日本ファシズムの形成』日本評論社、一九七八年）、小田部雄次「日本ファシズムの形成と『新官僚』」（日本現代史研究会編『日本ファシズムⅠ 国家と社会』大月書店、一九八一年）、古川隆久『昭和戦中期の総合国策機関』（吉川弘文館、一九九二年）、など。

（5）この問題については、すでに雨宮昭一が『戦時戦後体制論』（岩波書店、一九九七年刊）で、榊原英資・野口悠紀雄、中村隆英、岡崎哲二、山之内靖らの研究を紹介検討しながら詳しく論じている。

（6）波形昭一「植民地台湾の官僚人事と経済官僚」（波形昭一・堀越芳昭編『近代日本の経済官僚』日本経済評論社、二〇〇〇年）、三〇三頁。

（7）『報知新聞』一九一九年一月一三日付。

（8）こうした課題に答えた戦況研究として、李熒娘「第一次憲政護憲運動と朝鮮の官制改革論」（『日本植民地研究』第三号、一九九〇年八月）、岡本真希子「政党政治期における文官総督制――立憲政治と植民地統治の相克」（同前、第一〇号、一九九八年）、などがある。

（9）木村健二「朝鮮総督府経済官僚の人事と政策」（波形・堀越編前掲『近代日本の経済官僚』）を参照。
（10）同前、二九六頁。
（11）『国民新聞』一九一七年六月一八日付。
（12）「大正六年二月一九日 産業第二号特別委員会ニ於ケル仲小路農商務大臣ノ演説」（通商産業省編『商工政策史』第四巻、一九六一年）、一五〇頁。
（13）善生永助「自給経済と工業独立」（『工業雑誌』第四八巻第六一九号、一九一八年一月五日）、五六頁。
（14）仲小路廉「戦時中迎へられる新年の感慨」（『東京商工会議所月報』第一一巻第一号、一九一八年一月二五日）、一頁。
（15）軍需工業動員法制定過程における軍部と財界、そして、官僚の動きについては、纐纈厚「軍需工業動員法制定過程における軍財間の対立と妥協」（『日本陸軍の総力戦準備政策』大学教育出版、一九九九年）、所収。
（16）「軍需産業ノ奨励ニ関スル件ニ対シ軍需評議会会長答申関係各大臣へ通牒ノ件」（国立公文書館所蔵『公文雑纂』一九二〇年）。
（17）牛塚虎太郎「国勢調査施行ノ議」（『公文雑纂』一九一八年）。
（18）『甲輯第四類 永存書類』一九二八年。
（19）松木直亮「国家総動員の大観」（辻村楠造監修『国家総動員の意義』）、二〇二頁。
（20）松木直亮「国家総動員準備に就て」（『偕行社記事』第六二九号附録）、一九二七年二月。
（21）永井和『近代日本の軍部と政治』（思文閣出版、一九九三年）。
（22）中央・地方・植民地機構の軍事化については、纐纈厚『総力戦体制研究』（新版、社会評論社、二〇一〇年）、および『有事法制とは何か――その史的検証と現段階』（インパクト出版会、二〇〇四年）の第三章「強化される行政の軍事化」を参照されたい。
（23）経済学者の野口悠紀雄は、さらに戦後復興期から高度経済成長期の日本経済をリードしているのは「戦時期革新官僚の子孫」（同『一九四〇年体制――さらば戦時経済』東洋経済新報社、二〇〇二年、三九頁）と述べて、戦後日本経済の復興と安定の背景には、一九四〇年代に「完成」した総力戦体制の思想と人脈があるとした。

(24) 同前、一二頁。
(25) 小林英夫『帝国日本と総力戦体制――戦前・戦後の連続とアジア』(有志舎、二〇〇四年)、二〇五頁。
(26) 雨宮昭一『戦時戦後体制論』(岩波書店、一九九七年)、序。
(27) 山之内靖は、「方法的序論――総力戦とシステム統合」(山之内靖・ヴィクター・コシュマン・成田龍一編『総力戦と現代』柏書房、一九九五年)と題する論文において、総力戦体制によって遂行された編成替えの性格を「階級社会からシステム社会への移行」(同書、一二頁)と捉える視点を明らかにしている。
(28) 例えば、満州国の経済政策立案に参画し、宮崎正義を追うことで官僚主導の経済政策が満州国統治に実行されたことを明らかにした『「日本株式会社」を創った男』(小学館、一九九五年)や岡崎哲二、米倉誠一郎らとの共著『「日本株式会社」の昭和史』(創元社、一九九五年)、などがある。
(29) 高橋彦博「新官僚・革新官僚と社会派官僚」、『戦間期日本の社会研究センター――大原社研と協調会』(柏書房、二〇〇一年、所収)、二五三頁。
(30) このテクノクラシー思想を普及するために一九三七年五月に創刊された雑誌に『科学工業主義』があり、一九四五年四・五月合併号まで総発行号数は九四号に達した。科学工業主義は資本主義工業の対立概念として提起されて、科学主義や技術主義の徹底化により生産性の向上を図ろうとするものであった。そこにはテクノクラシーの思想が脈打っているように思われる。戦後、『科学主義』と題名を変更し、一九四六年二月から翌年一〇月まで九号が発行された。なお、『科学工業主義』は皓星社から一九九七年から復刻版が発行されている。

第八章　近代日本の政軍関係

1　明治緊急権国家と統帥権独立制

統帥権独立制の位置

緊急権国家としての一貫性を保持してきた明治国家において、国家機能の重要なひとつとして軍隊指揮権（＝統帥権）の内閣行政権および議会立法権からの独立（＝統帥権独立制度）が大日本帝国憲法（以下、明治憲法）制定以前から準備されていた。具体的には、一八七八（明治一一）年一二月、陸軍省から参謀本部が独立し、それまで太政官が保持していた軍隊指揮権を天皇が受け継ぐことになった。天皇の統帥権保持による兵政分離の措置である。

本来、絶対主義の時代にあって兵権（＝武権）は国王の下に一元的に掌握されたが、イギリスの場合は一六八八年二月議会（Convention Parliament）において「権利宣言」が可決され、同年一二月一六日に作成公表された「権利章典」第六項において、「常備軍の徴募又は維持することは、議会の承諾を以てなされるのでなければ、法に反する」との規定を設け、議会による軍隊＝兵権に対する統制管理が徹底され、明らかな議会（＝文権）優越の制度が確立していく。★[1] このイギリスにおける文権優越という政治と軍事の関係性が、アメリカの「独立宣言」やフランスの「人民及び市民の権利宣言」などにも活かされることになり、近代国家成立以降、欧米における兵政両権の関係は文権優越制度が恒常化する。

その一方では、ドイツ・プロイセンと日本の場合、絶対君主政体から立憲君主政体へと移行する過程で武権が議会によって掣肘・統制されないために、皇帝・天皇の権力の核心をなす軍隊の指揮権を意味する統帥権（Oberbefehl）を議会及び政府から独立させた。とりわけ、明治国家はその創設時における三職七科制において、軍政・軍令事項を担当する機関として海陸軍科を設置し、その長官である海陸軍総督に権限が統一的に保持され、海陸軍総督は太政官に直属したことから、三職八局制下の軍防事務局を嚆矢に、以来軍務官、兵部省など軍務・統帥を管掌する機関のうちに兵政両権が統一的に把握されていた。★[2]

しかしながら、一八七八（明治一一）年一二月、参謀本部の独立をもって兵政両権の分離が実施された。欧米においては基本的に兵政分離が実施されず、その一方でドイツ・プロイセンでは議会の軍隊への統制・掣肘を回避するために兵政分離が実行された。そうしたなかで、日本の場合には、なぜ議会の設置以前に太政官（行政府）からの兵政分離が施行されたのかが、大きな歴史的問題となる。

そこで本節は、「参謀本部条例」制定による参謀本部の設置を境にして成立した統帥権独立制の意味を欧米諸国の兵政両権の議会・行政府による統制・掣肘の歴史との対比のなかで検討しようとする試みの一環である。それにより、統帥権独立制が実は「非常事態国家・緊急権国家」としての明治国家にとって、不可欠な国家システムとして位置づけられていたことを論証しようとするものである。★[3]

明治国家の緊急権システム

明治国家は、その成立以降、一貫した〝緊急権国家〟としての歴史を刻み、文字通り有事国家・緊張国家としての歴史を歩み続けた。すなわち、明治国家は常に「外圧」の危機を設定し、その対応過程のなかで国内の有事体制化に向かって奔走し続け、その過程で国家機能の軍事化と国民の統制・管理（監視）体制が強化されていった。絶え間ない侵略戦争の発動と徹底した思想弾圧の歴史事例が、そのことを克明に証明している。外に向かっての〈侵略国家日本〉、内に向かっての〈治安警察国家〉という明治国家に刻印された国家体質は、この国を常に「非常時」（＝有事）状態に追い込んだ。そして、この「非常事態」に対応して明治国家は、重層的な「国家緊急権」体制を敷くことになる。

この場合、「国家緊急権」（Staatsnotrecht）とは、「戦争、内乱、大規模自然災害等国家の維持・存続を脅かす重大な非常事態に際して、平常時の立憲主義的統治機構のままではこれに有効に対処しえないという場合に、執行権（政府・軍部）に特別の権限を付与または委任して特別の緊急措置をとり得るように国家的権力配置を移行する例外的な権能」[★4]を示すものである。

しかしながら、明治国家は、このような意味での「非常事態」に対して、国家緊急権を発動せずとも、全国に張り巡らされた強力な警察機構が存在して民衆の監視と弾圧のシステムを整備しており、さらに警察の背後に天皇の軍隊が治安出動体制をも整えていたはずである。その上に敢えて「国家緊急権」を用意したのは、国家自体の存在性・正統性が危機に陥った場合、迅速かつ圧倒的な権力により危機を回避し、国家の目的を達成する合理的な根拠を得ていくためであった。

「国家緊急権」には、具体的には既存憲法の臨時的解釈替え、憲法自体の一時停止や一切の法の停止による独裁的措置（超立法的独裁）など、いくつかの発現の仕方があるが、一時的にせよ法治国家という形態を放棄し、通常の憲法運営の軌道を逸脱したうえで敢行される権力意志の全面的な展開を目的とする。そこでは権力意志が貫徹されるために、民衆の基本的な人権は無視ないし軽視されることになる。

明治国家は強大な軍事力と警察力を備えた軍事警察国家ではあったが、国内的には絶えず深刻で解決不可能な矛盾や課題を背負うことになった。そのためにも軍隊や警察など物理的な暴力的装置と同時に、矛盾や課題に対する告発者たちを抑圧する国家緊急権システムが不可欠であった。この国家緊急権システムこそ、国家運営上、明治国家の基本構造となり、文字通り明治国家を支える屋台骨として機能することになる。

「明治憲法」体制下における明治国家の緊急権システムは、戦争・内乱等の非常事態に対処し、軍隊・警察など物理的暴力装置の使用を前提とする戒厳（第一四条）および非常大権（第三一条）の規定と、非常事態の段階以前における非正常な状態において立法・財政上の例外措置を採り得るものとする緊急勅令（第八条）および緊急財政処分（第七〇条）に関する規定とに二分される。特に後者の第八条と第七〇条を〝立法的緊急措置権〟と称している。[★5]

「明治憲法」の第八条一項には、「天皇ハ公共ノ安全ヲ保持シ又ハ其ノ災厄ヲ避クル為緊急ノ必要ニ由リ帝国議会閉会ノ場合ニ於テ法律ニ代ルヘキ勅令ヲ発ス」と規定し、緊急事態が発生した場合に限り、法律に代替する規定を天皇の大権発動による命令（勅令）を帝国議会の協賛を得ないで発することができるとした。これは「非正常」な状態という危機対処を目的とした天皇大権の発動だが、国家社会の安全確保の目的と「議会閉会」中という条件が課せられ、従って応急的臨時的措置として位置づけられる規定であった。

当然ながら、この勅令は次の帝国議会に提出される義務を負った。その帝国議会が不承諾の場合には、その効力を失効するものとされたのである（第八条二項）。その意味するところは緊急勅令の効力を暫定的限定的なものと位置づけ、「明治憲法」が前提とする立憲制の枠組みを根底から壊すものでないとされた。だが、実際には緊急勅令が既存の法律を廃止ないし変更する効力を持つとされる見解が憲法学説上の多数派を占めていたのである。

また、政府が勅令によって緊急財政処分を実施可能とする第七〇条について、帝国議会の協賛を絶対要件としてきた財政事項の分野にも政府が決定的な権限を確保するものであった。第七〇条には、これに触れて「公共ノ安全ヲ保持スル為緊急ノ需要アル場合ニ於テ内外ノ情形ニ因リ政府ハ帝国議会ヲ招集スルコト能ハサルトキ」と規定されていたのである。第八条の緊急勅令と同様に帝国議会が閉会中に生起する「緊急ノ需要アル場合」という非常事態への対応として位置づけられ、次回の会議において承諾を得る条件が付されてはいた。

確かに、「明治憲法」は民選議員から構成される議会の設置を認めてはいた。事実、法律や予算は議会の協賛なくして成立することは不可能であった。しかしながら、「明治憲法」は西欧型の議会と異なり、帝国議会の権能を極力制限するために天皇を「統治権の総攬者」とし、天皇に絶対的な権限を付与することで、議会＝立法府に優越する政府（天皇）＝行政権の存在を規定するものであった。例えば、独立命令（第九条）、宣戦（第一三条）、皇室費（第六六条）をはじめとする予算に関する制約など、天皇の大権が分厚く用意されていた。そのなかで緊急勅令や戒厳令、それに一度も発動はされなかったが、戦時または国家事変の際に「明治憲法」第二章「臣民権利義務」の一部または全部を停止する権限である非常大権（第三一条）などは、明治国家の緊急権システムの代表的規定であった。

緊急勅令の制定には枢密院の諮詢を経ることが必要とされていた（枢密院官制第六条）が、天皇制支配体制（＝国体）の牙城であった枢密院のチェックを受けることは、それ自体緊急勅令の性格が反議会主義反立憲的行為であることを意味するものであった。立憲君主政体の主要な構成体のひとつである議会の統制力を極力排除するシステムの立ち上げこそ、国家緊急権システムの意図であった。そして、この議会の統制力を排除する主要なシステムとして、明治国家創設以来一貫して整備されてきたものこそ、軍隊指揮権＝統帥権の独立であったのである。

国家緊急権システムとしての統帥権独立制

内閣の行政権と軍部の軍事権の関係は、本来的には軍事権は行政権に従属するものである。しかし、明治国家においては、この両権の優越性が明治国家の統治構造の決定的な特色と指摘されてきた。とりわけ明治国家の後期、すなわち昭和初期の時代からは軍事権の優越性が顕著となってきた歴史過程がある。明治国家はイギリスに見い出せるような議会（立法権）の優越性が最初から前提されていたケースと異なり、基本的には政府（行政権）と、これを支える官僚制の優位を保証する憲法体制を布くことになる。

そして、危機管理・有事法制という点でいえば、明治国家の場合は、既存の統治構造内に軍事権やその制度的存在としての軍隊を国家の基幹的位置に据え置く体制を採用していたため、軍事権の行政権に対する優越が現実の政治過程で常態化する。「富国強兵」という明治国家のスローガンは、まさしくこの軍事権優位の統治構造を平易に表現したものに他ならない。

また、軍部もその軍事権の優越性を縦横に用いて、さらなる軍事権の拡大を志向し、絶え間ない戦争発動による「非常事態」の喚起によって「緊張国家日本」の形成に向かうことになる。いわば「自作自演」的な軍部の政治手法は、結局のところ明治国家をして、世界史的にも類を見ない高度の危機管理・有事国家に押し上げていくのである。

それで、明治国家における政軍関係は、少なくとも西南戦争の時期までは、密接不可分な一体的なものとしてあり、この時期までの政治と軍事は、単一の政治機構または単一の政治指導者の手に掌握されていた。ところが参謀本部設置に伴う統帥権独立制の制定は、日本軍隊創設一〇年後にして早くも明治国家の政軍関係に決定的な転換をもたらすことになる。つまり、それまで政治機構内に属していた軍事機構が、政治機構と並列・対等という形で分離し、政治と軍事とがそれぞれ全く別の機構を形成することになったのである。それは政治の軍事への干渉を排除し、軍事独自の活動を保証しようとするものであった。

一八七八(明治一一)年一二月五日、参謀本部の設置を境に統帥権(=軍令権)の独立が主張され始めた。具体的にいえば、それまで陸軍省の別局であった参謀局の廃止にともない、新設された参謀本部が完全な軍令機関となり、その長官である参謀本部長が陸軍卿(陸軍大臣の前身)から独立し、さらに優越する地位があたえられることになった。それは、「参謀本部条例」第二条の「帷幕《いばく》ノ機務ニ参画スルヲ司ル」のなかの「帷幕」の意味から明らかである。

「帷幕」とは、天皇の幕下を意味し、参謀本部の長官である参謀本部長が、陸軍の軍令に関する天皇直属の幕僚長として軍令事項を掌握することである。それで、天皇の軍令権は参謀本部長の補佐によって施行されることになった。これは「参謀本部条例」第五条と第六条で官制史上初めて「軍令」の用語が使用され、軍令の意味するものが特に規定されていることからもわかる。

「参謀本部条例」第五条では、軍事事項の施行は、「親裁(天皇による裁可)ノ後直ニ之ヲ陸軍卿ニ下シテ施行セシム」とあり、太政大臣や陸軍卿はその意志に関係なく施行する義務が課せられることになった。ここに参謀本部長の権限は、陸軍卿を長官とする陸軍省よりも優越する天皇に隷属し、軍令に関する天皇補佐の最高機関となったのである。一方、陸軍省は参謀本部条例と同時に改正された「陸軍省官制」によって陸軍軍政の中央機関と位置づけられ、さらに同年の一〇月一〇日に制定された「陸軍省職制及職制事務章程」には、「陸軍卿ハ陸軍省ノ軍人軍属ヲ統理シ進退黜陟《ちゅっちょく》会計給与委細ノ事務ヲ統理スル所トス」（第三条）とされ、軍政の具体的内容が規定された。

それで参謀本部長は、「奏聞参画ノ責ニ任ジ親裁ノ後陸軍卿之ヲ奉行ス」（第七条）と追認され、さらに戦時における軍令施行手続きについては、「戦時ニ至リ監軍中将若クハ特命司令官ヲシテ一方ノ任ニ当ラシムルニ方《あたり》テハ親裁ノ軍令ハ直ニ之ヲ監軍中将若クハ特命司令官ニ下シ帷幄《いあく》ト相通報シ間断ナカラシム」（第八条）とされた。作戦用兵の権限、つまり軍令権の発動は帷幄＝参謀本部と直接軍隊を指揮する陸軍中将・特命司令官（後の師団長）が、これを施行するものと明記されたのである。これによって参謀本部は太政官（＝政府）を経由せずに、軍事を天皇の「親裁」をもって「独立」させることになり、参謀本部長は政府の制約を受けることなく、自在に軍隊を動員し、指揮することが可能となった。戦後におけるシビリアン・コントロールとは正反対のミリタリー・コントロール法制化の第一歩である。

次いで、「緊急権国家」である明治国家が採用した国家緊急権システムのうち、本格的なシステムとしての統帥権独立が企画された経緯を整理しておきたい。筆者も従来の統帥権独立問題に関連する研究において、統帥権独立の理由を軍制的理由と政治的理由に分け、特に後者については明治期最大の軍隊反乱事件である「竹橋事件」（一八七八年）における軍隊への自由民権思想の影響という事実を教訓に、軍首脳が軍隊を政治機構から、いわば〝隔離〟する手段として参謀本部を独立させ、その参謀本部に軍隊の指揮権を付与し、それを好機として以後軍隊の政治からの独立、換言すれば政治の軍事への不統制というシステムの立ち上げが実行された、と論じてきた。★6

この点に関連して、藤田嗣雄は、その著書『軍隊と自由』において、「天皇制はもともと過去数百年来軍隊によって支持されてはおらず、ポツダム宣言の受諾によって軍隊が解散されたのにも拘わらず、これと同時に天皇制は崩壊するに至らなかった。統帥権の独立が支持せんとしたのは、いわゆる『明治絶対制』であったことが、ここに実証されている」[★7]と述べ、統帥権独立制と明治絶対制との関連に言及している。しかし、敗戦後天皇制が残置されたのはアメリカの戦後アジア戦略の文脈から説明されるべきものであること、また国家総動員法（一九三八年四月制定）が、天皇大権をも制約する形で施行され、天皇制絶対主義を越える現代戦対応型の国家機能への転換が目的であったことを考慮すると、藤田の説明は説得的とは思われない。

確かに、統帥権独立制の目的が明治国家の絶対的権力による物理的暴力装置（＝軍隊）の独占にあったことは間違いないが、明治国家の国家緊急権システムの主要な一環として案出されたと捉えたほうが合理的である。「統帥権の独立によって生ぜしめられるに至った軍事憲法と政治憲法の対立」[★8]と藤田自身も述べているように、統帥権の独立と後における内閣職権（一八八五年一二月制定）及び「明治憲法」において、その法的位置づけが確立されていく過程こそ、軍隊指揮権に関わる軍事法を憲法体系のなかに固着させていく過程でもあった。それによって戦時状態において憲法に孕み込まれた軍事法が随意に発動して、藤田のいう「政治憲法」を凌駕する体制を整備していくのである。その意味で、統帥権独立制とは、明治国家をして軍事国家へと発展させていく法的な原動力であったのである。

内閣職権は、太政官制度の廃止にともない制定され、新たに内閣制度が組織されたが、「内閣職権」で内閣総理大臣は各大臣の首班として国務一般を処理し、軍事に関するものは参謀本部長の、いわゆる単独上奏権を認めることで軍事に関連する事項は内閣＝政府が直接には触れることのできない領域とされた。すなわち、「内閣職権」第六条には、「各省大臣ハ主任ノ事務ニ付時々状況ヲ内閣総理大臣ニ報告スヘシ但事ノ軍機ニ係リ参謀本部長ヨリ直ニ上奏スルモノト雖モ陸軍大臣ハ其事件ヲ内閣総理大臣ニ報告スヘシ」と規定された通り、各省大臣は各管掌項について内閣総理大臣に報告義務が課せられたが、「軍機」に関するものは例外とされた。「参謀本部長ヨリ直ニ上奏スル」軍令事項が、内閣＝政府の統制外に置かれることが改めて明記されたのである。

軍令権の政府からの独立は、「明治憲法」によっても確認されることになる。「明治憲法」において軍制に関わるのは、天皇の軍事大権とされる第一一条の「天皇ハ陸海軍ヲ統帥ス」と第一二条の「天皇ハ陸海軍ノ編成及常備兵額ヲ定ム」の条項がある。その「明治憲法」は大権中心主義を採用しており、天皇の大権と帝国議会との関係は、大権を主とし帝国議会を従とする関係に置かれた。それで、第一一条を軍令大権または統帥大権、第一二条を軍政大権または編成大権と称した。

このなかで軍令大権の行使は、憲法解釈の通説として「明治憲法」第五五条の輔弼《ほひつ》条項に属するものとされ、主に参謀本部長（後の参謀総長）と海軍軍令部長（後の軍令部総長）の帷幄の補佐により施行されるとした。しかし、このなかで軍令事項と同様に国務上の重要事項とされた軍政事項に関しては、この限りではなく、他の一般国務事項と同様に取り扱われた。こうして、軍令事項だけが帝国議会の議決を経ることなく、天皇の親裁によって決定されていく構造が形成されていったのである。

以上の内実を有する統帥権が政府の権限から独立して天皇直属の参謀本部の権限とした経緯を追うと、その推進役であった桂太郎の証言などから統帥権独立制に踏み切る背景には、極めて緊急避難的な措置としてあったことが知れる。[★9] さらに、一八七八（明治一一）年一〇月八日、陸軍卿山県有朋の名で太政官に提出された「陸軍省上申」と題する参謀本部設置案にも、軍政・軍令の機構分化の必要性が説かれ、参謀事務を担当する軍令機関は「其責固ヨリ少々ニ非ナルナリ」であり、その役割が増大している現状に対応して「権限ノ如キモ亦、凡ソ本省ノ政令ト相並行セサルヘカラス」とし、参謀本部の担当任務を軍政機関である陸軍省と分掌することで、その権限の独自性と徹底化が要請されていた。具体的には、「機密ノ規画内ニ成テ遠大ノ謀略外ニ行ハル」ために、「本省ノ政令ニ相並行」した規模、体裁、権限を保有する軍令機関の設置を説いたのである。★10

桂が参謀本部設置の手本としたドイツ軍制において参謀局長は、ドイツ皇帝の直轄であり、日本の参謀本部もこれに倣ってドイツと同様の形態にすべきとしたのである。天皇に参謀本部を直属させることによって、軍事領域の主要な機能である軍政と軍令との分化、それに対応した軍事機構の拡大と発展という要請に沿うものであった。つまり、参謀設置以前の軍事機構が一様に太政官政府に隷属しており、太政官制の集権主義的性格から軍事機構の分化と、その機能の発展は保証されていたはずであった。さらに付け加えれば、軍事外の領域、すなわち政治領域に介入することなく、これを尊重してその統制に服することが軍事機関の原則となっていたのである。そのことを太政官政府の側からいえば、太政官制とは集権主義的な性格のひとつの具体的形態、つまり、軍事と政府の太政官政府への集中を意味したのである。

そこで桂がいう参謀事務の拡大と発展に参謀本部設置の目的があったとする説明は、当該期における軍政・軍令の機能的な分業が制度的に保証されていた太政官制のもとでは説得力に欠ける。参謀本部設置に伴う軍隊指揮権の行政権からの独立を意味する統帥権独立の説明には、政治的歴史的な背景が不可欠なのである。要するに、統帥権独立制こそは、「非常事態国家・緊張国家」として創出された明治国家が、対外政策としての戦争発動、対内課題としての治安維持という最高目的を遂行していくうえで不可欠な制度であったのである。そこから統帥権独立制とは、危機管理・非常事対応型の国家機構を整備していく過程で案出された国家緊急権システムであったとの把握が可能であろう。

国民非武装化政策と非常大権

統帥権独立制による国家の独占的武装化と反対に、明治国家は国民の全面的非武装化を急務の課題とした。その象徴的政策が一八七六（明治九）年三月二八日の廃刀令（太政官第三八布告）である。それは欧米に典型事例を見いだせるように議会による軍隊への統制・掣肘の可能性を奪うばかりか、有事・非常時事態における国民総武装の可能性を阻み、権力との対等の関係を構築する前提を解除する政策でもあった。それは同時に近代国家の国民に保証されたはずの抵抗権・革命権行使の物理的手段を奪うものでもあった。

国民の政治的社会的権利を保証する制度としての議会による軍隊の統制・掣肘への途を閉ざし、国家により管理された国民と軍隊との関係の構築は、明らかに欧米諸国家に具現されたように国家の危機を国家的・国民的な危機と捉え、国民自ら自発的かつ主体的に国家防衛に参画する国家防衛体制や国家防衛意識を用意する可能性を削ぐことになった。その意味からも統帥権独立制は、国家意識の国民的基盤を形成する余地を奪うことになった。国民総武装化の機会を奪い、管理された〝国民軍隊〟を創出するという状況は、「非常事態・緊張国家」としての明治国家に内在する特徴であったのである。[★11]

ところで、緊急勅令に代表される立法的緊急措置権と異なり、戦争や内乱など「非常事態」への対処手段として、明治国家はその憲法に非常大権（第三一条）と戒厳（第一四条）の規定を設けた。この二つの条項は、いずれも国家武力組織の発動を前提とする点や既存憲法を停止して文字通り超憲法的措置として国家のいう「非常事態」への対処が強行された点で、同一の類型に属する。

非常大権は、「本章ニ掲ケタル条規ハ戦時又ハ国家事変ノ場合ニ於テ天皇大権ノ施行ヲ妨クルコトナシ」との規定により、「戦時又ハ国家事変」という非常事態に対する最高度の対処手段として規定された。これを美濃部達吉は国家非常事態克服のために武力の発動を充て、その手段として軍隊の専制的権力を容認したもので、戒厳大権を規定した第一四条と相対応したものとする。すなわち、第一四条は戒厳の原因を規定し、第三一条はその結果として軍隊の権能を容認したものとする見解である。★12

戦後歴史学研究のなかで、この戒厳規定について詳細に論じた大江志乃夫も、この美濃部の見解をだいたいにおいて支持しており、第一四条と第三一条は重複規定としている。★13 しかしながら、こうした見解は当時にあっては少数派であり、国家主義者が多勢を占めていた当時の法曹界にあっては、非常大権は戒厳をも超えた格別の規定とする解釈が有力であった。

すなわち、非常大権の行使が戒厳の効力に留まらず、非常事態に対応した法整備や自由の制限をも課し得るものとし、天皇の大権を施行して必要な措置を講じることを可能とさせるものとしていたのである。この場合、天皇大権の一つとして位置づけられる非常大権の発動によって、天皇は全く法的拘束を受けることなく非常事態の内容に即し、自由裁量にて対応措置を断行できる権能を確保することになる。換言すれば、緊急勅令や戒厳の施行によっても解決不可能な、高度な国家非常事態＝危機を克服するための規定であるとされたのである。

しかし明治憲法体制下において一度も発動されなかったが故に、非常大権が具体的にどのような形で発動されるかについては、予測の域を出ない。つまり、最後まで、言うならば〈伝家の宝刀〉的な位置を占め続け、現実には緊急勅令や戒厳令によって危機克服が強行されてきたのである。それが軍事大権の発動を主軸にしての危機対処か、あるいは非軍事的措置による危機克服策として想定されていたのかという点について、これまで多様な議論が存在する。ただし、明らかなことは非常大権の施行者として天皇の存在が極めて大きく位置づけられ、そこから明治国家の、もっといえば明治緊急権国家の本質たる天皇による専制体制がいつでも発動されるシステムが、いくつかの立法的緊急措置権の裏側にある、まさしく超立法的緊急措置権として用意されていたことである。その意味でいえば、明治国家体制は二重の国家緊急権の発動システムを兼備した国家であったといえよう。

明治憲法体制下にあって、この非常大権が一度も発動されなかった理由は、「国家総動員法」の制定公布と密接な関連を持つとされている。そこでは明治国家体制下にあって、非常大権の位置を確定するうえでも、非常大権を物理的暴力の行使体としての軍隊を天皇が独占するという形式によって支えた、統帥権独立制の位置を通して検証することも可能であろう。

明治憲法制定以前において軍隊指揮権の定義付け作業を進めたうえで、明治天皇は一八七六（明治九）年九月七日、元老院議長有栖川宮熾仁に憲法編纂を命じた。これを契機として憲法制定要求運動が起きるが、その一方では明治政府主導による憲法制定作業が本格着手される。結局、憲法制定の主導権を取ったのは岩倉具視であり、一八八一（明治一四）年七月、憲法に関する建議を上奏する。これを受ける形で同年一〇月一二日、「国会開設の勅諭」が下った。ここに伊藤博文が海外における憲法調査と憲法草案の作成を命じられていくが、その過程で明治憲法の本質たる基本的人権の制限、有事における戒厳令の施行による国内の軍事的秩序の徹底、軍隊指揮権の天皇への独占的掌握といった基本的な性格づけが検討されていく。

そこでは「統治権の総攬者」としての天皇の絶対的位置が確定された。西欧における立憲君主制国家では、君主と国民代表（議会）の二機関が国家を代表する二機関並立制、あるいは二元主義が採用されたが、日本の場合は天皇のみが国家を代表する一元主義が採用された。そのような天皇の位置を絶対的に保証していく装置としての軍隊の指揮権が天皇の独占に帰着することになったのは、以上の文脈からすれば当然の帰結でもあった。問題は軍隊が天皇制＝国家体制の骨格として位置づけられていく過程で、天皇の保有する非常大権が、この統帥権独立制によって保証されていったことであった。確かに明治憲法には、統帥権独立そのものを規定する条文は全く示されていないが、その後の政治過程において統帥権独立制は確実に強化されていったのである。

藤田嗣雄は『軍隊と自由』のなかで、「明治憲法において、絶対主義及び立憲主義の対立を先鋭化させたものは、統帥権の独立である」[★14]と指摘した。それは、明治憲法の第四条「天皇ハ国ノ元首ニシテ統治権ヲ総攬シ此ノ憲法ノ条規ニ依リ之ヲ行フ」において、天皇を国家元首と規定することで天皇の絶対的な統治権を承認し、同時に後段で統治権が憲法の制約において施行されるとした点で、絶対主義と立憲主義の折衷が行われたとしている。第四条に含意されたこの両義性は、明治憲法体制の本質的要素を象徴するものであったが、欧米諸国と同質の近代国家創出の要請と同時に、欧米諸国との対等化を目的とするアジア地域での覇権国家日本の創出のため、アジアに向けた戦争発動と、その結果生じるであろう国内矛盾の深化への対処として、高度な治安警察国家の体制を整備していくためにも、統帥権独立制は不可欠な国家緊急権システムとして位置づけられたのである。

以上のような論点からすれば、統帥権独立制は、戦争国家日本と治安警察国家日本という国家機能を同時的に達成する制度でもあったと結論づけられよう。

［注］

（1）イギリスの歴史家ハラム（Hallam）は、『イギリス憲法史』において、「文権優越」の用語によってイギリスにおける文権と兵権の関係を論述している。藤田嗣雄『軍隊と自由』（河出書房、一九五三年）の「第二章文権の優越」（二〇頁）を参照。

（2）統帥権独立制度以前の兵政両権の構造については、纐纈厚「統帥権独立制の形成と戦争指導」（富田信男編『明治国家の苦悩と変容』北樹出版、一九七九年。纐纈厚『日本陸軍の総力戦政策』大学教育出版、一九九九年に再録）で詳しく論じた。

（3）藤田嗣雄は、『軍隊と自由』において、帝国議会設置以前における統帥権独立制の目的に触れて、「統帥権の独立によって、絶対制的な天皇の地位の確立に役立せんとした」（六五頁）と述べ、統帥権独立の歴史的意義を明治絶対制との関連で位置づけようとしている。

（4）水島朝穂『現代軍事法制の研究』（日本評論社、一九九五年）、一九六頁。

（5）小林直樹『国家緊急権』（学陽書房、一九七九年）参照。

（6）例えば、「統帥権独立制の形成と戦争指導」および「竹橋事件」（『軍事民論』特集第一三号、一九七八年）など。

（7）藤田前掲書、六五頁。

（8）同前。

（9）参謀本部設置の責任者であった桂太郎（当時、陸軍省第一局法則掛・軍中佐）は、「此年（注・一八七八年）一二月ニ参謀本部ハ天皇ノ直轄タラサルヘカラストシ、純然タル軍事ヲ陣軍省ト引キ分ケ軍命令ハ直轄トナリ、軍事行政ハ政府ノ範囲ニ属スヘシトイフ自然ノ空気カ起リシナリ、然レトモ未タ如何ナル方法、如何ナル組織トイフ研究ヲナシテ此ノ論ヲ立テラルニアラス、而シテ愈々参謀本部ヲ置キ、軍命令ハ天皇ノ直轄ト為ササルヘカラストイフ事トナリ」（徳富蘇峰編述『公爵桂太郎伝』乾巻、桂公爵記念事業会、一九一七年）とその自伝に記している。

（10）同前。

（11）一八八二（明治一五）年一二月、右大臣岩倉具視によって起草された「府県会中止意見書」のなかにも人民非武装化策を見出すことができる。そこには、「蓋シ今日政府ノ頼テ以テ威権ノ重ヲ為スモノハ海陸軍ヲ一手ニ掌握シ人民ヲシテ寸兵尺鉄ヲ有セシメサルニ因レリ然トモ若シ今日ノ如クニシテ人心ヲ収束スルコトナク権柄益下ニ移リ道徳倫理滔々トシテ日ニ下ラハ兵卒軍士ト雖焉ソ心ヲ離シ戈ヲ倒マニサセサルヲ保センヤ気運一旦ニシテ此ニ至ラバ夫ノ一夫夜呼テ関中守ヲ失フノ覆轍ヲ履マサラント欲スルモ豈ニ得ヘケンヤ」（岩倉公旧蹟保存会編『岩倉公実記』下巻、原書房、一九二七年）という個所がある。

(12) 小林前掲書、一五四頁参照。

(13) 大江志乃夫『戒厳令』（岩波新書、一九七八年）。

(14) 藤田前掲書、六九頁。

2　日本型政軍関係の展開と国家戦略の不在性

近代日本における政策決定の主体

近代日本は、長きにわたる封建社会からの脱出と、その解体の歴史として開始された。そこでは、軍隊と政党の二つの政治装置が封建社会を解体し、近代化への道を切り開くうえで重要な役割を担うことになり、同時に内外政策の決定主体として登場する。軍部は近代日本の発展に不可欠な国内秩序を確保するために創設されたものであったが、日本国民の利害調整機能を果たす政治装置として政党の創出も急がれた。

こうして近代日本の成立過程で、軍隊と政党という近代国家に必須の政治装置が起動することになり、近代国家としての内実が整えられるに至った。しかしながら、この二つの政治装置が相前後して起動し始めると、両者間には深刻な対立や抗争が露呈もし始める。すなわち、明治国家の軍隊が封建制の体質を色濃く残存させたまま創出されたのに対し、一方の政党がイギリスやフランスの自由主義的かつ立憲主義的な思想や色彩を伴って成立したこともあって、いきおい両者間においては、当初から相互矛盾が強調される傾向が強く、そこから明治国家を支える政治装置でありながら、相互に協調関係を成立させるに至らなかったのである。それゆえに近代日本の内外政策の内容も、必然的に軍部と政党との相互関係のなかで決定される要素が大きかった。

世界史においても、封建国家から近代国家への展開過程において、通常は軍隊と政党という二つの政治装置が起動する。それで、欧米近代国家の軍隊は、市民革命を経由して「市民軍」あるいは「国民軍」として創設される歴史過程を歩んだ。それゆえに軍隊と政党とが協調し、相互補完的な関係を成立させることに成功したのに対して、近代日本の軍隊が市民革命を経由しないまま天皇制と密接不可分の関係性のなかで創出されたこともあって、封建制の克服という近代軍隊に課せられた役割という点では、一貫して不充分性を残存させたままであった。それが欧米型モデルを模範とする近代政党との齟齬や軋轢を生み出した主な原因であった。

このように、封建制の解体を担うために創出されたはずの日本の軍隊は、例えば自由民権運動や民党と称される諸政党の求める新たな政治秩序が、軍隊の基盤でもある封建的秩序の徹底的な除去と欧米型近代化を志向するものと捉え、これに反発を強めていくのである。自らの内に孕んだ封建的体質の自己証明とも指摘可能な事件例として、一部軍隊の反乱事件である竹橋事件（一八七八年）がある。この事件を機会に山県有朋に代表される明治政府の指導者は、軍隊の政治からの分離を目的として参謀本部を独立させ、統帥権独立制度を確立しようとした。この制度の成立過程と成立理由のなかに、近代日本における政軍関係の構造的特質が集約されているように思われる。

すなわち、統帥権独立制は軍事への政治の介入や統制を排除しようとするものであったが、換言すれば軍事に対する政治統制を拒否することによって、欧米型近代化を阻み、封建的秩序を保守する試みとしてあったともいえる。しかしながら、第一次世界大戦で出現した戦争形態の総力戦化、別の意味でいえば戦争形態の近代化と政治化という流れのなかで、軍隊は自らの封建的秩序意識を克服し、文字通り自己革新することによって政党とも連携強化を志向するところとなり、政治と軍事との相互補完的な関係を模索していくことになったのである。

明治憲法体制下にあっては、天皇制国家が「国家統治ノ大権」＝統治権力の全てを天皇に集中し、統治権力の施行機関をいくつにも分割して、権力の分散化・分権化を図ることで天皇の権力（＝天皇大権）を凌駕する権力体創出の可能性を削いだこと、それと付随して軍事機構（軍隊）だけが天皇に直属する権力施行機関として天皇制国家の中核的存在と位置づけられたことは、ある意味で明治国家という近代国家が近代性と前近代性をも同時的に孕むという政治選択であった。そこにおいて、前近代性を全面化させる時、軍隊は天皇制国家の絶対意志を貫くうえで最も重要な役割を演じた。

内外政策決定主体の日本的特質と構造

そのような本質と役割を担った軍事機構は、他の官僚機構と比較しても特異な位置を終始占め続けたといえる。すなわち、天皇制国家が半封建的・絶対的な性格を残存させながらも、着実に資本主義化し、近代国家としての形式を整えていく過程で、軍隊は政治的民主化や政治的諸権利を要求する民衆の動向を抑制かつ威嚇する暴力装置として強化・拡大し続けたことである。しかしながら、軍事当局は決して硬直した対応に終始したのではない。天皇制国家が大正デモクラシー状況下で体制的な危機に直面した折りには、山梨軍縮や宇垣軍縮に象徴されるように柔軟な姿勢を示すことで、逆に「国民の軍隊化」あるいは「軍隊の国民化」に一定の成果を挙げていき、同時に第一次世界大戦によって開始された戦争形態の総力戦に迅速に対応する積極的な政策を打ち出していったのである。

一方、日本資本主義の発展は国内の狭隘な市場の制約性を克服するために、国内産業資本の海外、とりわけ朝鮮半島から中国大陸への資本投下先を求めて、軍事力を背景としつつ戦争政策を不可避とする外交戦略を採用していく。資本と技術の低位性を補完するために軍事力に依存せざるを得ない日本資本主義の実態ゆえに、軍事機構の肥大化は避けられない構造が定着していくのである。★1

こうして本来は、封建遺制の保守と自己利益の確保を目的として構築された統帥権独立制が、結果的には一定の政治的地位を獲得していく制度となったのである。こうして軍事機構（軍隊）は帷幄上奏権や「軍令」などにより、他の官僚機構と比較して自立性・独立性を確保していくことになる。そのような軍事機構が、大正期における政党政治の成立という状況のなかで、政党が民意を背景に政治の主体として台頭するようになると、組織原理も行動原理も全く異なる政党と軍隊とが、連繋ではなく対抗関係を形成していくのは不可避的な事態であった。この両者の対抗・対立関係は、特に外交・戦争指導という局面において繰り返し表面化する。

いうまでもなく、政党は日本資本主義の発展過程のなかで政治の表舞台に本格的に登場した。そこにおいて、政友会と憲政会（民政党）の二大政党が三井と三菱の〝政治部〟としての役割を果たす過程で、あくまで経済的利益の確保を優先する政党と、大陸国家日本への発展を掲げ、そのための軍事力の投入という企画を政策化しようとする軍部との間には、明らかな乖離現象が目立つようになってくる。とりわけ、両者は、対中国政策の展開やアメリカおよびイギリスとの距離の取り方等について相反する国家目標を掲げるところとなり、それが国内における諸矛盾の噴出と重なって様々な局面で対立を先鋭化させるようになった。

しかしながら、その一方では第一次世界大戦が諸権力・諸勢力に与えた衝撃は強烈であり、そこから総力戦体制の構築という大方の合意が確保可能な国家目標が設定されるようになると国内の諸矛盾は抑制され、次第に政治と軍事の一体化への動きが現れるようになった。そこから政治と軍事の関係も、表面的には依然として対立・対抗の関係を維持したまま、一方では同時に妥協と協調が模索されていく。確かに、日本の政軍関係は政治が軍事を統制するという欧米流のシステムを構築することに成功しなかったが、明治憲法体制に規定されつつも、軍主導の総力戦体制構築という要請が合意されるなか、軍部優位の政軍関係が一九三〇年代の後半にかけて成立する。

そこでは最終的には軍事の政治への「合法的・間接的支配」が実現されていくが、そこで最後まで合法性・間接性という点が留保されていた歴史事実とその理由にこそ、あらためて着目する必要がある。なぜならば、そのような特徴を、いわゆる「日本型政軍関係」と呼ぶことができるということに留まらず、軍部支配の実態がその合法性・間接性ゆえに、充分に歴史の負の遺産として受け止めていない、という深刻な課題に直面するからである。以上の近代日本の内外政策の内容を概観する以前の課題として、その政策決定の主体の日本的特質と構造を確認しておくことが重要と考える。

近代日本の内外政策の変容

筆者にとって、近代日本の政軍関係研究の目標は、日本の国家構造および国家目標の内容によって規定されながら、最終的には相互補完的な意味で協調体制を敷かざるを得なかった点を実証することにある。すなわち、大正期から昭和初期にかけての政治と軍事との対立の争点は、その具体的組織としての政党と軍部という当該期における有力な二大政治装置の国家発展の方法と方向をめぐる戦略レベルでの問題であった。そのことを、三谷太一郎氏の用語を借りれば、政党という「選出勢力」か、それとも軍部という「非選出勢力」かの、いずれが国家の指導部を形成するかの対立であったのである。

より具体的にいえば、例え制約的であれ、戦前型民主主義システムを起動させるなかで国家発展の途を模索し、対外的には英米との連携の中で国際資本主義システムのなかに日本を編入することを選択しようとした政党や資本家等の総意を優先するか、逆に軍部主導の指導体制を構築するなかで、英米との連携を打ち切って大陸に覇権を確立し、自立した文字通りの軍事帝国主義国家日本を建設しようとする軍隊や革新官僚等の目標を優先するか、の問題であったといえよう。それが既述したように政軍の乖離現象となって表出するのである。

そのような国家戦略の方向性を決定するうえで、政治と軍事とが時として対立を先鋭化させることもあったが、日本資本主義の技術的資本的なレベルでの低位水準に規定されながら、時にはいずれの側も英米に妥協的なスタンスを余儀なくもされ、またそれとは逆に猛烈なナショナリズムの喚起のなかで脱英米への試みが突出することにもなる。要するに、二つの選択のなかで、政治と軍事が大きく揺れ動くのである。

そのことは現実の政治過程においては昭和初期以降、軍事の政治との対等化、あるいは軍部内閣の登場という事例において具現される。確かに、軍事が政治に介入し、かつ、政治を逆に統制する事態が常態化した。しかもそれが満州での軍事行動（満州事変）、国内での三月・一〇月事件（一九三一年）に代表される国内でのクーデタ計画、さらには犬養毅首相暗殺（五・一五事件、一九三二年）による暴力とテロリズムによってもたらされたとしても、実際には政治の側が軍事の論理を受容していったことは客観的な事実であり、その限りでは軍事の政治介入はその手段の非合法性とは別に、軍事の「合法的・間接的支配」が実行に移された点をどのように把握するかが最大の問題となろう。

近代日本の内外政策の特質

それで政軍関係の実態を基軸に据えて、近代日本の内外政策の展開と内容を検討する場合には、次のような時代区分を設定することが効果的だと考えている。筆者は、政治と軍事の関係史を、主に両者間の対立と妥協の政治過程分析の視角から追究してきた。この政治過程分析を踏まえ、政治と軍事の組織・機構・構造・制度といった側面から概観した場合、次のような五つの時期に内容的に区分できると考える。

すなわち、第一期は、一八七七（明治一〇）年に起きた西南戦争までの時期、第二期は、西南戦争を転機にその翌年参謀本部が独立し、軍事機構分立の方向性が打ち出された時期、第三期は、明治憲法制定（一八八九年二月）により、政治と軍事との分離が解釈上明確とされる時期、さらに、第四期は、陸海軍省官制の改正により軍部大臣現役武官制度が廃止（一九一三年六月）され、大臣・次官の任用資格を予後備役にまで拡大して、軍事への政治統制が格段と強化された時期、第五期は、一九三〇（昭和五）年四月のロンドン海軍軍縮条約における統帥権干犯問題と翌年生じた満州事変（一九三一年九月）を契機とする軍部の独走、さらに一九三六（昭和一一）年二月の二・二六事件による軍部大臣現役武官制度の復活の時期、それに続く軍部の政治勢力化と軍部政権の成立の時期、である。したがって、本論はこのうち、第四期と第五期を対象とする政軍関係史研究ということになる。

それで、第一期の特色は、政治と軍事が単一の政治機構、または単一の政治指導者の手に掌握され、政治機構と軍事機構の分立は見られず、両者は密接不可分のものとして存在したことである。したがって、いわゆる政軍関係という形式は実態として存在しなかった時期といえる。ところが参謀本部の独立という形で軍政と軍令とが機構的・機能的に分離したことで、軍事機構の分立への方向が打ち出された第二期から、特に一八八五（明治一八）年一二月の内閣制度の確立により本格的な政軍関係が実態として成立する時代を迎える。さらに、一九〇七（明治四〇）年九月の「軍令」第一号の公示により、統帥権独立の制度的確立を果たしたものとして極めて重大な措置であった。すなわち、この措置は統帥について勅諚を経た規程を軍令とするとしたものであり、軍令部門に限定されていたとしても、軍令（＝作戦指揮・作戦計画立案）部門の分立は、政治機構内に所属していた軍事機構が政治機構と並列・対等という形で存在することを意味した点で画期的な出来事であった。

ただし、この機構的分立がただちに両機構の対立・抗争に発展したわけでなく、むしろこの後も軍事機構の権限は最小限度に抑制された。大正デモクラシー状況を背景とする政党内閣の時代が第四期に相当し、折からの国際軍縮機運や軍備削減を要求する国内世論を原因として軍部大臣現役武官制度が廃止され、制度的側面からも国内世論的側面からも軍事が政治によって厳しく統制され、軍の威信も著しく低下した時期であった。

第五期は、政軍関係が最も激しく対立した抗争の時期である。この期間中の初期に政党内閣時代は、一九三二（昭和七）年五月の五・一五事件のテロにより終末を迎え、軍部が統帥権独立制の徹底化や軍部大臣現役武官制度の復活を図りつつ政治勢力化し、ファシズム運動のなかで「合法的」に軍部政権を実現していく時代である。日中全面戦争開始以降、政軍関係は強力な戦争指導を進めるため、その関係調整を迫られた。さらにアジア太平洋戦争の開始以後における総力戦体制の構築が緊急課題となった状況下においては、一層強く要請されはしたが、大本営政府懇談会、最高戦争指導会議など、極めて限定的かつ便宜的な組織しか用意されず、政軍関係の調整は最後まで完全には実現することはなかった。★2

日本の政軍関係史の内容区分からして、まずハンチントンの「二重政府論」の理論的把握は、ここで示した第五期における政軍関係の対立・抗争期、あるいは軍事の政治介入が顕著化した時期を指したものであり、その限りでは時期的限定を明確にしたうえで議論を進める必要がある。それ以上に問題なのは、「二重政府論」（Dual Government）の用語を額面通りに受け取った場合、二つの「政府組織」が並立し、それぞれが政治・戦争指導及び国家政策の決定に携わり、この両組織が未調整の常態のまま国家運営が進展する、ということになろうか。しかし、果してそれが、ここでいう第五期の実態なのかは疑問である。

確かに陸軍省にせよ参謀本部などの軍事組織に勤務する中堅軍人官僚等が戦争指導の主導権を掌握し、さらに政治介入することで政治指導に相当の影響力や圧力を行使した事例は数多いが、だからといってただちに併立する二つの「政府組織」が存在するという認識は、例えそれが比喩的な指摘であったとしても事実に正確でない。

一九三六（昭和一一）年二月の二・二六事件直後の広田弘毅内閣も組閣過程で軍部の露骨な圧力により自由主義的人物の入閣が阻止された経緯もあったが、それでも外務官僚出身者の広田弘毅に大命降下があったことは、軍部が前面に出られない政治状況にあったことを示すものと理解するのが正確であろう。日米開戦時の東条英機「軍部」内閣も、彼を推薦したのは木戸幸一を中心とする重臣・宮中グループであり、以後東条打倒工作が水面下で始まっていた段階でも、木戸は天皇の意向を受けつつ、東条支持の態度を変更することなく、いわば軍部内閣との協調関係を維持した経緯が存在するのである。★3 要するに両者は、一つの「政府組織」内部で対立と妥協を繰り返していたのである。

そして、天皇と木戸の支持を失った東条内閣が総辞職に追込まれたのも、実際には「二重政府」は存在せず、天皇を支える木戸及び重臣グループが政局の指導権を握り、同時に日本の政治体制が天皇のもとに一元化されていたことを明白に示すものであった。したがって、「東条独裁」なる把握は、実態とほど遠いのである。その意味で日本軍部の政治介入の実態を、軍部による「合法的・間接的支配」とする位置づけのほうがより正確な把握であろう。[★4]

さらにいえば重臣・宮中グループに代表されるいわゆる「穏健派」＝対英米協調派と、軍部・革新官僚に代表される「革新派」＝アジア・モンロー主義派との対立・抗争と妥協・協調の繰り返しのなかで、特に日中全面戦争以降は、前者の後者への妥協を背景としつつ、後者の主導権のもと一連の対外戦争が企画され、推進されたのである。アジア太平洋戦争は、いわば前者の了解の下に進められた妥協の産物として把握されるべきである。そして、東条内閣打倒工作は、戦局の悪化にともなう敗戦責任の所在と、天皇および天皇制の存続の危険が政治問題化するに至り、両者の協調関係が崩壊したことを意味するものであった。

そうした観点からすれば、ハンチントンの提示した「二重政府論」という日本の政軍関係の把握は、逆に実態把握を見誤る危険があろう。そうした把握では、いきおい戦争政策の推進役として軍部・革新官僚などの役割や位置を高く見てしまうことになり、重臣・宮中グループらの政治行動を軽視ないし無視してしまうことになりかねない。決して軍部や革新官僚の位置を相対的に低くみるわけではないが、政軍関係の実態という点で要約するならば、それは決して並行的でも対等の関係でもなく、重層的かつ相補的な関係にあったのである。

以上の点から近代日本の内外政策の特質として以下の諸点を挙げておきたい。その第一は政策決定の基本的な主体としての政党勢力と軍部勢力の対立と妥協の所産として政策決定されていったこと、第二に国内政治の目標としての国家総力戦体制の構築と、外交戦略としての大陸国家化という基本目標とが常に表裏一体のものとしてあったことである。それゆえ近代日本内外政策とは、最終的には清国（中国）、ロシア、中国、英米、そしてソ連との外交関係とその破綻としての戦争という事態によって常に規定され続けたことである。台湾や朝鮮に対する長きにわたる植民地支配と「戦後経営」の名による「帝国経営」こそが、近代日本の内外政策の質と方向を決定づけたのであり、それがまた帝国日本の崩壊に結果したのであった。

日本型政軍関係の特質と政戦両略の不一致

次に少し別の角度から政軍関係を論じておきたい。それは、日本型政軍関係の特質ともいえる政治と軍事の不一致、換言すれば政戦両略の不一致が、政軍両略の一致あるいは一元化を前提とする国家戦略の不在性を結果した点についてである。

明治近代国家は権力の多元化・分権化（軍部、政党、官僚制、議会等）を統治構造の特徴とするいわゆる「多元的連合体」であったがゆえに、中長期的かつ統一的な国家戦略を構想し、政策化することに困難を伴った。第一次世界大戦を契機にし、国家総力戦体制の構築という要請が意識されながら、その実現に完全を期し得なかったのは、その国家的特質ゆえであった。それが、また、内外政策決定主体を形成するうえでもまた、統一的かつ合理的な政策決定自体の阻害要因となった。

これらの点については、すでに多くの先行研究が論究しているように、戦前期日本の政軍関係は、軍部が天皇大権のひとつである統帥大権を根拠に、政治と軍事との並行関係に置かれた。もちろん、統帥権独立制は、原敬内閣時に具現されたように、軍部大臣現役武官制の廃止の実施や、参謀本部廃止論が議論されるなど、政党による軍事の統制が試みられた経緯が存在した。しかしこうした試みも軍部の激しい反発を招き、それが、満州事変（一九三一年九月一八日）による陸軍勢力の台頭や、五・一五事件（一九三二年）による政党内閣制の終焉を誘因したのである。

それでは日本における政軍関係をどのように捉えたらよいのだろうか。この点について、筆者は、『近代日本政軍関係の研究』において、社会統合の主体として競合関係にあった軍部と政党という日本型政軍関係を、「統帥権独立制による社会的統合を目標とした軍部（軍事）と、これに対抗して民意による社会的統合を実現しようとした政党（政治）との相互関係」と位置づけた。つまり、日本においては政治と軍事が、社会統合をそれぞれ別個に目標化して競合し、融合あるいは一体化する志向性が希薄であったと結論づけた。[★5]

より具体的にいえば、軍部は官僚と結託し、政党勢力あるいは民意を排除することによって、国家総力戦体制の構築を展望しようとし、現実にそれはある程度成功したといえる。日本社会の総力戦化が、ある意味では大衆の戦時動員を促進させる上で一定の効果を上げたのも確かではあった。総力戦はまたアジア太平洋戦争期における社会の「近代化と平等化」を結果することになった。[★6]

しかしながら、このような日本型政軍関係は、政軍関係の一体化、換言すれば平時と戦時とを通底する長期的で合理的な国家戦略の設定を不可能とした。

日米開戦を翌年に控えた一九四〇（昭和一五）年一一月二六日、政府と軍部との連携の必要性から、「軽易ニ政府ト統帥部トノ連絡懇談ヲ行ハン」とするために、首相官邸に設置された連絡懇談会は、その役割が「本会議ニ於テ決定セル事項ハ閣議決定以上ノ効力ヲ有シ戦争指導上帝国ノ国策トシテ強力ニ施策セラムヘキモノトスル」とされた。[★7] そして、政府と軍部とが協議により決定する重要国策は、御前会議とこの連絡懇談会によって決定するとされたのであるから、事実上の最高意思決定機関となったのである。

このような位置づけが明確にされていたのにも拘わらず、一九四一（昭和一六）年六月二六日に開催された第三回連絡懇談会の席上、南方対策として武力進出の可能性を問うた松岡洋右が外務大臣に対し、塚田攻参謀次長は、「事政略ニ関シテハ別トシ、統帥部ニ関スル事項ハ相談スル必要ナク、又此ノ如キ状況ハオキテイナイ。相談スレバ引キヅラレルカラ、引キヅラレヌ様ニスル為自主的ニト決メタノデアル」[★8]と答弁した。松岡外相は、武力進出＝参戦は外交問題であり、武力行使自体が例え統帥問題だとしても、外交との絡みからすれば、軍部の意向を問い質すのは至極当然であった。松岡外相は、外交問題と統帥問題とは、密接不可分の問題であり、それゆえに政府と軍部の調整が不可欠とする判断を示したにすぎない。

ここに端的に示されたのは、軍部は政府と協議のテーブルには着くもののそれはあくまで戦略上必要とする場合であり、協議の内容が戦略を左右するものであれば、その限りではないことであった。換言すれば、塚田参謀次長の回答にあるように、戦略はあくまで軍部の独占領域であって、政略的判断は外とされたのである。松岡外相と塚田参謀次長の応酬は、そのまま日米開戦を目前に控えてもなお、政戦両略不一致が克服されていないことの典型事例であった。

日米戦争開始か日米交渉妥結成立か、極めて難しい局面のなかで、依然として政戦両略の一致のなかで、戦争に対応する国内体制の整備が焦眉の課題となりながら、政戦両略不一致の事態を克服できなかったことは、同時に戦前期の日本において国家戦略を樹立できなかった証明でもある。

いうまでもなく、国家戦略はここでいう政戦両略の一致という前提のなかで構想され、設定されるものである。かつて山県有朋は、一九〇五（明治三八年）三月二三日に桂太郎首相に提出した「政戦両略概論」において、「大作戦の計画は常に国家の政策と相一致せさるへからさるものにして万一両者の間に支吾《しご》杆格《かんかく》の存することあらん乎《か》縦令《たとい》戦場に於て捷利《しょうり》を得るも結局国家の利益を進むるに足らされはなり」★9と断じた。換言すれば、政治と軍事との「相一致」（＝政戦両略の一致）こそが、国家利益の増進に結果すると説いたのである。山県にとって、国家利益の増進を実現する方途が、国家戦略であったのである。

山県自身や桂太郎に代表されるように、政治指導者がただちに軍事指導者であった時代にあっては、政戦両略の一致は果たされはしていたが、本来明治国家自体が、軍部なり内閣など、多様な国家機関が一定の権限を分与され、相互に分立した、いうならば分権国家であり、多様な組織体が連合して構築された多元的連合体としてあったことから、諸国家機関あるいは諸組織体を束ねる大権保持者である天皇が政戦両略一致の前面に出ない限り、本来的には政戦両略の一致は不可能であった。

大権保持者の天皇、とりわけ昭和天皇の時代は、立憲君主主義という場合の立憲制に重点が置かれ、君主制が後退する時代状況であったことも手伝って、多元的連合体国家としての構造的特質が顕在化したといえる。明治国家をして、「国家戦略なき国家」（＝国家戦略の不在性）とする評価が繰り返されているが、それは明治国家自体の国家構造から帰結されるものであったとすべきであろう。

［注］

（1）筆者の政軍関係史研究としては、『近代日本の政軍関係――軍事政治家田中義一の軌跡』（大学教育社、一九八七年）、『近代日本政軍関係の研究』（岩波書店、二〇〇五年）、『文民統制――自衛隊はどこに行くのか』（岩波書店、二〇〇五年）、『田中義一――総力戦国家の先導者』（芙蓉書房出版、二〇〇九年）などがある。

（2）Samuel P.Huntington,*The Soldier and The State:The Theory and Politics of Civil-Military Relations*,1957,p.3（ハンチントン〔市川良一訳〕『軍人と国家』上巻、原書房、一九八八年、四頁）。

（3）「明治国家における政軍関係（1）――軍隊と国家の関係の一事例研究」（防衛庁防究研究所『防衛論集』第七巻第二号、一九六八年一一月）、二二頁。

（4）政軍関係に関する主要な諸研究には以下のものがある。長尾雄一郎「政軍関係とシビリアン・コントロール」（道下徳成他『現代戦略論――戦争は政治の手段か』勁草書房、二〇〇〇年）、同「政軍関係の過去と将来」（石津朋之編『戦争の本質と軍事力の諸相』彩流社、二〇〇四年）、前原透「『統帥権独立』理論の軍内での発展経過」（軍事史学会編『季刊 軍事史学』第二三巻第三号、通巻第九一号、一九八八年一月号）、田上穣治「『満州』創建期における政軍関係――関東軍の政治的役割」（亜細亜大学法学部『法学』第一八巻第二号）、神谷不二「政軍関係論（civilian control）に関する一考察」（慶應大学法学部『法学雑誌』第二号、一九六三年一二月二〇日号）、中島晋吾「戦後日本型政軍関係の形成」（軍事史学会編『季刊 軍事史学』第三四巻第一号、通巻第一三三号、一九九八年六月号）、佐道明広「戦後日本安全保障研究の諸問題――政軍関係の視点から」（東京都立大学『法学会雑誌』一九九五年）、神田文人「『満州事変』と日本の政軍関係――統帥権と天皇制」（『敬愛大学国際紀要』第三号、一九九九年）など。また戦前戦後の政軍関係をトータルに扱った特集として、日本政治学会編『日本近代化過程における政軍関係』（岩波書店、一九九〇年）がある。単行本では「政軍関係」の名称を冠したものに、渡邊行男『宇垣一成――政軍関係の確執』（中公新書、一九九三年）、李烔喆『軍部の昭和史（下）――日本型政軍の絶頂と終焉』（日本放送出版協会、一九八七年）、日本政治学会編『近代化過程における政軍関係』（岩波書店、一九八九年）などがある。また、近年の研究成果として、ラリー・ダイアモンド（Larry Diamond）とマーク・プラットナー（Marc F.Plattner）編による、*Civil-Military Relations and Democracy*,（edited by Larry Diamond and Marc F.Plattner, The Johns Hopkins University Press,1996）が、中道寿一監訳により、『シビリアン・コントロールとデモクラシー』（刀水書房、二〇〇六年）と題して刊行された。同書の「第Ⅰ部 新しい時代の政軍関係」は最新の政軍関係理論を紹介している。

（5）これとほぼ同様の把握だが、長尾氏は「統制派と呼ばれた軍内派閥が他の有力な軍内派閥（皇道派）を倒し、社会内の勢力と政治連合を構築したとき、日本政治における覇権をにぎったのである」（長尾雄一郎「政軍関係の過去と将来」、石津朋之編『戦争の本質と軍事力の諸相』彩流社、二〇〇四年、八一頁）と指摘されている。

（6）この点について、今日、現代まで通底する総力戦認識というレベルで活発に議論されている。例えば、山之内靖他『総力戦と現代化』（柏書房、一九九五年）など。
（7）参謀本部編『杉山メモ』下巻（原書房、一九六七年）、一五五頁。
（8）同前、二四一―二頁。
（9）大山梓編『山県有朋意見書』（原書房、一九六六年）、二七四―五頁。

第九章　昭和天皇の戦争責任と現代天皇制

1　昭和天皇の戦争責任――受け継がれる「聖断論」を越えて

戦前と戦後とを繫ぐもの

戦後日本人は、敗戦（終戦）を境に戦前と戦後は切断されたと考えてきた。ある人は、切断されたがゆえに、新しい戦後が用意されるのだと捉えようとする。いわゆる「切断論」には、これまた多様な解釈が存在する。一つには、二度と忌まわしい軍国主義の時代を繰り返したくない、という教訓が込められている。自らの辛かった戦争体験を乗り越えて、豊かさを取り戻すために、過去との決別を志向する。二つめには、必ずしも戦前を全否定するわけではないにせよ、敗戦という現実の前に、どこか後ろめたさの感情が自らの精神を取り巻いていて、そこから逃れたいという思いから切断論を主張するものである。

例えば、これら二つの切断論は、大方の戦後日本人に共通するものではない。それは戦争という歴史事実からの逃避という消極的な感情といってよい。これらと反対に戦前と戦後は、あくまで時間の経過を意味するだけであり、敗戦（終戦）によっても、戦前と戦後は不変であり、連続しているという立場をとる日本人も、実に多いはずである。つまり、戦争という歴史事実が終焉しただけであって、天皇制を中心とする日本という国の形や本質は変わっていないとするのである。

天皇制も元首天皇制（＝絶対主義的天皇制）から象徴天皇制（＝民主主義的天皇制）へと天皇制の民主化が行われたことは否定し難い。だが、日章旗も「君が代」も、現在では法制化され、「国旗・国歌」となった。さすがに現在では希なケースとなったが、戦後から暫くは天皇制の象徴であった「御真影」が各家庭の床の間の上に飾られるのはごく普通の風景であったし、「菊の御紋章」は、現在でもパスポートなどに残されている。

日本と同様に敗戦国となったイタリアやドイツが、戦後に国歌も国旗も新しく変更した事例と比べ、日本は敗戦によっても戦前を全否定されなかった、という強い思いが戦後日本人の有力な連続論を説明するうえで持ち出される。そのような連続論を説く人たちは、要するにアジア太平洋戦争の結果を敗戦と受け止めず、終戦という価値中立的な表現で捉える。さらには、内心では侵略戦争とする評価を下していても、その戦争発動は、合理的でかつ正当な目的のもとに遂行された尊い行為とする位置づけを用意する。

アメリカに降伏したのは事実だが、それは正当で崇高な目的を何ら貶めるものではなく、むしろ日本の戦争行為は、日本の内外から称揚されてきたとする主張を繰り返す。いわゆる、「大東亜戦争肯定論」という議論である。

このような議論に与する人たちは、現在においても決して少なくない。むしろ、靖国神社参拝問題を頂点とする歴史問題が浮上するのに比例して、こうした議論が様々な装いを凝らしながら再生産される時代潮流にある。それは戦後民主主義を総批判し、戦後の政治体制を解体しようとする政治的な思惑へと繋がっている。戦後の否定のために、戦前を肯定するという形式論議と同時に、内実としても戦後日本を丸ごと戦前に回帰させようとする志向性も強い。

だが、単純な戦前回帰やナショナリズムでは、戦後生まれが七割に達した現代日本ではあらたな戦前の創造は無理である。多数の政治的無関心層が拡散している現状のなかで、それでも新たな戦前を創造しようとすれば、何が必要か、どのような道具立てが用意されるべきか、実はそのような思惑を抱く人々のなかにも決め手はない。

戦前回帰の何が問題か

実は私も連続論を採る。だが、以上に挙げた連続論と決定的に異なる。それは何よりも、新たな戦前を創造しようとする思惑に反対であること、そして、戦前なるものの復権であれ回帰であれ、それが再び戦争という暴力国家への道を辿る可能性が現実味を増しているからである。あれだけの侵略戦争と加害行為を積み重ねながら、それでもなお戦前期日本の国家体質を払拭できないのは、次の理由があるからである。

第一に、天皇制が残置されたがゆえに、戦前の国家体制（国体）が形を変えて生き残っていることである。その具体事例として、天皇の決断による「終戦」（いわゆる「聖断」）という高度な政治戦略が功を奏したからである。聖断は天皇制存置に結果しただけでなく、天皇制国家固有の思考方法や組織（特に官僚組織）をも存置させ、それがそっくり戦後に持ち込まれたのである。そこでは岸信介に代表されるように、人物をも戦後に復権させる機能を発揮した。その意味で聖断が戦前と戦後の橋渡しをしたといえる。

第二には、戦争指導者としての昭和天皇および日本陸海軍軍人は、非選出者であり、国民の意思と関係なく戦争指導を遂行したからである。その結果、国民不在の戦争として先の戦争があった。そこから敗戦責任、戦争責任への自覚は、国民の間で生まれようがなかった。戦争との関わり方は、「被害者」「騙された」とする没主体的な位置に徹することによって、被侵略諸国家及び被植民地国の人々から加害者として見られている事実に全く無自覚であった。例え明治憲法下において「臣民」と位置づけられようとも、それは自らが加害者ではないことの弁明にはならないのである。

第三に、聖断によって昭和天皇の戦争責任が免罪されたことである。特に、戦後日本人にとって、侵略戦争の責任主体を明確にし、責任の所在を明らかにすることが不可欠であった。そうでなければ本当の意味で戦後は出発できなかったはずである。しかし、聖断が戦争責任の所在を曖昧にし、むしろ最大の戦争責任者を、最大の平和貢献者へと移し替えた。それは戦後において、「平和主義者天皇」という虚像を再生産することで、戦後日本人にも戦前期日本への回帰さえ促してきた。その一端が、靖国神社であり、「神の国」日本への憧憬という日本人意識である。この点を正面から論じなければ、日本人は戦前から解放されないのではないか。

徹底して美化された聖断

一九四五年八月一四日午後一〇時半から宮中内で閣僚と最高戦争指導会議合同の御前会議が開催され、そこで鈴木貫太郎首相が聖断を上奏し、これに応える形式で、昭和天皇は「国体に就いては敵も認めて居ると思う毛頭不安なし」（原書房編集部編『敗戦の記録』原書房、一九六七年）と言い切った。御前会議後の閣議で聖断を受ける形でポツダム宣言を受諾し、連合国に降伏することが正式に決定された。そして、戦争終結を内外に公表するために詔書が作成され、同日の午後一一時半に天皇自ら詔書を朗読し、録音された。それが翌日の正午に放送された、いわゆる「玉音放送」である。

ここで、詔書の内容をまず見ておこう。そこには、聖断のシナリオを主導した宮中グループの姿勢が読み取れ、同時に詔書を朗読した昭和天皇の戦争認識及び戦争責任意識の欠落ぶりが如実に示されている。詔書は最初に「非常の措置を以て時局収拾」にあたった結果が聖断であったとし、戦争終結に到った原因に触れて、「戦局必ずしも好転」をしなかったとし、あくまで日本が敗北したという事実を認めていない。

それどころか、敵の「残虐なる爆弾」(原子爆弾のこと)により多くの死傷者を出す結果となり、このまま戦争を継続すれば日本民族の滅亡と、人類文明の破滅を招来する恐れがあり、これを聖断によって救った、とする。つまり、原子爆弾の投下に至る経緯や背景については一切口をつむり、むしろ原爆投下の責任を暗に仄めかすだけで、原爆投下を誘引した国内政治指導の過ちに背を向ける。

さらに、今回の戦争の位置づけに関しては、「抑々帝国臣民の康寧を図り万邦共栄の楽を偕《とも》にする」ため、そして「帝国の自存と東亜の安定とを庶幾する」ことにあったと位置づける。そこでは、中国をはじめアジア諸国への侵略戦争や、朝鮮などの植民地支配による多大の人的物的損害を与え、日本国民にもはかりしれない苦渋を味わわせた戦争責任の所在を棚上げにする。

あくまで今回の戦争が、日本の自立とアジアの安定を願う、まさに「大東亜共栄圏」の建設を企図した事業の一環だという。そこには降伏の文字は全く使用されず、ついで侵略の事実も、敗北の結果も、深刻な反省も一切見られない。さらに聖断による戦争終結の結果、「朕は茲《ここ》に国体を護持し得て忠良なる爾《なんじ》臣民の赤誠に信倚《しんい》し」、「神州の不滅」を信じて国家再建に当たるべきであるとした。

ここまできても相変わらず「国体護持」「神州不滅」が金科玉条の如く使用される。戦争終結で、天皇制国家の一大事業がいったん中断されはしたが、「臣民の赤誠」、すなわち日本国民の天皇への忠誠心を頼りにして、再びこれまで追求してきた目標を実現しようという文面で全体がまとめられている。

こうして、宣言受諾による無条件降伏という事実が隠蔽され、併せて敗戦による戦争指導・政治指導の最高責任者としての天皇の地位と天皇制温存への新たなシナリオが、この「戦争終結の詔書」において巧みに練りあげられることになったのである。同時に、天皇自ら国民に向けて肉声で訴えるという形を採用したことは、戦争の被害と敗戦の衝撃で混乱の極致に陥ると予測された大部分の国民のなかに、天皇の戦争責任を免責する心理的効果をも生むことになった。

その効果は、東条英機ら七名がA級戦犯として絞首刑にされたこととの対比のなかで、一層鮮やかに昭和天皇免責論を醸成していく。戦後天皇制を保守することによって戦後保守権力が再生・復権するために、聖断の政治手法は決定的な役割を担ったことになる。

「聖断神話」の形成

アジア太平洋戦争の終結が、天皇の聖断によって決定されたことは、いくつかの点で重要な問題を提供している。まず第一点目には、天皇の明確な意思によって日米戦争が開始され、アジア太平洋戦争が終結したということである。換言すれば、聖断という旧憲法の枠組みを踏み越えた形式によってのみ戦争終結を果たすことが可能であったのである。そのことは天皇の大権を代行する政治・軍事機構が、その内部調整と統制に行き詰まったとき、最終的には天皇の権威を背景とする調整と統合に依存するしかない国家体制であったことを示すものであった。

明治国家体制が、国家緊急事態に陥った場合、国会も内閣もあるいは巨大な官僚機構も、何ら有効な機能を発揮し得ず、天皇の権威にすがるしかなかったことの根本原因は、明治国家体制の分権性という点に求められる。そのことは、天皇制支配国家の弱点を克服し、さらに非常事態を乗り越えるには、天皇の持つ大権にもまして、天皇の権威という超憲法的対応においてのみ可能であったということである。

敗戦によって本来解体されるべき戦争指導の主体が、自らの再生を目的として、いうならば自己変革を遂げることによって戦前権力の中身を保守することに成功する。それゆえに、軍事組織の解体や憲法の全面的改定といった政治変革によっても、天皇制はあらたな施しを得て温存されることになったのである。

確かに、統帥権者などとしての天皇の政治権力は敗北によって失われたが、天皇の権威は聖断という政治的儀式によって、逆に倍加される機会を与えられたといえる。だが、聖断による開戦決定および戦争終結方式が採用されたことは、アジア太平洋戦争の戦争責任の所在を曖昧にし、戦争行為を発動した国家の意思をもまた不明確にする結果を招くことになったことも極めて重大な問題である。

要するに、聖断は戦争責任を棚上げしたばかりか、天皇制機構を戦後における新国家体制へスライドさせるうえで重要な役割を担ったことになる。その過程で天皇の戦争指導政策の失敗と責任が不問に付され、天皇制機構が温存される。事実、戦後の保守再編強化の過程で、この聖断によって平和天皇に〈変身〉した新たな天皇を〈象徴〉という形式にして利用していくのである。

その意味で天皇〈象徴〉化の背景にはさまざまな政治上の思惑が混在しているが、これまで述べてきた文脈でいうならば、昭和天皇あるいは近代天皇制を非政治的な存在として内外に認知させることで、その戦争責任の主体性を曖昧化あるいは不在化することにあった。非政治的かつ非主体的な存在に戦争責任という歴史事実から派生する具体的事象は問えないのである。

陸海軍という戦争の実行組織の統帥者である天皇の責任を不問に付するうえで、最も不可欠で説得的な方法として天皇及び天皇制の再定義を敢えてなす途を聖断によって切り開いたのである。そこで、戦争責任者でないがゆえに聖断の主役を担える資格と条件を備えていた昭和天皇、というイメージが創り出されたのである。

確かに常識からすれば、責任者自らが責任を問い、自らを裁くことはできない。その常識を利用したのである。戦後、多くの「平和天皇」論が流布され、その過程で天皇の聖断によって平和がもたらされ、「日本国民」を戦争の惨禍から救ったという「聖断神話」が形成されてきたが、その根底にはこの「常識」に便乗した判断が作用している。

そして、この「聖断神話」を成立させるためには、天皇の立憲主義が過剰に強調され、絶対主義的側面が後方に追いやられる。あたかも昭和天皇が「君臨すれども統治せず」とする立憲君主制の原則を曲げず、アジア太平洋戦争も東条英機、梅津美治郎ら陸軍主戦派の横車に押されて、仕方なく開戦を決意し、最後には自らの権能を発揮して陸軍主戦派から戦争指導権を取り上げて戦争終結に持ち込んだというようなストーリーが創作される。そこでは昭和天皇と東条英機との信頼関係の厚さという事実は退けられる。

「平和天皇」であるためには、東条との関係は希薄化されなければならず、陸軍主戦派と対立関係にあった米内光政ら海軍穏健派との関係や、聖断による戦争終結論を説いた近衛文麿や高松宮との、事実以上の良好な関係が強調される。そうした、戦後から今日まで連綿と続く、ある種の歴史の歪曲のなかで「聖断神話」が戦後日本人の心性を掴んでいくのである。

東京裁判でいったんはA級戦犯に指名され、公職追放された戦前の権力者たちが、追放解除されて政界や官界で息を吹き返す背景には、聖断が一種の濾過装置の役割を果たしたともいえる。いうならば、戦前の悪しき権力者や権力機構が、国体護持を図るための手段としてあった「聖断」という濾過装置にかけられて、そして洗浄されて衣服を着替え、戦後に同じ顔で再登場したのである。

戦後天皇制と「聖断論」

憲法の改編のみならず、財政面においても皇室財産・資産の凍結が占領政治の主要な一環として強行されるなかで、天皇の政治的かつ物理的な基盤が大幅に殺がれていったことは事実である。その一方で昭和天皇自身は、新憲法制定前後から政治への関心を失わないばかりか、積極的な政治関与を敢えて行うことになる。新憲法体制の発足後においては、天皇の地位・身分が「象徴」の用語で骨抜きにされたこともあり、天皇自ら政治を手繰り寄せることは無理であった。しかし、天皇周辺および戦後内閣の閣僚たちは、天皇への内奏を繰り返すことによって、自らの政治的権威を高めようとし、天皇もまた内奏を受けることで、脱政治化された天皇及び天皇制に、新たな息吹を吹き込もうとした。

内奏を行動に移した典型事例が片山哲内閣の外務大臣であった芦田均によるものであった。芦田は、一九四七年七月二二日に天皇に拝謁する機会を得た。その折りには日本の対ソ外交方針をめぐり天皇自らの見解を披瀝している。つまり、日米関係を重視し、ソ連とは一定の距離を保つべしとしたのである。その後、芦田外相は、幾度か天皇への内奏を行っている。例えば、一九四八年八月一〇日の拝謁の折りには、昭和天皇から「共産党に対して何とか手を打つことが必要と思ふが」とする問いに、芦田は「私は共産党の撲滅は第一に思想を以てしなければなりませぬ」と答えたと日記に記している（『芦田均日記』一九四八年八月一〇日の項）。

歴代の首相でも内奏に積極的であった佐藤栄作をはじめ、幾人かの政治家がいた。内奏に及んだ閣僚あるいは政治家たちにとって、昭和天皇は依然として戦前的な権威を保持した君主として認識されていたに違いない。そうであればこそ昭和天皇は、「人間宣言」を行った後にも、今度は「人間天皇」として、新憲法によって制約された自らの政治的行為の禁止を意に介することなく、次々と政治的発言や政治的行為を重ねていくのである。アメリカ軍による沖縄占領統治の願望を語ってみせ、また、日米安保の締結に積極的な姿勢で臨もうとした昭和天皇のアメリカ追随と沖縄の切り捨てという姿勢も、天皇自身のひとつの政治判断として、間接的ながら政府の態度決定に大きな影響を与えたという意味で、天皇は自ら意識する以上に政治的行為を重ねていたのである。

新憲法による規制がありながら、昭和天皇が次々と政治判断や政治的影響力を事実上行使することが可能であった背景には、天皇自身とその周辺に、戦争責任が問われなかったことから、引き続き一定の政治的行為や言動が許容されているという認識が存在したからである。また、それこそが、聖断論を再生産させる原動力となった。

そこでは、文字通り、聖断が政治的演出として格好の役割期待を与えられた。事実、天皇の政治的役割は、一九四五年九月当時から始まった天皇の「地方巡幸」によって、一段と高まることになった。地方巡幸は、「人間宣言」を行うことで、天皇の神格性・神聖性を喪失させることと引き替えに、あらたな〝天皇認知〟を獲得する手段として考案されたイベントとしてあった。

このようなイベントが企画された背景には、かつて正木ひろしが、『近きより』（一九四六年再刊第一号）のなかで、アジア太平洋戦争とは、「朕（＝天皇）の身の安全のために宣戦し、朕の身の安全のために降伏したとみるべきである」と喝破したような、先の戦争の経緯と本質への自覚があったからである。

聖断の効果を確認するかのように開始された昭和天皇の地方巡幸は、戦後の象徴天皇制を保持するための行為であったが、天皇周辺に存在した不安と躊躇とを払拭する結果となったのである。つまり、地方巡幸は、予想外の好意的な反響を引き出し、また、天皇への親和性を醸し出した。そのような結果が、聖断論を不動の地位に押し上げることになった。しかし再三指摘するように、そのことが、昭和天皇の戦争責任を問うことによってアジア太平洋戦争の本質を探り、戦後世代にも侵略戦争を問い続けることで教訓を引き出すべく機会を奪っていく。

その結果、昭和天皇の戦争責任や天皇制それ自体を問うことも、戦前と同様に事実上はタブー視されることになった。天皇報道への管理・統制ぶりが、際だっている戦後日本のジャーナリズムの実態を指摘するまでもないであろう。また、天皇の戦争責任に言及した本島等長崎市長（当時）が銃弾を浴び、地方議会において、天皇の戦争責任に関する質問を行った議員への問責決議や戒告処分など、明らかに言論封殺とも思われる愚行が繰り返された。

こうした言論封殺の行為に、ジャーナリズムは毅然とした態度を採ることをせず、概して傍観者の立場に終始するありさまであった。そのようなジャーナリズムのスタンスは世論にも内在化しており、同時に多くの保守系政治家たちの天皇観にも表現されていく。なかでも、森喜朗首相（当時）は、「日本は天皇を中心とする神の国」と断じた、いわゆる「神の国」発言（二〇〇〇年五月一五日）を行った。

現職の首相が、主権在民を基本原理とする戦後民主主義を否定してみせた言動の異様さと、これへの世論やジャーナリズムの反応のにぶさのなかに、聖断論によって獲得された戦後天皇制と戦後保守政治体制とは表裏一体の関係にあることが示されているようである。戦後日本がこれらの関係のなかで戦争責任を問えない、問わない構造を創り上げてしまったのである。そのことを念頭に据えて、私たちはこの構造を解析し、解体する努力することなくして、昭和天皇の戦争責任を問う視座を確立することはできないのである。

顕在化する「新天皇制」への模索

最後にもう一点だけ付け加えておきたい。それは、「天皇政治」が敗戦によって解体されたことは事実だとしても、天皇制を将来における日本政治の中核に据え、「新生日本」の再構築を目指す動きが顕在化していることである。

昭和天皇の証言録の資料公開が進められている背景には、軍人天皇であった昭和天皇を〃平和天皇〃とする証拠立てを用意する意図が透けて見える。昭和天皇の戦争責任論を回避するために徹底した人柄論に矮小化する試みが、ある種の政治的意図を伴ってなされているのだ。

それは天皇制及び昭和天皇の脱政治化である。その意味は二つある。一つは戦後の天皇制研究や昭和天皇研究によって明らかにされた昭和天皇と政治・軍事との一体性という歴史事実を可能な限り薄めることである。「人柄論」を先行させた昭和天皇の証言が相次ぎ出されている理由がここにある。二つには、天皇制自体の脱政治化である。天皇が国家的地位にあり続けるためには、脱政治化は不可欠と踏んでのことである。

しかし、天皇制の政治的位置の変容をどのような視点で捉えるかは、今後の天皇制研究の大きな課題でもある。元首天皇制から象徴天皇制、さらに脱政治化の方向で示された「新天皇制」像はいったいどのようなものか。復古主義的天皇制でも、民主的天皇制でもない、とすれば意図される天皇は、かつての天皇機関説論のような国家主義的天皇制とでも言い得るような国家機関の主要な一つとしての位置なのか。

そうなると最終的には天皇制の政治化が目論まれ、現行憲法における天皇関連の条項も変更が政治日程に上がってこよう。天皇制のあり方に決着をつけるところまで今後議論が発展するか否かは定かでないが、戦後に蓄積された民主主義の成果を否定するものであってはならない。民主主義制度の深化を阻むような「新天皇制」への脱皮を許してはならないことだけは、はっきりさせておきたい。

2 現代天皇制の役割――戦後保守体制と日米安保体制の接合

改憲状況でどう天皇制と向き合うか、まず、戦後日本の保守体制を支えてきた天皇制という視点から、戦後において、時代状況に適合させながら変幻自在ぶりを発揮しつつ、一貫する天皇制の役割を指摘することを本節では第一のテーマとしたい。そこでは天皇制という座布団の上に座らされている戦後日本及び日本人の無自覚性に言及する。

第二のテーマとして、戦後の民主主義の内実に触れたい。そこでは「天皇制民主主義」をキーワードに、戦後の民主主義の虚妄性を批判的に捉え直す。そして、第三のテーマとして、新たな役割期待を背負って、その本質性を露呈し、さらには再構築されようとする天皇制の現実を派兵国家日本の登場という今日の情勢と絡めて言及する。そして、最後にこうした天皇制と私たちはどう向き合うべきかを共和政体への移行と憲法擁護論との関連のなかで述べてみたい。

戦後日本の保守体制を支える天皇制

天皇制権力は、日本海軍の将校や近衛文麿、木戸幸一など、いわゆる宮中グループの支援を受けて昭和天皇、ひいては天皇制自体に戦争責任が及ばないために、先の戦争責任を日本陸軍になすりつけて、昭和天皇が一貫して平和主義者であったというフィクションを創り上げた。それが、聖断による「終戦工作」である。

つまり、「終戦工作」とは、要約していうならば、戦前天皇制を無傷のまま戦後にスライドさせるための高度な政治戦略としてあった。戦後にスライドしたのは天皇制だけではない。戦前の天皇制を支えた戦前権力もほとんどそのまま戦後にスライドしたのである。

確かに戦前の官僚機構のなかで最大の権力集団であった内務省及び内務官僚は、戦後になって厚生省（現、労働厚生省）や自治省（現、総務省）など、いくつかの官庁に分かれた。財閥や軍事機構も一時は「解体」された。しかし、いずれも根っ子はしっかりと残され、ＧＨＱによる日本占領期（一九四五―五一年）が終了するやいなや、これらの根っ子から装いを新たにした。文字通り「新たな戦前」の権力機構が再生していったのである。

戦後体制のなかで天皇制も形式的であれ、元首天皇制から象徴天皇制に変容を遂げるが、それは天皇制を新しい時代に適合させるための措置以上のものではなく、本質的には天皇制という政治組織が残存することになったことは、ここであらためていうまでもないだろう。

天皇制が残存した背景の第一には、ＧＨＱというよりアメリカの強い意向が働いていたことは現在では様々な研究から明らかになっている。特に興味深いのは、加藤哲郎の『象徴天皇制の起源』（平凡社新書、二〇〇五年）で明らかにされている、アメリカが日米開戦（一九四五年一二月八日）から僅か六カ月後の一九四二年六月の時点で、戦後日本の象徴天皇制を構想していたことである。

その証拠となる資料が、二〇〇四年にアメリカ国立公文書館で発見されたアメリカ戦略情報局（ＯＳＳ）の機密文書「日本計画」の「最終草稿」である。ＯＳＳは現在のアメリカの中央情報局（ＣＩＡ）の前身にあたる情報機関であり、アメリカの対外戦略を策定・実行する機関だ。この資料によると、アメリカは日米開戦一年後にして早くも天皇制を利用して日本占領を果たし、戦後日本の政治体制の根幹として天皇制を据え、その上でアメリカ型民主主義を植え付けようと企画していたという。

つまり、天皇制と民主主義を結合した天皇制民主主義による戦後日本の建設案を打ち出していた。もちろん連合軍諸国が、最初から天皇制の存続で一致していたわけではなく、むしろ中国やイギリス、オランダなど、昭和天皇及び日本天皇制こそ軍国主義の温床であるとして、天皇制廃止を強く主張していた有力国が存在したことはよく知られている。

しかし、アメリカがかなり早い段階から天皇制の政治利用を企画し、日本敗戦の決定過程で基本的には天皇制存続を打ち出し、他の連合軍諸国の同意を獲得していった歴史経緯も、今日ではずいぶん明らかになっている。

聖断による天皇制の存続、換言すれば戦後版の国体護持が成功していく背景には、日本海軍や宮中グループの動きがあったことは確かだが、そのような動きを許容し、場合によってはサポートすら敢えて行なったアメリカの対日戦略の背景には、アメリカのこの「日本計画」が存在したことは間違いない。

つまり、天皇制の存続は、アメリカにとっては既定方針であり、その流れに日本の戦前権力が便乗し、救われたと指摘できる。こうして戦前の天皇制権力は、アメリカの戦後戦略の思惑にも助けられて、聖断という政治戦略の打ち出しに成功する。

その結果、戦後版の国体は護持され、これを担保するかのようにアメリカとの間に日米安保が結ばれる。したがって、私は日米安保こそ戦後の「国体」だと考える。昭和天皇は、日米安保を戦後の「国体」とどこまで自覚していたかは分からないが、日米安保締結以前から沖縄のアメリカへのリースを申し出たり（沖縄メッセージ）、アメリカ軍の日本駐留の継続を要請したり（天皇メッセージ）、あるいは社会主義国ソ連への脅威を露わにして北海道への兵力増強を希求したりと、「大元帥天皇」の時代と何ら変わらない軍人としての視点からする見解の表明を繰り返したのである。

このような昭和天皇の言動は、アメリカ側にとっても願ってもないことであり、その意味で戦後においてアメリカと昭和天皇との奇妙なまでの一体感溢れる状況が創り出された。

現実的にいえば、戦後の日米関係とは、天皇制を「利用し」「利用される」関係といってもよい。戦後日本の保守政治体制がアメリカとの一蓮托生ぶりを遺憾なく発揮していくのは、いうならば予定調和的な状況の出現だった。その意味で、戦後日本の保守体制とアメリカとを繋ぐ結節点に昭和天皇及び天皇制があるといえよう。

戦後日本の政治体制は、天皇制によって支えられているし、その土台が天皇制によって構築された、といってもよい。私が書いた『日本海軍の終戦工作』（中公新書、一九九六年）はそうした問題を、いうならば日本側から照射する作業であった。

アメリカ仕込みの天皇制

したがって戦後天皇制は、ただ単に戦前の古めかしい天皇制が、そのまま復権してきたわけではない。それはアメリカの、もっといえばアメリカ資本主義の意図する思惑が仕込まれた「天皇制」ということになる。ならば、アメリカは天皇制を利用して、いったいどのようなアジア戦略を打ち出そうとしたのだろうか。

日本敗戦後、アメリカは当初は日本の徹底した非軍事化＝民主化を図る。いわゆる一連の「民主化コース」と呼ばれる内容のものだ。ところが、日本敗戦とほぼ同時に始まった中国における毛沢東率いる中国共産党と、蔣介石率いる中国国民党との国共内戦の結果、一九四九年に前者が勝利し、蔣介石が約六〇万の軍勢と一緒に台湾に逃れるという形で中国革命が成功する。

以来、アメリカのアジア戦略は、大きく軌道修正を求められることになる。アメリカにとって戦後のアジア戦略を進めるうえでの拠点はいうまでもなく中国だったが、それが不可能となった段階で、アメリカは中国に代わり日本をアジアの拠点として、新たな梃子入れを開始する。それは一九五〇年から始まった朝鮮戦争によって拍車がかかった。

日本再軍備をはじめとする民主化の見直しが決定され、アメリカは従来の計画であった天皇制を利用した日本の事実上の統治を具体化していく。その具体的計画のなかで真っ先に実行されたのが日米安保体制の構築であった。再軍備はその一環だ。

そのような対日政策への反発はアメリカにとっても十分に予測されたが、そこに潤滑油的な働きを期待されたのが天皇制である。天皇制に、日本の戦後保守体制とアメリカのアジア覇権体制を仲介する役割が期待されたことは、これまでの経緯の通りである。

アメリカにとっては、こうして天皇制の政治利用によって安定的かつ持続的に日本を掌中に収め、アジア政策の軍事拠点として、また、アメリカ資本主義にとっては、アジア全域を射程に収めた一大アジア市場を睨む経済拠点として日本を有効活用していくことが構想され、実現されていった。

すでに戦力をほとんど枯渇し、青息吐息の状態にあった日本に、一九四五年八月六日と九日にアメリカが二発もの原子爆弾を投下したのは、アメリカの軍事力によって日本を降伏に追い込み、その実績を踏まえて日本を事実上単独占領するという企図から出たのではないか。そこには、アメリカの思惑を実現するためには、ソ連が日本列島に侵攻してくる前に日本の息の根を止める必要に迫られたからだろう。

その点からすると、二発の原子爆弾は、アメリカ仕込みの戦後天皇制を起動させるための政治判断ではないかと思われてならない。このアメリカ仕込みの天皇制は、実に米ソ冷戦体制のなかで国際社会が東西両陣営に分断されていくなかで、日本をしてアメリカに積極従属していくことを保証する装置としてもフルに機能することになったのである。

「天皇制民主主義」とは

あらためて天皇制民主主義とは何か、という点に触れたい。戦後民主主義は確かに日本国憲法によって担保されているはずだが、しかし現実には、比喩的に表現すれば、戦後民主主義を少し掘り込んでいくと、天皇制という固い岩盤にぶつかる。

戦後日本は再び軍国主義の体制や時代を経験しないために、憲法において非軍事路線を確定した。しかしながら、その憲法にしても第一章が天皇の章で始まっていること自体が極めて異例なことだ。同じ敗戦国であるドイツの憲法は基本法というが、その第一章は基本的人権の章で始まっている。そもそも憲法は、基本的人権の章で開始されることによって、憲法が国民――本当は「市民」と呼ぶべきだが――の生命や財産、思想・信教の自由など、自由権や生存権を保障する条文で始めるべきだと私は考える。ところが日本国憲法は、第一章が天皇の章で始まっている。ここにもまた天皇制がアメリカによって早くから政治利用の対象として評価されていたことがわかる。現実に憲法の制定過程において、その路線の延長線上に天皇の章が明記された。そうすると、戦後民主主義を担保しているはずの日本国憲法でさえ、いうところの天皇制民主主義を奨励しているとも読み取れてしまう。

筆者自身は、現時点で護憲派の一人であることを否定しないが、しかし中長期的に考えた場合、このように天皇制民主主義を奨励するかのような日本国憲法の限界性を指摘することを、ためらうものではない。私たちが戦後求めてやまなかったのは、天皇制という固い岩盤がマグマの如く押し込まれた民主主義ではなかったはずだ。

天皇制民主主義は、今日においては国旗国歌法や教育基本法改悪など、至る所でその矛盾を露呈し始めている。そのことは戦後民主主義が天皇制によって担保されたもの、とする指摘もあながち的外れでないことを意味する。戦後民主主義が全て外来種とは言い切れないところも確かにある。日本人の敗戦体験に裏打ちされた恒久平和への熱い思いを民主主義の実現のなかで果たそうとしたことは間違いない。

しかし、少し消極的な言い方を敢えてするならば、戦後民主主義は天皇制の存続と引き替えに、文字通り、アメリカの後支えによって成立した側面を否定できない。日本人が戦前権力の抑圧からの解放を自らの思想と運動の成果として勝ち取ったわけではないのだ。つまり、天皇制という戦前期日本人を支配した制度を温存させ、内在させた戦後システムとして天皇制民主主義が戦後の日本を原型として再構築された。

そのような戦後日本の権力と、アメリカとの一蓮托生の関係。そのなかで、例えば日米安保も一九五五年の保守合同も実行された。こうしたアメリカとの関係は、戦後における国際秩序としての冷戦体制のなかでより鮮明となった。また、冷戦体制ゆえに、そこに生まれるはずの矛盾や課題が隠蔽され、日本は事実上の半独立国家としてアメリカへの従属を深めていく。

冷戦体制の終焉は、日本と日本人がアメリカへの従属を断ち切って「独立」する絶好の機会だった。けれども、日米両国政府は両国における経済権力及び軍事権力の強い要請の下で、例えば日米安保再定義を強行し、脱冷戦時代にあっても、日米軍事同盟路線の強化を図ったのである。

日本国内では一連の有事法制（＝軍事法制）が制定され、いままた集団的自衛権行使の踏み込みが検討され、その向こうに憲法改悪が志向されている。アメリカの日本の軍事拠点化への動きは一段と強まっている。米軍再編によるアメリカ軍のプレゼンスは、西日本から沖縄に比重がシフトしているが、今後の日本が対中国包囲戦略のなかで、分厚い軍事負担を強いられることは明らかだ。

露呈する天皇制という地肌

アメリカ仕込みの戦後民主主義とアメリカのアジア戦略から編み出された天皇制の政治利用という戦後日本の足枷は、戦後日本の形を大変にいびつなものにしていく。例えば、靖国神社の存在だ。

靖国神社の問題を、決して戦前的な価値や理念を戦後に持ち込むことで戦前日本への回帰を果たそうとする試みとして限定して見てはならないだろう。

従来、靖国神社を問題として俎上にあげる場合、軍国主義思想の生産装置であり、その延長に国家のために殉ずる人たちを英霊として合祀することで、日本人としての「栄光の死」を称揚する場であるがゆえに、靖国神社が放つ役割は問題だと捉えられてきた。

そうした側面への指摘は靖国神社が国家管理する動きに反対する過程で繰り返し確認されてきた基本的な捉え方であり、間違いではない。しかし、そうした側面だけではいまや不十分ではないだろうか。靖国神社が放ち続ける、あえていえば靖国の思想の発生源は、天皇制民主主義としての戦後民主主義に内在する危険因子のようなものだ。

かつての元号法制化や国旗国歌法は、戦後日本が天皇制国家であることの証明であって、戦前の天皇制国家への復権を示すものではない。つまり、私たちは、極めて巧妙な仕掛けを施した戦後天皇制という座布団の上に座らせられているのではないか。

私たちは実感を持って、ある意味では脅迫的な立場に追い込まれた出来事として昭和天皇死去の際における、この国を覆った自粛ムードを想起できる。この時ほど、戦後日本が形を変えた天皇制国家であることを再確認させられた時はない。あれから二〇年ほど経過し、世代の若返りが進んではいるが、多くの日本人の意識のなかには、厳然として天皇制国家の意識が漲っているように思われてならない。

その意味で私は天皇制の問題を考えるとき、戦前の天皇制が形を変えて、この時代に復権している、というより、戦後日本の国家体制に刻み込まれた天皇制という地肌が剥き出しになり始めただけであって、そもそも新憲法下でも本質的な意味での政治機能は不変なのだと思っている。そのように多くの人たちは考えてこなかったかもしれないが、保守支配層には連綿として、天皇制が日米安保体制というあらたな補強を得て息づいていることに極めて自覚的だった。かつて森喜朗首相が「日本は神の国」と発言して問題となったが、その時の多くの国民やメディアの受け止め方は、この民主主義の国家にあって何と不適切な発言か、というものでしかなかった。しかし、見方を変えていうならば、森首相の発言はある意味で戦後日本の実態を——あまりにも露骨な言葉だが——言い当てていたのである。同時に、戦前権力を引き継いできた自民党周辺の政治権力者や、事実上日本を牛耳る経済権力者たちの、恐らく共通した認識として、あるいは深層心理に天皇制が息づいている。その点を踏まえて、復権という現象面だけに囚われて、戦後日本の本質的な部分に目を向けないのは拙いといえる。

天皇制機能が発揮される時代に

戦後天皇制は、これまでにもずいぶんと政治的エネルギーを蓄えている。宮内庁も事実上押さえきれなくなっている報道によると、皇太子をも巻き込んだ天皇と皇太子妃との軋轢などの問題は相当深刻のようだが、そうしたこととは別に天皇制という、私の表現でいう「心的支配装置」は、その機能を強めているように思われる。

これは特に二つの点で指摘できる。ひとつには、やや消極的側面において、ふたつには積極的側面において。

消極的側面というのは、日本国家という抽象度の高い存在への帰属意識が依然として高まらない現実にあって、特に二一世紀の日本を背負う青年層にとって、国家への帰属意識よりも天皇制へのシンパシーに寄りかかったアイデンティティの確立が意図されていることと深い関係がある。「心のノート」の導入や教育基本法改悪による愛国心教育により、現代政治にマッチした形で天皇制は確かに復権している。象徴という言葉によって、本来持っていた天皇制の機能が、今日的に非常に危険な形で表面化している。これら日本の右傾化に拍車をかける様々な政策の打ち出しは、日本国民の国家意識の劣化状態を修復し、国家への帰属意識を高めようとする極めてナショナルな動きとして捉えられるのが一般的だ。
こうした捉え方はもちろん、全部間違っているとは思わない。しかし、私は本来戦後日本に内在している地肌としての天皇制が、いよいよ本格的に登場する好機として捉えられているのではないか、あるいは天皇制の政治利用のあらたな段階に入りつつあるのではないか、と考えている。

戦後日本の民主主義が成熟するピークは、やや強引な解釈をすれば安保闘争だった。しかし、岸信介首相が安保条約改定を強行してから、池田勇人内閣が登場することで、いわゆる政治の季節が終わり、経済の季節が到来した。安保闘争は実はアメリカへの従属を断ち切って自立した主権国家を構築する過程で、本物の民主主義を創ろうという運動でもあった。しかし、これが挫折する。

民主主義の成熟の機会が奪われ、それ以降、高度経済成長の呼び声のなかで利益第一主義の風潮が蔓延することになる。現天皇である明仁皇太子の、日清製粉の会長であった正田英三郎の長女・美智子との結婚(一九六〇年)が、日本資本主義と天皇家との〝結婚〟であったと指摘されるように、高度経済成長路線と天皇制の強化とは極めて密接な関係にあったことは周知の事実である。

民主主義の形骸化と、いわば資本主義天皇制の本格的登場という時代状況のなかで、天皇制は新たな息吹を吹き込まれ、また形式的な新天皇制像に国民の多くが歓喜の声を挙げていく。つまり、戦後日本資本主義に天皇制が見事にフィットしていくことになった。

それを演出したのは戦後に皇太子教育を担った東宮御教育常時参与の職にあり、元慶応大学教授で経済学者であった小泉信三(一八八八―一九六六)だった。小泉は神聖天皇から人間天皇への転換を「平和主義」の実践過程として捉える視点を強調し、人間天皇となった昭和天皇を徹底した「平和主義者」と位置づけることで、戦後日本にフィットさせることに奔走した人物の一人といえる。

要するに小泉は、戦前日本社会に内在した矛盾や課題を「平和主義」の実現という目標のなかで飛散させようとした。これこそが人間天皇制への転換の大きな役割であったのだが、戦前の否定されるべき矛盾や課題に正面から取り組む機会を奪うために、天皇の役割が期待されたと解釈できる。

なぜなら昭和天皇こそ、一九二五年以来、軍国日本の政治的精神的支柱であったから。その支柱が「軍国主義」ではなく、実は「平和主義」であったと結論づけることで、戦前と戦後の連続性を用意し、そのなかで天皇制の継続と国民意識への、あらたなスライドを図ったのである。そうした観点から、小泉はポスト昭和天皇としての皇太子明仁を、あらたな時代に適合する皇室の体現者として、その教育を徹底していく。

こうして戦前は、日本軍国主義にフィットした天皇制は、戦後には日本資本主義にフィットすることで、その政治機能を保守することに成功していくのである。いずれの場合にも、天皇制の時代状況に適合する変幻自在ぶりは注目に値する。こうして戦後天皇制は、一九六〇年代から本来の役割を果たし、一九六四年の東京オリンピックでは昭和天皇が「国家元首」待遇で開会宣言をすることになった。それは、同時に世界に向けて日本の国家元首が天皇であることを宣言することを意味するものでもあった。

日本が経済的に厳しい時代になった今日にあって、現皇太子は国際国家日本に適合する皇室づくりの一環として外交官出身の皇太子妃との結婚を選択した。それも極めて時代状況にフィットした選択であり、皇室づくりだった。そうした天皇制の変幻自在ぶりは今なお健在である。そうすることで、天皇制あるいは皇室が、日本国民に対する「心的支配装置」としての役割を果たすことにより、天皇制の正当性を確保しているのである。

派兵国家に適合する精神的支柱として

二つ目の積極的な側面について、ここで触れたい。それは自衛隊の海外派兵との関連である。冷戦時代が終わって、アメリカの世界戦略が大きく様変わりをした。米ソ対立の緊張関係のなかで、日本の自衛隊は、いまでこそ事実上死語となったが「専守防衛」論のなかで着々とその実力向上に専心してきた。しかしながら、冷戦時代が終わって、アメリカの「関与と拡大」をキーワードとする戦略転換のなかで、その片棒を担ぐ役割が自衛隊に求められ始める。

それはソ連が解体されたことでアメリカが射程に収める対象地域が一気に拡大したこと、そしてそのアメリカ自身の経済力の相対的低下のなかで、膨大な軍事力を支える能力も低下したことである。そこでアメリカは、冷戦時代が終わるやいなや、日米安保再定義と称して、本来は極東を対象地域とする二カ国間条約である日米安保の適用範囲を、これまた一気に拡大した。

日米安保再定義以後、例えば、一九九九年に「周辺事態法」を皮切りに次々と有事法制(=軍事法制)を制定していく。それは日本自衛隊がアメリカ軍と共同して極東以外の地にも展開することを可能にしていく法整備だった。そうした危険な動きは、政府・防衛庁(現、防衛省)によって「国際貢献」の美名で隠蔽された。

いずれにせよ、冷戦体制終焉後、日本は派兵国家となったのである。イラク戦争への自衛隊派兵は、その一大転機となった。こうして日本は日本国憲法の平和主義を事実上放棄し、いつでもどこでも自衛隊という「軍隊」を派兵し、場合によっては戦闘行動にまで踏み切る準備を開始した。

そうしたなかで、自衛隊周辺で高まっている一つの意思あるいは感情がある。それは、政府・防衛省で検討されている、恒常的な派兵体制を担保する〝恒久派兵法〟の制定である。

一連の有事法制が制定され、将来における派兵体制の構築が予想されるに至ってこのことはすでに俎上に挙げられていたことだが、自衛隊周辺には、派兵体制の恒常化と戦闘参加により殉職者が出ることを想定して弔慰金の引き上げなどの制度的課題に加えて、何よりも隊員の士気の問題として、自衛隊の最高司令官が内閣総理大臣という現実に対する飽き足らない感情が出ている。

自衛隊・制服組のなかでも正面切っての言動はさすがに控えられてはいるが、政党出身の総理・総裁が、しかも政局によって一、二年で交代してしまう最高司令官のありように、複雑な感情を抱いていることは確かだ。

もちろん、そこには政党という存在自体への不信も存在する。例えば、自衛隊組織のモデルであるアメリカ軍の編成や構成との比較において、少なくとも四年間は交代のない、かつ絶大な権力を有する大統領が最高司令官であることに、ある種の憧憬あるいは理想像を描いていることも確かだろう。

日本は議院内閣制を採っているので、大統領制（共和制）のアメリカと同じというわけにはいかない。そこで浮かぶのが天皇を自衛隊の最高司令官にという発想である。そうなると、これは戦前の軍組織と同一となるから、そうそう簡単にはできない。憲法を変える程度以上の問題が派生してくる。

それで現時点で自衛隊制服組が考えていることは、彼らのトップである統合幕僚会議議長を認証官待遇にすることだ。つまり、統幕議長を国務大臣と同列におき、天皇から任命されるという形式を踏むことによって、天皇との繋がりを制度化しようとする試みである。

この認証官待遇への要求は以前から構想として存在している。しかしこれには防衛省の背広組（防衛官僚）から文民統制の逸脱として内部から批判があり、そうそう簡単には進まない。しかし、この動きはいずれ顕在化してくるだろう。

こうした意味で派兵国家日本に適合する自衛隊組織の再編、自衛官の士気向上、「戦死」という事態発生の可能性など自衛隊のアメリカ軍との共同体制の緊密化のなかで生じる事態への対応として、そこに出てくる天皇という問題がある。天皇が派兵国家日本の精神的支柱となるとする役割期待が今後日本の派兵国家化の進行に従い、様々な形で議論される可能性を先読みしておいて間違いない。

派兵体制が構築され、恒常的な派兵が実行されるなかで、不幸にして自衛官らの「殉職者」が出た場合、どのような形で「遺族」をケアするかが、当局によって真剣に検討されているようだ。もはや弔慰金を引き上げるといった制度的な整備にとどまらず、「何のために」という大義名分が不可欠となってきている。

いくら何でも日本資本主義の世界展開のための「犠牲者」、日米軍事共同体制の「生け贄」というわけにはいかない。そうした実際的な問題を回避し、隠蔽するための論理が練られている。そこでは「国家防衛」（国防）という抽象的かつ〝遠い〟不可視の課題を対象とするのでなく、天皇制の護持という〝身近な〟可視的存在としての天皇の役割期待が浮上してくる。

天皇制とどう向き合うのか

戦後日本が「天皇制民主主義」という形で再出発している以上、前述したように、戦後日本を丸ごと保守しようとすれば、それは同時に天皇制を保守することを意味する。そのことを日本の権力層は実際的にも感覚的にも強く意識している。本当の民主主義体制では、すべての情報や国家社会の方向が、文字通り民主的に検討されるが、天皇制民主主義国家である日本では、核心的な情報や方向性が、必ずしも開示されず、情報の独占や秘匿が横行する社会だ。

恐らく戦後の日本が本当の民主主義国家であると捉えている人は少ないことを期待するが、この擬制的民主主義が日本の民主主義の本質といえよう。民主主義の本質を形骸化させ、擬制化させている根源こそ天皇制にあることは論じるまでもない。

日本社会が天皇制を頂点にする差別社会であり、階層社会である点はもっと強調されてよいと思われるが、この点の集中的議論はまだまだ少ないようだ。日本は〝天皇制社会〟とでも形容できる、極めて独特の閉鎖社会である。日本と頻繁に比較されるイギリスの皇室と日本の皇室では、その情報開示度が全く異なる。日本では宮内庁予算の総額は開示されるが、その細目や支出の中身の検討は必ずしもオープンにされない。イギリスでは皇室予算がイギリス国会の場で吟味され、過剰支出には徹底的な批判が行われる。

このことから私たちは、次のことを今一度考えてみる必要がある。

第一に、戦後日本の天皇制民主主義が結果する制度をどう捉え直すか。つまり、戦後日本は戦前と同様に議院内閣制を採用し続けている。もちろん、戦前の議院内閣制における内閣及び首相の権限は元首天皇制ゆえに、極めて弱体だった。内閣は帝国議会（今日の国会に相当）ではなく天皇にのみ責任を負っていたし、首相は何人かの閣僚とほぼ同等の地位にすぎず、閣僚への統率力は微弱だった。

戦後の内閣は国会に責任を負い、事実上国民に責任を負う形を採っているが、例え形式的であれ、内閣が首相を含め、天皇から任命されることの意味は小さくない。私は、このような足枷をはめられた議院内閣制の下では、本当の意味での国民主権は成立しないのではないか、と考えている。

やはり、ここでは共和制の採用がひとつの有力のオプションとして発想されるべきではないか。最高至上の民主的制度とは言い切れない部分もあるが、少なくとも国家社会のトップリーダーを国民と世論が選出できる制度は、ひとつの民主主義の到達点を示していると思われる。

かつて中曽根康弘首相が、アメリカ大統領の権限と位置を羨んで、「私は大統領的首相になりたい」と語ったことがある。しかし、天皇制支持者たちから批判された。共和制への志向は天皇制の解体に結果するので、「けしからん」というのだ。それ以来、中曽根は、そのことには一切言及しなくなった。私は、あらためて共和制の議論を深めていきたいと思う。

第二に現行の日本憲法に記された第一章の天皇の章をどう考えるか。私は護憲論者だが、それは例えば第九条を形骸化しようとする危険な憲法改悪には反対という意味においてである。しかし、私は第一章がこのままで良いとは全く思っていない。なぜ、日本の憲法は天皇の章で始まるのか。日本と同じ敗戦国であるドイツの憲法（基本法）の第一条は「人間の尊厳」で始まっている。

つまり、基本的人権に関わる条項が真っ先に持ってくることで、憲法及び国家の役割が既定されることが当然といえよう。国家が形成され、憲法が制定されるのは、生まれながらにして自由と平等の権利（これを自然権という）を持つ人間の存在を担保するためである。

この基本的人権は、いまさらいうまでもないが、フランス革命（一七八九年）の成果として提起された「人権宣言」に示された「人は生まれながら、自由で平等な権利を持つ。社会的な差別は、公共の利益に基づいて存在できる」（第一条）や「主権の源は、もともと国民のなかにある。いかなる団体や個人でも、国民から出たものではない権力を使うことはできない」（第三条）といった条文をルーツにするものである。こうした基本的人権が、平和社会建設を国是とする戦後日本にとっては、最も重要な課題として位置づけられるべきではないだろうか。

確かに第九条はアメリカの天皇制存置政策に強硬に反対するイギリス、オランダ、中国などの連合国諸国を慰撫するために着想された側面が強いものである。つまり、天皇制が軍国主義の温床となることを警戒するこれらの諸国の不安を除去し、非軍事を徹底させるために用意されたのが第九条であった。その意味で第一章（天皇）と第二章（戦争放棄）とは表裏一体の関係にある条文規定ということになる。

しかし、いまでは第九条が事実上形骸化している。世界でも屈指の軍事力を装備し、年間五兆円近い軍事費を消費する日本において、第九条の役割は反故にされている。そして、自民党の憲法私案では第九条の第二項に手が加えられようとしている。つまり、既存の軍事力を憲法でも保証しようというのだ。その意味では、二つの章の本来の関係は、すでに崩れ始めているのである。

これは天皇制が軍国主義の温床ではなくなったからでは全くない。日本のあらたな派兵国家・臨戦国家への道が確定されようとしていることとの反映といえる。そうすると、天皇及び天皇制が、この動きにいずれは便乗して憲法的にも全く戦前と同様の規定ということにはならずとも、その政治機能を担保する条文案が登場してくることも先読みしておいてもいいだろう。

こうした動きを充分に読み取ったうえで、私たちが天皇制とどのように向き合えば良いかを考え抜いていく必要がある。繰り返すが、私は日本に共和制論議を起こし、いずれは第一章に基本的人権の章を据えた憲法を逞しく構想し、天皇制民主主義を変えて、文字通りの徹底した民主主義の原理を活かした民主主義思想と制度を創造していくことが肝要と思う。

日本国憲法第九条を第一章に書き換えることが必要ではないか

日本国憲法第九条は護る。だが第九条を護る中で必然的に守りたくない天皇制を守っているというのはやりきれない。そこで、第九条を逆に第一章に持ってくる。つまり第一章を戦争放棄の章で始めることとし、その第一条に今の第九条をもってくる、というのはどうだろうか。

戦後の護憲運動が軍事化に一定程度歯止めをかけたのは評価すべきだが、同時に天皇制を克服するという歴史認識の育みを阻んだことも確かである。だから私は護憲運動を全部評価するものではない。その限界を論議していくべきではないか。

天皇制を段階的に変えて共和政体に変えていく。そうした展望を語る場合に天皇制を護持する論理を孕み込んでしまっている護憲という問題をも切り込んで論議していくしかないのではないか。なぜ戦後、共和政体を要求する運動が私たちの間から出てこなかったのか。なにも大統領制がいいというのではなく、脱天皇制としての選択として共和政体への展望がどうして語られなかったのか。

これには天皇制というものが政治制度だという角度からの認識がなかったことが関係している。一例をあげると、数年前、園遊会で米長邦雄（当時、東京都教育委員・棋士）が「日本中の学校で国旗をあげ国歌を斉唱させることが私の仕事でございます」と述べたことに対し明仁天皇が、「やはり強制になるということではないことが望ましい」と「おことば」を述べたことがある。これについて市民運動の中にも、「よく言ってくれた」「明仁天皇は強制反対論者だ」「昭和天皇とは違うぞ」という反応が相次ぐことになった。

私は確かに明仁天皇の真意は「強制は、いけない」と思っていると考える。だが、これはどういう意味かというと、日の丸・君が代は自発的に歌ってこそ意味があるんだと明仁天皇は考えていると捉えるべきではないか。米長は主旨を取り違えている。自発的に君が代を歌えるように、主体的に日の丸を掲げる指導をしなさいと米長に忠告したものと捉えていい。つまり明仁天皇の真意は、外部的な圧力で歌え掲げろではなく、「内面指導」しろ、ということにある。明仁天皇は思想動員、精神的な動員が大事だと言ったのであって、米長よりも天皇制の動員の意味が解っている。そういうことに対し、「よく言ってくれた」はないだろう。実のところ、「そういう天皇なら許せる」という方向に誘い出そうとしているのではないか。明仁天皇が即興で発言したのか、側近に勧められて言ったのかは分からないが、そうした明仁天皇の言辞に納得してしまう日本の天皇制密着度がどう克服されていくかが問われている。

天皇制というのは、民主主義を無価値にする政治制度であり、民主制と天皇制とが同時に存在すること自体が不思議なことである。天皇制という絶対的なものと民主主義が矛盾しないはずがない。

すでに何人かの論者が「憲法第九条ぶら下がり論」との表現を用いている。日本が平和国家だというとき、日本人の多くは第九条を戴いているから大丈夫と答える。果たして、それで良かったのか。日本は憲法にぶら下がったまま、自分で平和を作る努力をしなかったのではないか。怒られるかもしれないが、「憲法九条があるから日本には平和思想が育たなかった」と敢えて問題提起しておきたい。言い換えれば、第九条がたとえなくても日本は平和主義、平和思想を創らなければいけない歴史的な使命を持っていたと思う。

憲法の平和の精神を血肉化するためには天皇条項をなくし、憲法第一章を戦争放棄の章にする方向を本気で論議していく時代が来ているのではないだろうか。

第一〇章　連続する「戦前」

1 日中戦争下の国民監視と統制

私たちはいかなる地点に立たされているか

一九四五年八月から、いくつかの曲がり角を経てきた戦後日本の歩みのなかで、私は「一九九九年」という年を強く記憶に留めるべきだと考えてきた。私は、その「一九九九年」を「新たな戦前」の始まりと捉え、それ以後の政治体制を「一九九九年体制」と定義した。[★1]すなわち、この年の第一四五国会では二〇七日間の会期中に周辺事態法をはじめ、国旗国歌法、盗聴法、住民基本台帳法、地方分権一括法、中央省庁等改革関連法をはじめ、「改正」を含めて一三八件の法律が成立していた。当時、小渕内閣は自自公の相乗りによって、懸案処理国会の名のもとに、文字通り非民主的な方法によって一気呵成に法制化を図った。それは、いうまでもなく私たちの民主的な諸権利が次々に奪われていくことを意味している。

戦後政治を振り返ってみれば、戦後日本は平和憲法を戴きながらも、日米安保条約を主軸とする日米同盟によって経済発展に邁進してきた。日米安保を基軸とする日米関係は、国際社会における冷戦構造にも支えられ、アメリカの圧力と要請という口実のもとで経済同盟関係から軍事同盟関係へと変容する。そのような動きのなかで、戦後日本が追求してきたはずの市民一人一人の責任を踏まえた自由社会の構築という目標が、明らかに国家主導による「国民」の管理と統制を基軸に据えた管理社会へと急旋回をなしつつある現実に直面することになった。そのことは同時に、軍国主義を基調とする政治社会思想や体制への回帰あるいは再生としてある。

戦前への回帰、あるいは戦前の再生という現実に直面している私たちは、現在をよりリアルに捉えるため、あらためてかつての軍国主義体制が構築されていく歴史過程を、現在の視点から繰り返し読み返すことが必要となっている。そこで本節では、特に日中全面戦争開始の年に成立した改正軍機保護法を中心に国民監視体制が強められていく過程と国民監視と弾圧の諸相を追う。ここでは、準戦時体制から戦時体制という政治社会の変容を整理しながら、一九三七年から七〇年以上を経過した今日との酷似性をみていきたいと思う。

強化される国民監視・動員システム

明治国家は成立時から国民（明治憲法下では「臣民」と呼ばれた）を管理し、戦争時には動員することを容易にするために、平時から国民管理システムを用意してきた。いうならば、明治国家はその成立当初から民衆動員・管理システムとして、平時の戦時化、あるいは戦時の平時化を志向してきたといえる。そこでは国民の権利や自由が著しく制限され、不当な人権侵害が横行する。国家が人権を日常的に侵し続けたのである。その結果、国民は国家の戦争発動への企みを食い止める術を失っていく。戦前国家が行った戦争発動が、さして国内での抵抗を受けることなく強行することが可能であった極めて重大な原因として、この民衆動員・管理システムの構築があったのである。

事実、近代日本国家は、実に戦争によって国家を養ってきた戦争国家であった。そこでは、戦争に民衆を動員していくためのメカニズムの整備や国防イデオロギーの流布が、重要な国家政策として認識されていた。民衆は軍事機密の厚いベールに蔽われた軍事政策や軍事関連情報から一切遮断され、しかも政府・軍当局による情報操作・統制によって、当局に都合のよい情報だけを与えられていたのである。そのこともあって、民衆は常に正確な情報による軍事政策への批判が許されず、軍事関係の情報は軍当局者か、その関係者によって独占されていた。軍当局者は民衆の基本的人権を徹底して制限し、国家政策とりわけ戦争政策への批判的な活動や運動を厳しく取り締まる方針を採用し続けたのである。

こうした体制を法的に保証していたのが一連の秘密保護法制であり、この法的規制に支えられて実際の政治過程で実施された民衆の監視・統制を目的とする一連の政策を防諜政策という。防諜政策は、一八九九（明治三二）年七月に公布された軍機保護法から開始される。それが日本ファシズムの民衆統合・動員政策の一環として位置づけられることになるのは、第一次世界大戦以後のことである。第一次世界大戦以後の国家総力戦段階においては、より強力な戦争指導態勢を確立する手段として、民衆の軍事体制への強制的な統合と、民衆の国家政策への積極的かつ自発的な同調と支持が基本条件となる。こうした相互に矛盾する二面性を解決する手段として、政府・軍当局が採用したのが防諜政策であった。

それはまた日本ファシズムの担い手によって、民衆動員を可能な限り抵抗なく進めるうえでの格好の手段とされた。同時に防諜政策は、単に秘密保護という名目にとどまらず、民衆の自発的戦争協力のエネルギーを引き出すにも極めて有効な政策であった。つまり、防諜政策は基本的に二つの側面を合わせ持っていた。ひとつは軍機保護法や国防保安法に代表されるように法的実効力をともなう治安弾圧法規として表現される側面、もうひとつは天皇制国家支配原理に連続する日本精神・国防意識を喚起するイデオロギーとして表現される側面である。

この両面性をもつ防諜政策が、軍事体制の進行と平行して国民動員という段階から、国民統制・管理、さらには国民監視へと移行していく。一連の防諜対策は、その完全なる履行を理由に民衆排除・処刑へと突き進む可能性を持った政策であった。この政策は世界的規模で戦われた第一次世界大戦を画期としており、国家総力戦と呼ばれた新たな戦争形態の出現は、武力戦の比重を低下させ、軍事力だけでなく工業力・政治力・精神力など国家の総合力で勝敗が決定されるという、いわゆる国家総力戦論の考え方を広めていくことになる。

なかでも、大戦終了直後から日本陸軍内では、将来の戦争が一層徹底した国家総力戦として戦われると予測し、第一次世界大戦の教訓にもとづき、国家総力戦段階に適応した軍装備の近代化や軍需生産能力の強化を早急の課題にすべきだと説く革新的な軍事官僚が現れることになる。これら軍事官僚を中心に、国家総力戦を戦い抜くだけの強力な政治体制、いわゆる国家総力戦体制づくりを、今後一貫した日本の国家目標とするよう主張した勢力が、以後政府・軍内部での発言力を強めていく。

彼らは国家総力戦に備えて国民の思想的・精神的団結力の強化、長期戦に耐える国民の国防意識の昂揚、国家への忠誠心の深まりなど、軍事領域外の問題にまで関心を向けていく。こうした新たな関心領域を武力戦以外の平時における〈戦争〉という意味で思想戦と呼ぶ。思想戦を平時から準備するため、早くも一九二〇年代半ば以降、国家総力戦を想定した国防思想の宣伝普及が開始される。

この時代は、国の内外で軍備縮小を求める世論が活発となり、軍拡を強行する軍当局への風当たりが強まっていた時期であった。これに加えて、経済の慢性的不況による生活条件の悪化を原因とした国内政治・社会状況の混乱は、国家総力戦準備を進めようとしていた軍当局者に深刻な危機感を与えていた。軍当局は昭和期に入り、これら軍にとっての危機状況を打開するため、思想戦準備を口実とした国家総力戦体制づくりに本格的に乗り出すことになる。

例えば、陸軍省内に設置された国防思想普及委員会は、一九三〇（昭和五）年に「昭和五年度国防思想普及に関する計画」を作成して全軍に通牒し、各師団に国防宣伝費を配当して国防の宣伝普及に本腰を入れ始めていた。★2 さらに、陸軍当局は、一九三四（昭和九）年一〇月に陸軍省新聞班が作成した「国防の本義とその強化の提唱」（通称「陸軍パンフレット」）、翌年一月に陸軍省調査班が作成した「対内国策要綱案に関する研究」、一九三七（昭和一二）年二月に陸軍省新聞班が全国各師団に通牒した「時局宣伝計画」に代表される国防宣伝計画を、講演・新聞・ラジオ・映画などの方法によって実行に移そうとした。

また、林銑十郎内閣時代に内閣情報委員会が立案した「国民運動方策」に端を発する国民精神総動員運動は、盧溝橋事件を発火点とする日中全面戦争の年である一九三七（昭和一二）年の八月二四日、近衛文麿内閣時に日中戦争全面化に対応する国民思想動員運動へと引き継がれ、その規模を一段と拡大する方向にあった。これにもとづいて政府は、同年九月一三日に「国民精神総動員実施要綱」を発表した。それは、これより先の同月二日の閣議で決定された「支那事変に適用すべき国家総動員要綱」の主旨にしたがって作成された「国民教化運動方策」と、「時局に関する宣伝方策」の具体化として実施されたものであった。日中全面戦争の開始が、国民の監視・統制を一段と強化させることになったのである。

「国民教化運動方策」は、「難局を打開し帝国の興隆を図る為、我尊厳なる国体に基き尽忠報国の精神を振起して之を日常の兼務生活の内に実践」するという国民精神総動員運動の主旨に沿って実施され、各省庁を含めて政府総掛かりで進められた運動であった。★3 ここでいう「尽忠報国の精神」とは、国家に絶対的な忠誠を尽くすことを意味した。その運動の目的は、天皇を頂点とする政治体制を無条件で受け入れる国民づくりにあったのである。

思想戦対策の一環として

こうした一連の諸政策の根底には、平時から国防体制を強固にしておくため、国民各自の国防意識の充実が不可欠だとする軍当局者の考えがあった。同様な認識から、陸軍当局は諜報・防諜など秘密戦への関心を深めるところとなった。

例えば、一九二五（大正一四）年一二月二一日に参謀本部総務部長阿部信行（のち首相）の名で作成された「保安情報等に関する件」★4 には、「諜報宣伝及謀略に関する基礎的研究及事変又は戦時に際する之か適切なる治安法に関する研究を更に徹底せしめ又我が国家の保安を脅威するか如き思想を実現せんとする勢力日に加はらんとする現況に於て詳《つまびらか》に海外に於ける此の種思想と活動の情況を諜し国内に於ける反影を観察し他の部局当事者と連絡し事変又は戦時に於ける対策を確立するの基礎を提供す」と記されていた。

国民の思想動向を踏まえ、日常の監視体制づくりに向けての基本方針が要約され、ここでは「事変又は戦時」を想定しての平時準備ということにあくまで重点が置かれていた。軍当局は国家総力戦を意識して諜報・防諜を重視し、この段階ではそれを一種の治安法規と見なしていたのである。さらに、二・二六事件

（一九三六年）以後軍部勢力は政治発言力を増大し、国内の軍事体制化を進める一方で、当時陸軍次官であった梅津美治郎が内閣書記官長の藤沼庄平宛に「国防上の機密保護に関する意見」★5を通牒していた。

そのなかの「諜報活動の実相」の項では、「将来戦が武力戦のみならず思想戦、経済戦を生起し帝国の内外至る処是れ戦場たらざるなき状態を呈し軍部は勿論官民一致挙国一体を以て戦争に従事せざるべからざるは今更ら呶々《どど》するの要なしと雖《いえども》経済戦、思想戦に関する帝国の平時準備並訓練の未だ充分ならざるは否むべからざる事実なり」と指摘し、将来の国家総力戦に備えて思想戦・経済戦への平時準備の徹底こそ、文字通り国家総力をあげて取り組むべき課題としていたのである。

さらに続けて、「将来戦に於ける勝利の要諦は武力を主掌する軍が平時より営々として戦争準備を怠らざるが如く思想戦、経済戦を主掌する官民亦孜々《しし》として之《こ》れが対策を考究準備し一朝有事の時一糸不乱各最大能力を発揮し以て敵国を覆滅するに在り」（同前）と記し、軍部が積極的に思想戦・経済戦の主導権を握り、国家総力戦体制づくりに向け軍部の政治力を一段と強化する考えを改めて強調していた。

国家総力戦体制づくりをスローガンとする軍部勢力の台頭と国内の軍事体制の進行といった政治状況を背景に、軍機保護法（一八九九年七月一五日公布）の全面的な改正案が第七〇回通常議会（一九三六年一二月二六日開会）に提出された。同法改正案が国家総力戦準備の延長上に発案された法案であった。日中全面戦争のなかで、改正案の緊急性が説かれた結果、貴族院での審議はわずか五日後の七月三〇日に修了し、法案が可決された。次いで衆議院でも八月七日に可決・成立するという異例のスピード審議となった。こうして、八月一四日には法律第七二号として全面改正された軍機保護法が公布され、一〇月一〇日より施行される運びとなった。

強まる国民監視と統制

日中全面戦争を境に国内の軍事体制化は、軍事の名による国民監視と統制が一段と厳しくなり、それは様々な既存の法律にも影響を及ぼすようになる。そのこともあり、これらの法律の違反者が続出するのも、この時代の大きな特徴であった。例えば、内務省警保局編『外事警察概況』には、陸軍刑法、海軍刑法、要塞地帯法等の違反例と並んで、軍機保護法の違反摘発例が列記されている。以下、若干のコメントを付しながらその一部を紹介しておこう。

一九三七（昭和一二年）年八月以降、軍機保護法が早くも頻繁に適用された結果、同資料には違反摘発例が相次ぎ記録されることになる。いずれも身柄送致・書類送致・厳重説諭などの処分となっており、改定当初において実刑判決例は記録されていない。なお、敬称は省き、年齢は事件当時のものであることを断っておく。

まず、尼岡綱三（大阪中央電信局監査課通信書記・三九歳）は、八月二日の海軍充員下令や陸軍第三次動員などの事実を、近親者に封書・葉書にて通知したとして「軍機保護法」第二・三条違反の罪に問われ、一一月一八日に書類送致された。その後、一二月四日に陸軍刑法第九九条と海軍刑法第一〇〇条により起訴されることになった。軍機保護法の第三条は、業務により軍事上の秘密を知得・領有した者への処罰規定であり、尼岡は職業上軍事機密に接触できる立場にあることを利用し、軍事上の秘密を知得・入手したとして同法により処罰された最初の例であろう。しかし尼岡自身、知得・入手したとされた事実を近親者に通知していることからも、それらが「軍事上の秘密」であるとの認識は皆無であったと思われる。

同様な例として、千葉県安房郡館山在住の土屋時次郎（料理営業・五七歳）は、木更津海軍航空隊に服務中の三男輝雄からの通信で知得した情報を軍事秘密と知りつつ、知人数名に伝言したとして、尼岡と同じく第三条違反で起訴猶予処分となった。尼岡の事例が、「軍事上の秘密」の直接入手で起訴処分となっているものの、土屋の場合間接入手ということもあって起訴猶予処分となっている。しかし、土屋の場合は「軍事上の秘密」と知りながら他者に伝言したとされ、しかも尼岡よりも軽い処分になっていることは、両事例の整合性に疑問を感じないわけにはいかない。

その他、軍事施設や移動中の部隊に偶然遭遇し、写真撮影を行った者が厳重説諭のうえフィルムを没収された例が記載されている。いずれもその職業や身分からして、一般常識以上の軍事関係の知識・情報を持ち合わせていたとは思われず、単に記念写真を残したい一念から出た行為にすぎないものであったろう。そのなかで板谷英（写真師の妻・三二歳）は、軍事機密の標識のある九二式重装甲車両二両を撮影したとして書類送検見込の処分を受けている。この行為にしても、軍事機密の表示に関心あるいは注意を払うこともなく、写真による記録といった程度の軽い気持ちから発した行為にすぎないと見るのが常識的な判断であろう。書類送検見込とはいえ、やはり厳しい処置である。

大分県の岐部逸朗（無職・二八歳）は、日豊線善光寺駅より柳ケ瀬駅を列車にて通過中、宇佐海軍航空所属の施設を無断で撮影したとして、同県中津区裁判所より罰金三〇円の処分を受けた。また、広島県のタンカー船橋丸機関士見習の小川利蔵（二八歳）は、船舶乗組員として航行中、後日の参考あるいは思い出とするため、呉軍港に停泊中の艦船などを自己所持の日誌に記載しておいたことが第二条の「軍事上の秘密を探知し又は収集したる者は六月以上十年以下の懲役に処す」の条文に違反したとして、山口地方裁判所検事局に送致され、結局は起訴猶予処分となった。

頻繁化する検挙事例

これらの例は、結果として軍機保護法による実刑を免れたが、同法改正案以前と比較して、軍事秘密保護への当局の対応の厳しさを明白にした事件といえる。以後こうした類の検挙事件が頻発することになるが、『外事警察概況』第五巻（昭和一四年）には、一九三九（昭和一四）年中期までの軍機保護法違反による検挙者は三三二人（うち外国人四三人）を数えたと記録されている。しかし、このうち有罪判決を受けた「違反者」は五人（外国人一名を含む）にすぎず、検挙の割合には有罪判決率は極めて低くなっている。その理由としては、記述したような事件の内容が明らかに確信犯・故意犯による行為ではなく、「軍事上の秘密」を全く偶然に知得・領有したものにすぎず、当局としてもこれを有罪と判決することに躊躇せざるを得なかったためであろう。

それにもかかわらず、検挙人数がわずか二年余りの間に三〇〇人を越しているのは、当局が事件の内容を検討することなく検挙などに踏み切ったことがまず考えられる。そして、軍事体制が進行するなかで、軍事秘密保護に過度に神経をとがらせていた当局が、国民の前に軍事秘密保護の重大さを認識させる意味で、一種の威嚇効果を狙って検挙・摘発に及んだ結果とみてよい。

太平洋戦争開始直前の一九四〇（昭和一五）年に入ると、軍機保護法違反事件への処罰の程度が従来と若干異なってくる。『外事警察概況』第六巻（昭和一五年）に、一九四〇年以降の事件例が記録されている。

例えば、丸山喜傅治（井戸堀業・五〇歳）は、北海道網走郡美幌字稲美および同町字都橋にある海軍飛行場施設工事にて井戸堀作業中、当該地域が軍機保護法第一二条により測量などの禁止区域に指定されていたのにもかかわらず、同地域の地図を入手したことが同法違反に問われたとある。丸山は作業中、同地域に鉄鉱脈を発見し、仲間と共謀してこれを採掘する計画であったと記録されている。当違反例は、地図の入手がすでに厳しく管理をされていたことを示す一証拠例でもあった。

同様な例として、小野元隆（東京魚商組合書記長・三六歳）は、組合の名簿発行に際し、東京市中央卸市場築地本場の航空写真を無許可撮影し、これを組合員名簿の口絵に挿入したとして軍機保護法違反に問われ、八月一七日に東京刑事地方裁判所検事局へ記録を送致されることになった。これも同法第一二条の第二項に違反したとして処罰されたものである。

また、内田秀雄（郵便局長・四五歳）のように、観光中に東京湾要塞地帯館山市船形所在の船形観音の形状を写真撮影したとして要塞地帯法違反に問われた例や、要塞地帯とされていた下関市側の山形が風光明媚であったため、他意なく写真撮影したことが要塞地帯法に問われた石原房（二四歳・無職）、青森発青函連絡船津軽丸の船上から要塞地帯とされた函館山を撮影したとして、同じく同法に問われた江尻貞三（三二歳・職工）などの例が列挙されている。これは軍当局が戦争を直前に控え、次第に緊迫した状況になっていったことを示すと同時に、国民側からすれば、日常的な普段の行為がいつでも軍事秘密の取得・収集行為として摘発され、処罰される危険性のあったことを意味していたのである。

現在にも頻発する同質の問題

以上、軍機保護法等違反として国家による縛りや監視のなかで基本的な人権が蹂躙されていった事例を紹介してきた。だが、ここに示された事例は決して戦前に限られたものでないことをも確認しておく必要がありそうだ。

例えば、言論や表現の自由によって、あるべき自由社会の充実を希求する私たちにとって記憶に新しい事件が起きている。それは二〇〇四年に起きた立川反戦ビラ弾圧事件である。立川自衛隊監視テント村のメンバー三名が自衛隊イラク派兵反対を呼びかけたビラを自衛隊東立川駐屯地の官舎の個別郵便受けに投函したことから、住居侵入の容疑で逮捕され、起訴された事件である。同事件では釈放されるまで七五日間という異例の長期勾留と接見禁止の処置が執られた。二〇〇四年一二月、東京地裁八王子支所は、住居侵入罪の成立を否定し被告人に無罪判決を言い渡した。公判中も弁護側証人として出廷した憲法学者の奥平康弘が、住居侵入罪などの一般法によって言論の自由を剥奪する手法は戦前への回帰であるとする指摘を行うなど、事件の背景にある言論弾圧の実態を批判した。治安維持法なき現在にあって、国家への批判を封ずる手段として住居侵入罪など一般法による犯罪立件は多用されてきたが、同事件はその一例であった。

この事件は一審で結審することなく原告側が控訴した。その結果、二〇〇五年一二月九日、東京高等裁判所は、第一審判決を破棄自判し、被告人に罰金二〇万円から一〇万円の判決を言い渡した。判決の骨子は、被告人らを住居侵入罪で処罰しても憲法二一条一項で保障した表現の自由を侵すものでない、とするものであった。高裁の逆転有罪判決は、住居侵入罪によって事実上表現の自由に規制を加えるものであった。この判決は、二〇〇八年四月一一日の最高裁による上告棄却によって確定した。

さらに触れておくべきは、二〇〇七年六月六日、日本共産党の志位委員長が記者会見で明らかにした一件である。すなわち、陸上自衛隊の情報保全隊が、イラク派兵時に日本全国で行われた派兵反対を掲げる運動団体の動向や個人の発言を全国規模で収集していた事実である。これは明らかに国民監視とも受け取れる行為であり、小論で簡約してきた日中戦争下で本格化する国民監視と恫喝の歴史とあまりにも酷似する。

自衛隊内部資料が自衛隊関係者からいかなる理由で提供されたかは定かでないが、ここで明らかにされた国民監視業務は、すでに自衛隊発足当時から開始されていた一連の有事法制研究においても重要度の高い課題として設定されていたものでもある。この問題は、自衛隊の国民監視体制が相当進んでいた事実を明らかにしたものである。その意味では国民監視業務の実態の一端を垣間見る機会となったといえる。今後においては、国民監視から統制や恫喝などが設定されていく可能性があろう。★6

満州事変から日中全面戦争にかけて、国民監視と統制が強化される過程で準戦時体制から戦時体制へと移行していったように、今日における日本の政治も同様に、新たな装いを凝らしながらも国民の監視と統制が強行されている実態に私たちは重大なる危機意識を持ち、これに抗していく運動を逞しくしていかなくてはならない。「新たな戦前」を迎えないためにも、歴史から学び取るものはあまりにも大きい。

〔注〕

(1) 纐纈厚『周辺事態法——新たな地域総動員と有事法制の時代』(社会評論社、二〇〇〇年)を参照されたい。

(2) 陸軍省『密大日記』昭和五年第二冊(防衛省防衛研究所戦史部図書館蔵)。

(3) 『偕行社記事』第七七六号、一九三九年五月。

(4) 陸軍省『密大日記』大正一五年第一冊(防衛省防衛研究所戦史部図書館蔵)。

(5) 『公文雑纂』一九三六年六月二五日(国立公文書館蔵)。

(6) 私は同事件に触れて、「明らかに逸脱だ」と題するコメントで、「市民には監視としか見ず、萎縮効果は小さくない」(『朝日新聞』二〇〇七年六月七日付朝刊)と述べておいた。なお、小論でも触れた日中戦争期における国民監視の実態解明については『監視社会の未来』(小学館、二〇〇七年)を参照されたい。

2　戦前・戦後の有事法制の展開と構造

大日本帝国憲法体制下の危機管理と有事法

近代における立憲主義国家では、権力の分立と基本的人権の保障を統治の原則としており、国家権力の行使は憲法自体によって厳しく規制されるのが通常である。しかしながら、戦争・内乱・恐慌・災害などの緊急事態＝非常事態が発生した場合には、国家は分立した権力を集中し、憲法機能を一時的に停止して緊急事態に対処する方法を適時採用してきた歴史を持つ。この場合、緊急事態克服のために国家が採用する緊急措置権を国家緊急権と称する。[1] それはさらに、既定の憲法に制度化されている場合（制度上の国家緊急権）と制度化されていない場合（超憲法的国家緊急権）とに区別される。[2]

近代日本国家の形成から発展過程を経て、敗戦による戦前国家の解体期に至るまで、国家機構のうちに連綿として整備されてきたのが国家緊急権体制であり、それは多様な解釈を与えられて戦前戦後日本の重要な政治システムとして整備され機能してきた。本節では、この国家緊急権とそれによって形成された制度を、とりあえず「有事法制」の用語によって表すことにする。すなわち、戦争遂行法としての有事法に留まらず、国家体制を揺るがすような危機に対応し、その危機を克服するために平時から整備された、現代的な意味における危機管理法の枠組みを含め、有事法および有事体制と位置づけておきたい。戦前期における有事法は、一貫して国内における民衆への抑圧・監視機構と表裏一体の関係で立法化され、同時に治安法と相互補完的な位置づけがなされていたことを特徴としていたからである。

それで、最初に戦前期有事法の特質を整理する方法として、法体系という視点から、以下の四類型に区分する。ここでは、それぞれの有事法制の成立事情を概観し、戦前国家における有事法制史の展開過程を把握しておきたい。その四類型とは、第一に、「危機管理」「有事法」体系、第二に戦時における「軍政型」法体系、第三に平時における「危機」予防の法体系、第四に戦時における「行政の軍事化」のための法体系である。★3

有事法および有事法制は、その歴史を概観すると、多様な発現の仕方があり、国内的国際的環境の変容に対応して、その役割期待も当然ながら転換していく。そのような分類に従えば、第一の法体系は平戦時を越えて志向される有事法体系である。第二の法体系は文字通り戦争の発動を前提とするものであり、戦争体制構築の主要な一環として促進される。第三の法体系は平時の恒常的戦時化を意図して構想され、第四の法体系は国家機構の平時編制から戦時編制への転換を強行するために意図される。

このような有事法制の四類型は、戦後の有事法制研究にも継承されている。これらの四類型がただちに相似的に戦後有事法制研究に具現されたと結論づけるのは早計だが、明らかに戦後有事法制研究は戦前のそれを踏襲しつつ、構想され具体化されてきた。戦前日本国家において法制化された有事法および有事法制は、敗戦によっていったんは戦前国家の解体過程において消滅するが、一九五〇年代に入ると同時に、あらたな有事法制研究が防衛庁関係機関を中心に内密に開始されたのである。

一九六五年二月一〇日、衆議院予算委員会の場において、「三矢研究」(一九六三年)の存在が暴露され、さらに、一九七八年九月二一日には有事法制研究が公然化される。同年一一月二七日の「日米防衛協力の指針」(旧ガイドライン)から、一九九七年九月二三日の新「日米防衛協力の指針」(新ガイドライン)の日米合意に至る過程で、有事法制は研究の段階から制定の段階へと進み、一九九九年五月二四日には、本格的な有事法として周辺事態法（施行は同年八月二五日）が成立する。

こうした戦後の有事法制の展開を、その内容と時代的特性とを考慮して三段階に区別して整理した。戦後有事法研究は、必ずしも直線的に進められたわけではないにせよ、その段階における有事法の内容を整理するとき、有事法を基底で支える思想や位置づけにおいて戦前期有事法との共通項を多く指摘できる。戦後の有事法制研究や有事法案は、結局は戦前期有事法制と同質の課題設定を意図したものとしてあり、そこには民主政体の戦後的転換が実行された後でさえも、軍事の論理が驚くほど貫徹されているのである。

以下、本節ではそのような問題意識を念頭に据え、既述のように戦前期有事法制の四類型区分論と、戦後有事法制の三段階区分論という方法を採りながら、戦前・戦後の有事法制の展開とその構造を概観していき、その基本的な作業を通して戦前と戦後の有事法制の相違性と共通性、その結果としての日本固有の特質を可能な限り指摘しておくことを目的とする。★4 なお、戦前の有事法制の議論については、本書第八章と重複する部分があることをお断りしておく。

国家緊急権システム

戦前国家（＝明治国家）は成立以来、一貫した「緊急権国家」としてあり、文字通りの有事国家・緊張国家の体質を露呈し続け、明治国家は常に外圧の危機を設定する過程で国内の有事（＝軍事）体制化に奔走し、国家機能の軍事化と国民の統制・監視体制とを強化していく。その過程で、侵略戦争の発動と徹底した思想弾圧が繰り返されてきた。外に向かっては侵略国家、内に向かっては治安弾圧国家という明治国家に刻印された国家体質が、日本を常に「非常時」（＝有事）状態に追い込んでいったのである。この作為された「非常事態」に対応し、明治国家は国家緊急権（Staatsnotrecht）および国家緊急権体制の整備に奔走する。

しかしながら、このような意味での「非常事態」に対し、明治国家は国家緊急権を発動せずとも全国に張りめぐらされた強力な警察機構が民衆の監視と弾圧のシステムを整備しており、さらには警察の背後には天皇の軍隊が治安出動体制をも整えていたはずである。その上に敢えて国家緊急権をも用意したのは、国家自体が決定的にその存在性・正統性につき危機に陥った場合、迅速かつ圧倒的な権力によって、そのような危機を回避し、国家の目的を達成する合理的な根拠を重層的に用意しておくためであった。

ここでいう国家緊急権は、①平常時の体制を維持したまま、「非常事態」に対応して制度の臨時的な機能化を図るような場合、②立憲主義を一時停止して一定条件の下で独裁的な権力行使を認める場合、③極度の「非常事態」において、憲法の一切の枠組みや授権を越えて、非法の独裁措置を行う場合、の三つに分類される。①はドイツ系憲法に見られる緊急命令(Notverordnung)や緊急財政処分の制度、日本における参議院の緊急集会が例として挙げられる。②はフランスにおける「合囲状態」(état de siège)や、ドイツ憲法の「戒厳」(Belagerungszustand)などの規定がこれに相当する。そして、明治憲法における第三一条の非常大権およびイギリスやアメリカのマーシャル・ロー(martial law)もこの範疇に入るとされている。[★5]

大日本帝国憲法(以下、明治憲法と略す)下の国家緊急権システムは、戦争・内乱等の「非常事態」に対処し、軍隊・警察など物理的暴力装置の使用を前提とする戒厳(第一四条)および非常大権(第三一条)の規定と、「非常事態」の段階以前における非正常な状態において立法・財政上の例外措置を採り得るものとする緊急勅令(第八条)および緊急財政処分(第七〇条)に関する規定に二分される。特に後者の第八条と第七〇条は〝立法的緊急措置権〟と称される。さらに、明治憲法の第八条一項は、「天皇ハ公共ノ安全ヲ保持シ又ハ其ノ災厄ヲ避クル為緊急ノ必要ニ由リ帝国議会閉会ノ場合ニ於テ法律ニ代ルヘキ勅令ヲ発ス」と規定し、緊急事態が発生した場合に限り、天皇の大権発動による命令（勅令）を帝国議会の協賛を得ないで発することができるとした。

これは「非正常」な状態という危機対処を目的とした天皇大権の発動だが、国家社会の安全確保の目的と「議会閉会」中という条件が課せられた応急的かつ臨時的措置として位置づけられる。当然ながら、この勅令は次の帝国議会に提出される義務を負った。その帝国議会が不承諾の場合には、その効力を失効するものとされたのである（第八条二項）。つまり、緊急勅令の効力を暫定的かつ限定的なものと位置づけ、明治憲法が前提とする立憲制の枠組みを根底から壊すものでないとされたが、現実に緊急勅令が既存の法律を廃止ないし変更する効力を持つとされる見解が憲法学説上の多数派を占めていた。

また、政府が勅令によって緊急財政処分を実施可能とする第七〇条についても、帝国議会の協賛を絶対要件としてきた財政事項の分野にも、政府が決定的な権限を確保するものであった。第七〇条には、これに触れて「公共ノ安全ヲ保持スル為緊急ノ需要アル場合ニ於テ内外ノ情形《（マヽ）》ニ因リ政府ハ帝国議会ヲ招集スルコト能ハサルトキ」と規定されていた。すなわち、第八条の緊急勅令と同様に、帝国議会が閉会中に生起する「緊急ノ需要アル場合」という非常事態への対応として位置づけられ、次の会議において承諾を得る条件が付されていたのである。

明治憲法体制下においては、法律や予算は議会の協賛なくして成立することは不可能であったが、明治憲法は西欧型の議会と異なり、帝国議会の権能を極力制限するために天皇を「統治権ノ総覧者」とし、天皇に絶対的な権限を与えており、議会＝立法府に優越する政府＝行政権および天皇の存在を規定した基本原則を特徴とする。例えば、独立命令（第九条）や宣戦（第一三条）、また、皇室費（第六六条）など予算に関する制約など、天皇の大権が分厚く用意されていた。

そのなかで緊急勅令や戒厳令、それに一回も発動はされなかったが、戦時または国家事変の際に明治憲法第二章「臣民ノ権利義務」の一部、または全部を停止する権限である非常大権（第三一条）などは、特に明治国家の緊急権システムの代表的規定であった。それで、緊急勅令の制定には、枢密院の諮詢を経ることが必要とされていた（枢密院官制第六条）が、天皇制支配体制（＝国体）の牙城であった枢密院のチェックを受けることは、緊急勅令の性格が反議会主義、反立憲的行為であることを意味した。限界性を多分に持っていたとはいえ、立憲君主政体の主要な構成体のひとつである議会の統制力を極力排除するシステムの整備こそ、緊急権システムの目的であったのである。

統帥権独立制

軍事権は本来、行政権に従属するものだが、明治国家では、軍事権の優越性が明治国家の統治構造の決定的な特徴と指摘されてきた。とりわけ明治国家の後期、すなわち昭和初期の時代からは軍事権の優越性が顕著となった歴史がある。明治国家はイギリスに典型的であるような議会（立法権）の優越性が最初から担保されていない統治構造のため、基本的には政府（行政権）と、これを支える官僚制の優位を保証していくことになる。

危機管理・有事法制という観点からして、明治国家は議会や政府が直接的には介入できないという意味で、国家が独占的に軍隊を国家の基幹的位置に据え置く体制を採用していたため、文字通り軍事国家としての特徴を発揮することになる。それもあって、絶え間ない戦争発動による「非常事態」の喚起によって緊張国家日本の方向を規定していくことになった。こうした〝自作自演〟的な軍部の政治手法は、明治国家を強度の危機管理・有事国家に押し上げていく。

一八七八（明治一一）年一二月五日、参謀本部の設置を境に統帥権（＝軍令権）の独立が図られた。すなわち、陸軍省の別局であった参謀局の廃止に伴い新設された参謀本部が完全な軍令機関となり、その長官である参謀本部長が陸軍卿（陸軍大臣の前身）から独立し、さらに優越する地位が与えられた。これにより参謀本部は太政官（＝政府）を経由せずに、軍事を天皇の「親裁」をもって「独立」させることになり、参謀本部長は政府の制約を受けることなく、自在に軍隊を動員・指揮することが可能となった。

これは、戦後におけるシビリアン・コントロールとは正反対の、ミリタリー・コントロール法制化の第一歩だが、統帥権独立制とは、流動化する政治からの統制を脱して政治からの乖離を積極的に求め、国内外で生起する危機に対応する軍隊の役割期待を支える制度としてあった。統帥権独立制の根拠が天皇の大権であったことは、統帥権独立制の制度化の目的が最初から戦前期天皇制国家の保守と、治安維持に置かれていたことを示すものであった。そのことから、統帥権独立制も明治国家の緊急権システムの一環として位置づけられる。★6

戒厳令と非常大権

緊急勅令に代表される立法的緊急措置権と異なり、戦争や内乱など、いわゆる「非常事態」への対処手段として、明治国家は、その憲法に戒厳（第一四条）と非常大権（第三一条）の規定を設けた。「戒厳令」自体は、すでに一八八二（明治一五）年八月五日に太政官令第三六号として成立していたものである。この二つの条項は、いずれも武力組織の発動を前提とする点で既存の憲法を停止し、文字通り超憲法的措置として国家のいう「非常事態」への対処を強行しようと企画された点で同一の類型に属する。

このうち、第三一条の非常大権では、「本章ニ掲ケタル条規ハ戦時又ハ国家事変ノ場合ニ於テ天皇大権ノ施行ヲ妨クルコトナシ」と規定され、「戦時又ハ国家事変」という非常事態に対する最高度の対処手段として設置された。小林直樹によれば、美濃部達吉のように国家非常の事態克服のために武力の発動を充て、その手段として軍隊の専制的権力を容認したもので、戒厳大権を規定した第一四条と相対応したものとした。[★7]

つまり、第一四条は戒厳の原因を規定し、第三一条はその結果として軍隊の権能を容認したものとする見解である。戦後歴史学研究のなかで、この戒厳規定について詳細に論じた大江志乃夫も、この美濃部の見解をほぼ支持するもので、第一四条と第三一条は重複規定としている。[★8] しかしながら、こうした見解は当時にあっては少数派であり、国家主義者が多勢を占めていた当時の法曹界にあっては非常大権が戒厳をも越えた格別の規定とする解釈が有力であったのである。

さらに、非常大権の行使が戒厳の効力に留まらず、「非常事態」に対応した法整備や徹底した自由の制限をも課し得るものとし、天皇の大権を施行して必要な措置を講じることを可能にさせるものとしていた。この場合、天皇大権のひとつとして位置づけられる非常大権の発動により、天皇は全く法的拘束を受けることなく、「非常事態」の内容に即して自由裁量にて対応措置を断行できる権能とした。換言すれば、緊急勅令や戒厳の施行によっても解決不可能な高度な国家非常事態＝危機を克服するための規定であるとされたのである。

非常大権が具体的にどのような形で発動されるかについては、明治憲法体制下においては一度も発動されなかったが故に予測の域を出ない。つまり、国家的危機には緊急勅令や「戒厳令」により危機克服が強行されてきたために、それが軍事大権の発動を主軸にしての危機対処か、あるいは非軍事的措置による危機克服策として構想されていたのか多様な議論が存在する。明らかなことは非常大権の施行者として直接に天皇の存在が極めて大きく位置づけられ、そこから明治国家の、もっといえば明治緊急権国家の本質たる天皇による専制体制がいつでも発動されるシステムが、いくつかの立法的緊急措置権の裏側で、超立法的緊急措置権として用意されていたことである。その意味でいえば、明治国家体制は二重の国家緊急権の発動システムを兼備した国家として構築されていたと指摘できよう。

戒厳令の基本構造の点で何よりも留意すべきは、戒厳令が明治憲法制定に伴う国内の反政府運動などを未然に防止・抑圧する法規として、明治憲法の制定以前に成立したことである。また、明治憲法第一四条において「天皇ハ戒厳ヲ宣告ス」とされたように、最終的に戒厳の宣告者を天皇としたことは、明治憲法の模範とされたプロシア憲法にも見出されない日本特有のものであった。プロシアでは有事＝戦争事態においては内閣＝政府を戒厳の宣告者と規定しているが、日本の場合は天皇制支配を絶対的なものにするために、天皇を戒厳の宣告者としたのである。

その点からすると、明治国家における天皇制絶対主義は、明治憲法制定以前における戒厳令によって、実はすでに基本構造として確立されていたことになる。そのことは同時に明治憲法体制とは、明治憲法によってのみ規定されるものではなく、実は戒厳令や統帥権独立制という、憲法以外の法律や制度によっても、いうならば外部規定されることを意味した。それが危機管理・有事国家としての明治国家の本質であったと指摘できよう。それは同時に有事法制を整備しようとする危機管理・有事国家が、非憲法＝国家という国家形態を必然化させたものであった。

事実、戦前期日本の国家の運営において、通常は憲法により政治運営が進められるとしても、支配層が国家の危機と恣意的に判断した場合には、いつでも「非常事態」の認識のもとで超憲法的措置により権力の意思を貫徹することが可能であった。その一方で、民衆は非人権的な環境に捨ておかれることになったのである。その意味で法治国家としての明治国家は、実質的に合法的支配と非合法的支配の二つの法体系のなかで実質支配が貫徹されていた国家ということができる。そうした視点から捉え直した場合、有事法および有事体制とは、もう一つの支配システムを平時から用意するものであり、既存憲法を形骸化するものであった。

戦時における「軍政」型法体系の確立

戒厳令制定経緯

戒厳令の嚆矢は、当時明治国家の最高軍事指導者であった山県有朋が各鎮台（師団の前身）司令官宛に送付した「戒厳令布告」（一八七七年二月九日）である。山県は反政府の動きを示していた西郷隆盛らを警戒しつつ、これを封じ込めるためには各鎮台の軍事力の使用と鎮台司令官の権限による地域警備および治安維持の実行が必要である点を強調していた。ここには有事対応措置として軍事指揮官に一切の独自判断と行動の権限を付与し、秩序の回復と安定を物理的装置により獲得した後に明らかにされる戒厳令の原理原則が明快に強調されていた。

戒厳令制定の直接的な原型になったと思われるのは、陸軍省高等文官の職にあった西周の戒厳条例案と、フランス第三共和制が制定した合囲状態に関する法律（Loi sur l'état de siège 一八四九年八月九日）、それにプロイセンが制定した「戒厳に関する法律」（Gesetz über den Belagerungszustand 一八五一年六月四日）とされる。特にフランス（第三共和制）が生み出した合囲法（戒厳令）がプロイセンの合囲法として受け継がれ、ここで完成された非常法体系が日本の戒厳令という非常時法体系として成立したとされる。なかでも、プロイセンの戒厳令は憲法上の例外規定として成立したが、プロイセンに倣い明治国家の法体系の整備を目標に据えた日本の場合も、既述のように明治憲法のなかに戒厳令（第一四条）が盛り込まれることになる。[9]

西周の「戒厳条例案」を受ける形で、陸軍省が戒厳令の草案を完成してその制定を上申したのは、一八八一（明治一四）年一月二八日であったが、翌年六月二三日、参事院（議長伊藤博文）での審査を受け、内閣より元老院に下付され、七月に元老院における読会を経て、八月五日に公布（太政官布告第三六号）された。[10] その第一条には、「戒厳令ハ戦時若《もし》クハ事変ニ際シ兵備ヲ以テ全国若クハ一地方ヲ警戒スルノ法トス」と、その趣旨が明快に規定された。非常事態対処の方法として戒厳宣告の対象地域における統治が、軍事力を統率する軍事官僚（軍司令官）の掌中に完全に置かれることになったのである。

つまり、西周の戒厳条例案では戒厳の宣告主体者として「政府」が明記されていたのに対し、戒厳令では完全に「軍」に取って代わられているのであり、第六条において、「軍団長師団長旅団長鎮台営所要塞司令官或ハ艦隊司令長官鎮守府長官若クハ特命司令官ハ戒厳ヲ宣告シ得ルノ権アル」と規定された。また、第九・一〇条において、戦闘地域においては軍司令官のほとんど無制限に近い状態で全権力が付与されることになっており、「戒厳令」下における軍の絶対的地位が確定されていたのである。

戒厳が施行される対象地域は、「臨戦地境」と「合囲地境」との二種類に分けて規定されている。すなわち、第九条においては、「臨戦地境内ニ於テ地方行政事務及ヒ司法事務ノ軍事ニ関係アル事件ヲ限リ其他ノ司令官ニ管掌ノ権ヲ委スル者トス故ニ地方官地方裁判官及ヒ検察官ハ其戒厳ノ布告若クハ宣告アル時ハ速カニ該司令官ニ就テ其指揮ヲ請フ可シ」とされ、第一〇条において、「合囲地境ニ於テハ地方行政事務及ヒ司法事務ハ其他ノ司令官ニ管掌ノ権ヲ委スル者トス故ニ地方官地方裁判官及ヒ検察官ハ其戒厳ノ布告若クハ宣告アル時ハ速カニ該司令官ニ就テ其指揮ヲ請フ可シ」と規定された。つまり、戒厳状態が事実上軍隊による軍政の施行を意味したのである。

さらに、参謀本部の設置により、戦時における軍令執行手続きに関して、「戦時ニ至リ監軍中将若クハ特命司令官ヲシテ一方ノ任ニ当タシムルニ方テハ親裁ノ軍令ハ直ニ之ヲ監軍中将若クハ特命司令官ニ下シ帷握ト相通報シテ間断ナカラシム」（参謀本部条例第八条）と規定し、作戦用兵の権限＝軍令権の発動は、「帷握」（参謀本部）と直接軍隊を指揮する監軍中将・特命司令官（後の師団長）がこれを担うとされたのである。

参謀本部は、太政官（政府）を経由しないで軍事を天皇の「親裁」をもって「独立」することが可能となり、参謀本部は政府の制約を受けることなく軍隊を動員・指揮することが法的に認められた。戒厳令は、非常事態に対処するための法として制定されたが、その本質は国家の統治作用の大部分が軍事官僚や軍事機構に移行することを意味し、その結果として国民の権利自由の一部は軍司令官の任意において制限されることになる。「戒厳令」こそ、軍隊による専制政治を強行する法律であったのである。

明治憲法下の戒厳令

この「戒厳令」は明治憲法においては天皇の大権事項に属するとされ（憲法第一四条一項）、「戒厳ノ要件及効力ハ法律ヲ以テ」定める（同二項）と規定されたが、実際には新たな「戒厳令」は制定されないままであった。そのため既存の戒厳令が、一貫してこれに代わるべき法律として戦前期においては廃止されるまで機能していた。ここでは天皇が戒厳を宣告し、それによって軍司令官が立法権と行政権を管掌するとしたのであるが、「戦時若クハ事変」という状態を前提として発動される戒厳を特に「軍事戒厳」とし、有事＝戦争事態への対処として位置づけられた。それは日清戦争時において、大本営が臨時設置された広島市・宇品に宣告され、さらに日露戦争時には、長崎・佐世保・対馬・函館・台湾等に宣告された。

戒厳令には、そうした「軍事戒厳」とは別に「戦時若クハ事変」でない場合にも宣告される場合があった。それは「軍事戒厳」と区別されて「行政戒厳」と称するものであり、自然災害や警察力では対処不可能な国内で発生する「暴動」「騒乱」などへの対処を軍事力で鎮圧する場合に宣告されるもので、日比谷焼打事件（一九〇五年）、関東大震災（一九二三年）、二・二六事件（一九三六年）など多くの事例を見ることができる。ただし、これら「行政戒厳」は厳密な意味での戒厳令とは異なり、緊急勅令において戒厳令の一部を施行する形式を踏んだもので、「行政戒厳」の場合には、「軍事戒厳」にもまして政府が事実上憲法の規制から外れて、その行政裁量権を飛躍的に拡大する傾向があった。

徴発令

有事法として行政の軍事化＝「軍政」の創出が戒厳令の究極目標だとすれば、その「軍政」を物理的に保証していく有事法として戒厳令と表裏一体の関係において公布されたのが徴発令（太政官布告第四三号、一八八二年八月一二日）であった。[★11] それは、近代戦争の戦争形態が総力戦として全面化するに及び、有事体制の根幹を占める重要な有事法とする認識が深まっていく。そうした認識が大正期の軍需工業動員法（法律第三八号、一九一七年四月一七日公布）や昭和期の国家総動員法（法律第五五号、一九三八年四月一日公布）に結果していく。

徴発令は、その第一条において、「徴発令ハ戦時若クハ事変ニ際シ陸軍或ハ海軍ノ全部又ハ一部ヲ動カスニ方リ其所要ノ軍需ヲ地方ノ人民ニ賦課シテ徴発スルノ法トス但平時ト雖モ演習及ヒ行軍ノ際ハ本条ニ准ス」と明記し、戒厳令と同時に発動された。具体的には、陸海軍が発行する徴発書により、食料・燃料・人夫・宿舎・鉄道車輌などが対象物とされた点で後の総動員関連法の嚆矢となった。さらに、徴発令には、皇族所用の車馬、皇族の邸宅、陸海軍将校が居住する家屋などが徴発の例外として規定される一方で、この法律がそうした特権層を除く全ての民衆を徴発の対象と明記した、文字通りの総動員令として策定された。また、同令には徴発する場合に賠償や代価の支給が規定され、これによって民衆の一方的な不利益が生じない措置が用意された。これは徴発が円滑に行われ、無用の反発や徴発拒否の事態を回避する狙いがあったものと考えられる。

現実に徴発の対象とされた場合には、徴発による欠損を充分に補償する金額などが提示され、実行されたかは定かでないが、民衆動員の際における損害補償規定は、この種の総動員立法には不可欠な措置として以後受け継がれていくことになる。その一方で、徴発を拒否する者への処罰規定が盛り込まれ、同令には徴発拒否者および徴発拒否を教唆誘導した者は、「一ヶ月以上一年以下ノ軽禁固ニ処シ三円以上三十円以下ノ罰金ヲ附加ス」（第五一条）の規定が設けられていた。この罰則規定の設置目的は、徴発命令への服従を要請することで、業務の速効化・円滑化を図ることにあった。

このように「徴発令」は様々な規定を設けることで民衆には厳しい負担を強いることになったが、国家総力戦という近代戦争の戦争形態が出現する以前から、後の軍需工業動員法[★12]や国家総動員法に引き継がれる内容を持った動員法としての徴発令が、これまた明治憲法以前に制定された点は検証に値する。それは、近代日本の発展過程における有事法制を概観していく場合、近代日本国家の指導者たちのなかに、有事国家形成の必須の条件としての人的物的動員システムの整備が、明治国家成立とほとんど間髪を入れずして構想されていたことを示すものであった。

平時における「危機」予防の法体系

危機予防措置としての治安立法

明治近代国家形成の過程において、通常、差し迫った「危機」が存在しない場合でも、危機管理・有事法制を整備することによって高度の有事体制を構築しようとする国家戦略が採用されてきた。平時においても予めさまざまな危機設定・危機想定を行うことで、「危機」予防の措置を講じることにより、平時から有事（戦時）への即応体制を敷く法整備という課題である。その具体事例は、軍機保護法や国防保安法など、防諜法と一括できる法システムと治安維持法に象徴される治安弾圧立法である。「治安維持法」（法律第四六号、一九二五年四月二二日公布）は、「国体の変革」を志向する運動や思想を徹底的に弾圧し、さらに植民地独立運動にも容赦ない弾圧を実行可能とする文字通りの弾圧立法であった。[★13]

昭和期の戦時体制化の進行過程において、改正治安維持法の追加規定項目で予防拘禁制が導入（一九四一年三月一〇日）され、それが「思想犯保護観察法」（法律第二九号、一九三六年五月二九日公布）と連動して運用されるに及び、刑期満了者や起訴猶予者まで拘束することを可能にさせるなど、極めて高度な弾圧法体制が敷かれることになった。

このような国内における民衆抑圧体制強化の根底には、平時における危機予防策の法体系の充実の緊要性が政府当局により強く意識されていたからである。それは同時に普通選挙法（一九二五年）施行以来、急増する有権者に伴う政治運動の活発化状況のなかで、民衆の政治エネルギーの組織化への対応措置としてあった。問題はそうした対応措置のなかに、今日的意味における危機管理あるいは危機予防論が確実に存在していたことである。

防諜法

最初の防諜法は、一八九九（明治三二）年七月一五日公布の軍機保護法（法律第一〇四号）だが、同法が公布される以前にも軍事機密保持を目的とする法律が相次ぎ準備されていた。例えば、陸海軍刑律（一八七一年八月）の第七〇条で、軍事機密漏洩・軍事情報暴露・記号暗号開示などを行った者への処罰規定が明記されたことを皮切りに、これ以後、布告第二〇六号改定律令（一八七三年六月一三日公布）、陸軍刑法（一八八一年一二月二八日公布）の第五四条、海軍刑法（同年）の第六〇条などでも同様の規定が盛り込まれた。

また、一八八八（明治二一）年一二月一九日にも両刑法が改正公布され、軍事機密保護の適用範囲が一挙に拡大された。特に改正された陸海軍刑法（法律第三号）の第五四条において、軍需生産労働者（職工）などにも適用されることになった。陸軍刑法は、さらに一九〇八（明治四一）年四月一〇日に全面改正されるが、その第二七条の間諜罪には、戦時に限定されるとしたものの、刑罰に死刑を科して間諜対策の徹底を図る意図が明確にされた。その内容は、「一　軍隊又ハ要塞、陣営、艦船、兵器、弾薬其ノ他軍用ニ供スル場所、建造物其ノ他ヲ敵国ニ交付スルコト　二　敵国ノ為ニ間諜ヲ為シ又ハ敵国ノ間諜ヲ幇助スルコト　三　軍事上ノ機密ヲ敵国ニ漏泄スルコト」★14等の規定が記されていた。この間諜罪に関する規定は、一八八二（明治一五）年一月一日に公布された刑法（太政官布告第三六号）において初見されるものであり、この時点で軍事機密の保護と軍機漏洩への対処方針が相当に早い段階から厳しい処罰規定となって表現されていたことの意味は、明治国家が有事体制国家として成立したことの証拠ともいえる。しかしながら、以上の関連法は、一部の例外を除き、そのほとんどが官吏や軍人・軍属を主要な対象者としたものであった。

それで直接民衆を対象とした軍事秘密保護法制は、言論・出版への規制を定めた一連の法律のなかに規定されており、新聞紙印行条例（一八六九年三月二〇日公布）と出版条例及出版願雛形（同年六月二二日公布）

を出発点とし、言論・出版への規制が強化された。軍事機密防止という観点からすると、一八八三（明治一六）年四月一六日公布の改正新聞紙条例（太政官布告第一二号）から、陸軍卿・海軍卿に軍事関係記事掲載の可否に関する権限が付与されたことが嚆矢となる。以下、主なものでも、日清戦争前年の一八九三（明治二六）年四月一四日に公布された出版法（法律第一五号）には、「軍事機密ニ関スル文書図書ハ当該官庁ノ許可ヲ得ルニ非サレハ之ヲ出版スルコトヲ得ス」（第二条）と明記された。さらに、新聞紙条例に代わる新聞紙法（法律第四一号、一九〇九年五月六日公布）には、陸軍大臣・海軍大臣だけでなく外務大臣も軍事・外交に関する記事掲載の禁止や制限の権限を保持する内容の規定（第二七条）を盛り込んだ。こうして新聞など報道に対する軍事統制・監視が整備されていったが、一連の新聞・出版に対する規制の政策の根底にも平時からする有事体制構築への強い志向が政府および軍当局に早い段階から存在していたことを証明している。★15

軍機保護法・要塞地帯法

以上のように明治政府は軍事機密保護法制を次々と制定してきたが、「陸海軍刑法」、「新聞紙条例」などは原則として戦時のみに適用され、平時における軍事機密保護の点では不充分であった。したがって、平時においては刑法に依存する他なかったのである。「陸海軍刑法」にしても当然ながら軍人・軍属を対象としたものであり、これを一般国民に適用することは例外を除き不可能であった。そこで政府・軍当局は一般国民を対象とし、同時に平時と戦時に関係なく適用可能な「軍機保護法」の制定に乗り出した。

同法には「軍事機密」の具体的内容を明示する条文がなかったことから、昭和の時代に入り、その内容をより明確にし、取り締まりの徹底を図る目的で全面改正公布された（法律第七二号、一九三七年八月一四日）。

それは同年七月七日に開始された日中全面戦争に伴う国内における軍事体制化に拍車をかけるものであった。

軍機保護法と前後して制定された要塞地帯法（法律第一〇五号、一八九九年七月一五日公布、一九一五年・一九四〇年改正）は、軍事施設の一定範囲において要塞要港防禦の障害となる行為、具体的には軍事施設に関する情報収集などの禁止を規定したものであった。また、一八九九年三月八日には日本の国情探知・収集の目的のため日本の港への外国船の不法入港を禁止した「船舶法」（法律第四五号）が公布されるなど、日露戦争（一九〇四年―〇五年）に先立ち、軍備充実策と国内臨戦態勢が強化されるのと併行して平時からする危機予防を目的とした一連の秘密保護法制が相次ぎ制定されていった。

さらに、同年（一九〇四年）には海上における戦闘艦が情報・探知活動による制約を受けないで行動できるよう規定し、防禦海面令（勅令第一一号）を公布し、さらに日露戦争の開戦直前には戦闘準備に関する報道統制・規則を目的とする「陸軍省令第一号」を公布するなどした。日露戦後においても、刑法（法律第四五号、一九〇七年四月二四日公布）、陸軍刑法（法律第四六号、一九〇八年四月一〇日公布）と海軍刑法（法律第四八号、同）などの改正が相次いだ。このように一連の秘密保護法制は、大正期における軍機保護法の朝鮮施行や航空法（法律第五四号、一九二一年四月九日公布）の公布などを別にすれば、すでに明治期にその骨格ができあがっていたといえる。

国防保安法

日中全面全面戦争開始以降、日本は対英米戦および対ソ連戦の準備を着々と進めていく。この過程で制定された防空法（法律第四七号、一九三七年四月五日公布）、国境取締法（一九三九年四月一日公布）、軍用資源秘密保護法（法律第二五号、一九三九年三月二五日公布）、改正要塞地帯法（法律第九〇号、一九四〇年四月四日公布）、宇品港域軍事取締法（法律第九一号、一九四〇年四月四日改正公布）など、一連の軍事秘密保護法を相次ぎ成立させたが、これらは長期化する戦時体制を一層強化する法整備として捉えられるものであった。各種の軍事秘密保護法制に加え、日米開戦の年となる一九四一（昭和一六）年の三月七日に公布されたのが国防保安法（法律第四九号）である。それは秘密保護の対象範囲を一層拡大し、重罰を科す秘密保護法であり、明治国家成立以後相次いで公布されてきた秘密保護関連法の集大成とも呼ぶべき内容を備えていた。★16

同法は国家機密の定義、国家機密の漏泄・収集などを規定した「第一章 罪」と諸事件に対する刑事手続きについて触れた「第二章 刑事手続き」とに分けられ、原案は全四〇ヶ条から構成されていた。第一条で登場した「国家機密」の用語は、「国防上外国ニ対シ、秘匿スルコトヲ要スル外交、財政、経済其ノ他ニ関スル重要ナル国務ニ係ル事項」と定義されたが、具体的に何を示しているかは極めて曖昧で、恣意的な解釈を許す結果となった。

さらに軍機保護法においてさえ一応軍事秘密という大枠が存在していたのに対して、「国家」の諸活動に関連するあらゆる機密あるいは秘密を保護対象としたことから、「国家機密」の定義はそれだけでも事実上無限定であった。確かに国家機密を御前会議、枢密院会議、閣議など、各種の主要会議と指定してはいたが、第一条第三項で、「其ノ他行政各部ノ重要ナル機密事項」を加え、結局、国家機密の範囲指定を実際上反故にした条項が設けられていたのである。そして、この無限定な「国家機密」を知得・領有、またはこれを外国に漏泄した者には、「死刑」あるいは「三年以上ノ懲役」が科せられることになったのである。

次に罰則の対象としては、知得・探知・収集・漏洩・公表は無論のこと、未遂・教唆・教唆未遂・誘惑・

扇動・予備・陰謀なども明記され、軍機保護法に比較しても罰則対象が著しく拡大された。さらには罰則内容には外国の諜報戦への対抗策として知得・収集等した「国家機密」を外国に漏泄・公表した者への厳しい罰則規定を設けた。国防保安法が外国の諜報戦への対抗手段として位置づけられる理由もここにあるが、議会での答弁対策としての理由づけの側面が強く、同法は実際に国民防諜に徹底利用されることになる。

さらに、第八・九・一〇条に見るように、治安の妨害・攪乱、重要物資の生産や配給の阻害、国民経済の運行の阻害などへの罰則も設けられていた。ここから同法は単に「国家機密」の保護あるいは諜報戦への対抗手段としての役割に留まらず、治安維持法などと一部重複する内容を盛り込むことで、秘密保護法制の到達点を示すことになる。

危機予防法としての有事法

国防保安法によって集大成された秘密保護法に一貫して流れているのは、国家総力戦思想の影響である。つまり、国家総力戦段階における秘密保護法制は、軍事に関する事項に限定されず、経済・財政・外交など国家政策の全ての領域を秘密保護の範囲とすることが、国防刑事法制の場からして不可欠であり、その意味からして国防保安法は国家総力戦段階における有事法として適合的とする評価がなされた。団藤重光は、国家総力戦段階における秘密保護法制は、「軍事に関する事項に限定されず、経済・財政・外交などの国家政策全般にわたる領域を秘密保護の範囲とすることが、国防刑事法制の立場からして不可欠であ」るとして、同法こそが国家総力戦段階に合致した法律であるとしていた。★17

このように、国家総力戦の思想の法的側面からする法制化という判断は、軍事官僚に留まらず、比較的穏健な立場にあった団藤に代表される法曹界にも存在していたのである。軍事官僚だけでなく政府中枢に地位を占めた官僚たちにも、団藤と同様の認識を示す者が少なくなかった。当時情報局情報官であった田中寛次郎は、国家総力戦段階における秘密保護法の役割に触れて、敵側に秘密を漏洩しないという課題だけでなく、防諜には視察内偵・検挙などの積極防諜と、取締・指導などの消極防諜に分けられるが、国家総力戦段階にあっては、国民が自発的かつ積極的に防諜に参加していくことが当然の責務である、と論じていた。★18

最終的には戦時適用をも射程に据えられることになったが、平時に制定された一連の秘密保護法制が危機予防・危機管理対策として、このように当局による周到に準備企画された防諜システムのなかで起動する仕掛けが用意されていったのである。もちろん、そこにおける問題性は限りなく大きい。防諜の実態は、田中のいう積極防諜が乱用された結果、民衆への日常的監視体制として機能したし、国民防諜という名称は、結局のところ上からの強圧的な官製運動として展開されたにすぎなかったからである。戦時体制の強化や戦局の悪化に比例して、積極防諜は憲兵を中心とした官憲による恫喝を媒介として強行され、一種の恐怖政治を背景として押し進められた歴史事実があったのである。

戦時における「行政の軍事化」のための法体系

戦前期有事法制の集大成としての国家総動員法

周辺事態法（一九九九年八月二五日施行）との比較のなかで頻繁に俎上にあげられるようになった国家総動員法を以上の視点から捉え返した場合、それは有事対処を目的とした能動的な有事法の頂点的位置を占めるものとしてあり、第一次世界大戦を契機とする戦争形態の総力戦化に対応して国家全体が保有する諸力を戦争目的のために国家の統制・管理下におくための法律であったといえる。

同法は、第一次世界大戦を契機として将来の戦争が国家の総力を挙げての戦争（＝国家総力戦）となるのは必至と考えた財界や官僚それに陸海軍の中枢が、平時から国家総力戦に対応できる国内の政治経済の戦争動員体制への転換を目的として制定した軍事法（＝有事法）であった。国家総動員は、国民動員・産業動員・交通動員・財政動員・その他の諸動員に分別されるが、その全体をまとめる概念として国家総動員なる用語が使われた。それは、第一次世界大戦後、例えば軍需工業動員法など特定領域の動員を目的とする、いわば〝個別的動員法〟が次々と公布されていった。

加えて、国家総動員法は、「国ノ全力ヲ最モ有効ニ発揮セシムル様《よう》人的及物的資源ヲ統制運用スル」[19]（第一条）目的を完璧に達成するため、法律ではなく天皇の命令である勅令により、国民の徴用・団体などの協力・雇用の制限・労働争議の防止・物資の需給調整・輸出入の統制などを命令する権限を政府に与える、包括的な委任立法として制定公布されることになった。

同法は、帝国議会の承認を得ないで、政府の独自の判断で戦争に必要なあらゆる人的物的資源の全面的統制や動員を容認した白紙委任立法として成立したのである。それはまた、明治憲法の第三一条に規定された天皇大権・緊急勅令などの国家非常事態条項が内閣の命令権による総動員条項に切り替えられることを意味した[20]。

国家総力戦に備え天皇大権を侵してまで、また議会・政党・法律によって政府に絶対的な命令権を与えたが、そのことは同時に議会や政党など、民主的な諸制度を事実上窒息状態に追い込むものであった。だが、国家総動員体制の構築を急ぐ政府は、敢えて憲法違反の法律を議会内の反対を押し切る形で強行した[21]。その意味で国家総動員法こそ、行政権力の肥大化と帝国議会の有名無実化を徹底して押し進めた勅令万能主義を基本的な特質とする、戦時動員を想定した特例措置として設定されたものであった。それはまた、「行政の軍事化」をもたらした意味で、有事法のありようの典型事例を示すものであった。国家総動員法の制定公布以後、日米開戦に至るまでに実に二〇〇件以上の有事法が制定公布されていくが、それらの多くがこの国家総動員法の規定に基づく勅令万能主義の構造のなかで法制化されていったものであった。

その勅令万能主義が結果したものこそ、内閣行政権力の肥大化であり、議会の有名無実化であった点を繰り返し確認しておくべきであろう。つまり、端的にいえば、国家総動員法は天皇が保有していた統治権さえ制限し、政府＝内閣の行政権に戦争を目的とする総動員体制構築の絶対的な権限を与えたものであり、絶対主義的な天皇制支配の構造を内部から突き崩す形を取ることで、国家の総力を動員するシステムを創り出した。そこでは、例えば「政府ハ戦時ニ際シ国家総動員上必要アルトキハ勅令ノ定ムル所ニ依リ帝国臣民ヲ徴用シテ総動員業務ニ従事セシムルコトヲ得」（第四条）とする規定から解るように、政府＝内閣の権限を明確にしていたのである。

国家総動員法と天皇大権

ここで問題となるのは天皇の保有する統治大権＝天皇大権と「国家総動員法」との関係をどう位置づけるかである。周知のように国家総動員法が広汎な勅令への委任を行う文字通りの白紙的委任の授権立法として成立したことから、同法が明治憲法第三一条の規定する非常大権に抵触する可能性への指摘が各界から提起された。なかでも帝国議会のメンバーからは、天皇大権や枢密院諮詢権限への侵犯を理由に帝国憲法違反とする猛烈な反発が起きたのである。

例えば、政友会の牧野良三（戦後第三次鳩山一郎内閣の法務大臣）は、「大権ト雖モ憲法第三一条ノ国家非常ノ場合、即チ戦時若クハ国家事変ノ場合ニアラザレバ、臣民ノ権利義務ニ関スル規定ハ動カサレナイノデアル、然ルニ大権ニ依ラズ此国家総動員法ト云フ一片ノ法律ニ依ツテ、内容ヲ自由ニセントスルモノ、是レ即チ本法ニシテ、正ニ大権ノ干犯デアリマス此ノ点ニ対シテ政府ハ幾多ノ機会ニ於テ説明シテ言ワレルノニ、憲法第二章ノ臣民ノ権利義務ニ関スル規定ハ絶対的ノモノデナク、法律ノ範囲内ニ於テ権利ヲ有シ、義務ヲ負フノデアルガ、……臣民ノ権利義務ニ関スル事項ヲ一括シテ……行政権ニ包括委譲セン」とすることが明らかに明治憲法に違反し、大権を干犯するものであると主張した。これに対し政府側は、「憲法第三一条ノ非常大権ハ、実ニ最後的場合デアツテ、成ルベク之ニ依ラナイノガ宜シイ」[22]という主張であった。

牧野の主張は、明治憲法第三一条の非常大権こそ、明治国家が「非常時」「緊急事態」に陥った場合、これに対応する全面的権限が天皇の大権に厳然として規定されたものであるのに、内閣行政権に非常大権が実質的に委譲されたことは絶対主義的天皇制国家の相対化を意味するというものであった。それはまた、絶対主義的天皇制国家を根拠とする議会＝政党の格下げを意味することへの危機意識の表明でもあった。[23]

この牧野の主張と同様に、明治憲法第三一条の非常大権においてのみ権利の制限が許されているにも拘わらず、国家総動員法がこの規定を全面否定して勅命により権利の制限を犯しているとする理由からの反対論は他にも決して少なくはなかった。民政党議員で法律通として知られた斎藤隆夫（戦後第一次吉田茂内閣の国務大臣など歴任）は、「憲法ニ保障セラレテ居リマスル所ノ日本臣民ノ権利自由、法律ニ依ルニアラザレバ剥奪スルコトノ出来ナイ此権利自由ヲ、法律ニ依ラズシテ勅命ヲ以テ之ヲ左右セントスルノデアリマス」[24]と指摘したような論点からする国家総動員法案への反対論も少なくなかった。

法理論上では天皇の「非常大権」が国家総動員法によって勅令に白紙委任されたことは、同法が明らかに天皇大権に優越する法律として機能することを意味した。同時に議会と政党と法律により、合法的に内閣＝政府に授権された全面的な戦時管理体制化を目的とする国家総動員法の制定は、天皇大権を法的な基本構造とする明治国家の根本的改編であった。

戦時行政特例法など

このほかに有事法制のありようを示すもう一つの事例が、有事＝戦時に限定される特例措置の設定である。例えば、東条英機内閣下で制定公布された戦時刑事特別法（一九四二年二月二四日公布）、戦時民事特別法（同前）、戦時行政特例法（一九四三年三月一八日公布）、戦時行政職権特例（同前）、戦時教育令（一九四五年五月二二日公布）、戦時緊急措置法（一九四五年六月二二日公布）などの戦時法規・統制法規など、既存の法体系に戦時特例を設定していく方法も採られた。このうち戦時行政特例法（法律第七五号）[★25]は、国家総動員法を一歩押し進めたものであり、それは、「大東亜戦争ニ際シ生産力拡充……ノ為特ニ必要アルトキハ勅令ノ定ムル所ニ依リ左ニ掲グル措置ヲ為スコトヲ得」として、①特定企業に対して法律によって禁止や制限されている事項を解除できるとし、②法律により定められている官庁や管理の職権を他の官庁あるいは官吏に行わせ得るようにした。

東条英機内閣は、この法律によって産業行政の一元的・集中的運用が可能とすることで、直接的には資材や発注をめぐる陸海軍、あるいは各省間の対立を解消して強権的手法によりこれを調整しようとしたのである。しかしながら、議会で定めた法律の内容を行政機関が下位法令の勅命で変更し得るというもので、まさに法治主義の解体を意味するものであった。

これと同時に公布された戦時行政職権特例（勅令第一三三号）は、各省間の権限の分散を回避する狙いから内閣総理大臣が各省大臣の職権を直接行使することを可能とする内容であり、ここに首相の権限の優位性が確立されることになる。これと同様に内閣行政権の拡大を目的として内閣顧問臨時設置制（勅令第一三四号、一九四三年三月一八日公布）などが相次ぎ制定されたが、これらはいずれも有事における特例措置として企画された有事法であった。

この他にも網羅的に書き出しておくならば、地方行政・地方住民の動員に関する法制として、地方行政協議会令（勅令第五四八号、一九四三年七月一日公布）が制定され、都道府県を北海道地方、東北地方などとブロック化した地方行政協議会を設置して、戦時地方行政の推進と総動員体制の確立を目指す試みが行われた。さらに、戦時刑事特別法（法律第六四号）や戦時民事特別法（法律第六三号）など、刑事・民事法に関しても「戦時」を冠して、民衆の統制・監視を強める企画が打ち出された。

さらに、敗戦の年の一九四五年三月一九日に小磯国昭内閣が議会に提出し、同月二五日に成立した軍事特別措置法（法律第三〇号、三月二八日公布）[★26]は、政府が勅令によって土地・建物・工作物などを管理・使用・収用することなどを可能とする法律であった。政府は最後の最後まで、一片の法律によって幾重にも国民の人権や財産の強制的な管理や収用などを繰り返していたのである。既成の法体系に有事特例を設けていく有事法体系の整備は、既存の法体系を根底に据えつつ、行政制度や刑法制度の軍事化を志向するものであり、時間的効率性や反発の回避可能性などの諸点において政府当局にとっては都合のよい法体系への梃子入れであった。

このように、戦前期の有事法体系の全体を概観しておけば、基本的には明治憲法体制の基本的性格である権力組織の分立制に大枠で規定された個別法としての有事法体系には限界があった。特に高度な総力戦として展開されたアジア太平洋戦争に即応する国家総力戦体制の創出は、これら要約してきた危機管理・有事法体系においても限界は明らかであったのである。

戦後期日本の危機管理・有事法研究の実態

日本国憲法（以後、現行憲法と呼称する）は国家緊急権に関する規定を一切持っておらず、とりわけ第九条の条文規定は軍事機構や軍隊の存在を完全否定したものとしてある。現行憲法において国家緊急権規定に従い、国家緊急事態（非常事態）における軍隊の投入に支えられ、憲法停止に伴う執行権への権力の一元化・集中化を必然とする有事法制は存在し得ないはずであった。別の表現をすれば、国家緊急権規定の不在性こそが、現行憲法の一大特徴であり、平和憲法と呼ばれるゆえんでもある。

しかしながら、戦後再軍備の開始以降、国家緊急権への再認識から国家緊急事態法制（有事法制）の確立が「有事立法」のネーミングを得て検討されることになる。それは、「憲法第九条と自衛隊」、「憲法体系と安保体系」の矛盾的並存状態を、支配勢力の側から積極的に〝止揚〟していく試みとしてあった。[★27]

ここで有事法制という場合は、改正警察法（一九五四年六月八日公布）や災害対策基本法（一九六一年一一月一五日公布）、あるいは大規模地震対策措置法（一九七八年六月公布）など、すでに実定法のなかに規定されている緊急権とは別の、具体的にいえば軍隊（自衛隊）の使用を前提とする緊急権体制を示すことにする。何よりも前者の緊急権が国会（議会）の合理的統制下に置かれているのに対し、後者はこれから整理していくように、何よりも国会の統制を逸脱し、現行憲法の精神や理念を反故にする内容を多分に秘めたものとしてあるものである。

したがって、戦後日本の有事法制は一貫して現行憲法とのせめぎ合いのなかで、具体化が進められてきたのであり、その点では有事法制研究の進展は、同時に現行憲法の空洞化を意味した。それゆえ、国家緊急権＝有事法制が近代民主国家の運営にとって、どのような合理性あるいは不都合性を持つのかという冷静で客観的な評価や検討は必ずしも十分でなかった。そこで、有事法制の実体化をただちに「反動化」という評価づけに終始させることなく、その内容を検討整理する意味で、以下、戦後の有事法制研究の主な研究事例を追っておきたい。

戦前戦後を繋ぐ有事立法の特質

これまで戦前期の危機管理および有事法体系の特質を大雑把に整理してきたが、実は朝鮮戦争を機会に内密に開始されてから今日の「周辺事態法」に至るまでの、戦後の有事立法研究や危機管理理論は、基本的な構造は戦前のそれと同質であり、なかには例えば「三矢研究」におけるように国家総動員法の焼き直しにすぎない有事法研究も少なくない。また、成立までには至らなかったが、一九八五年六月六日、第一〇二通常国会に議員立法として提出された「国家秘密法に係わるスパイ行為等の防止に関する法立案」（通称、「スパイ防止法案」）が、軍機保護法や国防保安法を模範としていた事例などがほとんどである。ということは戦前戦後を通して危機管理・有事法体系は本質的に変化はなく、ある種の技巧が付加され、文言が洗練されたものになっているにすぎないということである。

なぜそのような事態が生じているかといえば、戦前戦後を通して危機管理論や有事法体系そのものの最終目的が国家行政機構の軍事化と、その実働主体としての軍隊による目的の達成という点においては何ら変わりがないからである。そこには一貫して国家の論理・企業（独占資本）の論理が貫徹されており、それ以外のものの干渉と介入を阻止する政治スタンスが露骨に示されているのである。

三矢研究を頂点とする非公式研究段階（第一段階）

戦後における自衛隊・防衛庁および政府機関による有事法の出発点は、自衛隊法、および防衛庁設置法の公布（一九五四年六月九日）に先立つ、保安庁の第一幕僚部が保安庁長官に提出した保安庁法改正意見要項（一九五三年）である。また、有事法を国の内外における緊急非常事態への対処法と広義に解釈すれば、戦後日本における最初の有事法構想として登場するのは、旧警察法（一九四七年一二月一七日公布）に求められる。その第六二条第一項に「内閣総理大臣は国家公安委員会の勧告に基き、全国または一部の区域について国家非常事態の布告を発することができる」[★28]と布告の要件を明示している。旧陸海軍が実質的に解体されて以降、国内治安対策として軍隊に代わる警察の役割を確定し、内閣総理大臣が国家非常事態においては全面的に警察力を統制出動させる権限が付与される格好となったのである。

以後、旧警察法に明記された「国家非常事態」の用語は、改正警察法において「緊急事態」と改称される。そこでも引き続き内閣総理大臣の統制権が確保される形で条文化された。だが、ここでは警察の国家非常事態＝緊急事態に関する役割について必要ある以外は言及しない。それが国内治安を最高目的とするものである以上、国民の戦争動員を最終目的とする防衛庁・自衛隊、あるいは政府機関の構想する有事法とは根本的な差異が存在するからである。

保安庁第一幕僚部が作成した保安庁法改正意見要項[★29]の「5 行動及び権限」において、自衛隊の防衛出動の手続きにつき詳細に規定する内容を盛り込んでいる。なかでも「c 防衛出動準備」では、「（1）外敵の侵略が兵力の集中、或は近隣諸国への侵略などにより明白になりそのおそれが極めて大となったとき、予め自衛隊を侵略予想地に集中し、又は沿岸配備につける等応急措置をとる必要があるので、防衛出動を命じ得るようにする」とした。この場合、防衛出動は緊急性・迅速性の性格から国会での事後承認を求めるものとし、さらに最終的にはこれらの防衛出動態勢や部隊の集中・展開、陣地構築などが迅速に実行されるために、非常緊急立法の国会での議決が必要、としている。

同要項には、「非常緊急立法を別に定めること――出動の場合必要とする非常戒厳、非常徴発法等又はその他の国内法の適用除外、特例或いは特別法については非常緊急立法として、別に定めること」とされた。この要項に対して保安庁内局が、「出動した場合の徴発等の問題が当然予想されるが、事態の切迫感のない現段階では立法は至難のことに属するので、このような事態の発生した最初の国会に提案し得るよう準備しておく程度にとどめるべきである」とし、その趣旨への理解は見せたが、事実上第一幕僚部の有事法策定構想に不同意を示していた。

ここでの問題点は、制服組の要請として提起された有事法に対して、背広組である内局が現実問題として有事立法を制定するだけの切迫感＝緊急性を見出し得ない状況下では政治的判断として非合理的であるとの認識を示したことである。だが、この論理は切迫感が存在する場合、有事法の制定が必要との判断を示したことになる。事実、内局も状況的理由から時期尚早としただけで、「国会へ提案し得るよう準備」しておく必要性を認めていたのである。防衛庁・自衛隊の内部では、以後、秘かに各種の有事法研究を着々と進めていく。

事実、防衛庁・自衛隊の内部では、早い段階から防衛出動との関連から有事法の策定作業を本格化していたことが、今日判明している。そのなかで陸上自衛隊幹部学校が発行した「人事幕僚業務の解説★30」（一九五七年一月）は、自衛隊の有事法制研究のなかで、有事における住民対策の基本方針が明らかにされた点で極めて注目される。それは、同書の「第一一章　渉外業務」で明らかにされており、「渉外業務」とは「陸上自衛隊が地方官民に対して行う業務」と記され、「旧軍の戒厳に準ずる」としていたのである。

課題とされているのは、自衛隊が防衛出動した際、行政司法に関連する事項が全て自衛隊の権限外にあって、関係機関の協力を期待するしかないことである。なかでも注目すべきは、「4 渉外の主眼」とする項目で、「a 地方機関及び住民を密に作戦に協力させる b 地方諸機関および住民に作戦を妨害させない c 作戦上許す限り住民を保護する」としていたことである。

つまり、陸自としては国内で「渉外業務」規定において、実質的な戒厳令を布き、合囲地境の戒厳において自在な作戦行動の展開を確保したいとする純軍事的な欲求がすでに存在していたのである。また、「9 旧憲法時代の渉外の参考」の項目では、日中全面戦争の開始(一九三七年七月)以降において制定公布された一連の有事法を列挙している。ここでは、純軍事的な作戦行動の完遂を至上目的に設定する場合には、国家総動員体制の創出は必然とする判断が露骨に示されていた。

この時期には他に、防衛庁防衛研修所の『研修資料別冊四』(第一七五号)として作成された「自衛隊と基本的法理論」[★31](一九五八年二月)が憲法改定を前提に国家総動員の全面的導入を提起している。同書でも「第二款 戒厳」の項を設け、「新戒厳法にあっては、その命令権者をどこに置くか(内閣総理が国会の承認を得て発令することを原則とし、国会閉会中は、事後承認を得ることを条件とすることを適当とするだろう)又その地歩の最高権限を地方総監におくか、戒厳司令官におくか(総力戦の現代的傾向は、完全な軍政を布くより、民政を主とし、軍が之に協力することの方が望ましいのであろう)、警察及び消防機関との協力及び指揮関係(戒厳司令官の配下に置くを適当とする)」としたうえで、「新戒厳法に最低限度必要な事項」を列挙している。さらに、「第一三章 人に関する法令の整備」において、「平時より準備し、戦時若しくは、事変に際し制定せらるるべき法令」として、第一款に「国の人的資源の総動員に関する規制」として戦前の国家総動員法をほぼそのまま紹介しているのである。

ここに列挙された人的資源の動員法についていえば、国家総動員法が制定公布されて以後、日中全面戦争の開始から日米開戦（一九四一年一二月八日）までの間に約二〇〇件の有事法制が制定公布され、強固な有事体制が構築されていったが、そこにおける人的動員法としての役割を果たした法律群と全く同様のものであった。それればかりでなく、戦前期の国防保安法を参考としながら、有事体制を保守するために「国家秘密保護の規制」（同章第二節第一款）や「内乱、利敵行為等に関する処罰の規制」（同第二款）を設けて防諜体制の確立を図り、国民動員システムが円滑に作動するための国民監視と抑圧のための法整備が検討されていたのである。

また、国家緊急権に関する研究が確実に進められており、例えば防衛研修所の「研究資料第一四号 非常立法の本質[32]」（一九六二年）がある。本書は、イギリス・アメリカ・フランス・西ドイツ（当時）・ベルギーの非常事態法あるいは国家緊急権についての研究調査報告書という内容である。ここでは、国家非常時の対応策として実定法の枠内で処理する方法と、国家非常事態法（国家緊急事態法）の制定のふたつの選択肢を用意する。同文書は、どちらの対応策を採用するにせよ、国家緊急事態への対応策を法的に整備することの必要性を繰り返し説いていた。それは、以後の有事法研究において国家緊急権なる概念が一人歩きする契機にもなった。それは文字通りの〝緊急権国家〟であった明治国家への国家形態を無批判に踏襲しようとするスタンスが表明されたものとしてあり、戦後国家の質的転換を迫る内容であった。

しかし、この段階において政治問題化したこともあって最も注目されたのが、周知の「昭和三八年度 総合防衛図上研究[33]」（通称、三矢研究）である。同研究では統幕会議の制服組が第二次朝鮮戦争を想定して日米共同作戦の内容や、国家機構および国民の戦争動員体制の確立を検討事項としていた。同研究は、（1）核兵器使用について、（2）「日米統合作戦司令部」について、（3）非常事態措置法令の研究について、を検討事項としている。このなかで、戦術核兵器の使用が明記された点と同時に、何よりも戦前期の軍事立法を模範とし、既存の「自衛隊法」の限界性を含意しながら、より包括的かつ実際的な「非常事態措置法令」の制定を目標としていた。それは名称からも想像されるように、自衛隊内で秘密裏に恐らく毎年研究が進められていた点に世論の厳しい目が向けられることになった。

なかでも、「非常事態措置法令」の内容は、(一) 国家総動員対策の確立、(二) 政府機関の臨戦化、(三) 戦力増強の達成、(四) 人的・物的動員、(五) 官民による国内防衛体勢の確立、が骨子とされていた。そして、これを具体化する方策として、「戦時国家体制の確立」の要件として、国家非常事態の宣言、非常行政特別法の制定、戒厳・最高防衛維持機構や特別情報庁の設置、非常事態行政簡素化の実施、臨時特別会計の計上などを挙げていたのである。これに加えて、「国内治安維持」として、国家公安の維持、ストライキの制限、国防秘密保護法や軍機保護法の制定、防衛司法制度(軍法会議)の設置、特別刑罰(軍刑法)の設定が検討されている。さらに、「動員体制」として、一般労務徴用や防衛徴集・強制服役の実施、防衛産業の育成強化、国民衣食住の統制、生活必需品自給体制の確立、非常物資収用法(徴発)の制定、強制疎開の実行、戦災対策の実施、民間防空や郷土防衛隊・空襲騒擾防衛組織の設立が明記されている。

こうした内容の「非常事態措置法令」は、形式上国会での議決を経て自衛隊による軍政に移行するというのが、「日本有事」におけるシナリオであった。包括的有事立法としての「三矢研究」は、要約していえば労働力の強制的獲得(徴用)と物的資源の強制的獲得(徴発)を政府機関の臨戦化、すなわち内閣総理大臣の権限の絶対的強化によって実現すること、有事徴兵制や事前の徴用と徴発、防諜法の制定、軍法会議・軍事費の確保など、自衛隊が軍事行動を起こす上で必要不可欠な要件を一挙に確保する狙いが込められていた。それは、憲法を全面否定した内容であり、戦争態勢を平時から準備する「政府機関の臨戦化」が、戦前期の有事法の集大成ともいうべき国家総動員法を模範としていたこともあって、世論の厳しい批判にさらされることになった。

この時期、「三矢研究」に呼応するかのように多くの有事研究が押し進められた。そのなかで一九六三年九月四日付で憲法調査委員会有志によって作成された「憲法改正の方向」[★34]が注目される。それは国家緊急権を法制化した場合、その乱用の危険性を回避する目的で施行にあたっての条件が提示されている。

例えば、非常事態の事項的限定、地域的限定、人権制限の明示、非常時体制の確立、有効期間の限定、国会尊重の明記、などがある。しかし、すでに指摘されているように、それは緊急事態の規定から現行憲法をその外部から逆規定するものでしかない。しかし、そのような方法によって有事法制の実体化に合理的根拠を獲得可能とする判断が「有識者」によって、当該期から構想されていたのである。そうした動きは、やはり同年に内閣総理大臣官房調査室が作成した「欧米八カ国の国家緊急権」[★35]の内容にも通底している。それは緊急権規定なき現行憲法の「不備」を欧米諸国の国家緊急権を紹介することで強調してみせたものであった。

有事法研究の公式化と集大成

有事法研究の公式化段階（第二段階）

有事法研究の第二段階の特徴は、研究そのものが政府の認知を受けて公然化し、この時期に戦後有事法の骨格が形成されたことにある。そこでは研究公然化の事態を奇貨として既存法の一部軍事化が目論まれたことが最大の特徴であり、しかもそれが極めて巧妙な手続きと説明づけのなかで静かに進行したことである。

そうした事例を一部確認しておくならば、防衛庁内局の法制調査官室が一九六六年二月に作成した「法制上、今後整備すべき事項について」[36]と題する「研究要綱」では、前年の一九六五年八月に、「非常事態発生の際に自衛隊が支障なく行動できるようにするための法令整備の検討」が進められ、自衛隊法を改正して出動する自衛隊に特別な権限を付与し、戦力として効果的な運用が課題として指摘されていた。これを受ける形で、あらたな有事法の制定が浮上してきた経緯があった。この文書は、先に自民党国防部会が作成しながらも、一九六七年六月まで秘匿され続けた「防衛体制の確立についての党としての基本方針」[37](一九六一年五月二九日)を起点とし、国家総動員体制構築を強く志向する一連の有事法研究の特質を示す象徴的なものであった。

そこで「今後整備すべき事項」とされたものは、自衛隊法を中心に三六件(法律二三件、政令九件など)であり、非常事態における特別措置に関する法律や国家防衛秘密保護法などが含まれていた。さらに、「他省庁の研究に待つべき事項」とされたものは三一件で、具体的には、航空機・船舶の運行統制、民間船舶の管理・使用・収用、航海・航空・鉄道輸送・通運の命令と従事命令に伴う罰則強化、労働基準の特例規定、防衛産業の振興、食糧の管理・配給、物資の統制などの項目が挙げられていた。全体としてみれば、制服組が作成した「三矢研究」における「非常事態措置諸法令の研究」をほとんどそのまま踏襲した内容であった。しかし、それを背広組(内局)が事実上追認した点で重大な問題を含むものであった。[38]

この時期には、他にも注目すべき有事法研究が自衛隊や諸官庁で多様な側面を発揮しながら作成されていた。例えば、民間船舶の戦時統制を課題とする海上自衛隊の「非常時立法要綱」(一九六八年)、防空体制の平時準備を骨子とする国防会議の「わが国の防空態勢について」(一九六九年)、自衛隊の海外派兵を目的とした外務省の「国際平和維持協力のための特別措置法」(一九六八年)などがある。当該期において、もう一つ見落とせないのは自衛隊内における有事法体制構築の手段としてのクーデター戦略が検討されていたことであろう。それは、陸上自衛隊幹部学校兵学研究会が作成した「国家と自衛隊」において、国家緊急権の策定には立法権に依拠せず、暗に自衛隊の直接行動による目的達成のための戦略を検討したものであった。[★39]

そうした経緯を経て、一九七六年一二月に成立した福田赳夫内閣によって一連の有事法研究が公然と押し進められることになる。すなわち、福田首相は、一九七八年七月一九日、栗栖弘臣統幕議長（当時）の有事における「超法規的発言」を受ける形で、同月二七日の国防議員懇談会席上、「有事における三自衛隊の統合防衛研究」と並んで「有事立法研究」の促進を公然と指示した。[★40]これは、この年に日米両軍事当局を中心に策定された「日米防衛協力の指針」（旧ガイドライン）に基づくものであった。この場合の「統合防衛研究」とは、第一に運用面（作戦）について統幕会議が、政策面については内局（防衛局）がそれぞれ担当し、相互に連携して自衛隊戦力の統合運用を企画すること、第二には、アメリカ軍との共同軍事作戦における自衛隊の役割や位置を明確にすること、の二つが大きな研究目的とされた。一連の有事法研究の成果を睨みながら、自衛隊をアメリカ軍と連動させることで、大枠として有事体制の構築が目標とされていたのである。

福田首相による有事法研究の指示は、確かに日米安保条約の強化や実質化を要求するアメリカ政府およびアメリカ国防総省（ペンタゴン）の要求の受け入れという事情が背後にあったにせよ、政府が正面きって有事法研究に着手することを意味した。同時に、それは立法行為の性格上からしても国家総がかりで有事体制作りに乗り出したことを国の内外に宣言するに等しい行為でもあったのである。防衛庁も自衛隊が「防衛出動」する際、道路交通法・海上運送法・港規法・航空法など、自衛隊の軍事行動を制約する恐れのある現行法の改定・修正を視野に入れた諸法令案の検討を本格化する。この動きは防衛庁だけでなく、自民党国防問題研究会が作成した「防衛二法改正の提言」★41（一九七九年六月）によっても拍車がかけられていく。

そこでは、「防衛出動時に必要とする総合的な法令については別途研究」するとしながら、当面は「国際条約、国際法に関連する法令の整備」をまず急ぐべきとした。具体的には、自衛隊法第八四条（領空侵犯措置）に、「国際法規慣例に従い」必要な措置を講じる内容を明記すること、自衛隊に対する奇襲（不法行為）に対処するために、「自衛隊の部隊および自衛艦の自衛、『自衛隊法』第九五条に掲げる防衛物件の防護、自衛隊の使用する船舶、庁舎、営舎、飛行機、演習場その他の施設の管理保全のための警備を行う」ことの規定を追記すること、などが盛り込まれた。要するに、日米共同軍事作戦の発動を見込んだ自衛隊の海外派兵と、その当然の帰結としての集団的自衛権行使への道を押し開こうとしたのである。それはまた、国会の承認を必要とする内閣総理大臣の防衛出動命令がなくとも、現地指揮官の判断で武力行使を可能とするための法律の制定を実質要求したものであった。

この時期、防衛庁は有事に対応して整備すべき法令を、第一分類（自衛隊法など防衛庁所管の法令）、第二分類（防衛庁以外の他の省庁所管の法令）、第三分類（所管省庁が明確でない法令）の三区分とし、一九八一年四月二二日には第一分類の検討を終了し、さらに一九八四年一〇月一六日には第二分類の検討がほぼ終了したことを明らかにした。そして、残りの第三分類に関しては、防衛庁から内閣安全保障室に検討の権限が委譲されたことから内容の詰めが急速に進められ、そこでは民間防衛や立入禁止措置・強制退去措置など、市民生活に深く関連する事項が検討の対象とされた。さらに、道路法・河川法・森林法・自然公園法・建築基準法・医療法、それに墓地や埋葬等に関する法律、関係政令・総理府令・省令などの法令が特例措置の追加によって有事対応型の法令に改正された。つまり、既存の市民の生命と安全を保護するための〝市民のための法〟体系のなかに、軍事が持ち込まれたのである。

周辺事態法までの有事法研究段階（第三段階）

米ソ冷戦構造の終焉という国際政治のドラスティックな変化を受け、危機管理組織の中心的組織としての軍隊――自衛隊の積極的位置づけが、湾岸戦争を絶好の機会として強行された。すなわち、掃海艇のペルシャ湾派兵（一九九一年四月二六日出港）、ＰＫＯ協力法（一九九二年六月一四日可決成立）による自衛隊軍事力の海外派兵の既成事実化のための示威行動と法制化が強行された。そして、アメリカ軍事戦略の「地域紛争対処戦略」への転換と、太平洋からペルシャ湾に展開可能な唯一の前方展開部隊としての在日アメリカ軍・第七艦隊を支援する自衛隊および日本の支援態勢を確認した新ガイドライン合意（一九九七年九月二三日）は、平時・戦時を問わず日米協力の細目を具体的に取り決め、より包括的な軍事協力体制を確約したものであった。その意味で、新ガイドライン合意こそ、有事法を促進するこの段階における最大の促進契機でもあった。その結果、周辺事態で実に四〇項目にものぼる協力事項を約束することになったのである。★42

新ガイドライン合意と有事法制研究との関連性を整理しておけば、第一にアメリカの軍事戦略に呼応するものとして日本の有事法が規定されることになったこと、第二に周辺事態（周辺有事）とは基本的にはアメリカの有事であり、広範多義な解釈のなかで有事が想定されている関係上、日本の有事法も極めて広範多義な内容を持たざるを得なくなっていることである。このことが、有事法のさらなる促進に拍車をかけている。

しかしながら、一連の有事法研究とその実体化は、ある意味では始まったばかりである。罰則規定や損欠補償の条項を備えた、より完結性の高い本格的な有事法の制定が今後俎上にあげられよう。それで最終的な有事体制とは、日本有事、周辺事態、災害・治安出動など、あらゆる「有事」に即応可能な法制の整備にあることは、すでに多くの指摘がある通りである。つまり、有事体制の確立のためには、個別的な領域にのみ有効な法体系ではしょせん限界があり、いわば総合的かつ包括的な有事法の整備を不可欠とするのである。

武力攻撃事態対処法・国民保護法制定までの段階（最終段階）

二〇〇一年九月一一日、アメリカのニューヨーク市とワシントン市で起きた「同時多発テロ事件」を機会に、アメリカによって唱導された「国際テロリズム」撲滅を目的とする軍事行動への支援を目的として制定されたテロ対策特別措置法（同年一一月二日成立）がある。二年間の時限立法として成立した同法であったが、アメリカからの「テロ撲滅」支援への強い要請に応える形で、日本政府は「非戦闘地域」に限定して自衛隊派遣に踏み切った。しかし、実際に戦闘が頻発する地域での軍事行動任務にあたる他国軍隊への武器弾薬輸送や他国船への燃料補給などを目的とするものであった。

当然のことながら、「非戦闘地域」と「戦争地域」との線引きは事実上不可能であり、線引きは派遣側の恣意的な解釈にすぎないものであった。そこからテロ対策を口実に歯止めなき派兵行為に直結するという疑問が強く提起された。

同法の審議過程でも、憲法九条が禁止する集団的自衛権に抵触するという強い疑義が提起され、根強い反対の意思と行動が示された。同法成立を強行した小泉純一郎首相（当時）も、「憲法との間にすき間がある」と、事実上憲法九条違反を認めながらも、「国際協力の必要性」を繰り返した。

同法成立後の一一月二五日には、これを根拠法としてイージス型護衛艦一隻、補給艦二隻がインド洋方面に出動し、米艦船などへの燃料補給の任務についた。なお、同法は二〇〇五年一〇月に半年、さらに二〇〇六年四月に半年と相次ぎ延長措置が採られた。

こうした一連の有事法の集大成といえるものが、二〇〇三年六月一八日に成立した武力事態対処法である。同法は、それまで安全保障会議設置法改正案と自衛隊法改正案と共に、有事法制関連三法案として審議されてきたものだった。同法は文字通り、他国から日本への「武力攻撃」の事態が生じた場合にどのように対処するかを規定した法律である。基本的には米軍との共同作戦の展開を前提とし、「武力攻撃」に対処しようとするものである。

同法で最も問題視されたのは、「武力攻撃」される事態の時期と内容である。ここでは「武力攻撃」の兆しがあると判断された場合には、先制攻撃の可能性を含意する内容となっている。そこでの問題は、日本への「武力攻撃」という「事態」の判断を誰が、いつ、行うかである。日本政府が判断するのは当然だが、「事態」の判断には情報提供者としての米軍の意向が強く反映される危険性と可能性がある。

もう一つの問題は、「武力攻撃事態」だと日本政府が判断した場合、地方自治体が管理する空港や港湾施設が政府の使用・利用に強制的に供されることになることである。先の周辺事態法の場合には、管理権者である地方自治体の首長は、合理的な理由があれば施設提供を拒否することも可能だとされた。しかし、武力攻撃事態対処法では、提供を拒否する権限が完全に剥奪されることになったのである。地方自治法によって、地域住民の生命や安全を保障する首長の権限が反故にされることになったのである。「有事」を理由とすれば、中央政府主導の一元的な統制が同法によって完成することになる。

地方分権あるいは地方主権の時代といわれる一方で、地域住民の生命と安全に直接関わることがらが国家の管理に移りつつあり、その関連法制がじわじわと整備されている現状にある。戦後日本は再び中央集権国家の性格を強めつつあるということだ。戦争の不安が高まるだけでなく、教育や企業活動などあらゆる領域で国家主義が貫徹される状況も現実味を帯びてきたといえる。

武力攻撃事態対処法が発動された場合、出動する自衛隊の代わりに、いわゆる「国民」は「銃後」を守ることが要請される。同時にそれは「民間防衛」という名で呼ばれるように国民の戦争協力を強いる法律である。それが二〇〇四年六月一日に成立した国民保護法である。

国民保護法には、「有事」に備えての避難・誘導が義務づけられ、現在すでに一部の地方自治体では、同法に基づく訓練計画と訓練実施が進められている。そこでは自然災害への対応と同次元で「武力災害」なる概念が導入され、避難・訓練が常態化する態勢が整備されつつある。

「武力攻撃」される事態を「武力災害」と称するのは、軍事に関わる事態を〝災害〟と強引に位置づけることで、軍事への誘導を円滑にするとともに、避難・訓練を繰り返すことで現代版国防意識を高めようとしているのである。

今後、全国自治体では同法に準拠した国民保護対策を用意し、訓練の年度計画を政府に報告する義務が課せられる予定となっている。その結果、軍事動員態勢が平時から準備されることに繋がっていく恐れは極めて高い。

以上のように有事法制整備の最終段階に達した現段階においては、ここで触れなかった有事法制として、いわば〝自衛隊派兵法〟の先駆であった既述のPKO協力法と類似する目的で制定したイラク特別措置法（二〇〇三年八月一日成立）や、日本国内での米軍の行動に最優先の便宜を図る米軍行動円滑化法（二〇〇四年九月成立）がある。もちろん、ここに取り上げなかった法律のなかにも、有事法制として位置づけてよいようなものもある。★43

すでにわが国には数えきれないほどの有事法制が整備され、発動の機会を窺っているとさえいえる。国民の安全・安心、日米同盟強化、国際貢献などの空疎な言葉の氾濫のなかで、国民生活はあまたの有事法制（＝軍事法制）に幾重にも包囲されているといっても決して過言ではないであろう。★44

おわりに

以上、危機管理論・有事法の諸特徴を追ってきたが、そこでとりあえず結論づけられることは、第一に戦前戦後を通して危機管理論・有事立法論が同質の内容と構造を持ったものとしてあること、第二に、その意味からすれば緊急権国家であった明治国家の国家構造が今日再生され、現代版緊急権国家ともいうべき「平成国家」の本質が全貌を現し始めたことである。「国旗国歌法」、「盗聴法」、「地方分権一括法」など、緊急権国家〈戦争国家〉に適合的な〈国民〉の創造と管理・抑圧の法体系をバックにしながら、一連の危機管理策や有事法によって確実に戦争遂行可能な国家が、高度行政国家としてフル稼働を始めているのである。

昨今における危機管理・有事法のありようは、有事体制の最高度の形態としての戒厳体制の構築から防諜法など危機予防措置へ、さらに平時からする戦時対処法や行政の軍事化など、いわば危機への能動的対処まで、極めて広範多義な選択肢をもって完成形態に近づきつつある。小論は戦前戦後の有事法の実態や研究内容の素描にすぎないが、今後はより具体的かつ批判的な有事法制史研究を早急に進めていくべきであろう。この点に関連して有事法制の「国家緊急権」をキーワードにした学問研究状況は、本稿でも多用してきた小林直樹の著作が指摘するように、現在構想されている国家緊急権が実定法の領域外にも跨る可能性や、それが憲法上制度化された場合でも常に法律を越えた領域（非法の領域）において展開し、まさに「法を破る政治の力」として憲法秩序を破壊する機能を孕んだ権力として登場する可能性が高い。恐らく有事法制とは既存の憲法体制を根底から覆し、法秩序に代わる新たな政治秩序を創出すること、そこでは民主主義の制度的表現としての議会を空洞化し、内閣行政権力の絶対性が限りなく正統性を獲得していく過程として立ち現れるという点において、極めて危険な立法行為であり、政治判断といえよう。そのような視点からしても、なぜいま有事法制かについて歴史過程を検証するなかから、批判的視座を・確立していくことが求められているのである。

本節は主に憲法学者の先行研究を参考にしつつ、明治国家を「緊急権国家」とするキーワードを用いて特徴づけようとした。また、明治国家は天皇を核とする絶対主義を統治の原理とする権威主義的国家であり、その国家を守護する手段として天皇の非常大権を最高度の緊急権とする、文字通りの緊急権システムが用意され、それが軍隊と警察という国家の暴力装置によって物理的に支えられた国家でもあった。つまり、戦前期日本の有事法制は、最終的には天皇の権威によって正当化され、起動する仕組みとなっていたのである。そこにおいて、天皇の非常大権に代替する「国家総動員法」をも含め、明治国家の緊急権システムは、最後的には天皇制を護持するために様々な法制度を用意していくことになった。天皇大権である第三一条の非常大権がありながら、明治憲法の立憲主義的性格をも削ぎ落としてまで「国家総動員法」により内閣行政権に絶大な緊急権を付与するに至ったことについては、今後のさらなる歴史研究の課題であろう。ただ、歴史の事実から見れば、戦前期有事法制の集大成ともいうべき「国家総動員法」によって、たとえ制限つきであったにせよ、非常大権においてすら留保された「臣民の権利義務」が完全に剥奪状態に置かれたこと、そして、同法が立憲主義を制度的に担保する議会の役割を徹底して空洞化したことは間違いないことであった。それが戦前期の有事法制を捉え直す場合、基本的かつ極めて重大な問題であることを繰り返し確認しておきたい。

そこでは非常事態の平時化・常態化ともいえる政治体制が構築され、そうした体質を持つ政治体制を維持するために絶え間なく危機的状況が意図的に画策され、それによって非常事態にさらなる理由づけが施され、これに対処するに、さらに強度の緊急事態法＝有事法を用意するという悪循環の呪縛に囚われていく歴史事実を見ておきたい。それが、国家総動員法の制定前後期から敗戦に至るまで、特に顕著であったことは歴史が証明するところであろう。

もう一つの課題として残っているのは、有事法制の整備が果たして既存の近代国家を構成するに不可欠な法制度なのか、という点である。繰り返すまでもなく現行憲法には国家緊急権システムを容認する一切の規定がない。それが、近代国家にとって不都合であるとする法整備推進者の主なる制定促進理由となってきた。有事法制の整備をただちに「反動化」政策と断じるだけでなく、むしろそれが現行憲法の基本原理を真っ向から否定する政治的意図を赤裸々に語るものとして、批判の俎上にあげなければならない。安全な市民社会を構築するには、様々の手立てが不可欠であることはいうまでもないが、それはあくまで市民の人権を保障するなかで整備すべきものであって、軍隊や警察の全面展開が所与の前提となって起動するものであってはならないのである。

さらにいえば、戦前期のように行政権と軍部が統制する非常事態法＝緊急権体制であってはならないこと、また、天皇制イデオロギーが貫徹された非常事態法＝緊急権体制であってはならないことである。ここから現行憲法においては、戦前期日本の天皇制支配体制の克服と軍国主義の復活を徹底して阻止し、平和社会の構築と人権の保障・擁護を原理とするために、戦前的な意味における国家緊急権制度＝有事法制の整備には意を用いないことを決意したはずである。同時的に第九条における交戦権放棄と戦力不保持の規定は、最初から国家緊急権を完全否定したものとしてあったのである。したがって、国家緊急権の制定を志向すること自体が現行憲法の原理を否定することに直結するのであり、戦前期軍国主義の歴史過程を容認することを意味する。それは国家緊急権の不在性の歴史的教訓を反故にするものである。その意味で有事法制は重大な憲法違反といえよう。

このように戦後日本の有事法制の特質は、その内容性よりも、有事法制の研究や策定をめぐる環境そのものが、諸外国と比較しても著しく異なることである。したがって、有事法制を検討する場合、何よりも戦後日本の憲法を基本的枠組みとする安全保障問題のありようへの視点を明確にすることが重要な課題となるはずである。筆者の次の主要な関心対象は、実はこの点にある。

[注]

(1) 国家緊急権とは「戦争、内乱、大規模自然災害等国家の維持・存続を脅かす重大な非常事態に際して、平常時の立憲主義的統治機構のままではこれに有効に対処しえないという場合に、執行権(政府・軍部)に特別の権限を付与または委任して特別の緊急措置をとりうるように国家的権力配置を移行する例外的な権能」(水島朝穂『現代軍事法制の研究』日本評論社、一九九五年、一九六頁)を指すものとする。

(2) 現在の憲法学分野において現行の日本国憲法における国家緊急権規定の欠如(沈黙)の意味をめぐり、国家緊急権の規定を欠いているのは憲法の欠陥とする説(欠陥説)、現行憲法が積極的にこれを排除・否認したものとする説(否認説)、現行憲法下でも国家緊急権の行使は可能とする説(容認説)との論争が続いている(百地章「国家緊急権」、『ジュリスト 増刊・憲法の争点』法律学の争点シリーズ2、有斐閣、一九八〇年、二三四頁を参照)。この説に従って整理すれば、戦後有事法制の研究の根底には、現行憲法の欠陥説と国家緊急権の容認説の両方が混在していると指摘できる。

(3) ここで紹介した有事法制研究の方法論については、山田朗氏(明治大学)の講演「有事法から見た周辺事態法」(国連・憲法問題研究会主催、於文京区民センター、一九九九年六月一七日)のレジュメを参考にさせて頂いた。この場であらためてお礼を申し述べたい。また、水島朝穂『現代軍事法制の研究』には、国家緊急権の歴史的・比較法的検討を行う場合には、緊急権制度の基本組織の性格を基準とした「類型」(①行政型＝行政権が平常時の制限を除去されて自由な活動を許される合囲状態《戒厳》、マーシャル・ローのタイプ、②立法型＝行政府に包括的な法規制定権を与える緊急命令権のタイプ、③混合型＝大統領独裁・戦時内閣等)と、法系を基準とした

「系統」（コモン・ロー諸国のマーシャル・ロー系統、大陸諸国の合囲状態・戒厳系統）とに区別されるとしている（同書、一九七頁、参照）。

（4）本格的な戦前期の有事法制に関する先行研究は決して多くない。そのほとんどが憲法学者の手になるものである。例えば、水島前掲書の他に、憲法学説からする分析だけでなく、有事法制の史的展開にも精緻な検証を試みた小林直樹『国家緊急権』（学陽書房、一九七九年）が参考になる。その一方で、歴史研究者の手になるものとしては、管見の限りでは、大江志乃夫『戒厳令』（岩波新書、一九七八年）など個別領域の研究がある。しかし、有事法制史全体を鳥瞰するような歴史研究は依然として見出し得ていない。

（5）以上、小林直樹前掲書、四三頁を参照。

（6）筆者は「明治緊急権国家と統帥権独立制」（明治大学政治経済学部紀要『政経論叢』第六八巻第二・三合併号〈富田信男教授古希記念論文集〉、一九九九年。本書第八章第1節として収録）において、統帥権独立制を、明治国家緊急権システムにおける重要な一つとして捉える視点を論じたが、さらなる展開は別稿を期したい。

（7）同前、一五四頁、参照。

（8）大江志乃夫前掲書の「Ⅲ 日本における戒厳令の発動」（八一頁以下）を参照。

（9）戒厳令制定の歴史過程については、大江前掲書、日高巳雄『戒厳令解説』（良栄堂、一九四二年）、三浦恵一『戒厳令詳論』（松山房、一九三二年）など参照。

（10）これら戦前期有事法制の条文等については、松尾高志編『平和資料 日米新ガイドラインと戦前「有事法制」』第Ⅰ―Ⅴ巻（港の人、一九九八年）に一括して収録されている。本稿の引用も同資料集に依った。戒厳令の条文については、同書「6 戒厳」の四一四―四一六頁に収録されている。

（11）同前、第Ⅴ巻「3 兵役・徴発」六一―六八頁に収録。

（12）軍需工業動員法は、「歴史上はじめて経験する世界大戦とその長期化は内外両面にわたる諸激変と戦後経営の強い危機感をわが国支配層にもたらし、政府・官僚・政党・財界を一体として戦時・戦後経営対策へとかりたてる一つの直接的動機となった（波形昭一「経済調査会と日支・満州銀行構想」、『社会科学討究』第二六巻第一号、一九八〇年一〇月、五九頁）との指摘にあるように、第一次世界大戦の戦争形態の国家総力戦化に対応した「世界でも早い総動員法」(藤原彰『天皇制と軍隊』青木書店、一九七八年、一〇五頁)である。同法の詳細については、纐纈厚『日本陸軍の総力戦政策』(大学教育出版、一九九九年)、第一部第二章。

(13) 一連の弾圧立法が非常時対応の立法として位置づけられていたことに関しては、牧野英一「非常時立法としての刑罰法規の強化」(『法律時報』第一三巻第三号、一九四一年三月)、戒能通孝「戦前における治安立法体系」(同臨時増刊、一九五八年一二月)など参照。

(14) 松尾高志編前掲書、第Ⅴ巻「5 軍法・軍紀」、二五八頁に収録。

(15) 以上、戦前期日本の防諜政策の詳細については、纐纈厚『防諜政策と民衆』(昭和出版、一九九一年)を参照されたい。

(16) 「非常時」対策の視点から国防保安法の積極的な意味を説いた制定側の意図についての解説論文が当該期において公表され、その正統性が繰り返し論ぜられた。例えば牧野英一「国防保安法案」(『警察研究』第一二巻第三号、一九四一年三月)、大竹武七郎「国防保安法の必要性とその特質」(同第一二巻第四号、一九四一年四月)、内務省警保局「国防保安法に就いて」(『内務省厚生時報』第六巻第三号、一九四一年三月)など。なお、戦後における国防保安法の代表的研究に、小田中聡樹「国防保安法の制定過程」(望月礼次郎他編『法と法過程』創文社、一九八六年)がある。

(17) 団藤重光「国防保安法の若干の検討」(『法律時報』第一三巻第五号、一九四一年五月)参照。

(18) 田中寛次郎「思想謀略と国民防諜」(『文藝春秋』一九四一年七月号)を参照。

(19) 松尾高志編前掲書、第Ⅲ巻「6 総動員体制」九九―一〇五頁に収録。

(20) すでに多くの指摘がなされている。例えば、「国家総動員は絶対主義的天皇制のファシズム的変質を示す法的指標である。(中略)同法によって、大日本帝国憲法の天皇大権・緊急勅令などの非常事態条項は、人的物的資源の総動員条項に置き換えられたのである」(『国家総動員法』第一巻、日本図書センター、一九八九年所収の本間重紀による「解説」、三―四頁)という論が問題の本質を端的に指摘していると思われる。

(21) ただ、天皇の非常大権によっては、即応的な国家総力戦体制の構築が不可能とする判断を行った陸軍の統制派官僚や革新官僚たちの総力戦思想の内容が注目されるが、ここでは敢えてそれについて触れない。

(22) 一九三八年二月二四日、第七三回帝国議会衆議院での牧野の発言(『帝国議会衆議院議事速記録』70、東京大学出版会、一九八四年、三五四頁)。

(23) 牧野良三の「国家総動員法」批判は、新聞や雑誌などを通しても展開された。例えば、『都新聞』(一九三八年二月一二・一四日付)において、「国家総動員法」案の反対理由として、「第一は、天皇の大権の外為し得べからざる事項を、予め法律の形式の下に行政権に収め、然る後政府の手を以て憲法第二章を自由にせんとする点にある。第二は、斯かる行為は、憲法の認むる臣民の権利義務に対する保障を行政権に依り剥奪せんことを企てる点に在る。而して第三は、仮に政府の立場に立ち、斯かる行為が必要なりとするも、それは、徒に国民を刺激し、為に国民より大切な愛国心を奪って、非常時重大事に物心両界の全能力を総動員せしめる所以とならない点にある」と論じた(同記事は、衆議院調査部『国家総動員資料』衆議院公報附録・調査資料第一三輯、一九三八年二月、四六―四七頁に収録)。

(24) 一九三八年二月二四日、第七三回帝国議会衆議院での斎藤の発言(前掲『帝国議会衆議院議事速記録』70、三四七頁)。同様の見解は、マスコミにも少なくなかった。例えば、丸山幹治は、「本案によって、臣民の権利自由に重大制限を加へる規定を勅令に委任するごときは、議会の審議権を形式的に尊重して実質的に軽視するのではないかという政民の意見は、至極当然」と論じていた(『エコノミスト』一九三八年二月一一日号、前掲『国家総動員資料』一五四頁に再録)。

(25) 戦時行政特例法の条文については、松尾高志編前掲書、第Ⅲ巻「4 戦時議会・行政特例」七七―七九頁に収録。

(26) 軍事特別措置法については、同前第Ⅲ巻「6 総動員体制」一四二頁に収録。

(27) 水島前掲書、二一六頁。なお、戦後日本の有事法制の展開や国家緊急権問題に言及した主な研究には以下のものがある。和田英夫「緊急権と抵抗権」(『国家権力と人権』三省堂、一九七九年)、二一―三五頁(初出は、『岩波講座現代法2 現代法と国民』岩波書店、一九六五年、所収)、景山日出彌「憲法と国家緊急権」(『憲法の原理と国家の論理』勁草書房、一九七一年)、七八―九九頁、吉川経夫・小田中聰樹『治安と人権』「終章 非常事態法」(法律文化社、一九七一年)、三四三―三五三頁、水島前掲書「第五章 緊急事態法制の展開――その2 第一

節 日本における『有事法制』の展開」二八六―三一八頁。さらに諸外国における国家緊急権に関する研究では憲法学者による成果は少なくない。例えば、山内敏弘「西ドイツの国家緊急権」(『ジュリスト』第七〇一号、一九七九年)、横田耕一「緊急事態とアメリカ大統領」(『社会科学論集』第九集、一九六九年)、久保田きぬ子「アメリカにおける大統領の非常事態権限について」(『国家学会雑誌』第七三巻第四号、一九五九年)、畑博行「米国憲法第二条と大統領の緊急措置権」(『政経論叢』第一〇巻第四号、一九六一年)、柳瀬良幹「国家緊急権の各種」(『公法研究』第四一号、一九七九年)、浦田一郎「緊急権の根拠と執行権の観念――フランス第三共和制下の学説を中心に」(杉原泰雄他編『平和と国際協調の憲法学』勁草書房、一九九〇年)、小針司「有事法制と国会の役割」(『ジュリスト』第一一七七号、二〇〇〇年五月)、国立国会図書館調査及び立法考査局編『国家緊急権――比較憲法的考察』(国立国会図書館、一九五七年)など。

(28) 山内敏弘「有事法制研究史三十年」(軍事問題研究会季刊誌『軍事民論』特集第二四号、一九八一年八月)、参照。

(29) 同資料は、『国防』に連載された宮崎弘毅将補(当時)が執筆した「防衛シリーズ」を、軍事問題研究会発行の『軍事民論』(特集第一四号「有事立法の全貌」、一九七八年一〇月刊)に採録したものを参照した。以下の引用も同様である。

(30) 同前、二一〇―二一四頁、参照。

(31) 同前、二一五―二三二頁、参照。

(32) 同前、四五―四八頁、参照。

(33) 同前、四九―七三頁。三矢研究については、林茂夫『全文・三矢作戦研究』(晩聲社、一九七九年)、藤井治夫『日本の国家機密』(現代評論社、一九七二年)、林茂夫「日米共同作戦と有事立法」(『法学セミナー増刊 総合特集シリーズ38 これからの日米安保』日本評論社、一九八七年一一月)など参照。

(34) 前掲『軍事民論』第一四号、七四~七六頁、参照。

(35) 同前、八六―八八頁、参照。

(36) 同前、九一―九三頁、参照。

(37) それは、①国民の防衛意識の高揚、②国家安全保障会議の設立、③強力な統合情報機構の新設、④防諜法の制定、⑤防衛産業の育成、⑥民間防衛体制の整備、⑦基地問題の解決促進、⑧国防省への昇格の八項目が挙げられていた。詳しくは、藤井治夫「恐怖の非常事態」(軍事問題研究会編『有事立法が狙うもの』三一書房、一九七八年)、二七―二八頁を参照。

(38) 藤井治夫同前論文を参照。

(39)『兵学研究会記事』(第六号、一九七一年四月二〇日、収載)。同文書の分析については、古川純「自衛隊と緊急事態」(軍事問題研究会編『有事立法が狙うもの』三一書房、一九七八年)、二〇七―二二八頁を参照。

(40)『朝日新聞』(一九七八年七月二八日付)の報道によれば、「福田首相は二十七日午後開かれた国防会議議員懇談会に出席し、有事立法と有事の防衛研究を促進するよう改めて指示した。また、丸山防衛次官が各国の民間防衛体制の現状を説明したのに対して、首相は『民間防衛体制に関する研究についても、どのようにしたらよいかを検討してほしい』と指示した」とある。

(41) 同資料では、自衛隊の防衛出動に先立つ「非常事態」(有事)を想定して、「非常事態における特別措置に関する法律」や「国家防衛秘密保護法」の制定を企画するなど戦前期の国家総動員法だけでなく、軍機保護法や国防保安法的な防諜法体制をも射程に据えたものであった。

(42) 新ガイドライン問題をめぐる研究には、森英樹他編『グローバル安保体制が動き出す』(日本評論社、一九九八年)、山内敏弘編『日米新ガイドラインと周辺事態法』(法律文化社、一九九九年)など多くを数えるが、筆者も『検証・新ガイドライン安保体制』(インパクト出版会、一九九八年)を刊行している。

(43) 武力攻撃事態対処法と国民保護法について、筆者は『憲法九条と日本の臨戦体制』(凱風社、二〇〇六年)の「第一章 戦後日本の軍事法制」で論じている。

(44) 戦後の有事法制を平和憲法遵守の視点から、その危険性を指摘した主な研究に本稿で引用したもの以外に以下のようなものがある。江橋崇「しのびよる緊急事態法制」(『別冊経済評論 裁かれる日本』経済評論社、一九七二年)、藤井治夫『自衛隊と治安出動』(三一書房、一九七三年)、同『自衛隊のクーデタ戦略』(同、一九七三年)、古川純「自衛隊と非常事態」(護憲連合編『平和と民主主義』第三三一号、一九七五年)、林茂夫『国家緊急権の研究』（晩聲社、一九七八年）、古川純「安全保障会議の設置と国家緊急権確立の方向」（『ジュリスト』第八五六号、一九八六年七月）、水島朝穂「有事立法の憲法状況」（破防法研究会編刊『周辺事態と有事立法』一九九八年）などがある。筆者も、「実体化する防衛庁の有事立法」（社会批評社編集部編刊『最新・有事法制情報』一九九八年）や「再起動する有事法制の歴史と構造」（『技術と人間』一九九九年八・九月号）などを発表してきた。さらに、これらの論考をまとめ、『周辺事態法――新たな地域総動員・有事法制の時代』（社会評論社、二〇〇〇年）を出版した。その一方で有事法制の整備を主張する出版活動も特に七〇年代後半から活発となってくる。例えば、オリエント書房編集部編『自衛隊戦わば――防衛出動』（オリエント書房、一九七六年）、同『日本の防衛戦略――自衛隊の有事対策』（同、一九七七年）、山田康夫『民間防衛』（教育社、一九七九年）、海原治『日本防衛体制の内幕』（時事通信社、一九七七年）、西修『自衛隊と憲法第九条』（教育社、一九七八年）、宮崎弘毅『日本の防衛機構』（教育社、一九七九年）、海原治『討論・自衛隊は役に立つか』（ビジネス社、一九八一年）、小谷豪治郎『有事立法と日本の防衛』（嵯峨書院、一九八一年）などがある。なお、本稿には引用紹介しなかったが、自衛隊内における国家緊急権に関する文献はこの他にも膨大な数に上っており、その一例を書き出しておく。陸上自衛隊幕僚部管理部法規班編「旧国防諸法令の検討、その基本法令」（一九五四年一一月）、内閣調査室「一九七〇年の対策とその展望」（一九六九年二月）、自民党安保調査会報告書「我が国の安全保障政策」（一九七三年七月）、防衛研修所「列国憲法と軍事条項」（一九五六年）、陸上自衛隊幕僚部第三部「関東大震災から得た教訓」（一九六〇年）、同法務課「国家緊急権」（一九六四年）、山田康夫「国家緊急権の史的考察」（『防衛論集』第八巻第三号、一九六九年）、西修「各国憲法にみる非常事態対処規定（一）――非常事態宣言、非常措置権、緊急命令を中心として」（『防衛大学紀要 人文社会科学編』第二五輯、一九七四年）、同「各国憲法にみる非常事態対処規定（二）――戒厳を中心として」（同、第二八輯、一九七四年）など。

第一一章　自衛隊・米軍再編と新安保・保守体制

1 〈臨戦国家〉日本への選択迫る米軍再編――〈軍拡の連鎖〉に便乗する〈総保守主義〉体制

国家再編による〈臨戦国家〉日本の登場

本節は、従来主に軍事問題として議論されてきた米軍再編を、戦後日本の国家再編あるいは保守再編という視点から論じようとするものである。結論を先にいえば、米軍再編の実施過程において、日本が名実ともにアメリカとの軍事共同作戦体制に包摂されていくなかで、平時から戦争発動を選択可能とする体制を敷くという意味で〈臨戦国家〉への選択を迫られることになること、それは同時に日本が〈軍拡の連鎖〉に便乗することを通して、国民世論を含め、総保守化の傾向を一段と鮮明にしていくことになること、である。それを仮に〈総保守主義〉と呼んでおく。

このように米軍再編は、ただ単にアメリカ軍の基地移転や戦力再配置の問題に留まらない。それはまた新たな基地被害を派生させる深刻な問題を孕んでいるが、ここで問題にしたいのは、米軍再編が日本及び東アジア地域全体の政治秩序に、あらたな軍事的緊張を持ち込み、この地域全体に軍事主義の流れを引き起こすことである。

それはまた、すでに限りなく潜在化している日本の〈軍事化〉を後押しすることになろう。深化の一途を辿る日米軍事同盟路線のなかで、すでに日本の〈臨戦国家〉化への道は決定づけられる勢いにある。そうした意味で、米軍再編は、日本の国家再編に深く結びついた問題としてあるのではないか。

それで、米軍再編は、日本自衛隊の組織再編を促す問題という以上に、実は日本の〈軍事化〉をキーワードとする政治再編をもたらすはずである。そこでは、従来型の二国間条約としての日米安保条約の性格が根底から変容を迫られ、「専守防衛」を基調とする国土防衛型の自衛隊の役割が、アメリカ軍との一体化のなかで侵攻型の「軍隊」としての性格を鮮明にすることになろう。憲法改悪問題とも絡み、戦後日本の保守体制を担保してきた経済最優先のスタンスが、経済も軍事もという併存関係の中で、経済的利権を確保しようとするスタンスへと一挙に転換を図る機会となるはずである。いうならば、後衛の位置にあった軍事が、前衛の位置に進み出る可能性が現実のものとなるということである。

平和社会から軍事社会へと変貌する国内政治体制の様変わりは、米軍再編の実施や日米安保の変容によって拍車をかけられている。それが、昨今の保守化傾向著しい国内の言論界や世論の動きにより、一段と加速される現実にある。

そのような事態と、どのように向き合うべきか。日米安保再定義から新ガイドライン合意をスタートに、一連の有事法制の制定という政治過程を踏まえ、日本は、「有事体制国家」であると規定せざるを得ない状況下にある。この国がいまや、事実上の戦争発動をも辞さない軍事主義へと傾斜していく現実のなかで、文字通り、〈臨戦国家〉としての体裁を整えつつある。それで本節では、ここでいう〈臨戦国家〉日本の登場を決定づけるものとして、米軍再編を位置づけていくことにしたい。

米軍再編成の目的は何か

最初に、議論の前提として米軍再編とはいったい何かについて、要約しておく必要があろう。米軍の「戦力全体にわたる改編」(『QDR』二〇〇一年版)の目標がブッシュ政権下で「再編成」(Transformation)の名で表面化し、日本では、これが「米軍再編」と一般的に呼ばれた。それは、日本の大方のメディアでは、「在日米軍の再配置」というレベルで解釈されるが、実際にはポスト冷戦時代における米軍事戦略の根底的な見直しと、それに対応する米戦力の再位置を意味する。米軍当局は米軍再編の目的を、以下のように挙げている。

すなわち、(1)米国本土と作戦上極めて重要な基地の防衛、(2)敵にサンクチュアリ(聖域、避難所)を与えないこと、(3)進入が拒否された地域において能力を維持し、防衛すること、(4)諸部隊とその作戦を統合するために情報技術の効果を高めること、(5)情報ネットワークを攻撃から防衛し、進展させること、(6)宇宙作戦能力を高めること、である。要約すれば、米国本土防衛を至上命題とする基地機能の整理統合、「テロリスト」あるいは「テロ支援国家」への徹底攻撃、また、「テロ国家」「テロ支援国家」の解体、軍事革命のさらなる推進による軍の超近代化路線の堅持、戦場域の宇宙空間への拡大と整備、ということになろうか。

問題は、このような意図を持った米軍再編が、なぜこの時点で進められようとしているかである。米ソ冷戦時代にアメリカは、西側陣営のリーダーという大義名分を得て、事実上はアメリカ自身の国益を確保してきた。その反共主義も、共産主義のイデオロギーゆえにではなく、共産主義国家をアメリカ資本主義の拡大の障害と見なす、文字通り実利的レベルの問題としてあった。その意味でも、アメリカの反共主義キャンペーンは、アメリカに内在する帝国主義の暴力性を隠蔽するものでもあったといえる。

日本を含め、西側の同盟諸国に反共主義を注入し、反共陣営を構築することを通して、アメリカ資本主義のための資源と市場の確保が究極の目標とされた。日米関係でいえば、その一環として、七万五〇〇〇人からなる警察予備隊の創設（一九五〇年八月）に始まる再軍備と日米安保条約が締結（一九五一年九月）された。したがって、再軍備と日米安保は、冷戦構造という国際軍事秩序を背景にしていたが、本質的には利益保守と拡大というアメリカ資本主義の要請から案出されたものであって、決して冷戦構造や反共主義の所産であったわけではない。つまり、再軍備や日米安保は、必ずしも冷戦構造を「生みの親」としているわけではないのである。

それは、アメリカ資本主義の国際的な展開の手法から編み出されたものといえる。このようにアメリカ資本主義の利益保守と拡大という路線を担保するものとして、アメリカの軍事力が戦後一貫して期待されてきた。しかし、それを支えるアメリカの財政事情（貿易赤字と財政赤字の深刻化）の悪化が、軍事力の量的削減を強いることになった。そこで、軍事力の役割と期待に応えるために、アメリカ軍部（ペンタゴン）が打ち出した方策が米軍再編による量的削減と質的強化であったのである。

アメリカの世界軍事戦略とは

ソ連邦崩壊による冷戦構造の消滅により、アメリカは一国覇権主義・単独行動主義を採用する。かつてのソ連の覇権地域をも含め、一挙に市場と資源供給地が拡大したことに伴い、アメリカは「関与と拡大」

をキーワードとする、新たな世界戦略を打ち出した。世界の全ての地域がアメリカ資本主義にとって、関与することによって利益を拡大する対象となったのである。グローバリゼーションとは、アメリカの無限の利益獲得対象地域の拡大を意味した。

そのために、アメリカは日本とイギリスを中心に同盟国との軍事的連携を一段と強化し、アメリカ資本主義の利益を阻害する対象地域や国家の排除に取りかかった。その象徴事例が一九九一年一月に開始された湾岸戦争であった。ここでは資本主義利益の拡大を狙う諸国がアメリカを中軸に多国籍軍を編成する。しかし、そのような軍事至上主義的グローバリゼーションへの反抗が、間もなく無差別テロとして開始される。それが、二〇〇一年九月一一日の世界を震撼させた「同時多発テロ事件」であった。

アメリカは、その直後に四年に一度公表される『戦略見直し』（ＱＤＲ）において、「米国軍事力の目的は、米国の国益を擁護し、進展させることにあり、もし抑止が失敗した場合には、国益に対する脅威を決定的に打ち破ることにある」（二〇〇一年九月三〇日公表）と記し、米国の国益擁護と拡充のためには、単独行動主義（先制攻撃）による覇権主義の貫徹を赤裸々に表明した。

ここでいう「国益」が、実際には「企業利益」を意味していることは間違いないが、それを広く「国益」という概念で括ることにより、資本主義の問題ではなく国家の問題へとすり替えを行っているのである。そこではソ連に代わる新たな脅威設定を行い、中東から東アジア地域に至る巨大な資源潜在地には、「軍事的競争者」が出現する可能性があるとし、当該地域を「不安定な弧」あるいは「挑戦を受ける地域」と位置づけ、軍事力展開の対象地域と設定する。

具体的には中国を「軍事的競争者」とし、中国への軍事的恫喝及び戦争対応には核戦争能力の向上やミサイル防衛（ＭＤ）で対応する構想を打ち出していた。つまり、中東から東アジア地域に至る広大な地域で生起するかも知れないアメリカにとっての危険性を標的としたのである。

軍事力を主体とする秩序の再構築を新冷戦構造と呼んでもよいが、これら二つの新旧冷戦構造の共通性は、いずれもアメリカ資本主義の保守と拡大のための軍事戦略であることである。前者が表向き共産主義イデオロギー、後者が反米イデオロギーを説く国家や組織を標的にする違いはあるものの、両者はアメリカが圧倒的な軍事力という暴力を発動することでアメリカ資本主義の利益（企業益）を保守・拡大する点においては、全く一貫しているのである。

このようなアメリカの新軍事戦略あるいは新冷戦構造は、二〇〇六年二月に公表された『QDR』で、「アメリカは長期戦に入った国家である」と自己規定し、一層明確にされた。事実上、二一世紀は〝戦争の世紀〟とする位置づけの中で、アメリカは軍事手法としての「先制攻撃戦略」（厳密にいえば「予防攻撃戦略」だが）の継続的採用を確定していた。その表れの一端が、いわゆる米軍再編による、世界同時的先制攻撃体制の整備である。

米軍の何が変わるのか

以上の意図を持った米軍再編によって、アメリカの軍事戦略はいったいどう変わろうとするのか。アメリカは、「同時多発テロ」事件を口実に二〇〇三年三月にイラク先制攻撃を開始するが、同年七月段階でのアメリカ陸軍の現役兵力は約四八万五〇〇〇人、このうち二三万二七五九人が海外に派兵されていた。そして、イラク侵攻には時期によって変わるが、おおよそ一四万名の兵力を投入展開していた。

しかし現在、イラク戦争の「ベトナム化」は明らかであり、事実上イラク占領計画は破綻（泥沼化）を来していると言わざるを得ない。イラク戦争が、すでに軍事問題ではなく、政治問題であるといわれるゆえんである。アメリカは、ポスト冷戦の時代において、すでに兵力数の絶対不足という問題に向き合っていたのである。

アメリカは、実はこの慢性的兵力不足を補完するため、最終的に「二個国際師団」の編成を構想するが失敗に終わった。イラク戦争開始の翌年一一月段階での米英軍以外の兵力数は、一万六〇〇〇人（二七カ国）である。二〇〇六年六月段階で、すでに二万六〇〇〇人以上の米軍兵士の死傷者を記録していることもあり、アメリカは装備面のハイテク化と並んで、それ以上に兵力の効率的運用という問題への回答を急ぐ状況に置かれた。その延長上に、米軍再編問題がある。

旧冷戦構造の終焉による、ソ連という巨大な正規戦力の消滅という外在的要因と、経済力水準の相対的低下、さらには兵力数の絶対的不足という内在的要因を根底に据えながら、浮上してきたのが米軍再編による、新たな冷戦構造への対応戦力の再構築という課題であったのである。この課題をクリアするために、アメリカはこれまで以上に同盟国としての日本を再定義する方針を打ち出した。それが、日米安保再定義から開始された二国間安保の限界性を突破し、安保をアジア及び世界全域にシフトする〈安保見直し〉のための日米両政府の協議であった。

このような課題をクリアするために日本は格好の同盟国であった。日本の「思いやり予算」により兵力と基地の維持費が本国に展開・配置するよりも格安であるという事実は、アメリカにとって好都合であった。その結果、在韓米軍の削減と在日米軍の実質的強化を目的とする日本への戦力集中化が、従来以上に重視されることは必至となる。

より具体的には、戦力の機動遊撃軍化を急ぐ米軍にとって、根拠地・経由地・支援基地・前線部隊司令部の機能を全て期待できる在日米軍基地の機能強化は、焦眉の課題となっているのである。具体的には、米本土から陸軍第一軍団司令部（米ワシントン州ポートルイス）が神奈川県座間基地へ移転し、在アジア米軍を指揮する。また、在日米軍司令部を兼ねていた第五航空軍司令部（横田）をグアムに移転するなど、これまでにない大胆な兵力再配置が計画されている。それで、この問題を日本政治との関係を踏まえて見ておきたい。

深化する日米軍事共同体制のゆくえ

二〇〇六年年五月一日に日米安保協議委員会が米軍再編の具体的内容を綴った「最終報告書」を公表したが、米軍再編と日本との関わりを、やや抽象度の高い文言ながら、ストレートな形で表明したのが、「最終報告書」と合わせて公表された「共同文書」（Joint Statement）である。これへの着目が、この間の米軍再編問題に関する活発な議論のなかでは、やや希薄に感じられる。「共同文書」には、米軍再編の狙いがどこにあり、日米同盟関係の強化がなぜ強調されるのかが率直に語られているのである。

例えば、日米両国が「変化する地域及び世界の安全保障環境において、確固たる同盟関係を確保する」と謳われている。日本が文字通り二カ国間条約の、それも日本防衛を主目的とする条約であるはずの日米安保を根拠としながら、「世界の安全保障環境」を保守あるいは構築するために、同盟関係を強化しようというのである。

つまり、日米安保の対象地域を一気に世界へと引き上げ、ここでいう安全保障環境を乱す組織や国家などには、アメリカの標榜する軍事戦略に即して対応しようと決意しているのである。そして、米軍再編は、このような日米の新たな取り組みのための作業と位置づけ、「再編案の実施により、同盟関係における協力は新たな段階に入るもの」（傍点引用者）とした。「新たな段階」とは、従来の日米軍事協力関係から、より深化した段階を意味する。一言でいえば軍事共同体制の構築、つまり、アメリカの実行する先制攻撃行動にも随伴して、日本はアメリカの戦争に全面的にコミットすることになる。

この二カ所だけを拾い上げただけでも、ここに示された内容が、どれほど危険で恐ろしいものか理解されよう。要するに、アメリカの基準によって、安全保障環境を乱す対象を炙り出し、「環境保全」のために軍事発動を正当化する論理が用意されているのである。例えば、イラン、北朝鮮、スーダンなどが、アメリカのいう〝ならず者〟と認定されており、場合によっては先制攻撃の標的とする可能性を隠そうとしない。同時多発テロ以後、アメリカはアフガニスタン（二〇〇一年一〇月）及びイラク（二〇〇三年三月）に先制攻撃を強行しており、恐らく今後においても先制攻撃戦略が同盟国である日本及びイギリスを巻き込んで実行される可能性は極めて高い。要するに、アメリカの先制攻撃戦略に日本自衛隊が完全に組み込まれることになるのである。

自衛隊は侵攻軍としての役割担うのか

アメリカの先制攻撃戦略に組み込まれる実態をもう少し説明しておこう。自衛隊の中央即応集団は、アメリカの先制攻撃戦略に、文字通り〝即応〟可能な部隊として二〇〇七年三月に創設された。中央即応集団は、装備面や編成面からして最精鋭の海外出撃用の戦闘部隊である。

現在は東京・練馬区の朝霞駐屯地におかれているが、米軍再編との連動でアメリカ第一軍団司令部の日本への移駐先であるキャンプ座間に配置されることになっている。つまり、同集団は、作戦運用司令部（UEx）として機能するアメリカ第一軍団司令部の指揮下に置かれる可能性が高い。つまり、自衛隊中央即応集団が、事実上UEx〝直轄〟の戦闘部隊（UA）として位置づけられることは必至である。

中央即応集団は、表向きには防衛大臣の直轄部隊であり、第一空挺団（習志野）や第一ヘリコプター師団（木更津）を基幹部隊とする極めて高度な機動力と攻撃力を保持する部隊である。同部隊は、海外派兵に関する計画・訓練・指揮を一元的に運用する準備が施されており、キャンプ座間のUExとの統合運用は、ある意味で自然な動きといえる。日本版海兵隊の本格的な登場を意味し、いうならば各種部隊の混合部隊であったイラクに派兵された陸上自衛隊とは、根本的にその作戦目標が異なるのである。つまり、正真正銘の戦闘部隊としての役割が集中的に求められた部隊なのである。換言すれば、それは自衛隊に侵攻軍としての役割を担わせることを意味する。

次に、中央即応集団をも含め、自衛隊の役割を在日・在韓米軍の再編と絡めて見ておこう。米軍再編の極めて重大な問題は、在日・在韓米軍の一体化戦略の推進が構想されていることだ。米軍再編とは、「全世界のアメリカ軍再配置」（GPR＝Global Defense Posture Review）の推進を目指したものだが、そこでは韓米同盟と日米同盟の従来における機能的分業を廃止し、対中国戦略の構築と北朝鮮への恫喝及び崩壊戦略の採用に不可欠な「戦争の日常化体系」を構築する。GPR構想では、海外基地を一級基地、二級基地、三級基地、四級基地の四等級に再編するとし、在日米軍基地は一級基地（PPH）、在韓米軍基地は一級と二級（MOB）の中間の一・五級基地として再編される予定である。

沖縄県の嘉手納基地と山口県の岩国基地は、共に一級基地としてアメリカの対中国軍事戦略の第一線正面基地として基地機能が拡大される。これに加えて、太平洋方面のアメリカ軍指揮系統の大改編を前提とし、アメリカ第一軍団の座間移動、アメリカ軍と自衛隊の陸海空の指揮の一元化、さらには横田基地が対中国や対北朝鮮だけでなく、全世界を射程に据えた一元的指揮センターへと再編される見通しである。

現在、韓国政府は、「連合土地管理計画」（LPP）により、基地使用可能な土地の事前管理と統轄を自在に選択できるようになっているが、そのことはアメリカによる恣意的な軍事目的による土地収奪と使用権の行使に結果される。その延長線上に在韓米軍の再配置が進行中である。

例えば、平澤《ピョンテク》に在韓米軍基地を集結し、在韓米軍は平澤基地を中心とした首都圏基地ラインと大邱《テグ》・釜山《プサン》の輸送圏に機能分化が構想されている。対北朝鮮侵攻の前線陸上部隊であるアメリカ第二師団の平澤の移転計画は、新たな戦争計画の証明でもある。従来南北分断ラインに近接地域に貼り付け型の戦力配置であった第二師団は、平澤移転が実現すれば、自在に機動可能な対北朝鮮侵攻部隊としての陣地を敷くことになる。つまり、これまでの北朝鮮の戦争に巻き込まれる可能性の高い布陣から、自在に侵攻機会を選択可能な布陣へと転換する。

米軍再編が日本の政治体制再編に連動する

これまで米軍再編問題をアメリカ軍事戦略の転換や日米同盟の強化という視点から追及してきたが、米軍再編問題は最終的に日本の政治体制のありように根底的な変容を迫ることになりそうだ。つまり、米軍再編は政治体制の再編に連動していくのである。米軍再編に関する既述の「最終報告書」および「共同文書」など、これまでに明らかにされたアメリカ軍事戦略に関する文書や情報から明確に指摘可能なことは、米軍再編という軍事基地の再配分および戦力展開の見直しという点に留まらず、その実施過程及び実現の条件として日本の外交・防衛政策の根本的見直しを迫っている点が、実は最も重要な問題であるということである。その意味をあらためて問うことにする。

繰り返し、確認しておくべきは、米軍再編の目的は、第一に軍事基地の再配分及び戦力展開の見直し、第二に広域を対象とする対テロ戦争の恒久化、第三にアメリカ国家自体のさらなる軍事国家化である。そして、日本の軍事国家化・臨戦国家化の達成度において米軍再編の評価が決定される。したがって、米軍再編の達成は、自動的に日本国家の政治システム及び経済システム、さらには国民意識のありようをも規定する結果となることは必至である。

日米新ガイドラインを合意起点とし、米軍再編に関する「最終報告書」および「共同文書」によって結論づけられる一連のアメリカ軍事戦略見直しの意図及び目的は、アメリカ政府及び国防総省の文書である『東アジア太平洋安全保障戦略』(一九九五年二月)に示されているように思われる。

同文書は、東アジア地域に展開するアメリカの兵力を将来にわたり一〇万人の兵力を展開する理由として同地域に「死活的利益」が存在することを明らかにしている。具体的には、東アジアに展開するアメリカ本籍の多国籍企業の経済的利益、武器輸出地帯としての利益(軍産複合体の利益)の確保が目的であることを赤裸々に語っているのである。そこでは、「国際貢献」「国際平和」という「国際公共価値」のための兵力配置でもなければ戦力展開でもないのである。

ここで私たちが確認しておくべきは、橋本龍太郎内閣時に押し進められた安保再定義の一連の作業が冷戦構造の終焉の結果だとする認識の不充分性である。それはまた、日米安保締結や警察予備隊創設から保安隊を挟んで自衛隊創設(一九五四年七月)に至る日本の再軍備が、「冷戦の産物」だとする歴史認識の過ちと同様である。

安保条約による日本全土の基地化は、日本をしてアメリカ軍による自由市場維持活動の軍事拠点化するという構想から導き出されたものであって、日米安保体制を産み落としたアメリカの戦略は、イデオロギーや政治的目標に限定されず、それ以上にアメリカ資本主義にとっての自由な世界市場秩序の形成と維持という高度な戦略目標が終始貫かれているのである。第二次世界大戦を含め、それ以降貫徹されていたことに着目すべきであろう。

そのような視点を明確に据えることによって、戦前のナチスや日本帝国主義の脅威、戦後のソ連の脅威、リビア（アフリカ）やイラン、イラク（中東）、中国・北朝鮮（東アジア）も、アメリカ資本主義の自由な行動を妨げる好ましくない存在という点で、同質の問題として受け止めるべきである。こうした問題の背景には、冷戦終焉による旧ソ連、東欧圏、中国、ベトナムなどの自由市場化＝広大な市場の出現と、その取り仕切りを狙うアメリカ資本主義（多国籍企業化したアメリカ企業群）の要請を受けたアメリカ軍部（ペンタゴンの軍事戦略に表現）の役割がある。

過剰な軍事費負担を軽減しつつ、アメリカ資本主義の目的を達成する手段として、日本との軍事同盟の強化が絶えず志向され、新たに獲得された市場の維持と確保を目的とするポスト冷戦時代のアメリカの新戦略（「封じ込め戦略から拡張戦略」への転換）が、〈新ガイドライン安保体制〉に結実したと捉えるべきであろう。

米軍再編は日本の主体的関与で達成される

しかし、アメリカ資本主義とアメリカ軍部の、いわゆる産軍連携による新戦略に、日本が単に付き従っているだけと見なすならば誤りである。そこには戦後日本の対米従属性という体質だけでなく、アメリカと同様に東アジア地域における多国籍企業の経済的利益を保守するという意味がある。つまり、日米多国籍企業の経済的利益の保守という点で、両国の共通の課題設定があり、その上で米軍再編が位置づけられていると見ておくべきである。

日米同盟路線は、決してアメリカによる強引な押しつけの結果としてあるのではなく、むしろ日本の主体的な選択としても捉えられるべきだということである。それゆえ、対米従属論では米軍再編と日米同盟の意図が充分には把握されないであろう。

すでに多くの分析があるように、一九七〇年代後半から日本資本主義の構造的転換が顕在化する。すなわち従来の、国内生産から輸出というタイプの輸出主導型産業構造が、日米経済摩擦と円高の結果として海外生産に大きくシフトしたことから、日本企業の多国籍化傾向に拍車がかかる。

そこでは、輸出先や海外生産拠点の政治秩序や労働現場の「安定」が不可欠の要件となる。アメリカを筆頭とする先進資本主義国と同様に、日本もその「安定」確保こそが、資本主義生産システムの円滑な起動のためには必須の条件である。したがって、海外諸地域への政治的関心を強めざるを得ないのである。

それゆえに、かつては、開発独裁政権を下支えする政策が日本の輸出市場の「安定」を口実に強行された。坂本義和氏が「周辺軍国主義」あるいは「代替軍国主義」と称したように、そこでは、開発独裁諸国家の軍事化が日本の輸出市場の安定確保に結果したのである。その間日本国内では、輸出相手国の軍国主義や軍事化とは対称的に、「民主主義」あるいは「民主化」の実践過程において経済発展を遂げてきたのである。

しかし、一九八〇年代から九〇年代にかけて、開発独裁国家内における民主化の動きのなかで、これら市場での既得権益の確保が困難となるや、物理的強制力、すなわち、軍事プレゼンスへの依存傾向を次第に強めるに至った。それには、冷戦構造の終焉も手伝って軍事プレゼンスがただちに世界大戦に直結しない時代状況が、軍事への敷居を低くしたこともあった。つまり、軍事主義の採用が容易となってきたのである。

こうした国際社会の変容のなかで、今度は日本自身が軍事化することにより、既存の経済的覇権の存続と拡張を選択しようとしているのである。それが、今日における日本の軍事化あるいは右傾化の根本原因である。いうならば、「民主化」によって担保される経済発展から、「軍事化」によって担保される経済発展という転換が、冷戦時代後において選択されようとしている、と指摘できよう。

このような国家方針あるいは日本資本主義の転換の軍事的側面こそが、日米安保再定義から開始される日米安保のアジア化あるいは世界化という問題であり、それによって結果される新軍国主義国家日本に適合する有事法制（＝軍事法制）として周辺事態整備法から武力攻撃事態対処法、国民保護法などが相次ぎ制定されたのである。そのような日本政府及び日本資本主義の思惑は、不審船騒動や拉致問題、ミサイル発射問題など北朝鮮の動向や、靖国神社参拝問題、竹島（韓国名「独島」）の領有権問題に絡む日韓間の軋轢、それに、経済発展が著しい中国の台頭、「尖閣諸島問題」などを奇貨として、世論として国防意識を発揚するに絶好の機会ともなった。

その反面で多国籍化著しい日本資本主義は、単独で海外に本格的に展開可能な自衛隊軍事力を整備する余裕はなく、当面は日米軍事同盟路線の道を選択しようとしている。そして、国内外の反戦平和運動の動きを回避し、表面的にはダイナミックな軍国主義化（臨戦国家）を周到に迂回しながら、アメリカ軍事力に依存・協力することで海外の利権確保の道を探る方針を採用しようとしていると見てよいであろう。

外交上の課題解決のためには、本来国民の合意を取り付けながら、多様な選択肢のなかから自在に選択するものである。そこでの原則は、国内安全と国際平和であろう。国際平和の実現なくして国内の安全は獲得できないのである。しかしながら、現代の日本政治は国際平和への貢献に向けて努力をしているだろうか。アメリカのいう「国際平和」のみが、平和実現であるとする思い違いをしていないだろうか。

拉致事件やミサイル発射を奇禍として北朝鮮の脅威イメージを振りまき、軍事的対応措置の必要論を喚起し、また、新ガイドライン関連法案の法制化とＴＭＤ（戦域ミサイル防衛）の日米共同研究の促進理由とされてきた。現実には北朝鮮に日本侵攻の政治的意図も軍事的能力も皆無であるとする日本政府高官の発言を待つまでもなく、北朝鮮の脅威イメージの振り撒きが、明確な政治目的のもとで行われていることは明らかである。それは、結局は国内に潜在する排外ナショナリズムの立ち上げと軍事大国化への「気分」（「国民感情」）づくりに役立ちこそすれ、アジア地域全体の緊張緩和から平和共同体構築への展望を遠のかせるだけである。

いまや、米軍再編の実施過程において、日本の財界を主軸に据えた日本の戦後政治が、新たな段階を迎えている。それは端的にいえば、軍事社会の到来を不可避とする政治体制の構築ということになる。逆にいえば、高度な軍事社会によってしか米軍再編は完結せず、アメリカとの軍事同盟路線もまた貫徹できないのである。

既述の如く、米軍再編が完結するためには、日本の没主体的な関わりではなく、むしろ積極的かつ主体的な関わりが絶対要件である。その文脈でいうならば、米軍再編は日本の政治構造の軍事化を意図したものといえる。つまり、アメリカに単純に従属することによっては、米軍再編も政治再編も実行できる性質のものではないのである。

日本の軍事化を求める国内勢力

それでは、米軍再編を奇貨として、日本の政治構造の改編あるいは体制の軍事化を志向する勢力は何であろうか。

それは自らが軍事化の志向性を強く意識しているかどうか別としても、客観的に見て軍事化という方向を選択しているという意味においてである。その勢力として、現時点で筆頭に挙げられるのは自衛隊制服組の一群であろう。彼らは新ガイドラインの実質的作成者たちであり、アメリカナイズされた軍事合理主義者たちである。彼らは極めて強い国防意識と軍事主義の正当性に疑いを入れない。約七割という自衛隊に対する国民の支持率と、アメリカからの認知確保を背景に、自衛隊制服組は自衛隊の「新日本軍」化を視野に入れながら、近未来における自衛隊の役割を模索しつつ、確固たる軍事官僚機構の鍛え上げを狙っている。

彼らは現行の文民統制（シビリアンコントロール）を「文官統制」にすぎないとする批判の論陣を張りつつ、事実上文民統制の形骸化に繋がる動きを隠そうとはしない。

また彼らは決して制服組単独の行動パターンを採らない。絶えず日本資本主義の意向に客観的に合致する選択をする。そのことによって、統幕議長の認証官への昇格（国務大臣化）、軍令権（統帥権）の独立、階級呼称の戦前のそれへの復活などの動きを活発化している。その制服組の動きをサポートする政治家たちの存在に勢いを得て、統幕議長の権限拡大の第一歩が実現し、防衛庁の省への昇格もなされた。

一連の有事法制（＝軍事法制）が制定されて国内における自衛隊の動きが、かつてとは比較できないほどに自由度を増し、さらにはイラク特別措置法など、時限立法ながら法律によって海外派兵の既成事実化に成功することで、事実上の戦闘地域への海外派兵を本格化した。

そうした自衛隊の政治利用が米軍再編過程や日米同盟路線の強化のなかで、今後増大していくことは必至の状況である。そこではいきおい自衛隊制服組の発言力増大を結果する。そして、その自衛隊制服組を直接間接に支持するのが独占資本・多国籍企業の集団である。既述の如く、これらの集団は海外に生産拠点を置く関係で、とりわけアジア諸国内の動向に極めて敏感となっている。軍事力による恫喝・抑圧、最終的手段としての日米同盟による権益の安定維持と確保への関心は強まる一方である。そのようなスタンスは、安保ナショナリズムなるものの立ち上げによる国民動員システムの起動を促している。

もちろん、資本主義グループとして一枚岩ではありえない。過剰な軍事力強化が、周辺アジア諸国に不必要な不安感や警戒感を与えることで、安定した市場として評価できなくなる可能性を読み取る財界人のなかには、一連の有事法制も自衛隊の海外派兵にも、慎重ないし反対の態度を表明する一群が確かに存在する。とくに、戦中派財界人には、戦争体験・侵略体験を背景に、軍事力への依存傾向、あるいは日米同盟路線強化による反米・反日ナショナリズムの機運がアジア各国で生起している現実への警戒感が強い。このような一群は依然として健在であり、その意味では一直線に日本資本主義が軍事主義に傾斜していくとは考えにくい。

しかし、近い将来において彼らが少数派となっていくとすれば、顕在化している自衛隊と財界の関係が、急速に深まっていくだろう。長期にわたる防衛力整備計画の実施過程における蓄積も踏まえていうならば、この両者の関係は今日の経済環境も手伝って急速に深まっているといわざるを得ない。資本と軍事に内在する相互補完的な関係性が、ここに来て表出の機会を窺っているのである。

戦前期日本において、財界と軍部は準戦時体制から戦時体制への移行過程でいわゆる「軍財包合」と称される密接な関係を取り結び、軍事と資本の連携が進行していった。今日、軍事が市場の拡大と資源収奪の露払い役を担い、その後に資本が利益を求めて参入するという構図が露わになっているのである。そのような資本と軍事の接合関係が、今後あらゆる口実によって具体化していくであろう。また、そのような具体化を保証する国家政策が、「国際平和への貢献」や「国際安全保障環境の維持」を名目に推し進められていくのである。

そこでは再び資本と軍事の接合が軍拡という形で一段と前面に押し出されることは間違いない。そのような意味で〈資本の軍事化〉、あるいは〈軍事の資本化〉という本質が再確認されるなかで、同時的に国民意識の〈軍事化〉が顕在化もするであろう。

私は一介の歴史研究者として、戦前期において、大正デモクラシー状況という戦前型民主主義思潮が活発となっていた一九二〇年代において、むしろ日本の〈軍事化〉への道が用意されたと考えており、朝鮮併合（一九一〇年）から満州事変（一九三一年）までの歴史過程の分析を、例えば、「日中一五年戦争前史」あるいは「満州事変前史」という題目で執筆する構想を練っている。そこでの基本コンセプトは、〈軍事化〉を誘引する〈民主化〉と〈近代化〉という問題である。実に民主主義の胎内に軍事主義が宿されているという問題への肉迫なくして、当該期における日本の〈軍事化〉も、今日において急速に進行している〈軍事化〉も分析は不可能であろうと考えている。その点で、ある意味では現在において、一九二〇年代から一九三〇年代の時代を〝生かされている〟現在の私たちが、いったいどのような時代にさしかかっているのか、歴史を教訓に捉え直すこともまた必要であろう。

一方、有事法制（＝軍事法制）や日米同盟が強化されたからといって、ただちに〈軍事化〉傾向が全面展開するわけでも軍事主義が跋扈するわけでもない、とする見解も少なくない。むしろ、そうした議論が支配的な見解とさえなっている。そのような無自覚さは、現代の軍事主義の特質を逆に見事に象徴している。現代の軍事主義や軍国主義あるいはファシズムは、極めて洗練された現象形態を伴って表出するのであり、それゆえ「微笑みのファシズム」とか「背広の軍国主義」と呼称される。現代人の感性にフィットしながら市民社会を段々と蝕んでいるのである。現代の軍事化が無痛覚のまま、同時に極めて軽い言語表現を通して拡散していく特徴を認識するならば、また、現代の民主主義に内在する軍国主義という視点を明確にしていくならば、私たちは何を本当の脅威として捉えるべきか、自ずと解答は明らかなはずである。

2　自衛隊の統合運用と文民統制の現段階

東西冷戦構造の国際環境のなかで、戦後日本は日本国憲法の趣旨を逸脱する再軍備を強行した。総数七万五〇〇〇名からなる警察予備隊である。周知の通り同隊は、朝鮮戦争のため出撃するアメリカ第八軍の穴埋めとして、米軍家族や米軍施設の護衛を目的として、日本国憲法第九条の縛りを脱して成立した。以後、保安隊を挟んで、一九五四年に自衛隊として本格的な〝軍隊〟として増殖の一途を辿ることになる。

本節の目的は、第一にその自衛隊が連綿と続く防衛整備計画のなかで軍事機構を肥大化させていったひとつの到達点として、統合幕僚組織の統合幕僚監部への編成替えを果たした背景と、その位置を整理すること、第二に自衛隊幕僚監部の設置により、自衛隊の政治との距離がいったいどのように変化したのか、そして、第三に民主主義社会にあって、そもそも政治と軍事との相互関係性をどのように位置づけておくべきかを、文民統制の実態に触れながら考えてみようとするものである。こうした意味で本節は、昨今の自衛隊の海外派遣（＝海外派兵）の常態化という現実と、自衛隊制服組の権能強化に伴う一個の政治勢力化への現実に警鍾乱打することを目的とする。

軍事組織を容認するにしても、軍事は徹底して政治統制あるいは民主統制されるものであって、決して政治から自立した存在ではあり得ず、もちろん相互補完的な関係に位置づけるべきものではない。

さらにいうならば、健全な民主主義の成熟のためには、軍事組織やこれを支える軍事思想は根本的には排除し、軍備なき社会の構築が理想であり、目標に掲げるべきである。しかしながら、約二四万人の隊員を擁する高度職能集団としての自衛隊組織が現存することも座視することはできない。

それゆえ、自衛隊が憲法違反の存在であると一蹴するだけで、自衛隊研究を怠るのは回避すべき事柄であろう。いまや一個の政治勢力化しつつある自衛隊制服組の動きを軽く見積もるのは危険なことである。

自衛隊統合運用化の背景

二〇〇六年三月二七日、自衛隊組織に大きな改編が実施された。陸海空三自衛隊の部隊運用において、従来では三自衛隊の各幕僚長がそれぞれ保有していた部隊運用に関する防衛大臣への補佐権が統合幕僚長に集中されることになったのである。名称も統合幕僚会議から統合幕僚監部と改められた。

これまで三自衛隊は自立性が尊重され、統合幕僚会議及び議長は、三自衛隊の調整機関にすぎず、統幕議長にしても議決権すら持たない形式以上の役割しか与えられていなかった。その実態を少し遡って整理しておこう。

防衛庁設置法及び自衛隊法により、防衛庁（現、防衛省）は憲法第六六条の規定から文民の国務大臣である防衛庁長官（現、防衛大臣）をトップにし、同じく防衛庁副長官が長官をサポートする。そして、防衛庁組織のトップで、文民官僚（文官）である防衛事務次官が自衛隊の指揮監督権を保持する。防衛庁長官の所掌事務に関して直接補佐するのは、一〇名の参事官である官房長や局長であり、全員が文官である。

自衛隊組織のトップである統合幕僚会議議長は、同会議の会務総理を職責とする。三自衛隊の最高責任者である統合幕僚長は、三自衛隊の隊務に関する助言者として防衛庁長官を補佐する。しかし、参事官が保持する防衛庁の所掌事務全般に関しては、長官を補佐する立場には置かれていない。

より具体的にいえば、防衛政策や自衛隊の正面整備、人や経理などだけでなく、作戦運用などの軍事専門事項に関しても幕僚長ではなく参事官の管掌事項とされていた。一方、アメリカ国防総省（通称ペンタゴン）の組織は、大統領を最高司令官とし、制服組のトップである統合参謀本部議長による直接大統領への意見具申や補佐が実行される仕組みとなっている。

一九五四年六月の自衛隊創設当時、文民統制に関する問題として、防衛出動や治安出動の際には、国会の承認を必要とすること、また、自衛隊の管理権は総理大臣の指揮を受けて、内閣閣僚の一員である防衛庁長官が担当すること、などの規定が明文化された。

そこで自衛隊の出動に際しては、指揮・命令権を持つ内閣総理大臣が決断し、執行者である防衛庁長官の直接補佐を内局が担い、三自衛隊への下達は長官の指示により各幕僚長が行うことになっていた。統幕議長には三自衛隊の統合運用権及び隊務全般の統合調整権も与えられていなかったのである。ここが従来から制服組が強く抱いていた不満の根源である。

こうした制服組の不満の一部を解消する試みが統合幕僚監部への改編作業なのである。この結果、統幕議長には、三自衛隊の統合運用が可能な権限が与えられることになり、統幕会議も単なる合議体ではなく、純然たる作戦指導組織としての性格を持つことになったのである。

従来の幕僚監部は、隊員の職務については監督できるが、部隊運用など直接その自衛隊を指揮監督することは権限外の事項であった。それで防衛及び警備に関する計画の立案や隊務の能率的運営の調査及び研究、部隊などの管理及び運営の調整、長官の定めた方針または計画の執行などに限定されてきた幕僚監部の役割が拡大されることになったのである。

ここには文官から構成される内局に対抗して制服部局の権限拡大が図られ、文官からなる内局とのバランスを採ることで軍事行政への本格参入が意図されている。このように戦後の再軍備と軌をひとつにして導入された日本の文民統制の役割と位置に重大な変更が加えられることになった。そこで、次に自衛隊組織の再編に伴う文民統制の位置について言及してみよう。

自衛隊改編と文民統制の位置

自衛隊の統合幕僚監部の設置の背景と理由に論点に絞っても、実に多くの課題を孕んでいる。なかでも顕著なのは、文民統制の形骸化に拍車がかかったことである。換言すれば、論理や思考のレベルではなく、制度的かつ構造的に文民統制という制度が解体の憂き目に遭遇していると指摘したほうが適当であろう。統合幕僚監部設置と文民統制の相互関係について、以下で少し述べておく。そのために、文民統制という制度が形骸化される象徴事例を先に紹介しておこう。

自衛隊の増殖過程において文民統制を揺るがすような事件として三矢事件（一九六三年）や栗栖発言問題（一九七八年）がある。しかし、それ以上にその後に生じた「訓令廃止事件」（一九九七年）と「緊急事態統合計画」と称する秘密の日米作戦計画の存在が発覚した事件（二〇〇二年）に注目すべきであろう。それで両事件について簡単に要約しておく。

「訓令」とは背広組（文官）が制服組（武官）に優越する根拠のひとつであり、正式名は「保安庁の長官官房及び各局と幕僚監部との事務調整に関する訓令」（保安庁訓令第九号）である。名称の通り、自衛隊の前身である警察予備隊から発展した保安隊時代に制定されたもので、文官の武官に対する優越性を明文化したものである。まさに文官優越（Civilian Supremacy）の原則が貫徹された内容である。

具体的にいえば、各幕僚監部が防衛庁長官に文書を提出する際、まず内局（背広組）が内容を事前に審議し、その妥当性への判断を下す権限がある。この「訓令」は、一九五二年七月、当時の吉田茂首相が、創設されて間もない保安隊への文民統制を制度的に保証するために行ったものであった。実態として文官の武官への優位性を示すことで、武官の独走を許した戦前の悪しき前例を踏まえてものでもあった。

しかし、橋本龍太郎首相の指示で、これが廃止されることになる。一九九七年六月三〇日付で防衛事務次官名において防衛庁内に通達された。実は、この重大な改編は、同年七月二二日の官房長の記者会見で初めて明るみに出たという曰くつきであった。

もう一つの「緊急事態統合計画」は、長らく秘匿されていた計画文書であったものを二〇〇二年二月二一日付けの『琉球新報』が明らかにした。その内容は、日本防衛上の緊急事態に備えてアメリカ軍と自衛隊との間で交換された、国会の事前協議なしで発動される秘密の作戦計画の全貌であった。文民統制上、不可欠の制度的手続きを経ず、国会の統制から完全に逸脱した「日米統合作戦計画」がアメリカ軍太平洋司令部の一九六七年版の極秘資料に記載されていたことが判明した。

より具体的には、「鉄の楯」（一九六六年）、「大きな角」（一九六七年）、「森の炎」（一九六八年）と命名された「緊急事態統合計画」においては、日本政府が正式に同意すれば、いつでも発動可能な軍事作戦計画とされていたのである。

「訓令」を廃止に追いやった橋本首相時代、日米安保再定義と称して日米安保の見直しが進められ、「専守防衛」の建前を崩すことのなかった自衛隊が、冷戦体制崩壊後の国際社会にあって、一定の役割期待を果たしていくために、「国際貢献」の名で海外派遣を射程に据えた動きを本格化しようとする時期であった。その過程で、従来以上に日米同盟の実質化がアメリカ側からも強く求められていた。それに呼応する形で自衛隊制服組からも、内局による縛りから解放されて、自在に日米共同作戦を採りうる態勢を整備したいとする強い要求が出ていたことが背景にあった。

自衛隊の行動範囲が一気に拡大され、同時に自衛隊業務が増大するに従い、自衛隊制服組としても、内局の強い指導下に位置づけられることは、何としても回避したい課題であった。日米共同作戦を円滑かつ迅速に進め、さらには諸活動の展開や企画の実行に齟齬が生じるとの認識を強く抱いていたのである。制服組にとっては、「訓令」を根拠とする内局の統制から解放されて、直接に防衛庁長官に意見具申や行動計画の提案を行える制度設計が必要な時代となっていると考えていたのである。

「緊急事態統合計画」は、すでに一九六七年から準備されていたというもので、この間内局（背広組）は全く知らされていなかったという。すなわち、同計画は在日アメリカ軍と自衛隊の統合幕僚会議の代表者間で締結されていたという。確かに、純軍事的観点からすれば、軍事当局者が平時から緊急事態を予測して作戦計画を用意するのは理解される。だが、だからといって戦後日本の憲法体制下において有事（戦時）を想定し、政府や背広組の防衛官僚にも秘密にしたまま、場合によっては国民の生命や財産を危険に陥れる可能性のある軍事発動計画について軍事当局だけで計画を進めたことは、少なくとも文民統制が存在するこの国にあっては、極めて異例かつ重大の問題である。この計画は実は今でも生きている可能性が高く、その意味でも文民統制は表向きの制度にすぎないとも指摘できよう。

にわかには信用し難い日米統合計画ではあったが、その後における日米両軍の連携や、昨今における米軍再編など、在日米軍や自衛隊の行動を見るにつけ、すでに一九六〇年代の冷戦体制の時代から着々と構想されていたことが窺える。その間、予定された軍事行動計画のなかで背広組が完全に無視されたことの意味は、今日の自衛隊の現状を鑑みれば、真正面からする文民統制の逸脱あるいは破壊行為と呼ぶにふさわしい内容である。

文民統制の史的展開

ここで今一度、文民統制の歴史を戦前に遡って概観しておこう。戦後における再軍備過程において、どのような背景から文民統制が導入されたのかについて再考しておくことは、その形骸化が著しい今日的状況にあって不可欠であろう。

ごく基礎的な事実だが、戦前における大日本帝国憲法体制下では軍を指揮・監督する権限は、天皇を輔弼する武官に全て委ねられており、軍は帝国議会にも内閣にも統制されることはなかった。事実上、帝国陸海軍は議会統制も内閣統制も受けることはなかった。しかし、大正期に入り、いわゆる大正デモクラシー思想が拡がるなかで、とりわけ政党サイドから軍統制の機会を見出そうとする動きが起こる。その代表事例が、原敬政友会内閣の断行した軍部大臣現役武官制度を改め、軍部大臣の任用資格を予備役まで拡げたことであった。また、これは実現しなかったものの、当時の軍部の牙城とも称すべき参謀本部廃止など、政党による軍部の統制への踏み切りを企画したことがあった。

しかしこれは戦前の政軍関係史から見れば、極めて異例のことであり、基本的には陸海軍の統帥部の長官である参謀総長（陸軍）と軍令部総長（海軍）は、議会や内閣に責任を負うことなく、陸海軍の大元帥である天皇に「御下問」に対する「上奏」という形式に則り、直接に意見を具申する権限が与えられていた。

つまり、戦前においては制度上において内閣の閣僚の一員である陸海軍大臣は現役であれ予備役であれ、軍人に限定されて文官が大臣職を占めることはなく、その限りにおいて文官（文民）の統制が不在であり、統帥部長官は帷幄上奏権を保持して内閣を飛び越して天皇に直結した位置を占めていた。既述の如く、こうした軍の絶対的な位置を崩すための政策も採用されたこともあったが、軍は政治からの独立を事実上最後まで全うし、それゆえに政府の統制を受けることなく、却って政治への干渉さえ日常茶飯事化するのである。

自衛隊の増殖過程には、実際には歯止めがかからなかった。防衛問題が憲法論議の一環として議論されている間隙を縫うような形で、自衛隊は冷戦体制の時代には深く潜行しながら増強の一途を辿り、ポスト冷戦の時代に入ると、「国際貢献」の切り札的存在として浮上してきた。そうした国内国外における自衛隊を取り巻く環境の変化が、武官たちの政治的発言力を高め、権限の拡大を図ろうとする理由となっている。

自衛隊制服組の立場からは、文民統制の制度自体を完全に廃止するところまで総意としては至っていないとしても、今後日米共同作戦体制を確固不動のものとするためには、必然的に自衛隊の運用上、アメリカとの共同作戦の展開が随時障害なく履行できる態勢が不可欠である、とする認識を抱いている。

すなわち、日本国憲法が禁止しているところの集団的自衛権への踏み込みという問題である。既存の政治家や文官が憲法遵守義務を履行している限り、集団的自衛権への踏み込みの機会が訪れる可能性は少ないと考えた制服組は、軍事的な効率性や合理性の観点から、制服組の判断を実現可能な体制整備が憲法遵守よりも重要だと考えているのである。

これまでの自衛隊は「専守防衛」を目標としてきたが、同時多発テロ以降、自衛隊の海外派遣の機会が増大するにつれ、自らへの役割期待の高まりを自覚せざるを得なくなってきた。いつの間にか、表部隊に立たされることになった自衛隊としては、新たな国際環境の出現に適合する自衛隊としての独自の権限を確保し、その自立性を高めておきたいとする要求が格段に強くなっているのである。

こうした状況のなかで、憲法違反の存在としての自衛隊だから文民統制が不可欠というのでは、これらの要求に対抗可能な説得力を持ち得ない。ここでは二つの側面を指摘しておきたい。第一に警察予備隊から開始された日本の再軍備が、国民の合意の上に進められたわけでは全くなく、政策としてアメリカの要請と圧力によって強行されたという事実である。それゆえに、シビリアン・コントロールの本筋である市民による統制（民主統制）や国会・政府による統制（政治統制）を原則とする制度や手法を構築する余裕がなく、いきおいシビリアンを「文官」と翻訳することで内局の官僚たちが直接に民主統制あるいは政治統制を実行せざるを得ない経緯があったことは、すでに述べた通りである。

自衛隊の独走を誰が阻むのか

戦前日本の軍事機構は軍事官僚（武官）が軍令事項も軍政事項も一括して掌握していたことから、いわゆる軍部の独走と政治介入が頻繁化した。この歴史を教訓として、軍令事項も軍政事項も文民（文官）が掌握することで、ともすると視野狭窄に陥りやすい軍事官僚を統制する手法としてシビリアン・コントロールの制度を文民統制と翻訳して導入した。その意味でいえば、日本の文民統制は憲法第九条によって間接的にサポートされながら、戦前の政軍関係史を教訓として成立しているのである。

したがって、このような経緯と歴史が背景にあることを承知しつつ、それでも文民統制を形骸化あるいは無効化する結果に陥る可能性に道を開くことは、同じ過ちを犯すことになると思われる。一方、制服組の論理からすれば、確かに自衛隊の最高指揮監督者である内閣総理大臣の権限は、現行の内閣行政権が必ずしも総理大臣の専制を容認せず、原則的には集団指導体制を敷いている現状から、迅速性・絶対性など軍事が要求する論理に適切でないかもしれない。また議会においても防衛に関する権限規定が不在であり、議会統制の側面からも課題は実に多い。

しかし現実政治において、憲法原理は非軍事的な手段による国内の安全保障と外国との関係構築を前提としている以上、この原則を無視して軍事合理性を最優先して文民統制の形骸化などを主張するのは、最初から誤った判断だといわざるを得ない。

文民統制問題の根源は、政治が軍事を統制する方法と実態をめぐる問題だけに留まらない。むしろ、現代政治が抱える政治と軍事の関係の是非と共存の可能性と危険性を問う問題である。つまり、文民統制とは、政治機構内における軍事権力の配分をめぐる問題である。

しかし、戦後日本社会にあって軍事問題といえば、自衛隊自体の憲法上の位置づけや、防衛政策の内容や防衛力の質量を対象とする論争が中心であった。そこでは戦後民主主義における政軍関係という視点からする議論は一部の研究者を除いてほとんど生じなかった。その理由として考えられるのは、自衛隊を軍隊とすることの是非について曖昧なまま推移してきたことである。自衛隊を軍隊と認めるならば、ただちに憲法違反の存在として存続が危ぶまれ、反対に非軍隊とすれば、そもそも文民統制の制度自体が不要となる。

さらにいえば、自衛隊を憲法違反とする立場からすれば、文民統制とはしょせん自衛隊を合法化するための制度であり、自衛隊の存在を許容するものである限り、検討に値しないとする姿勢もありうる。文民統制の議論に参入すること自体が、自衛隊の容認に結果するという警戒感を抱くわけである。一方、自衛隊を軍隊として国民に認知させ、将来的には国防軍として自立した軍隊として位置づけて、憲法にも明記することを希求する側からすれば、可能な限り早い時期に文民統制の見直し、自衛隊組織の改編を実現して正真正銘の軍隊としての正当性を確保したいとする見解を抱くはずである。

したがって、自衛隊をめぐる二項対立からは文民統制の議論も政軍関係論への関心も深化しないのである。はっきりしていることは、現存の自衛隊が軍隊であれ、非軍隊であれ、武力を有する高度な専門的職能集団であり、精緻に組織化された国家機構の一つであるという厳然たる事実である。その高度に専門的な職能集団としての自衛隊を、いかなる歴史経緯があったにせよ民主主義社会に取り込んでいる以上、この集団組織が「国防」を口実にして、民主政治に不当な介入を試みたり、不必要な脅威を設定して世論を扇動するような事態が起こらないよう、これを監視・統制する制度や法整備などが不可欠である。

もっとも自衛隊側にしても、自らの組織が民主主義社会に受容され、自衛隊が掲げる任務目標を全うするためにも、民主主義の規範や原理を会得する努力が求められる。なにも自衛隊に限定されるわけではないが、高度専門的職能集団は、ともすると民主主義の規範や原理を知りながら、自らの組織原理を優先するあまり、逸脱行為を繰り返しがちなのである。

民主主義社会とは本来的には共生不可能な組織原理を堅持する軍隊組織が、それでも共存していくためには、軍隊組織の民主化への努力が不可欠である。しかし、実際には昨今の自衛隊は、こうした希望とは明らかに逆行する方向に大胆に歩みだしている。冒頭で述べた統合幕僚会議から統合幕僚監部への組織再編に伴う、統合幕僚監部議長の三自衛隊に対する統合運用権の付与は、文民統制をその根本から破壊し、軍政と軍令を一元的に掌握するための大きな第一歩である。現行憲法が存在し、機能している以上、ただちに自衛隊の軍事機構が戦前期の軍事機構と同質化することは考えにくいとしても、その可能性は極めて高い。それを後押しするような日米安保条約の存在もまた大きい。

私たちは、改めて戦後憲法体制下における無軍備と民主化という枠組みのなかで、軍事的なるもの一切を拒否してきた歴史を大切にしながら、同時に現存する自衛隊組織に内在する危険な問題について、民主主義の徹底という観点から、より深い検討を重ねていく必要があろう。

そうした歴史の教訓からすれば、今日における自衛隊制服組の政治関与の兆候は、決して看過できるものではない。自衛隊の前身である警察予備隊が東西冷戦体制の枠組みのなかで国民を基盤にしないまま創設され、その後、保安隊を挟んで自衛隊がまた日米安保条約を軸とする日米同盟体制のなかで増殖し、現在では世界屈指の〝軍隊〟にまで成長した。そこにおいて正面装備体系の充実と並行して自衛隊という高度職能集団が、自らの組織原理に則り、自己防衛の視点からも法整備面での強化を主張することは、ある意味では自然のなりゆきかもしれない。

しかし、戦後日本社会は、戦争という手段を国家防衛のためには用いないことを世界に向けて宣誓したはずだ。それが憲法第九条に象徴される日本国憲法である。ならば、日本国家は武装による自衛権を放棄しており、非武装自衛権において国家社会の「防衛」を果たすことを原則として打ち立てていることは繰り返すまでもないことだ。

そうした原点を再考する時、ゆめゆめ現代版の「二重政府」状態の出現はあってはならないし、許してもいけない。昨今における文民統制の形骸化が著しい状況のなかで、改めて自衛隊とはいったい何か、これをどのように民主的に統制していくか、についてますます真剣に向き合わなければならない時を迎えているように思われる。

3　日米安保条約と戦後日本の保守体制

いま、日本の政治は、「新たな戦前」を迎えようとしている。戦後日本の政治は日米安保体制に支えられ、同時に規定されながらも変容の歴史を刻んできた。しかし、いまその保守主義は、日米安保体制の世界化と軍事同盟化の路線設定のなかで、従来内在化させてきたミリタリズムとファシズムの本質を全面展開しようとしている。

本節の目的は、日米安保条約と戦後日本の保守体制との相互連関性・相互規定性を論じることにある。それと同時に、私たちにとっての、今日の危機的状況を念頭に据えつつ、現段階における日本の保守体制の危険性をも指摘していくことにある。

戦後日本政治と日米安保条約の位置

天皇制存置と日米安保体制成立前史

最初に、戦後日本政治における日米安保条約の位置をどう把握するのかという基本的かつ重要な点から述べておきたい。

戦後日本の保守体制の出発点は、敗戦過程における天皇制存置に求められる。すなわち、農地改革・財閥解体・教育民主化・陸海軍解体等の占領政策によって戦前期の政治・経済・軍事にわたる諸機能の改編が進められた。しかし、天皇制が存置されたことで、その天皇制を形成していた宮中・重臣グループを中心とする保守勢力は、事実上温存されることになった。存置された天皇制は、同時に戦前期の保守政治家や官僚層をも戦後へとつなげる役割をも果たすことになる。しかも、戦前期保守勢力は、自ら天皇の権威を政治利用した聖断によって日本の敗戦直前に陸軍主戦派から政治主導権を奪還した。戦後期保守政治の主導権をも掌握することになったのである。

天皇制の存置が確かに外圧によって決定されたとしても、その存置の過程で示された保守勢力の動向は、戦後日本の保守政治の存在形態に重要な性格を刻印することになった。同時に、「象徴化」された天皇の、新たな政治的役割をも用意することになった。その政治的役割として、アメリカに対する沖縄の軍政統治の要求、事実上日米安保条約の契機となった天皇メッセージなど、一連の天皇の発言および政治行動は、戦後日本の保守構造の骨格をも形成していったのである。

戦後アメリカの対日政策の基本目標は、徹底的な非軍国主義化＝民主化であり、対米戦争が遂行可能な軍事的・経済的能力を完全に奪うことであった。政治的にも日本の地位をアジアの小国に追いやることにあった。そこでは、日本の政治勢力が親米的であることは当然としても、独立国家としての展望を抱くことにすら制約を課そうとするものであった。要するに、日本はアジアの「半国家」(semi-state)として、太平洋の片隅に留め置かれる運命にあったのである。もちろん、戦後生き残った保守勢力は、そのようなアジアの「半国家」日本の位置に満足するものでは決してなかった。彼らは、天皇制を核とした日本の再建の機会を窺っていたのである。

その機会は意外に早く訪れた。一九四九年一〇月の中華人民共和国の成立である。それは、アメリカのアジア戦略の根本からの見直しを迫り、ポスト中国として日本の存在を急浮上させた。アメリカは中国に代わり、アジアの拠点として日本を絶対的な同盟国として育成する方針を採用し、それまでの対日政策を逆転させることになったのである。いわゆる、「逆コース」である。この「逆コース」の典型事例こそ、日米安保条約の締結と、それに連動する日本再軍備であった。

保守勢力を蘇生させた日米安保

しかし、アメリカは大きな矛盾に直面する。すなわち、日本の徹底的な非軍事化＝民主化、平和主義の実現を目標として日本占領下に制定した日本国憲法の存在である。日本国憲法に非武装中立主義を規定する第九条を設けたのは、かつてアメリカと共に軍国主義国家日本と戦い、軍国主義の温床としての天皇制を存置することに批判的かつ警戒的であった、イギリス・オランダ・中国などの連合諸国の不安と批判を取り除くためであった。それゆえ、アメリカが対日政策の基本である非軍事化政策を修正し、朝鮮戦争を機会に日本の再軍備を開始したことは、かつての連合諸国家との間に軋轢を招くことが予想された。

そこでアメリカは、そのような軋轢を回避する手段として、日本の再軍備の目的は、共産主義の日本列島への浸透を阻止するため、とする説明を繰り返すことになる。同時に再軍備が日本の軍国主義復活を促す危険性を指摘する内外の声に配慮して、日本国憲法には一切手をつけなかった。しかも日本の再軍備と日本列島のアメリカ軍基地化という二つの目標を達成するために、アメリカは天皇からの申し入れ（天皇メッセージ）を受けるという形式を踏まえることで、再軍備および日米安保条約が日本政府に強制された結果という事実を薄めようとしたのである。

そのために、アメリカの意図を充分に理解し、積極的な協力者として日本の敗戦過程をリードした吉田茂ら保守勢力との連繋を図ることになる。吉田ら保守勢力は、聖断によって無傷で戦後保守勢力として再生を果たしていた。吉田らは、長期的かつ安定的な権力構造を構築するために、アメリカの経済的かつ政治的な支援を絶対要件としていた。事実、吉田らは日米安保条約の締結交渉のおり、被占領国でありながら、アメリカの要請に応えつつ、その一方ではアメリカから最大限の譲歩を確保しようとしたのである。すなわち、日本政府の軍事費負担を可能な限り軽減しつつ、実質アメリカの再軍備要請に応えることでアメリカの対日経済支援を引き出そうとしたのである。

安保条約締結により構築された日米安保体制下で、警察予備隊から保安隊、さらに自衛隊の創設と続く日本の再軍備は急ピッチで進められた。一九六〇年代における日米関係は、日米安保によるアメリカへの全土基地貸与方式に象徴されるように、日本がアメリカに対して軍事的特権を一方的に提供する性格をもっていた。だが同時にアジアの反共防波堤国家として成長するために、アメリカ資本主義のアジア最大の市場として経済的側面における重要性も強調された。日本にとっても日米安保体制は、確実な経済発展を担保する「経済条約」としての意味づけが強く強調され、実際にそのような恩恵をもたらすものとして積極的に受け入れられていったのである。

要するに、軍事安保の側面よりも経済安保としての側面が強く打ち出され、日米安保の経済メリットを強調し続けることで、日米同盟関係と日本の保守勢力の強化とが同時に推し進められる結果となったのである。日本の保守勢力は冷戦構造という国際政治の大枠の中で、日米安保体制を梃子として自らの利益構造を構築し、政権を掌握し続け、その結果として経済大国日本を達成した。同時に国内政治では、利益誘導型政治を徹底し、有権者の投票行動を引きつけ、長期安定政権の形成にも成功していったのである。

しかし、その一方で日米安保体制は日本の対アジア外交において決定的な矛盾をも産み落とした。その矛盾は現在まで清算されてはいない。その最大の問題が経済格差の問題である。日本は日米安保体制に全面的に依拠することで経済大国化への道を走り続けたが、そのために日本の製品輸出市場として、アメリカ以外にアジアもターゲットにしていった。

かつて日本が侵略し、植民地としていた地域への輸出が安定的に実行されるためには、輸出相手国が親米的かつ親日的ではなければならなかった。そこで日本は、韓国やフィリピンをはじめとする諸国の権威主義的かつ開発独裁型の政権への徹底した梃子入れをアメリカと連動しておこなった。日本は、周辺諸国を軍事主義化することによって親米・親日政権を支え、その政権との深い関係のなかで輸出攻勢を常態化したのである。

坂本義和は、これを「周辺軍国主義」「代替軍国主義」と呼ぶ。周辺諸国を軍国主義化して日本の輸出市場とし、一方的な輸出超過の成果を挙げていく方式である。それによって日本の輸出主導型の貿易構造が定着し、それがまた日本の驚異的な経済発展を支えたのである。

つまり、日米安保体制が経済利益に連動している限り、日本の保守勢力もまた健在であり続けるという、安保と経済の深い連関構造が、日本の保守勢力の強化と保守主義の民衆レベルへの浸透を決定づけることになったのである。もちろん、日本の輸出市場としてターゲットにされたアジア諸国では、日本との貿易関係で一定の利益配分に与れる層はごく一部にしかすぎず、国内地場産業は発展の機会を奪われ、また、権威主義体制の圧制に呻吟する圧倒的な民衆の存在があった。日米安保体制とは、日本の経済発展を担保し、保守主義を支える一方で、アジア諸国とアジア民衆への経済的圧力と政治的抑圧をも結果したのである。そこに日米安保の本質があることを、あらためて繰り返し強調しておきたい。

戦後日本社会の変動と日米安保体制

戦後保守体制を担保した日米安保体制の役割

次にもうひとつ別の角度から見た日米安保体制論について述べておきたい。

戦後日本の保守体制を支えた日米安保体制の役割の第一は、戦後日本において、外交・軍事領域だけではなく、政治領域をも含めた政策展開の基本的枠組みを規定し続けたことである。

それは、日米関係の変動によって、ただちに日米安保体制そのものの役割期待もまた変動するという連関構造に置かれることを意味した。具体的には、アメリカ経済の相対的衰退と日本資本主義の発展と拡大による日米経済摩擦が深まるなかで、日米安保条約が片務性から双務性へと転換を迫られ、さらにソ連崩壊による冷戦構造の終焉によって、対ソ同盟としての日米安保体制の役割と、その正当性が深刻に問われることになったのである。

それゆえ、アメリカの対ソ戦略強化を目的として、一九七八年に「日米防衛協力のための指針」(旧ガイドライン)が決定され、日米軍事共同作戦体制の構築と、「戦える自衛隊」への脱皮が図られた。さらにソ連崩壊後、対ソ戦略の消滅という事態に対応して、一九九八年に「日米防衛協力のための指針」(新ガイドライン)が決定され、中東有事や朝鮮有事を想定し、自衛隊の海外派兵への道を切り開くことになったのである。

そして、日米安保体制の第二の役割は、戦後長期の保守政権を担った自由民主党による「五五年体制」と呼ばれる一党支配体制を支えたことである。自由党と民主党という、二つの保守政党がアメリカの強い要請も受ける形で一九九五年に合同し、財界からの潤沢な政治資金の提供を受け、官僚制の政策能力を背景にして、一九九三年七月まで一党支配を続けたのである。

自由民主党は「親米反共」を政党の組織原理に据え、財界と官界との三角同盟を背景に経済成長路線の上に形成された巨大な成長利益を、地域に分配する利益誘導型政治を定着させていった。そこでは一九六〇年の安保改定に至るまで日米安保の是非や自衛隊の正当性をめぐる自民党＝保守勢力と、日本社会党を中心とする革新勢力との対立・抗争が続いたが、安保改定以後における高度経済成長が実現されていくなかで資本主義対社会主義という体制選択の問題が後退し、同時に保守対革新という対立の構図は崩壊していった。

つまり、日米安保体制の軍事側面が希薄化し、代わってその経済的側面が前面に突き出されることになったのである。そこで保守勢力から繰り返し説かれたのが、「安保繁栄論」「安保効果論」であったように、日米安保条約による安定した日米経済関係が、日本の経済発展の最大の理由であるとする捉える方が有力となっていった。

しかしながら、ソ連崩壊後アメリカの世界戦略が大きく変動する過程で、自民党もまたポスト冷戦時代の保守体制のあり方をめぐる党内抗争のため、一九九三年七月に実施された総選挙で大敗北を喫することになった。そのことは従来型の保守体制が、冷戦構造という旧来の世界政治体制を所与の前提として成立していたことを改めて明らかにするものであった。

つまり、一九五一年以降における日本の保守体制や保守政治は、日米安保体制という外交・軍事領域に属する二国間条約によって、その大枠が規定され、またそのような大枠の中で運営されてきた政治体制であったということである。そのことは、安保体制下での日本のアメリカへの基地提供に起因する様々な基地被害や間接的ながらも朝鮮戦争・ベトナム戦争・湾岸戦争、そして二〇〇一年一〇月から開始されたアメリカ軍機によるアフガン空爆などをも含め、戦後日本が幾種類ものアメリカの戦争に実質加担せざるをえない構造を、日本の政治構造としてきたことを意味した。

戦後日本の平和国家への道が、その表向きの目標とは別に、絶えず「半戦争国家」としての性格を持ち続けざるを得なかったのは、平和主義を基本理念とする日本国憲法の下位法であるはずの日米安保条約が、時として親法である日本国憲法をその内部から空洞化してきたからである。そのような状況を許し続けた戦後日本の保守勢力の否定されるべき性格は、繰り返し問い直されなければならないのである。

戦後日本社会の四重システムと「二重の冷戦システム」

四重システムの相互関係

加藤哲郎は、戦後日本社会の実態を説明するうえで「四重システムの相互関係」論を提起している。すなわち、成立した順序でいえば、①グローバルな東西冷戦構造、②リージョナルな日米安保体制、③ナショナルな自民党政権、④ソーシャルな会社主義、の四つである。ここでは加藤のアプローチを参考しながら、筆者なりの理解と分析を述べていきたい。

加藤によれば、冷戦構造の視点からすれば、日米安保条約や自民党一党支配は「国内冷戦体制」であった。つまり、米ソ冷戦構造という国際政治の枠組みにおいて、日本の自民党一党支配体制が実現され、保守イデオロギーの民衆への浸透も、日本国憲法が存在しながらの自衛隊の増強も可能であった。その点から筆者は、加藤の提起を踏まえながらも、日本の戦後政治は国際的冷戦と国内的冷戦という「二重の冷戦システム」のなかで、事実上日本国憲法が掲げる平和主義の目標が封殺され、その間隙とほとんど同時に有事法制整備への研究と法制化の試みがなされてきた、と考えている。

さらなる問題は、この「二重の冷戦システム」において、戦後日本が取り組むべき最大の課題であった戦争責任問題の解決に向けての努力をほとんど放棄してしまったことである。ドイツが戦後において「ドイツのヨーロッパ化」を標榜し、戦前の「ヨーロッパのドイツ化」政策を徹底して反省し、ヨーロッパに〝帰る〟ことで平和国家ドイツの再建を果たそうとしたのに反し、日本は戦前におけるアジアへの侵略戦争の事実と正面から向き合おうとはしないまま、「日本のアメリカ化」に奔走した。

それだけでなく、アジアへの侵略戦争を忘却し、アメリカとの同盟関係に埋没することで、結局、アジアとはアメリカの肩越しにしか接点を求めようとしないスタンスを定着させることになったのである。しかし、冷戦構造の終焉を機会に、それまで冷戦システムによって抑制されてきた戦争責任問題が一気に吹き出す結果となった。

次の問題は、①グローバルな東西冷戦構造の終焉が、②リージョナルな日米安保体制、③ナショナルな自民党政権、④ソーシャルな会社主義の存立条件を根底から揺るがすことになったことである。日米安保体制と自民党政権、そして、会社主義＝日本資本主義も冷戦構造によって、その存立を担保されてきた。

リージョナルな日米安保からグローバルな日米安保へ

注意すべきは、グローバルな東西冷戦構造の終焉は、リージョナルな、二国間の日米安保体制やナショナルな自民党政権に根本的かつドラスティックな変革を強要することになったことである。その理由はすでに述べてきたように、日米安保体制も自民党政権も、冷戦構造という下部構造に乗った上部構造としてあったためである。

そのため下部構造の変動は、そのまま上部構造の変動をもたらすことになった。日米安保体制は日米新ガイドラインの策定から、一九九九年の周辺事態法、さらには二〇〇一年のテロ対策特別措置法に至るまで、安保の再定義・再強化が強化された結果、アジア地域だけではなく、世界的規模での展開を射程に据えた、いうならば日米安保の世界化＝グローバル化が押し進められたのである。

自民党政権にしても一九九三年には、一九五五年以降保持していた政権を非自民連立政権に譲り渡さざるを得なくなった。それは、安保体制の見直しが時間の問題となっていた時代背景と、決して無縁ではなかったのである。実際、アメリカは安保見直しの時期に登場した非自民連立政権の成立を、日米安保の新たな役割を模索させる好機と考えたがゆえに、これを積極的に支持したのである。具体的にいえば、一九九一年の湾岸戦争の折に、戦費の拠出には応じたものの、平和憲法の存在ゆえに、アメリカの要請する「国際貢献」に充分に対応しようとしなかった海部自民党政権への不信と限界を感じ取っていたのである。

そこでアメリカは、冷戦構造の終焉に対応してリージョナルな日米安保を冷戦後の時代に適合する質と内容を持った体制としようとしたのである。すなわち、日本をアジア軍事戦略を遂行していくうえでのアジア最大の同盟国として、新たな役割を担わせるために、日米安保体制のグローバル化を急いだのである。その具体的な試みが日米安保再定義であり、日本政府はアメリカの意向を受けて、周辺事態法（一九九九年）など一連の有事法制の整備を強行したのである。

日米安保のグローバル化は、日本国内では「国際貢献」論によって問題提起された。さらに、冷戦後の時代の日本の新たな国際国家日本としての地位を確保していくには、軍事力使用をも存立条件とする「普通の国家」論が説かれ、テロ対策を奇貨としての自衛艦隊のインド洋派兵に具体化されたように、派兵国家＝軍事国家としての側面を全面化するに至っている。

その意味でいえば、グローバルな東西冷戦構造の崩壊は、リージョナルな日米安保体制の根底からの変革を迫り、同時に旧態依然たるナショナルで利益誘導型の政治に徹するだけで一党支配体制が確保可能であった自民党自体への出直しをも要請することになった。

さらにソーシャル会社主義にしても、すでに大方の企業は多国籍化することによってしか存立が保障されず、加えて世界構造不況下においては、世界経済は再びブロック化が進行しており、同一ブロック内での資本主義間での連合形態を選択せざるを得ない状況にある。国内外を問わず、企業の吸収や合併が極めてドラスティックに進められている現実は、東西冷戦構造によって保護されてきた企業社会も、本格的な国際競争主義時代の到来の前に変容を迫られていることを表している。

このように、戦後日本社会総体および戦後日本の保守政治を分析するうえで、加藤の提起する四重システム論は、一定の留保はつくものの、有効かつ重大な問題提起を含んでいると考えられる。そこで繰り返し強調しておきたいことは、日本の戦後保守主義の非自立性＝従属性としての本質であり、それゆえに常にアメリカの世界戦略によって、いい換えれば外的条件によって常に不安定な変動を日本国民に強いてきたことである。

その意味で戦後の日本の保守主義は極めて脆弱な内実しか持ち得ていなかったことになる。問題は、その脆弱さを補完するのに再び軍事力への依存体質を浮上させる危険性や、一連の有事法制整備に具現されるように、一方でデモクラシーの存在を強調して見せつつ、実際にはそこに極めてナショナルなミリタリズムやファシズムの政治思想が、極めて顕著な形で息づき始めていることである。あいつぐ集団的自衛権への踏み込み発言は、その事例として指摘できよう。

それで最後に筆者が現在最も関心を寄せている、新たな保守主義に内在するミリタリズムやファシズムの所在について考えていることの一端に触れておきたい。

新保守主義に内在するネオ・ミリタリズムとネオ・ファシズム

グローバル化・ミリタリズムへの反抗としてのテロリズム

冷戦の時代に米ソ両国が、第三世界への武器輸出を通して、武器を媒介とする政治的影響力の拡大を図り、それが第三世界の軍拡状況を進行させ、同時に過剰な武器輸出が輸出国の経済を圧迫し、国民の経済的困窮度を深めていった事実は周知の通りである。通常、武器移転と呼ばれる世界的な軍拡状況が、武器輸出国内部の抑圧政治の温床となったのである。

そこでの最大の問題は、恒久的な軍拡状況を政策的に常態化させようとするアメリカの軍産複合体という一種の権力組織の存在である。アメリカは軍産複合体による兵器生産や武器移転を不可避とするような国際政治の展開を指向し、既存の権力に対して、積極的に戦争政策の採用を迫りさえしてきたのである。

そればかりか、軍産の相互依存関係を国内の主要な政治構造として定着させようとする。ドイツの政治学者セングバースは、そうした構造を「利益構造」と称し、それこそが国際政治の軍事化を招来すると指摘した。この「利益構造」が存在する限り、先進諸国から発展途上国へ、あるいは第三世界から他の第三世界への武器移転が重層的に実行され、武器移転を通して、軍事的に支配・従属の国際関係が成立し、そのことが必然的に政治的かつ経済的な従属関係をも成立させていくことである。

そうした構造が同盟関係という名の支配・従属の関係を産み出し、主権国家として当然採るべき自立した外交政策の展開に様々な制約を加えることになる。その具体例が日米安保条約や米韓安保条約である。また、そのような関係を背景にして、アメリカの対中東政策や対アジア政策に典型的に見出されるダブルスタンダード（二重基準）の政策が押し進められたのである。

そこでは、アメリカの国益の名において、武器移転を恣意的かつ御都合主義的に行って、混乱と無秩序のなかにアメリカの覇権主義を貫徹しようとする政策が強行されてきた。九・一一事件の背景にも、このようなアメリカのダブルスタンダードによって起因する抑圧や貧困が、より本質的な問題として横たわっていたことは、すでに多くの指摘がある通りである。

九・一一事件にも触発されて日本の保守勢力が、長年の懸案であった集団的自衛権の行使に事実上踏み切ったことは、戦後日本の保守主義がアメリカの、そうしたダブルスタンダードの戦略に無条件に便乗してきたことの延長としてある。

アメリカの軍産複合体という権力組織の存在が、国家の形態や発展段階、あるいはその経済システムによる差異はあるものの、軍事主義的な価値意識や思想を育み、政策決定過程における軍事主義への傾斜を内在化させ、その国家や社会の軍事化（Militarization）を促進することになったのである。

かつて、日米開戦の年である一九四一年に、アメリカの著名な政治学者であるハロルド・ラズウェルが説いた「兵営国家」（garrison state）論はドイツ全体主義国家に向けられたものであったが、戦後のアメリカも同様に「兵営国家」化していった。著名なジャーナリストであるトリストラム・コフィンは、『武装社会』（一九四六年）を著し、文字通りアメリカ社会がミリタリズムの体質を孕んだ国家である点に注意を促した。九・一一事件の背景には、こうした戦後アメリカの、グローバルな展開を強行するミリタリズムへの反抗があったという側面を見逃してはならないのである。

グローバルな展開を不可避とするミリタリズム

九・一一事件への対応ぶりで特に顕著だったのは、いうまでもなくアメリカの条件反射的な軍事行動の決定であり、行使であった。もちろん、冷戦体制終焉後の関与と拡大を基調とするアメリカの軍事戦略は、軍事行動を所与の前提として成立している戦略であり、軍事プレゼンスに絶対的価値を求めるミリタリズムの精神を充満させたものであった。その点では、湾岸戦争から「報復戦争」に一貫するミリタリズムの無条件の受け入れは特に際立っている。要するに、アメリカ国家やアメリカ社会がミリタリズムとの〝抱合関係〟にすらある、というべきであろう。

これに加えてもう一つ特徴的なことは、アメリカがミリタリズムとの〝抱合関係〟をイギリス、ドイツ、そして、日本に強要するスタンスを積極的に採用していることである。筆者は、その実態をグローバル・ミリタリズムと呼称すべきだと考えている。さらにいえば、今回の「報復戦争」を機会にアメリカやイギリスのスタンスのなかに、グローバル・ミリタリズムからグローバル・ファシズムの可能性を看取する必要性を感じている。

ミリタリズムが一つの価値体系や社会的価値としての軍事が特化された社会や思想を示す用語だとすれば、ミリタリズムより広範な概念や思想として、資本主義・民主主義・自由主義を基調とする政治システム全体への異議申し立てを行い、新たな政治システムの構築を指向する概念としてのファシズムの用語の適用が妥当のように思われてくる。

もちろん、ここでは幾つかの留保をつけざるを得ない。少なくとも、現代のミリタリズムやファシズムは既存の資本主義に基本的修正を施し、資本主義社会の再構築を図るために民衆の主体性なり自発性を可能な限り削いだ上で、メディアを媒介としたプロパガンダを動員して大衆操作を徹底化する。そして自由主義にしても、国家利益なる特別に限定された利益を共有可能な組織・集団にとっての「自由」であって、普遍的かつ合理的なそれではない。

戦争政策を積極的に採用するミリタリズムの思想や行動は、ファシズムのイデオロギー特色でもあるが、ファシズムはミリタリズムを基本原理に掲げながら、同時に自由・平等・共存を拒否し、統制・競争・覇権を究極の目標とする限り、戦争政策の採用を躊躇しない。問題は、そうした意味でのファシズムを、アメリカとイギリスが、共同してグローバルに展開しようとしていることである。すでに、グローバル・ミリタリズムの世界化というレベルを超えて、グローバル・ファシズムという全体主義の世界化という事態に、私たちは直面しているのではないか、ということである。

リベラル・ミリタリズムとリベラル・ファシズム

別の角度から以上の問題を整理するならば、現代のデモクラシー（民主主義）と戦争の相互関係である。とりあえず、諸個人の自由・平等・自律を基本原理とする思想をデモクラシーとし、それが尊重され保証される社会をデモクラシー社会と定義するならば、デモクラシーと戦争は共存不可能ということになる。かつて、ルイス・スミスが『軍事力と民主主義』（一九五四年）において、ミリタリズムは個人を権威主義的に統制・動員することを指向するものであって、個人の自由や自治を基本原理とするデモクラシーとは相容れないはずだとした。

しかしながらその一方で、私たちは総力戦段階にとりわけ特徴的だが、大量の兵士を戦場に動員するために、デモクラシーによって市民の兵士化が推し進められた歴史を知っている。つまり、デモクラシーは大量の個人の戦争への動員を前提として展開してきたのであり、そのようなデモクラシーを「軍事民主主義」（デモクラティック・ミリタリズム）とする呼び方さえあるのである。デモクラティック・ミリタリズムとは、上からの強制されたデモクラシーであって、自発的かつ自治的なデモクラシーとは異質のものである。ところが、現在私たちがデモクラシーとして捉えているのは、実はこのデモクラティック・ミリタリズムそのものである、と考えざるをえない。アメリカやイギリスに象徴されるデモクラシーは、ミリタリズムないしファシズムに寄りかかって、初めて成立しているような内実を伴ったものとしてある。

それゆえに、デモクラシー擁護のための戦争という選択が極めて安直に導き出されるのである。ソマリアへの「人道派兵」や、国際法から完全に逸脱したアフガニスタンへの「報復」のための戦争行為が、圧倒的な「支持」を背景に強行される現実を見ていると、そう確信せざるをえないのである。

昨今、こうしたデモクラシーに内在する課題を克服するための様々なアプローチが用意されるようになったが、その一つに、ディビッド・エジャートンの「リベラル・ミリタリズム論」がある。

エジャートンは、「リベラル・ミリタリズムとイギリス国家」(『ニュー・レフト・レビュー』一九九一年一、二月号)と題する論文において、主に第一次世界大戦以来、一貫した軍事大国であったイギリスを対象としつつ、「武装した国民派」(nation in arm's lobby)を中核とするミリタリズムの存在を指摘する。とりわけ、そのようなミリタリズムをリベラリズムの共存として捉える。また、イギリスとアメリカに共通するミリタリズムの特徴として、人力の不足を補うためにテクノロジーとプロフェッショナルに依存すること、攻撃対象を敵国の軍隊だけでなく、その民間人と経済能力にも設定することを上げる。第二次世界大戦におけるドイツ空爆を典型例とする戦略爆撃の開発者はイギリスだとしている。

それで重要な点は、イギリス全体の政治文化が確かにリベラリズムだとしても、それとは別の「国家文化」(state culture)があり、この二つが分離している良い例を提供するのがリベラル・ミリタリズム、及びその拡張としての科学技術や産業に対する国家の支援の歴史であるとする。事実、イギリスの国家機構は、リベラルな一般政策とは別にモダンな技術主義的なミリタリズムを絶えず養ってきたのである。

それで、要約すればリベラル・ミリタリズムは、固有の普遍主義的なイデオロギーと世界秩序観としてパクス・ブリタニカ、あるいはパクス・アメリカーナを旗印に突き進むことを最大の特徴とする。また、エジャートンの言説で興味深いのは、こうしたリベラル・ミリタリズムあるいは反動的近代主義の決定的な支柱となっているものは、アメリカであれ、イギリスであれ巨大な軍産複合体であることを明確に指摘していることである。

リベラル・ミリタリズム、あるいはリベラル・ファシズムという用語を使って現状を分析しようとする目的は、現代社会がパシフィズム（平和主義）を含め、デモクラシーやリベラリズムという概念によって、国家や社会の本質であるミリタリズムやファシズムの危険なイデオロギーが隠蔽されている実態をどう確認していくのかという問題である。デモクラシー、リベラリズム、パシフィズムが、実のところミリタリズムやファシズムのエネルギーによってのみ成立する思想や運動でしかない、という結論に達せざるを得ない状況を、どのようにして痛覚し認識するのかという問題である。

筆者が以上の問題にこだわっているのは、実に戦後日本の保守主義のなかに、一方ではデモクラシーを掲げながらも、その本質に常にミリタリズムやファシズムの政治思想を内在化させており、それが日米安保体制によって表出の機会を抑えられてきた点があるからである。

そして、冷戦構造が終焉し日米安保体制のグローバル化が選択されるや、内在していたミリタリズムやファシズムが、ある意味では大手を振って再登場してきたのではないか、と深刻に受け止めているからである。

その意味で戦後日本の保守主義はデモクラシーの形式を踏まえながらも、実際には非常に洗練された内容ながらデモクラシーにミリタリズムやファシズムの諸要素を滑り込ませてきており、それを戦後保守主義と称しているにすぎないと考えている。まさしく柔らかい保守主義のなかに、微笑みのミリタリズムとファシズムが、いま勢いを得て噴出しているといえる。そのような現在における危険な保守主義を終始一貫して支え、そして、さらにアメリカ型のミリタリズムとファシズムへと誘導する媒介として日米安保体制が存在しているのである。

それゆえ、私たちこの国の真に平和な形を創ろうとする者にとって、日米安保体制からの脱却は、いよいよ焦眉の課題となってきているのである。

あとがき

去る三月一一日に発生した東日本大震災の報に接し、甚大な被害をテレビで目の当たりにした。遠く離れているという距離感がなく、この人間の想像を遥かに超えた巨大な津波が日本全体を飲み込んでしまうのではないか、という恐怖に襲われたのは私一人だけではないであろう。

加えて原発事故の様子が一段と恐怖感に拍車をかけた。現在までに合わせて三万人近いともいわれる尊い生命が奪われ、あるいは生死不明となっているという現実の前には、ありきたりの表現だが、人間の無力さを感じる。ただ日常から備えるしかない。

こう記した後では、不謹慎の誹りを受けるかも知れないが、天災と違って、人間が持つ多様な思想や感情が紡ぎ出す歴史は、人間が作り出したものであるがゆえに、人間の想像を超えるものではない。人間の生命や感情を傷つけるという意味での負の歴史が刻まれたとすれば、それは人間の思想や感情によって是正することが可能であり、期待されもする。戦争や暴力、抑圧など、人権を踏みにじる行為は人間の想像力や構想力によって阻止することができるはずである。

だが、歴史をひもとくと、人間はなんという愚かしい行為を積み重ねてきたことかと考えこんでしまう。

一介の歴史研究者として、すでに三〇年余も歴史の研究に取り組み、なかでも軍事史や軍事問題に関心を抱き続けてきた私は、この人間の愚かさを歴史事実の究明のなかで指摘し、この愚かさから脱却する方途を探し出そうとすることに、私なりに懸命に努力をしてきたつもりである。

本書に収めた論文や評論は、そうした私の歴史学研究への思いを念頭に据えて書き上げたものである。

歴史とは、確かに検証の対象が過去の事実に違いない。だが、歴史研究とは過去の歴史事実を検証することによって、愚かしい歴史を紡ぎ出さないための知恵や方法を発見する行為に他ならない。未来に明るい展望を持った人間の歴史を紡ぎだしていくために歴史研究はあるのだと、私は信じてきた。その思いは、今も変わることはない。

今年、私は還暦を迎えた。歴史研究者として、ようやく折り返し地点に達した年齢だと思う。その意味で本書は、私にとっては通過点を示すものにすぎないと捉えている。今後私にどれだけの時間を与えられるか分からないが、本書を機会に今後さらに気持ちを引き締めて書き続けていきたいと思う。

最後に、このような私の思いを斟酌頂き、厳しい出版界の事情にありながら、論文集の形に纏めて下さった社会評論社と編集を担当して下さった新孝一さんに、重ねて感謝申し上げたい。新さんには、『総力戦体制研究』（新版、二〇一〇年）に続いてお世話になった。本当にありがとうございました。

二〇一一年五月

纐纈厚

【初出一覧】　＊所収共著名、雑誌名

第Ⅰ部　侵略戦争（第一章3節を除き、『侵略戦争』ちくま新書、一九九九年に収録。以下初出）

第一章 侵略思想の源流を探る（1・2 情況出版編刊『ナショナリズムを読む』一九九八年／3 植民地文化学会編『植民地文化研究』第四号、二〇〇五年七月）

第二章 日中戦争から日米戦争へ（1・2 由井正臣編『日本近代の軌跡5 太平洋戦争』吉川弘文館、一九九五年）

第三章 日独同盟関係のゆくえ（1 世界文化社編刊『連合艦隊　日米開戦編』一九九八年／2 原田正他編『新視点 日本の歴史7 現代』新人物往来社、一九九三年／3 世界文化社編刊『連合艦隊 日米開戦編』一九九八年）

第四章 国体護持と支配層の温存（1 歴史教育者協議会編刊『歴史地理教育』第五三六号、一九九五年八月号／2 原田勝正他編『新視点 日本の歴史7 現代』新人物往来社、一九九三年）

第五章 天皇制軍隊の本質と戦争の実態（1 日本の戦争責任資料センター編刊『戦争責任研究』第八号、一九九五年夏季号／2 藤原彰編『沖縄戦と天皇制』立風書房、一九八七年）

第六章 残された課題は何か（1『情況』一九九八年一二月号／2『侵略戦争』のための書き下ろし

第Ⅱ部　総力戦の時代と現代

第七章 帝国日本の植民地支配と戦時官僚（1 奥田晴樹編『日本近代史概説』弘文堂、二〇〇三年／2『岩波講座 2 アジア・太平洋戦争 戦争の政治学』岩波書店、二〇〇五年）

第八章 近代日本の政軍関係（1 明治大学政治経済学部編『政経論叢』第六八巻第二・三号、一九九九年一二月／2 戦略研究会学会年報『戦略研究』第四号、二〇〇六年一二月）

第九章 昭和天皇の戦争責任と現代天皇制（1 歴史教育協議会編『歴史教育・社会科教育年報 世界に問われる日本の歴史教育』三省堂、二〇〇七年一二月／2 歴史教育協議会編『歴史地理教育』第七五一号、二〇〇九年一一月）

第一〇章 連続する「戦前」（1『前衛』第八二〇号、二〇〇七年八月／2『年報 日本現代史』第六号、二〇〇〇

年五月）
第一一章　自衛隊・米軍再編と新安保・保守体制（1『現代思想』第三四巻・第一〇号、二〇〇六年九月号／2日本の戦争責任資料センター編『季刊 戦争責任研究』第六五号、二〇〇九年秋季号／3徐勝編『東アジアの冷戦と国家テロリズム』御茶の水書房、二〇〇四年）

【参考文献一覧】　＊章別・刊行年順

●第一章

『近代日本思想史講座7　近代化と伝統』筑摩書房　一九五九年
竹内好編『アジア主義』筑摩書房　一九六三年
吉本隆明編『ナショナリズム』筑摩書房　一九六四年
大山梓編『山県有朋意見書』原書房　一九六六年
大江志乃夫『近代日本とアジア』三省堂　一九六七年
橋川文三『近代日本政治思想の諸相』未来社　一九六八年
本山幸彦『明治思想の形成』福村出版　一九六八年
金原左門『「日本近代化」論の歴史像』中央大学出版　一九六八年
吉本隆明編集・解説『国家の思想　戦後日本思想体系5』筑摩書房　一九六九年
橋川文三・松本三之介編『近代日本政治思想史Ⅰ』有斐閣　一九七一年
岩井忠熊『明治国家主義思想研究』青木書店　一九七二年
竹内好・橋川文三編『近代日本と中国』上・下巻　朝日新聞社　一九七二年
前田哲男・纐纈厚『東郷元帥は何をしたか』高文研　一九八九年

●第二章

木戸幸一『木戸幸一日記』（下巻）東京大学出版会　一九六六年
臼井勝美『日中戦争』（新書）中央公論社　一九六七年
参謀本部編『杉山メモ』（下巻）原書房　一九六七年
家永三郎『太平洋戦争』岩波書店　一九六八年

防衛庁防衛研修所戦史室編『戦史叢書　大本営陸軍部3〜5』朝雲新聞社　一九七〇―七三年
藤原彰『日本近代史Ⅲ』岩波書店　一九七七年
サミュエル・ハンチントン（市川良一訳）『軍人と国家』下巻　原書房　一九七八年
井本熊男『作戦日誌で綴る大東亜戦争』芙蓉書房　一九七九年
藤原彰『昭和の歴史5　日中全面戦争』小学館　一九八二年
木坂順一郎『昭和の歴史7　太平洋戦争』小学館　一九八二年
藤原彰『太平洋戦争史論』青木書店　一九八二年
三宅正樹他編『昭和の軍部と政治3』第一法規出版　一九八三年
古屋哲夫編『日中戦争史研究』吉川弘文館　一九八四年
古屋哲夫『日中戦争』岩波書店　一九八五年
江口圭一『日中十五年小史』青木書店　一九八六年
藤原彰・今井清一編『十五年戦争氏2　日中戦争』青木書店　一九八八年
藤原彰・今井清一編『十五年戦争氏3　太平洋戦争』青木書店　一九八九年
由井正臣編『近代日本の軌跡5　太平洋戦争』吉川弘文館　一九九五年
纐纈厚『日本陸軍の総力戦対策』大学教育出版　一九九九年

●第三章

高木惣吉『太平洋海戦史』岩波書店（新書）一九四九年
防衛庁防衛研修所戦史室編『戦史叢書　海軍軍戦備（1）』朝雲新聞社　一九六九年
三宅正樹『世界史におけるドイツと日本』南窓社　一九六七年
奥村房夫『日米交渉と太平洋戦争』前野書店　一九七〇年
三輪公忠『松岡洋右』中央公論社（新書）一九七一年
義井博『昭和外交史』南窓社　一九七一年

黒羽茂『日米外交の系譜』協同出版　一九七四年
三宅正樹『日独伊三国同盟の研究』南窓社　一九七五年
義井博『日独伊三国同盟と日米関係』南窓社　一九七七年
福田茂夫『第二次大戦までの米軍事戦略』中央公論社　一九七七年
斉藤孝『戦間期国際政治史』岩波書店　一九七八年
入江昭『日米戦争外交史』中央公論社　一九七八年
松下芳男編『田中作戦部長の証言』芙蓉書房　一九七八年
池田清『海軍と日本』中央公論社（新書）一九八一年
工藤美知尋『日本海軍と太平洋戦争』南窓社　一九八二年
野村実『太平洋戦争と日本軍部』山川出版社　一九八三年
戸部良一他『失敗の本質』ダイヤモンド社　一九八四年
藤原彰『日本軍事史』下巻　日本評論社　一九八七年
五百旗部真『日米戦争と戦後日本』大阪書籍　一九八九年
三宅正樹『日独政治外交史研究』河出書房新社　一九九六年
纐纈厚『日本海軍の終戦工作』中央公論社（新書）一九九六年
山田朗『軍備拡張の近代史』吉川弘文館　一九九七年

●第四章

小磯国昭『葛山鴻瓜』中央公論事業出版　一九六三年
木戸幸一『木戸幸一日記』下巻　東京大学出版会　一九六六年
西島有厚『原爆はなぜ投下されたか』青木書店　一九七一年
荒井信一『第二次世界大戦　戦後世界史の起点』東京大学出版会　一九七三年
ハーバード・ファイス（佐藤栄一他訳）『原爆と第二次世界大戦の終結』南窓社　一九七四年

チャールズ・ミー（大前正臣訳）『ポツダム会談　日本の運命をきめた17日間』徳間書店　一九七五年
細川護貞『細川日記』中央公論社　一九七八年
荒井信一『原爆投下への道』東京大学出版会　一九八五年
外務省編『終戦史録4』北洋社　一九八七年
茶園義男『密室の詔勅』三一書房　一九八九年
粟屋憲太郎『東京裁判論』大月書店　一九八九年
中村政則『象徴天皇制への道』岩波書店（新書）一九八九年
藤原彰『昭和天皇と一五年戦争』青木書店　一九九一年
藤原彰他編『徹底検証・昭和天皇「独白録」』大月書店　一九九一年
山田朗・纐纈厚『遅すぎた聖断』昭和出版　一九九一年
大江志乃夫『御前会議』中央公論社（新書）一九九一年
吉田裕『昭和天皇の終戦史』岩波書店（新書）一九九二年
粟屋憲太郎他編集・解説『国際検察局押収文書　敗戦時全国治安情報』第七巻　日本図書センター　一九九四年
山田朗『大元帥　昭和天皇』新日本出版社　一九九四年

●第五章

沖縄タイムス社編刊『鉄の暴風』一九五〇年
米国陸軍省編『日米最後の戦闘』サイマル出版会　一九六八年
防衛庁防衛研修所戦史室編『戦史叢書　沖縄方面海軍作戦』朝雲新聞社　一九六八年
琉球政府編刊『沖縄県史　沖縄戦記録』第九巻　一九七一年
矢原博通『沖縄決戦』読売新聞社　一九七二年
儀部景俊編『沖縄戦　県民の証言』日本青年出版社　一九七二年
沖縄県教職員組合編刊『これが日本軍だ　沖縄戦における残虐行為』一九七二年

佐木隆三『証言記録　沖縄住民虐殺』新人物往来社　一九七六年
太田昌秀『鉄血勤皇隊』ひるぎ社　一九七七年
藤原彰『天皇制と軍隊』青木書店　一九七八年
石原昌家『虐殺の島　皇軍と臣民の末路』晩聲社　一九七八年
大島幸夫『沖縄の日本軍　久米島虐殺の記録』新泉社　一九八二年
石原昌家『証言　沖縄戦　戦場の光景』青木書店　一九八四年
大城将保『沖縄戦　民衆の目でとらえる「戦争」』高文研　一九八五年
吉田裕『天皇の軍隊と南京事件』青木書店　一九八五年
藤原彰編『沖縄戦と天皇制』立風書房　一九八七年
藤原彰編『沖縄戦　国土が戦場となったとき』青木書店　一九八七年
纐纈厚『防諜政策と民衆　国家秘密法制の検証』昭和出版　一九九一年
纐纈厚編集・解説『軍紀・風紀に関する資料』不二出版　一九九二年

●第六章

林茂編『日本終戦史』読売新聞社　一九六二年
秦郁彦『史録・日本再軍備』文芸春秋社　一九七六年
竹前英治「対日占領政策の形成と展開」『岩波講座日本歴史22』岩波書店　一九七七年
永井陽之助『冷戦の起源』中央公論社　一九七八年
森田英之『対日占領政策の形成 アメリカ国務省 一九四〇—四四年』葦書房　一九八二年
神田文人『昭和の歴史8　占領と民主主義』小学館　一九八三年
竹前英治『GHQ』岩波書店　一九八三年
袖井林二郎編『世界史のなかの日本占領』日本評論社　一九八五年
草地貞吾『中国残留孤児問題の大観』日本防衛研究会　一九八六年

五十嵐武士『対日講和と冷戦　戦後日米関係の形成』東京大学出版会　一九八六年
安仁屋政昭他編『沖縄と天皇』あけぼの出版　一九八七年
吉見義明『新しい世界史7　草の根のファシズム』東京大学出版会　一九八七年
渡辺治『日本国憲法「改正」史』日本評論社　一九八七年
高橋紘『象徴天皇』岩波書店（新書）一九八七年
古関彰一『新憲法の誕生』中央公論社　一九八九年
藤原彰・今井清一編『十五年戦争史4　占領と講和』青木書店　一九八九年
歴史学研究会編『日本同時代史1　敗戦と占領』青木書店一九九〇年
歴史学研究会編『日本同時代史2　占領政策の転換と講和』青木書店一九九〇年
袖井林二郎・竹前英治編『戦後日本の原点　占領史の現在』（上・下巻）悠思社　一九九二年
前田哲男『日本の軍隊　自衛隊編』　現代書館　一九九四年
荒敬『日本占領史研究序説』柏書房　一九九四年
豊下楢彦『安保条約の成立』岩波書店（新書）一九九六年
中村政則『現代史を学ぶ　戦後改革と現代日本』吉川弘文館　一九九七年

●第七章

朴慶植『朝鮮人強制連行の記録』未来社　一九六五年
朴慶植『日本帝国主義の朝鮮支配』上・下巻　青木書店　一九七三年
小林英夫『「大東亜共栄圏」の形成と崩壊』御茶の水書房　一九七五年
井上清『日本帝国主義の研究』岩波書店　一九七五年
岡部牧夫『満州国』三省堂　一九七八年
宮田節子『朝鮮民衆と「皇民化」政策』未来社　一九八五年
尹健次『異質との共存　戦後日本の教育・思想・民族論』岩波書店　一九八七年

『岩波講座　近代日本と植民地1　植民地帝国日本』岩波書店　一九九二年
鈴木隆史『日本帝国主義と満州　1900-1945』上・下巻　塙書房　一九九二年
森山茂徳『日韓併合』芳川弘文館　一九九二年
尹健次『民族幻想の蹉跌　日本人の自己像』岩波書店　一九九四年
岡崎哲二・米倉誠一郎「『日本株式会社』の昭和史」創元社、一九九五年
疋田康行編『「南方共栄圏」　戦前期日本の東南アジア経済支配』多賀出版　一九九五年
小林英夫『「日本株式会社」を創った男』小学館　一九九五年
駒込武『植民地帝国日本の文化統合』岩波書店　一九九六年
雨宮昭一『戦時戦後体制論』岩波書店　一九九七年
江口圭一『日本帝国主義史研究』青木書店　一九九八年
纐纈厚『日本陸軍の総力戦準備政策』大学教育出版　一九九九年
波形昭一・堀越芳昭編『近代日本の経済官僚』日本経済評論社　二〇〇〇年
石田雄『記憶と忘却の政治学』明石書店　二〇〇〇年
森宣雄『台湾／日本　連鎖するコロニアリズム』インパクト出版会　二〇〇一年
安達宏昭『戦前期日本と東南アジア』芳川弘文館　二〇〇二年
山本有造編『帝国の研究　原理・類型・関係』名古屋大学出版会　二〇〇三年

●第八章

藤原彰『軍事史』東洋経済新報　一九六一年（復刻版『日本軍事史』上・下巻、日本評論社　一九八七年）
家永三郎『太平洋戦争』岩波書店　一九六八年
石田雄『日本近代史大系８　破局と平和』東京大学出版会　一九六八年
宇垣一成『宇垣一成日記』第三巻、みすず書房　一九七一年
井上清『日本の軍国主義Ⅲ　軍国主義の展開と没落』現代評論社　一九七五年

江口圭一編『体系　日本現代史　日本ファシズムの形成』日本評論社　一九七五年
福島新吾『日本の「防衛」政策』東京大学出版会　一九七八年
北岡伸一『日本陸軍と大陸政策』東京大学出版会　一九七八年
秦郁彦『軍ファシズム運動史』原書房　一九八〇年
纐纈厚『総力戦体制研究　日本陸軍の国家総動員構想』三一書房　一九八一年（新版『総力戦体制研究』社会評論社　二〇一〇年）
池田清『海軍と日本』中央公論社　一九八一年
三輪公忠編『再考・太平洋戦争前夜』創生記　一九八一年
池田清『海軍と日本』中央公論社（新書）　一九八一年
日本現代史研究会編『日本ファシズムⅠ　国家と社会』大月書店、一九八一年
纐纈厚他『政治に干与した軍人たち』有斐閣　一九八二年
大江志乃夫『昭和の歴史3　天皇の軍隊』小学館　一九八二年
三宅正樹編集代表『昭和史の軍部と政治』1―4　第一法規　一九八三年
大江志乃夫『統帥権』中央公論社　一九八三年
野村実『太平洋戦争と日本軍部』山川出版　一九八三年
大江志乃夫『日本の参謀本部』中央公論社　一九八五年
角田順『政治と軍事　明治・大正・昭和初期の日本』光風社出版　一九八七年
李炯喆『軍部の昭和史　日本型政軍の絶頂と終焉』日本放送出版協会　一九八七年
纐纈厚『近代日本の政軍関係　軍人政治家田中義一の軌跡』大学教育社　一九八七年
サミュエル・ハンチントン（市川良一訳）『軍人と国家』上巻、原書房　一九八七年
西岡朗『現代のシビリアンコントロール』知識社　一九八八年
廣瀬克哉『官僚と軍人　文民統制の限界』岩波書店　一九八九年
纐纈厚『近代日本政軍関係の研究』岩波書店　二〇〇五年

纐纈厚『文民統制　自衛隊はどこへいくのか』岩波書店　二〇〇五年
由井正臣『軍部と国民統合』岩波書店　二〇〇九年

●第九章

栗原健『天皇　昭和史覚書』原書房　一九七〇年
アールビィン・クックス（加藤俊平訳）『天皇の決断』サンケイ新聞出版局　一九七一年
ディビッド・バーガミニ（いいだ・もも訳）『天皇の陰謀』れおぽーる書房　一九七三年
大宅壮一『日本でいちばん長い日』角川出版（文庫）　一九七三年
井上清『天皇の戦争責任』現代評論社、一九七五年
藤原彰『天皇制と軍隊』青木書店　一九七八年
五味川純平『御前会議』文藝春秋　一九七八年
デイビッド・タイタス（大谷堅志郎訳）『日本の天皇政治』サイマル出版会　一九七九年
藤原彰『太平洋戦争史論』青木書店　一九八二年
野村実『太平洋戦争と日本軍部』山川出版社　一九八三年
藤原彰他『天皇の昭和史』新日本出版社　一九八四年
秦郁彦『昭和天皇五つの決断』講談社　一九八四年
荒井信一『原爆投下への道』東京大学出版会　一九八五年
藤原彰編『沖縄戦と天皇制』立風書房　一九八七年
読売新聞社編『天皇の終戦』読売新聞社　一九八八年
波多野澄雄『「大東亜戦争」時代』朝日新聞社　一九八八年
江藤淳監修『終戦工作の記録』講談社　一九八八年
児島襄『天皇と戦争責任』文藝春秋　一九八八年
荒井信一『日本の敗戦』岩波書店（岩波ブックレット）　一九八八年

藤原彰・今井清一編『十五年戦争史3　太平洋戦争』青木書店　一九八九年
五百旗頭真『日米戦争と戦後日本』大阪書籍　一九八九年
クリストファー・ソーン（市川洋一訳）『太平洋戦争と何だったか』草思社　一九八九年
茶園義男『密室の終戦詔勅』雄松堂出版　一九八九年
坂本孝治郎『象徴天皇制へのパフォーマンス』山川出版社　一九八九年
粟屋憲太郎『東京裁判論』大月書店　一九八九年
渡辺治『戦後政治史の中の天皇』青木書店　一九九〇年
赤松剛『昭和天皇の秘密』三一書房　一九九〇年
山田朗『昭和天皇の戦争指導』昭和出版　一九九〇年
中村政則『象徴天皇制への道』岩波書店（新書）一九九〇年
千本秀樹『天皇制の侵略責任と戦後責任』青木書店　一九九〇年
藤原彰『昭和天皇の十五年戦争』青木書店　一九九一年
藤原彰他編『徹底検証・昭和天皇「独白録」』大月書店　一九九一年
田中伸尚『ドキュメント昭和天皇』第七巻、緑風出版　一九九二年
纐纈厚・山田朗『遅すぎた聖断』昭和出版　一九九一年
大江志乃夫『御前会議』中央公論社（新書）一九九一年
吉田裕『昭和天皇の終戦史』岩波書店（新書）一九九二年
中村政則『戦後史と象徴天皇制』岩波書店　一九九二年
信夫清三郎『聖断の政治学』頸草書房　一九九二年
山田朗『大元帥　昭和天皇』新日本出版社　一九九四年
粟屋憲太郎他編『東京裁判への道』NHK出版　一九九四年
粟屋憲太郎『未決の戦争責任』柏書房　一九九四年
由井正臣編『近代日本の軌跡5　太平洋戦争』吉川弘文館　一九九五年

山田朗『軍備拡張の近代史』吉川弘文館　一九九七年
細谷千博他編『太平洋戦争の終結』柏書房　一九九七年
保阪正康『幻の終戦』柏書房　一九九七年
升味準之輔『昭和天皇とその時代』山川出版社　一九九八年
東野真『昭和天皇二つの「独白録」』NHK出版　一九九八年
松浦総三『「天声人語」の天皇・戦争〈神の国〉の報道研究』蝸牛社　二〇〇〇年
ピーター・ウエッツラー（森山尚美訳）『昭和天皇と戦争』原書房　二〇〇二年
小林俊二『対米開戦の真相』南窓社　二〇〇二年
山田朗『昭和天皇の軍事思想と戦略』校倉書房　二〇〇二年
ハーバート・ビックス（吉田裕監修・岡部牧夫他訳）『昭和天皇』上・下巻　講談社　二〇〇二年
粟屋憲太郎『東京裁判への道』上・下巻、講談社、二〇〇六年
纐纈厚『「聖断」虚構と昭和天皇』新日本出版社　二〇〇六年
堀内哲編『天皇条項の削除を！』JCA出版　二〇〇九年
纐纈厚『「日本は支那をみくびりたり」日中戦争とは何だったのか』同時代社、二〇〇九年

●第一〇章

大谷敬二郎『昭和憲兵史』みすず書房　一九六六年
全国憲友会連合会編纂委員会編『日本憲兵正史』全国憲友会連合会本部　一九七六年
憲兵司令部編『明治百年史叢書　日本憲兵昭和史』〈復刻版〉原書房　一九七八年
荒木和夫『北支憲兵と支那事変』金剛出版、一九七八年
宮下弘『特高の回想　ある時代の証言』田畑書店　一九七八年
岡井敏『東条弾劾』現代史出版会　一九七九年
井上源吾『戦地憲兵　中国派遣憲兵の10年間』図書出版社　一九八〇年

堺屋太一他『NHK　歴史への招待23』日本放送出版協会　一九八二年
藤原彰『戦後史と日本軍国主義』新日本出版社　一九八二年
山崎今朝弥（森長英三郎編）『地震・憲兵・火事・巡査』岩波書店（文庫）　一九八二年
斉藤豊治『総批判　国家秘密法』法律文化社　一九八五年
朝日新聞山形支局編『聞き書き　ある憲兵の記録』朝日新聞社　一九八五年
藤原彰・雨宮昭一『戦争と「国家秘密法」』未来社　一九八五年
上田誠吉『戦争と国家秘密法』イクオリティ社　一九八六年
上田誠吉・坂本修編『国家秘密法のすべて』大月書店　一九八六年
神奈川新聞社編『「言論」が危ない』日本評論社　一九八七年
奥平康弘他『国家秘密法は何を狙うか』高文研　一九八七年
斉藤豊治『国家秘密法制の研究』日本評論社　一九八七年
浅野健一編『スパイ防止法がやってきた！』社会評論社　一九八七年
纐纈厚『防諜政策と民衆』昭和出版　一九九一年
荻野富士夫『特高警察関係資料解説』不二出版　一九九五年
松田利彦編『朝鮮憲兵隊史』不二出版　二〇〇〇年
纐纈厚『憲兵政治　監視と恫喝の時代』新日本出版社　二〇〇八年

●第一一章

オリエント書房編集部編『自衛隊戦わば　防衛出動』オリエント書房　一九七六年
同前『日本の防衛戦略　自衛隊の有事対策』オリエント書房　一九七七年
海原治『日本防衛体制の内幕』時事通信社　一九七七年
西修『自衛隊と憲法第九条』教育社　一九七八年
軍事問題研究会編『有事立法が狙うもの』三一書房　一九七八年

宮崎弘毅『日本の防衛機構』教育社　一九七九年
小林直樹『国家緊急権』学芸書房　一九七九年
山田康夫『民間防衛』教育社　一九七九年
海原治『討論・自衛隊は役に立つか』ビジネス社　一九八一年
小谷豪治郎『有事立法と日本の防衛』嵯峨書院　一九八一年
室山義正『日米安保体制』上・下巻　有斐閣　一九九二年
水島朝穂『現代軍事法制の研究』日本評論社　一九九五年
我部政明『日米関係のなかの沖縄』三一書房　一九九六年
浅井基文・藤井治夫編『最新安保情報』社会批評社　一九九六年
田中明彦『安全保障　戦後五〇年の模索』読売新聞社　一九九七年
森英樹他編『グローバル安保体制が動き出す』日本評論社　一九九八年
纐纈厚『検証・新ガイドライン安保体制』インパクト出版会　一九九八年
森英樹他編『グローバル安保体制が動き出す』日本評論社　一九九八年
社会批評社編『最新　有事法制情報』社会批評社　一九九八年
山内敏弘編『日米新ガイドラインと周辺事態法』法律文化社　一九九九年
島川雅史『アメリカ東アジア軍事戦略と日米安保体制』社会評論社　一九九九年
豊下楢彦編『安保条約の論理』柏書房　一九九九年
纐纈厚『周辺事態法　新たな地域総動員・有事法制の時代』社会評論社　二〇〇〇年
船橋洋一編『同盟の比較研究』日本評論社　二〇〇一年
渡辺治『日本の大国化とネオ・ナショナリズムの形成』桜井書店　二〇〇一年
我部政明『日米安保を考え直す』講談社　二〇〇二年
斎藤貴男『小泉改革と監視社会』岩波書店（岩波ブックレット）二〇〇二年
纐纈厚『有事法制とは何か　その史的検証と現段階』インパクト出版会　二〇〇二年

纐纈厚『有事法の罠に騙されるな！』凱風社　二〇〇二年
森本賢吉『憲兵物語　ある憲兵の見た昭和の戦争』光人社NF文庫　二〇〇三年
島川雅史・藤本博編『アメリカの戦争と在日米軍　日米安保体制の歴史』社会評論社　二〇〇三年
川上高司『米軍の前方展開と日米同盟』同文舘出版　二〇〇四年
纐纈厚『有事体制論　派兵国家を越えて』インパクト出版会　二〇〇四年
東京都国民ホゴ条例を問う連絡会編『地域からの戦争動員』社会評論社　二〇〇五年
纐纈厚『憲法九条と日本の臨戦体制』凱風社　二〇〇六年
大谷敬二郎『元東部憲兵隊司令官の自伝的回想　憲兵』光人社　二〇〇六年
纐纈厚『監視社会の未来　共謀罪・国民保護法と戦時動員体制』小学館　二〇〇七年
纐纈厚『私たちの戦争責任「昭和」初期二〇年と「平成」期二〇年の歴史的考察』凱風社　二〇〇九年

纐纈厚（こうけつ・あつし）

1951年生まれ。一橋大学大学院社会学研究科博士課程修了。

現在、山口大学人文学部兼独立大学院東アジア研究科教授。近現代政治軍事史・現代政治軍事論専攻。遼寧師範大学客員教授。韓国平和統一研究所海外研究員。山口大学副学長（大学情報機構長・図書館長・埋蔵文化財資料館長）。東亜歴史文化学会会長。政治学博士。

近年の著作に『近代日本政軍関係の研究』（岩波書店、2005年）、『文民統制——自衛隊はどこへ行くのか』（岩波書店、2005年）、『監視社会の未来——共謀罪・国民保護法と戦時動員体制』（小学館、2007年）、『田中義一——総力戦国家の先導者』（芙蓉書房出版、2009年）、『「日本は支那をみくびりたり」——日中戦争とは何だったのか』（同時代社、2009年）、『私たちの戦争責任——「昭和」初期二〇年と「平成」期二〇年の歴史的考察』（凱風社、2009年）など。社会評論社から『周辺事態法——新たな地域総動員と有事法制の時代』（2000年）と『総力戦体制研究——日本陸軍の国家総動員構想』（新版、2010年）がある。また、海外での自著翻訳書として、『침략전쟁』（韓国・凡友社、2006年）、『侵略戰爭』（台湾・麗文出版、2007年）、『부활하는 일본의 군국주의』（韓国・J&C、2008年）、『日本军国主义的过去和现在』（中国・吉林文史出版社、2006年）、『新日本軍國主義的新階段』（台湾・人間出版社、2008年）、『쇼와천황과 일본 패전』（韓国・제이앤씨、2010年）、『我们的战争责任』（中国・人民日报出版社、2011年）、『我們的戰爭責任』（台湾・人間出版社、2011年）などがある。

侵略戦争と総力戦

2011年6月30日　初版第1刷発行
著　者＊纐纈厚
装　幀＊後藤トシノブ
発行人＊松田健二
発行所＊株式会社社会評論社
東京都文京区本郷2-3-10
tel.03-3814-3861/fax.03-3818-2808
http://www.shahyo.com/
印刷・製本＊倉敷印刷株式会社

Printed in Japan